印象·中国历史

宋朝卷

文治之路

陈峰/著

人民教育出版社
·北京·

2018年国家社科基金重点项目
“宋代治军理念与朝政关系研究”（18AZS009）成果之一

图书在版编目（CIP）数据

印象·中国历史．宋朝卷：文治之路 / 陈峰著．—北京：人民教育出版社，2019.10

ISBN 978-7-107-31663-0

Ⅰ.①印…　Ⅱ.①陈…　Ⅲ.①中国历史—研究—宋代　Ⅳ.① K207

中国版本图书馆 CIP 数据核字（2019）第 252529 号

印象·中国历史 [宋朝卷]　文治之路

著　者 / 陈　峰

责任编辑 / 马曙慧

装帧设计 / 李宏庆

出版发行　人民教育出版社

（北京市海淀区中关村南大街 17 号院 1 号楼　邮编：100081）

网　址　http://www.pep.com.cn

经　销　全国新华书店

印　刷　北京恒艺博缘印务有限公司

版　次　2019 年 10 月第 1 版

印　次　2019 年 12 月第 1 次印刷

开　本　787 毫米 ×1092 毫米　1/16

印　张　27

字　数　327 千字

定　价　64.20 元

目 录

第一章

告别五代——宋初的制度设计与政治遗产

提到宋朝，人们往往会想到《清明上河图》，画面中城市之繁华、商业气息之浓重、民众生活之丰富，尤其是街市上川流不息的人群车马与运河上繁忙的舟船，都给人留下难忘的印象。然而，当年的广大农村腹地，却未必完全如此。乡间生活的节奏要缓慢得多，还无法跟上城市的快速脚步。城乡之间、发达地区与落后地区之间的差距也相当大，即使新旧因素交织下的经济发展，也未完全改变传统社会的基本格局。而边患威胁、内部各种矛盾依旧存在，市场的力量虽然顽强却仍显幼稚，尚无法撼动旧有的政治基础，这些都使宋朝的统治者延续着传统的专制统治。不过，宋朝当局对治理方式也逐渐加以调整，在使用传统政治手段的同时，更多尝试运用经济方式，以追求利益的最大化。于是，在诸多因素渗透影响下，历史的变革在无声无息中伸展。这一切，都要从宋初的制度设计说起。

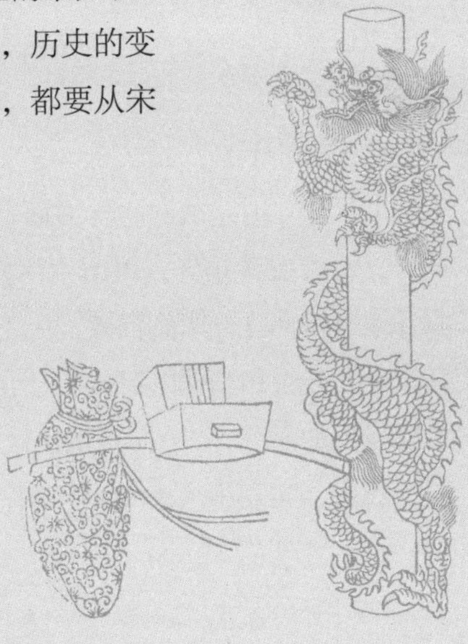

一 宋太祖的身世与宋朝建立

宋朝开国皇帝赵匡胤不同于以往大多数建国皇帝，他既非贵胄出身，也非具备雄才大略的枭雄，而是因机遇步步提高追求，并最终在偶然中成就了帝业。他的这种背景，以及他从一个凡人成长为帝王的过程，对宋初的方针政策产生了深刻的影响。

1. 赵匡胤的出身

赵匡胤祖籍涿郡（今河北省涿州市）。在宋朝官方文献的记载中，他出身官宦之家，祖上曾几代为官。这大概是宋朝史官的杜撰，不过属于历来人在发达后的一种攀附传统。其实，赵匡胤的父亲在后唐时还只是一位下级校官，直到赵匡胤在后周朝取得重要权位后，他的父亲才获得更多升迁，死后被追赠节度使与太尉等显赫官衔。[1]

赵匡胤于后唐天成二年（927年）出生在洛阳军营，正是唐末乱世延续之时。彼时，一方面，中央集权消亡，诸多政权既割据自立，又更替频仍，可谓“你方唱罢我登场”；另一方面，中原各地藩镇林立，军阀混战，民不聊生。可以说，中国历史步入又一个大分裂和割据的时代，社会陷入剧烈的动荡之中。在充满血腥暴力的年代，“枪杆子里出政权”成为通行法则，武夫悍将逞强跋扈，文官士大夫受到压制，甚至不得不仰承武将的鼻息。

---

[1] 脱脱：《宋史》卷1《太祖纪一》，中华书局1977年版，第2页。

[宋]佚名 宋太祖像 台北故宫博物院藏

如后汉时的统军大帅史弘肇说，“文人难耐”，瞧不起军人，实在可恨！在一次大臣宴会上，他公然宣称：“安朝廷，定祸乱，直须长枪大剑，至如毛锥子，焉足用哉！”[1]所谓“毛锥子”，即指毛笔。在史弘肇眼中，安邦定国只需要武将与刀枪，文臣与笔又有何用？后晋时，军阀安重荣更毫不掩饰地说：“天子，兵强马壮者当为之，宁有种耶！”[2]由此可见，当时的社会，不仅经济发展遭受摧残，传统国家的统治秩序败坏，皇权至高无比的神圣外衣也被撕破。当一个崇尚暴力的时代降临时，重武轻文的价值观与风尚随之流行，因此五代时期弃文从武的现象相当常见。如历仕后汉、后周两朝的节度使焦继勋，原本一介书生，却发誓：“大丈夫当立功异域，取万户侯，岂能孜孜事笔砚哉？”于是，他投身军旅，并逐渐发迹。[3]

赵匡胤正是在这样的环境里度过了少年时光。因父辈没有封妻荫子的资格，他只能靠自己谋生。在家庭与世风的熏染下，他从小习武练兵，以投身军旅为实现人生抱负之路。青年时代，赵匡胤曾四处闯荡，希望找到出路，但“漫游无所遇”。宋人笔记中记载了不少赵匡胤早年困顿的传闻，如说他曾投奔过凤翔节度使王彦超，却被打发走。[4]后汉初年，他曾寄居于襄阳（今湖北省襄阳市）的一座庙里，得到一个善于相面的老僧指点，遂一路北上。赵匡胤在北上途中遇到枢密使郭威招兵，便应募从军。[5]

---

[1] 薛居正：《旧五代史》卷107《史弘肇传》，中华书局1987年版，第1405—1406页。

[2] 《旧五代史》卷98《安重荣传》，第1302页。

[3] 《宋史》卷261《焦继勋传》，第9042—9043页。

[4] 邵伯温：《邵氏闻见录》卷1，中华书局1983年版，第1页。

[5] 《宋史》卷1《太祖纪一》，第2页。

2. 赵匡胤的起家与发迹

郭威灭汉建周后，赵匡胤先做侍卫兵，后来又进入周太祖的养子柴荣帐下，成为亲信小校。三年后，柴荣即位称帝，是为周世宗，赵匡胤终于迎来了人生的重要机遇。显德元年（954年）三月，周世宗率军在高平（今山西省高平市）迎战北汉与辽朝联军，爆发了著名的高平之战。战斗中，部分将领溃逃，在不利形势下，周世宗仍顽强鏖战，最终获胜。战役结束后，赵匡胤因功获得提拔，被破格升为殿前散员都虞候，并被加授遥领刺史的头衔。[1]此时，他入伍仅六七年，却已跻身中级武将行列。两年之后，周世宗亲征南唐的淮南地区，已升为殿前都虞候的赵匡胤随同出征。当年十月，他再次升迁，任殿前都指挥使，授匡国军节度使。对当年的武人而言，这两个官衔意义非同寻常，前者是禁军殿前司的帅职之一，而后者则标志着具有藩镇的待遇。此时的赵匡胤不过29岁，已获得同辈难以企及的地位。

赵匡胤在仕途上的骤然崛起，既与他的功绩有关，更离不开当朝皇帝的赏识。赵匡胤性格沉稳，行事谨慎，做事认真又听从命令，据说还读过一些书，[2]与一般逞强跋扈的武将有别，因此得到了君主的特别信任。其实，周世宗有意栽培赵匡胤，也有制衡禁军中资深宿将的目的，当时获得重用的资历较浅的将领，也不止赵匡胤一人，还有慕容延钊、韩令坤等人。[3]机遇很快到来。显德六年（959年）三月，周世宗亲率主力大举北伐，欲图

---

[1] 《宋史》卷1《太祖纪一》称：赵匡胤因功升为殿前都虞候。殿前都虞候是禁军高级将领，以赵匡胤当时的地位不太可能获得如此高位，实际应为殿前散员都虞候。参见张其凡：《关于宋太祖早年任职的三点考证》，《史学月刊》2002年第12期。

[2] 李焘：《续资治通鉴长编》卷7，乾德四年五月乙亥，中华书局2004年版，第171页；文莹：《玉壶清话》卷3，中华书局1984年版，第29页。

[3] 《宋史》卷251《慕容延钊传》《韩令坤传》，第8835、8833页。

收复被辽朝占据的幽云地区，重要将领大都随同出征，其中赵匡胤为水路都部署，韩通为陆路都部署，分别率领水陆大军。此次战役，后周军队进展顺利，到五月间已先后收复了瀛（今河北省河间市）、莫（今河北省任丘市）、易（今河北省易县）三州，并占据瓦桥关、益津关及淤口关等前线战略要地。但就在捷报频传之际，周世宗突然身染重病，只得下诏班师回朝。据记载，周世宗在北伐途中批阅各地上奏文书时，偶然发现一个写有“点检作天子”的木牍。[1] 依照古代谶纬征兆的说法，这预示担任殿前都点检职务的人有篡位的可能。出于防患未然的考虑，周世宗返京后，当即撤下时任此职的张永德，换上一手提拔起来的赵匡胤，又将大将李重进打发到淮南镇守，以防这两位皇室近亲染指朝政并威胁嗣君。如此一来，年轻的赵匡胤在阴差阳错中成为京师禁军中地位最高的将领，发迹为政坛的暴发户。

若论赵匡胤早年的追求，不过是出人头地而已。到三年前初获节钺时，他还不能说是野心家，无非满足于享受名位，图的是光宗耀祖，所以他对朝廷倾心效力，尽职报答皇帝的知遇之恩。当时的周世宗正当英年，威望更远过于以往那些短命的武人君王，而且施政有方，国家呈现出一派国势日升的气象。但随着时间的推移，赵匡胤在逐渐巩固自己的地位后，其雄心便一步步膨胀。其实，他与同时代的其他实权派将帅并无多大区别，一旦拥有了必要的权位，就着手拓展自己的势力，以谋求更高的位置。因此，赵匡胤在镇守淮南滁州（今安徽省滁州市）期间，就将富有谋略的赵普招为幕僚。另外，吕余庆、沈义伦、王仁赡、楚昭辅及李处耘等人也被赵匡胤引入幕府，协助他赞画经营。[2] 五代

[1]《宋史》卷1《太祖纪一》，第3页。

[2]《宋史》卷256《赵普传》、卷263《吕余庆传》、卷264《沈伦传》、卷257《王仁赡传》《楚昭辅传》《李处耘传》，第8931、9098、9112、8956、8959、8961页。

十国时期，帝王多蓄养义子，军营中兵将则流行结拜。于是，赵匡胤也与一些武将结交为义社兄弟，成员包括地位较高的李继勋、石守信，以及中级将校王审琦、刘廷让、韩重赟等人，[1]形成以他为首的一股势力。不过，年轻的赵匡胤资望俱浅，其影响力还难以与那些皇亲贵戚、资深宿将比肩同气。历仕几朝的众多老藩镇自不用说，周室的近亲更以节度使身份分典禁军大权。周太祖的外甥李重进任侍卫亲军马步军都指挥使，是禁军中地位最高的大帅。周太祖的女婿张永德则身居殿前都点检之位，是殿前司的首脑，地位仅次于李重进，也是赵匡胤的顶头上司。周太祖朝已获节度使身份的大将韩通，地位高于赵匡胤，又深受周世宗器重，先后任侍卫亲军马步军都虞候、副都指挥使等禁军要职。[2]至于韩令坤、慕容延钊等一批将领，亦受到周世宗的赏识，握有一定的兵权。因而，赵匡胤一直谨慎行事，如对地位与他相同的慕容延钊就以兄礼相待；与出道更早的韩令坤也有意保持亲近的关系，所谓“情好亲密”。[3]赵匡胤在驻守淮南要塞期间，他的父亲曾率部夜晚叩关要求进城，他遵守军规不敢开门，直到次日才予以放行。[4]可见，赵匡胤处处用心，保持低调的姿态。

显德六年（959年）六月间，周世宗回朝不久即病逝。年幼的恭帝即位，太后垂帘听政，近亲大将又被排挤出朝，后周社稷可谓陷于“孤儿寡母”的境地。这种局面的突然出现，顿时使手握重兵的赵匡胤发现了一大机遇，遂野心爆发，开始觊觎皇位。几十年来的政治现实昭示的潜规则，便是兵强马壮者有机会称天子。

[1] 有关赵匡胤义社十兄弟事，宋人记载虽有提及，但因事关宋太祖隐情，故语焉不详，主要见于王巩：《闻见近录》，《全宋笔记》，大象出版社2006年版，第22页。

[2] 《宋史》卷484《周三臣·李重进传》《周三臣·韩通传》、卷255《张永德传》，第13975—13977、13968—13969、8913—8916页。

[3] 《宋史》卷251《慕容延钊传》《韩令坤传》，第8835、8833页。

[4] 《宋史》卷1《太祖纪一》，第2—3页。

3. “陈桥兵变”与宋朝建国

显德七年（960年）元旦之日，酝酿成熟的一场兵变上演。当日，有奏报称北汉联合辽军大举南下，缺乏政治经验的太后与范质、王溥和魏仁溥几位宰臣匆忙商议后，即命赵匡胤统军出征。然而，大军仅行至京师以北数十里的陈桥驿，赵匡胤便换上预先准备的龙袍，次日就回师开封，守城的将领石守信等结拜兄弟、部将开门相迎。显然，从外敌入侵、领兵出征、黄袍加身到里应外合，都是事先筹划的阴谋。于是，一场江山易主的悲喜剧在兵不血刃中谢幕。需要强调的是，在“陈桥兵变”夺权过程中，赵匡胤充分运用安抚手段，严禁杀戮，不仅保全、优待后周皇室，还留用了原来的宰相以下的官僚队伍，从而使历来血腥动荡的政变在平稳过渡中完成。唯一的例外，是杀死奋起抵抗的韩通一家。宋代史家指出，“陈桥兵变”具有“兵不血刃，市不易肆”[1]的特点，这也是唐末五代以来罕见的兵变结局。赵匡胤登基称帝，改国号为宋，改年号为建隆。赵匡胤即宋朝开国皇帝宋太祖。

总之，宋太祖称帝前，无论是出身还是资历都不突出，远不能与一批重量级的亲贵、宿将相提并论。这种因机缘而至高位的情形，加上他沉稳的性格，都决定了赵匡胤谨慎、务实的处世风格。赵匡胤的追求目标也经历了从出人头地到觊觎皇权的过程，并最终改朝换代。清代学者王船山对此分析道：

> 赵氏起家什伍，两世为裨将，与乱世相浮沉，姓字且不闻于人间，况能以惠泽下流系丘民之企慕乎！其事柴氏也，

[1] 佚名著，王瑞来笺证：《宋季三朝政要笺证》卷6《卫王本末》，中华书局2010年版，第508页。

西征河东，北拒契丹，未尝有一矢之勋；滁关之捷，无当安危，酬以节镇而已逾其分。以德之无积也如彼，而功之仅成也如此，微论汉、唐底定之鸿烈，即以曹操之扫黄巾、诛董卓、出献帝于阽危、夷二袁之僭逆，刘裕之俘姚泓、馘慕容超、诛桓玄、走死卢循以定江介者，百不逮一。[1]

以王夫之的观察，赵匡胤既非贵族世家出身，也不是胆魄超群的乱世奸雄，登基前毫无赫赫称道之功，所以不仅无法与汉唐开国帝王相比，即便如汉末以降的曹操、刘裕之流，他也不能与其比拟。宋太祖之所以能够建国，完全在于因缘际会，带有相当的偶然性。因此，王夫之进一步深刻地总结，认为宋太祖能一统天下，“垂及百年，世称盛治者”，与他有畏惧之心有关。“惧者，恻悱不容自宁之心，勃然而猝兴，怵然而不昧，乃上天不测之神震动于幽隐，莫之喻而不可解者也。……权不重，故不敢以兵威劫远人；望不隆，故不敢以诛夷待勋旧；学不夙，故不敢以智慧轻儒素；恩不洽，故不敢以苛法督吏民。惧以生慎，慎以生俭，俭以生慈，慈以生和，和以生文。”[2]也就是说，由于有“权不重”“望不隆”“学不夙”“恩不洽”这些弱点，赵匡胤开国后便深怀戒惧之心，在治国理政时异常谨慎，缺乏宏大的气魄，显得霸气不足。不过，这倒也避免了目空一切的危害。由此，宋太祖开创了不同于以往统一王朝以及五代帝王的建国气象，也奠定了宋朝施政的重要特点与倾向。

---

[1]　王夫之:《宋论》卷1《太祖》，中华书局1964年版，第1页。

[2]　《宋论》卷1《太祖》，第2—3页。

二 宋太祖朝的集权设计

宋太祖在位期间，为了解决唐末五代遗留的各种积弊，同时完成统一天下的目标，采取了一系列举措。这些举措的最终目的是确保王朝的长治久安，也奠定了宋朝立国的基本架构，所体现出的核心精神是高度集权的制度设计原则。

1. 收兵权与治军原则

“得天下易，保天下难。”五代时的中原王朝基本都是短命政权，一个个打拼建国倒是迅猛，维持江山却都捉襟见肘，最长不过十六七年，最短只有几年光景，正所谓“其兴也勃焉，其亡也忽焉”。前车之鉴，令宋太祖深为戒惧与警惕。为了使自己的王朝能长期延续，并终结乱世，宋太祖自开国之日起就与谋臣终日筹划。宋太祖君臣都清楚“可以马上打天下，不可以马上治天下”的古训，尤其明了唐末五代以来百余年遗留下的弊政宛若一堆乱麻，千头万绪，绝不能用简单的武力手段清理。

当时，宋朝的内外形势极为严峻。从内部来看，帝位与中央权威尚未稳固，统治秩序涣散，地方割据称雄，大批拥兵自重的将领、藩镇仍在观望。如盘踞河东中部的昭义军节度使李筠和淮南节度使李重进，原本地位都高于赵匡胤，对赵匡胤突然夺权称帝，当然不服，所以拒绝执行宋廷的政令。还有镇守定州（今河北省定州市）的藩镇孙行友，也心怀不满，意图反抗。[1]从外部来看，众多敌对政权长期各据一方，而盘踞河东中北部的北汉与深入幽云十六州的辽朝结盟，更对宋朝构成严重的军事威胁。维持新生政权的稳定是宋太祖的重中之重的任务，需要解决一系列问题，其中最棘手也最紧迫的事莫过于兵权问题。

多年来，由于兵权旁落，故兵变不断，篡权夺位几同儿戏，不仅祸乱朝政，而且严重影响社会的安定与发展。武力因素长期干扰了朝政走向，正如宋人所总结：大抵五代取得天下者，都依赖军兵。兵权所在，则随之以兴；兵权所去，则随之以亡。[2]宋太祖自己就是以统兵将帅而颠覆后周王朝，所以对兵权的重要性有深刻的体会。他在登基之初，便将五代遗留下的拥兵自重的禁军统帅与各地藩镇视为新王朝最大的威胁。当时，他不顾臣僚的劝谏，经常微服私访，亲自打探外面动向，总怕有人起兵造反。有官员向他劝谏：刚得天下，人心尚未安定，轻装外出万一遭遇不测会后悔不及。赵匡胤并未接受劝阻，依然如故。[3]这正反映出他当时寝食不安的精神状态。因而，宋太祖君臣最关注的事莫过于兵权，首先要设计收兵权的方针举措，然后才考虑其他方面。

宋太祖称帝之初，先采取笼络的手段。他对参与兵变建国的石守信等一批功臣加官晋爵，委以分管禁军要务。他又将侍卫亲军马步军都指挥使、殿前都点检这两个禁军最高军职，分别授予关系密切的韩令坤、慕容延钊两位宿将，以赢得他们的支持，确保禁军的稳定。对于各地的旧藩镇，他则一概予以安抚保留，仅对公开起兵反抗的李筠、李重进两大藩镇势力，迅速出兵镇

[1]　《宋史》卷484《周三臣·李筠传》《周三臣·李重进传》、卷253《孙行友传》，第13973、1397、8872—8873页。

[2]　范浚：《香溪集》卷8《五代论》，《丛书集成初编》，商务印书馆1935年版，第82页。

[3]　司马光：《涑水记闻》卷1，中华书局1989年版，第4—5页。

压。[1]据宋代文献记载，李筠在公然决裂前夕，曾派长子到开封探察朝廷动向。宋太祖明知对方的动机，却仍然试图拉拢。

度过危险紧张的头一年创建期后，到建隆二年（961年），宋太祖开始着手解决禁军兵权问题。他采用先缓后急的办法，先解除慕容延钊和韩令坤的军职，令他们回归地方藩镇；[2]再用"杯酒释兵权"的计谋，在推杯换盏中罢免了功臣大将高怀德、王审琦、张令铎及罗彦瓌等人的禁军要职，也令他们归镇赋闲。对于石守信这位为他称帝立下头功的结拜兄弟，赵匡胤在形式上暂时保留了他侍卫亲军马步军都指挥使的名分，实际上却剥夺了他的兵权。[3]空缺出的将帅军职，分别由资历较浅的亲信将领接管。

说起来，历史上很多开国皇帝常用杀戮方式对待功臣，典型的例子如：春秋时，越王勾践灭吴复国后，逼死功臣文种；汉高祖刘邦统一天下之后，大杀韩信、英布等功臣将相，为后世留下了"飞鸟尽，良弓藏，狡兔死，走狗烹"的悲鸣；明太祖朱元璋更是残暴异常，滥造狱案，冤杀了无数开国功臣，其中仅"胡蓝之狱"就杀害四万多人，造成了惨绝于史的悲剧，他最终不仅落得恶名，还让他钦定的继承人沦为孤家寡人，酿成"靖难之役"的后果。宋太祖则采取了温和、渐进的手段，不惜付出极大的经济代价，厚加赏赐，用含有"赎买"意味的方式收回兵权。同时，他又主动与多位功臣大将联姻，安抚他们的不满。[4]于是，政权、社会都没有因此发生动荡，不能不说这是一种高明之举。

---

[1] 参见聂崇岐：《论宋太祖收兵权》，《燕京学报》1948年第34期；陈峰：《宋太祖朝节度使类别及其转型述论》，《河北大学学报》（哲学社会科学版）2012年第4期。

[2] 《续资治通鉴长编》卷2，建隆二年闰三月甲子，第42页。

[3] 《续资治通鉴长编》卷2，建隆二年七月庚午，第49—50页；《宋史》卷250《石守信传》《罗彦瓌传》，第8810、8828页。

[4] 陈峰：《北宋皇室与"将门"通婚现象探析》，《文史哲》2004年第3期。

这种稳健的做法，既与赵匡胤谨慎的性格有关，也体现了他一贯的务实风格，具有明显的实用主义特点。不过，要说宋太祖始终清醒，也未必见得，在收禁军统兵权的过程中也曾发生过反复。据记载，在“杯酒释兵权”结束一年多后的乾德元年（963年）春，历仕五代中三朝的老藩镇，也是前朝周世宗和皇弟赵光义岳父的魏王符彦卿入朝。符彦卿是政坛、军界的老前辈，可谓富贵至极，宋太祖大概出于敬慕，竟一度考虑请他主掌禁军。这显然与既定方针相悖，所以遭到枢密使赵普的一再坚决反对。宋太祖最终醒悟过来，收回了成命。[1]以后，符彦卿先被调离本镇，又遭到御史的弹劾，最终被打发到洛阳赋闲。

控制中央禁军后，宋太祖拥有了强大的军事后盾，因此底气足了，随后陆续用各种手段对拥兵自重的地方藩镇加以打压，或迁徙、对换地盘，斩断其盘根错节的基础，或借生老病死以及罪名加以废黜。如义武节度使孙行友盘踞定州多年，对新朝心怀不满，谋划据山寨反叛。建隆二年（961年）八月，宋太祖得到密奏后，立即调集军队以巡边为名直入定州城，突然宣诏令孙行友举族进京，就此罢免了此人的节钺。[2]到开宝二年（969年）十月，宋太祖又采取了一次意义不亚于“杯酒释兵权”的行动，即“后苑之宴”，将武行德、王彦超、郭从义、白重赞及杨廷璋等一批代表性的老藩镇宣召入朝，依旧用外柔内刚的手法，在酒席中解除他们的节度使职务，然后将他们安置到位高无权的虚职上。[3]此时，昔日骄横跋扈的藩镇们已失去抗衡的资本，只得俯首帖耳。南宋人就此评说道：“召前朝慢令恃功藩镇大臣，一日

［1］《续资治通鉴长编》卷4，乾德元年二月丙戌，第83—84页。

［2］《续资治通鉴长编》卷2，建隆二年八月己酉，第52页；《宋史》卷253《孙行友传》，第8872页。

［3］《续资治通鉴长编》卷10，开宝二年冬十月己亥，第233页。

而列于环卫，皆俯伏骇汗，听命不暇。”[1]此外，宋廷还建立严格的军法军纪制度，从各方面约束军人的行为，要求军兵和各级军官逐级绝对服从，军队最终无条件听命于皇权。[2]至宋太祖朝末年，中央禁军与地方军队已受到中央的有效控制，曾经最棘手的兵权失控的痼疾被基本消除。

宋太祖君臣不满足于已有成果，进而在制度设计上建立长效机制，其核心精神是实行分权制衡的治军原则。其中，对殿前司、侍卫亲军马步军司这两个禁军最高统帅机构，宋太祖不仅在人事上重新做出安排，以资历较浅的亲信取代了功臣宿将，还将侍卫亲军马步军司逐渐架空，而由其下的马军、步军司与殿前司分别统军。这三个机构后被称为“三衙”，形成互相牵制的格局。[3]与此同时，三衙将帅仅保留管辖禁军的一般职权，军事机要与调兵权则一律由枢密院掌握，彼此掣肘。按照规定，凡调动军队，将领必须领取枢密院下发的兵符才能行动。[4]北宋中叶有人指出，当时确立的制军之法，是天下军队听从枢密院，但枢密院有发兵权却无握兵权；京师军队总于三衙，三衙有握兵之重而无发兵之权，两者上下相维，谁都不得专制，此所以130余年无兵变之故。[5]为了保证皇权对军队的绝对控制，宋太祖继续推行制衡体制：宰相机关负责最高行政，枢密院主管军事决策，三衙承担军队管理，任何一方都不得操弄兵权。用宋人的话说就是：“政事归于中书，故外戚不得挠，宦官不得干；兵典以枢密，宰

[1] 陈傅良：《历代兵制》卷8《宋》，张海鹏编：《墨海金壶》第21册《史部》，上海博古斋1921年影印版，第13047、13048页。

[2] 参见张明：《宋代军法研究》，中国社会科学出版社2010年版。

[3] 参见王曾瑜：《宋朝军制初探（增订本）》，中华书局2011年版。

[4] 《宋史》卷162《职官二·枢密院》，第3797—3805页。

[5] 范祖禹：《范太史集》卷26《论曹诵札子》，影印文渊阁《四库全书》本，（台北）商务印书馆1986年版，第1100册，第305页。

相可知之而不可总之；三帅可总之而不可发之；发兵之权归枢密，而枢密置使必置副，欲彼此相制也。”[1]对于地方节度使，宋太祖也在制度上不断加以改造。早在建隆二年（961年）收功臣大将兵权之际，宋太祖就与谋臣定下了“稍夺其权，制其钱谷，收其精兵”的方针，以解决“君弱臣强”的顽症。[2]于是，各地的兵权、财权、行政管理权陆续被收归中央，并确立为制度，遂逐渐瓦解了藩镇割据的基础。[3]通过这些制度建设，宋朝统治者解决了影响统治秩序的最大问题，严密控制兵权也成为赵宋王朝祖宗家法的主要内容之一。

此外，宋太祖对军队的驻防也实行制衡原则。大约半数禁军驻守于京畿地区，其余分布于外地，以互相牵制。宋人称，太祖养兵20万，京师驻10万，各地驻10万。以京师军队足以对付地方，则无外乱；集合四方军队也足以制约京师，则无内变，从而达到“内外相制”的效果。[4]为了防范将领长期统军拥兵自重，宋太祖又实行经常调换主官与部队的“更戍法”，以便“将不得专其兵”。[5]宋太祖在位期间，还推行“荒年募兵”的政策，每当发生重大灾荒时，宋廷都乘机在灾区招募强壮者入伍，既解决了这些人的生活出路，将潜在的威胁预先化解，又扩充了中央的军事实力。宋太祖对此曾颇为得意地说：有利于百代者，唯有养兵，因为在凶年饥岁，只有叛民而无叛兵。[6]由此也可看出，宋朝统治者注重运用制度与柔性的手段，来解决敏感的兵权问题。

---

[1] 罗璧：《识遗》卷1《有国二权》，影印文渊阁《四库全书》本，第854册，第519页。

[2] 《续资治通鉴长编》卷2，建隆二年秋七月戊辰，第49页。

[3] 季子涯（漆侠）：《赵匡胤和赵宋专制主义中央集权制度的发展》，《历史教学》1954年第12期。

[4] 朱弁：《曲洧旧闻》卷9，中华书局2002年版，第213页。

[5] 马端临：《文献通考》卷153《兵考五》，中华书局1986版，第1335页。

[6] 晁说之：《景迂生集》卷1《元符三年应诏封事》，影印文渊阁《四库全书》本，第1118册，第16页。

2. 政务体系的制衡与改造

宋初的收兵权与各项治军举措，无疑是稳定政权的关键一步。但要重建中央集权体制与秩序，仅仅如此还远远不够，还须对政务系统也加以整顿。于是，宋太祖君臣将分权制衡的原则推广到全国行政制度之中。

第一，在五代旧制框架下，宋初对中枢权力机关的事权进行分割，规定作为宰相办事机构的中书掌管最高行政，枢密院掌管军事机要，双方分掌文武，互相制约。当年，宋太祖发现功臣出身的宰相赵普有独断之嫌，便特意在中书又设置副宰相性质的参知政事，以牵制宰相。在枢密院中，也设置枢密使、枢密副使，共同负责。另外，还重用三司使分管财政，到宋太宗朝终于形成了三司掌握最高财权的制度。宋人称：凡政事送中书，凡军事机要送枢密院，凡财货之事送三司，然后奏请皇帝批复后才能施行。[1]中枢机关制衡体制的形成，使政、军、财三项大权分立，最终听命皇帝裁断。虽然这也带来效率降低的副作用，但为了有利于君主集权，宋朝皇帝对此在所不惜。北宋中期的范镇指出："今中书主民，枢密院主兵，三司主财，各不相知。故财已匮而枢密院益兵不已，民已困而三司取财不已，中书视民之困而不知使枢密减兵、三司宽财以救民困者，制国用之职不在中书也。"[2]

与此同时，宋朝沿袭了以往官职与差遣分离的制度。三省六部、九寺五监以及宫廷侍从等中央机构中的各级官职，若没有差遣职事，便成为寄禄官，仅仅标志地位与俸禄的高低，而在各机构中实际行使的职权则由受差遣的官员负责。自宋太祖开国后，

[1] 《续资治通鉴长编》卷31，淳化元年十二月，第708页。

[2] 范镇：《上仁宗乞中书枢密院通知兵民财利》，赵汝愚：《宋朝诸臣奏议》卷46，上海古籍出版社1999年版，第493—494页。

面对大批前朝遗留的官僚、藩镇以及被征服诸国的王公贵族，朝廷既要加以安抚，又不能让他们掌握实权，于是大都授予他们高低不等的寄禄官，豢养起来。各项管理职权则由差遣的“自己人”掌管。史称：“诸司互以他官领之，虽有正官，非别受诏亦不领本司之务。”[1]事实上，通过差遣的方式，皇帝可以任意调动官员，有利于操控任用权，却不至于引发明显的骚动。如此一来，宋朝行政机构出现了诸多机构重叠、名实不符的现象，许多事务要经过繁杂的程序方能解决。北宋官员刘安世讲过当初发生的一段故事：

> 太祖即位，尝令后苑作造薰笼，数日不至。太祖责怒，左右对以“事下尚书省，尚书省下本部，本部下本曹，本曹下本局，覆奏，又得旨，复依，方下制造，乃进御。以经历诸处，行遣至速须数日。”太祖怒曰：“谁做这般条贯来约束我？”左右曰：“可问宰相。”上曰：“呼赵学究来。”赵相既至，上曰：“我在民间时，用数十钱可买一薰笼。今为天子，乃数日不得，何也？”普曰：“此是自来条贯，盖不为陛下设，乃为陛下子孙设。使后代子孙若非理制造奢侈之物，破坏钱物，以经诸处行遣，须有台谏理会此条贯深意也。”太祖大喜曰：“此条贯极妙。”[2]

这里讲的是，宋太祖令后苑作打造一只薰笼，不曾想过程却相当烦琐：旨意下达给尚书省后，尚书省再下到本部，本部接着下给本曹，本曹再下发到本局，然后再逐级上奏答复，再得到皇帝重新下旨批复，继续走一圈程序，才能开工制造，最终完工献上。

---

［1］《宋史》卷169《职官九》，第4029页。

［2］马永卿：《元城语录》卷上，影印文渊阁《四库全书》本，第863册，第366页。

一个制作薰笼这样的琐事，要历经如此繁杂的程序，既浪费时间，又耗费行政资源，难怪皇帝生气。值得玩味的是，听了赵普的解释，宋太祖立即转怒为喜。之所以如此，是因为宋太祖发现烦琐的程序虽未见得合理划算，但长远来看却能发挥防范臣下操弄权柄的效果，而这在当时实在是大有必要。这段记载，真伪已经难辨，反映的情形却符合历史。宋太祖君臣刻意设计的制度，着力于发挥防患未然的制约效果，是对以往权力失控积弊的反制，虽然成本高昂，却有其务实的深意。

第二，以同样原则改造地方机构与官职。宋初，伴随着藩镇事权的瓦解，中央不断向各地派出文臣担任知州、知县，即差遣京朝官取代原来藩镇手下的刺史、县令，并且定期替换，以达到地方完全听命于中央的目的。正如宋人所说："更用侍从、馆殿、郎官、拾遗、补阙代为守臣。"[1]宋太祖甚至表示，即使这些下派的文臣都贪污，其危害也不及一个造反的武将："五代方镇残虐，民受其祸，朕令选儒臣干事者百余，分治大藩，纵皆贪浊，亦未及武臣一人也。"[2]宋代文献还有这样一段记载：开宝后期，武将出身的德州（今山东省德州市）刺史郭贵被调离，国子监丞梁梦升被派来做知州。郭氏走后，他的族人在当地的违法牟利活动遭到梁梦升的惩治。郭贵为了报复，通过正得宠的武官史珪告御状。不料，史珪反映梁梦升欺蔑郭贵"几至于死"时，宋太祖不仅没有治梁梦升的罪，反而立即提拔了他，令其留任。[3]此事从侧面反映出知州取代刺史的新旧交替过程，也说明了宋太祖坚定的决心。改造地方官制的步伐不止于此，宋廷考虑到州郡机构的辖区较大，担心长吏势力坐大，为此专门设置通判一职，与同级

---

[1] 王明清：《挥麈录》"余话"卷1，上海书店出版社2001年版，第220页。

[2] 《续资治通鉴长编》卷13，开宝五年十二月乙卯，第293页。

[3] 《续资治通鉴长编》卷15，开宝七年二月庚辰，第317页。

长官相互牵制。欧阳修讲过这样一个与此有关的故事。宋初收复湖南后，开始在诸州设置通判。此官既非副职，又非属下，故常与知州争权，每每对知州说“我是监郡，朝廷使我监汝”，造成知州为其所制的结果。宋太祖获悉其弊，乃下诏要通判与长吏“协和”相处，凡文书必须共同签署，否则不得施行。从此，纷争稍稍减缓，但州郡长官与通判仍往往不和。有位少卿级别的文官钱昆是杭州人，嗜食螃蟹，曾要求到地方任职，有人问他想到哪个州郡，钱昆回答说：“但得有螃蟹无通判处，则可矣。”至今，世人还以此为例评说知州与通判的关系。[1]

为了加强对新征服地区的控制，中央还派出转运使，掌管辖区州郡的财赋，并对州县官吏进行监督，由此开启了比州郡更高一级的路级建制的先河。宋初统治者对地方割据的防范，可谓用尽心思，甚至拆毁了许多要害地区的州郡城垣，以削弱其抗衡朝廷的资本。

第三，针对唐末五代以来武夫跋扈、文臣受压的局面，宋太祖采取抑制武将的手段，抬升文官的权威，以扭转文官武将关系严重失衡的局面，恢复国家机器与官僚队伍分工运作的正常秩序。

宋初，武人跋扈积习依旧，如自恃有功的蛮横将官王彦昇在任京城巡检时，竟敢夜闯宰相王溥家门，以喝酒为名进行敲诈。[2]各地藩镇欺压文官的现象，更是比比皆是。历史的教训和自身的兵变经历使宋太祖清楚地意识到，过于强势的武将群体不仅是政权的直接威胁，也极大地干扰文官队伍的施政，这都不利

[1] 欧阳修：《归田录》卷2，中华书局1981年版，第31页；《续资治通鉴长编》卷7，乾德四年十一月乙未，第181页。

[2] 《宋史》卷250《王彦昇传》仅记载王溥被敲诈事，第8829页；而王曾《王文正笔录》则称王溥被迫“遗以白金千两”，见《王文正笔录》，影印文渊阁《四库全书》本，第1036册，第268页。

于长远的治国目标。于是，宋太祖在中枢机关恢复文臣应有的角色，确保文官大臣的行政权力不受将帅的干预。像赵普就深受信任，史称“事无大小，悉咨决焉”，[1]薛居正、吕余庆、沈义伦、卢多逊等宰执大臣也先后受到重用，得以放手施政。宋太祖还从中央派出文臣到各地任职，陆续取代原来藩镇手下的部属，恢复地方行政机构的正常运行。宋太祖不仅注意保护文臣，如将骚扰宰相王溥的亲信干将王彦昇逐出京师，不理会宠将史珪对德州知州梁梦昇的诬告，还在太庙之中立碑，告诫后世继承者不得杀戮文臣士大夫与言官，此即所谓著名的“誓碑”。[2]宋朝包容士人的开明政策就此开启，被视为宋朝祖宗之法的重要内容，得到长期奉行。各级将帅与武臣受到有效的控制，回归他们的本来角色，不再拥有军事职能以外的权力。通过这些举措，到宋太祖朝结束时，文武之间失衡的问题基本解决，从中央到地方、从行政到军事的组织运行，也大致趋于正常。

第四，在唐末五代上百年间，法律秩序败坏，不仅滥用刑罚的情况司空见惯，公然残害人命的现象也不少见。如后汉时的藩镇赵思绾，相信迷信说法，喜食活人之胆，常常就着酒水吞食，还公开对人说:“吞此至一千，即胆气无敌矣！”[3]宋初，法纪观念依然淡漠，像著名的词臣梁周翰，本以文章传颂一时，官居翰林学士，却不守规矩，随意用刑。他在任职地方期间，动辄体罚下属，曾因杖杀人命遭到贬官处分。不久，在任绫锦院监官期间，他又对织锦工匠滥施杖罚，将工人打得血肉模糊。宋太祖听

---

[1] 《宋史》卷256《赵普传》，第8932页；《涑水记闻》卷1，第9—10页。

[2] 李心传:《建炎以来系年要录》卷4，建炎元年四月丁亥，中华书局2013年版，第128页；《挥麈录》“后录”卷1，第54—55页。有关誓碑的研究成果颇多，刘浦江《祖宗之法：再论宋太祖誓约及誓碑》则有总结性论述，均肯定了誓碑及其内容的真实性，见《文史》2010年第3辑。

[3] 《旧五代史》卷109《赵思绾传》，第1442页。

闻后，怒不可遏，几乎也要教训他饱尝棍棒的滋味。[1]因此，宋廷开始重视法制建设，以解决长期存在的刑政紊乱问题，恢复法律秩序。建隆四年（963年），宋太祖令窦仪等臣僚编修本朝系统的成文法典——《宋刑统》，颁布天下，“使率土以遵行，国有常科，吏无敢侮”。[2]乾德四年（966年），又对《宋刑统》进行了修订。同时，将死刑的裁定权收归中央，由大理寺、刑部与审刑院共同会审。这就开创了高度重视立法、慎用刑典的传统，影响深远。

第五，在选官制度上，开始重视科举制度。这样不仅可以选拔素养良好的官员，还能将用人的大权收回中央，铲除各种势力干扰的积弊。在宋太祖朝，不仅科举录取人数较以往有所增多，而且固定了“殿试”制度，以示朝廷对举子的荣宠。此外，还对落榜十五次以上的举子予以开恩，让他们以“特奏名”的身份直接参加殿试，开科举特奏名之先例。宋人对这些举措给予高度评价，认为凡有志有才的人，都可以通过科举找到出路，而不必走入歧途，即所谓“故圣朝广开科举之门，俾人人皆有觊觎之心，不忍自弃于盗贼奸宄”。[3]

总之，为了根除长期遗留的积弊，尽快恢复统治秩序，宋太祖统治集团充分汲取以往经验教训，采取了一系列旨在加强中央集权的措施。这些措施的核心精神，是在沿袭旧制的基础上设计并贯彻制衡的原则。换句话说，就是不求立新，而重在防范以往积弊复发。现代著名史学家钱穆先生指出：“专从（宋代）政治制度上看来，也是最没有建树的一环。”“一切因循承袭。有变动的，只是迫于时代，迫于外面一切形势，改头换面，添注涂改地

[1] 《宋史》卷439《文苑一·梁周翰传》，第13003页。

[2] 窦仪：《进刑统表》，《宋刑统》，中华书局1984年版，第5页。

[3] 王栐：《燕翼诒谋录》卷1，中华书局1981年版，第1页。

在变。”[1]这一批评，其实只关注到全新制度不足的方面，却没有留意到其深刻的用心所在。有的学者总结得更为贴切：“以防弊之政，为立国之法。”[2]说到底，这种设计原则体现了极端现实主义与实用主义的特点，也是物极必反下的一种结果。从这一意义上看，后世认为宋太祖施政具有保守性，专注于“防弊”，而开创性不足，不能不说有一定的道理。

3. 初倡崇儒

宋朝建国前的很长一段时间里，统治者一味追逐武力征伐，无暇顾及文化精神领域的建设，正如史家所评说：五代以来，四方多事，君王尚武，无暇向学。[3]数十年间，传统的儒家纲常信念遭到破坏，官员对朝廷的忠诚观念淡漠，武夫悍将敢于犯上作乱，甚至文臣士大夫也随波逐流。如五代时的官僚冯道朝秦暮楚，历仕数朝宰相，史称“事四姓十君”，在当时并不为怪。[4]对于这种传统道德沦丧、世风败坏的状况，宋代史家评说道：“臣弑其君，子弑其父，而缙绅之士安其禄而立其朝，充然无复廉耻之色者皆是也。”[5]此外，社会上还形成强烈的重武轻文的风尚，世人大都以好勇斗狠为能，视“打天下坐天下”为人间常态，从而加剧了社会的动荡。即使缺乏传统教育的宋太祖也深知这种局面的危害，明白树立君臣观念对巩固统治的重要性，因而力图恢复儒家的正统思想及伦理规范，推动世风的整顿与教化，

---

[1] 钱穆：《中国历代政治得失》，生活·读书·新知三联书店2005年版，第67页。

[2] 虞云国：《祖宗之法：在因革两难之间》，《两百年的孤独》，上海书店出版社2010年版，第140页。

[3] 范祖禹：《帝学》卷3《太宗》，影印文渊阁《四库全书》本，第696册，第745页。

[4] 欧阳修：《新五代史》卷54《冯道传》，中华书局2007年版，第613—614页。

[5] 《新五代史》卷34《一行传·序》，第369页。

以巩固统治秩序。

在中国古代，通常来说，当国家开始趋于稳定后，各种建设与治理问题已不能简单用刀枪解决，官员须懂得从政的规矩，并拥有必要的文化知识素养，这属于政治常识。宋太祖完成从武夫到帝王的角色转变后，很快就悟到这些道理，所以在称帝后不久便下令扩修儒家先圣祠庙，亲自为孔子作赞文，并率群臣到国子监拜谒孔庙。建隆三年（962年），宋太祖又下诏对文宣王庙行使一品礼仪，在庙门两侧竖起16支戟，[1]改变了以往孔庙不受重视的状况。[2]宋太祖不仅自己做出表率，广阅经史，而且要求大臣也多读书。据记载，赵匡胤曾对民间教书先生出身的宰相赵普说："卿苦不读书，今学臣角立，隽轨高驾，卿得无愧乎？"赵普听从皇帝指点，从此手不释卷。[3]赵普究竟读过多少书，已无人知晓，据说他主要读的一本书就是《论语》，[4]后世遂讥讽他"半部《论语》治天下"。然而，赵普遵从旨意读书的举动，已表明他在积极参与推动崇儒的路线。宋太祖还要求皇室子弟读经，并提示他们重在从中懂得治乱的道理，对于修辞作文倒不必过分留意。[5]

宋太祖在位中期，每每临朝，群臣讨论国事时，科举出身的文臣日渐显示出优势，言及典章制度建设，大都纵古论今，引经据典。宋太祖感叹："宰相须用读书人。"[6]他说的这句话，自然对臣僚发出了导向性的信号。彼时，就有一位叫卢多逊的朝臣因此受到器重。卢多逊出身进士，不仅饱学，而且博闻机敏，上奏

[1]《续资治通鉴长编》卷3，建隆三年六月辛卯，第68页。
[2]《宋史》卷105《礼八》，第2547页。
[3]《玉壶清话》卷2，第19页。
[4]《宋史》卷256《赵普传》，第8940页。
[5]《涑水记闻》卷1，第20页。
[6]《续资治通鉴长编》卷7，乾德四年五月乙亥，第171页。

多合圣意，故深得皇帝赏识，先后出任知制诰、翰林学士，成为天子近臣。据宋人笔记记载，某次他与赵普同时上殿论事，宋太祖决定将年号改为“乾德”，并得意地称此号自古未有。赵普随之附和称好，卢多逊却冷冷地说此年号伪蜀已用过。宋太祖大惊，当即令人去查，结果确实如此。宋太祖遂勃然大怒，一边骂赵普，一边顺手拿起笔就抹到赵普的脸上。赵普回到家中，整晚不敢洗去墨迹，直到次日上朝得恩准才敢洗掉耻辱印记。[1]这段资料出自百年之后，大可不必全信，不过却从侧面反映了宋太祖对大臣寡学的不满，也反映出科举出身的文臣开始受到重用的事实。

宋太祖对武将也提出了学习儒经的要求：“今之武臣，亦当使其读经书,欲其知为治之道也。”[2]他认为武将同样要学习儒家经典，以理解从政的规矩，懂得君臣道义。宋初，禁军将领为了应对皇帝提及有关军队的问题，都随身携带一截小木棍，将自己掌管的兵员数额写在上面，犹如文臣上朝时携带的记事笏板。胡族出身的武将党进目不识丁，也请人写了这样一根木棍。某日，宋太祖向他询问，党进便双手举起小木棍，答称他带的军人都在那里。赵匡胤目睹此景，觉得此人朴直，就更加信赖他。[3]看来，宋太祖并非十分在意武臣的文化水平，动员他们读书的目的，在于要他们领会并遵循儒家的君臣之道。如此一来，官场风气渐变，昔日那种一味崇尚武力的旧思维逐渐过时。下面这个事例颇能说明问题：宋军在征服后蜀后，武将处置不当，引起四川地方不断造反。开宝五年（972年）冬，宋太祖打算派遣懂军事的文臣前往典军。宋太祖问宰相赵普儒臣中有无武勇兼备者，赵

[1] 叶梦得:《石林燕语》卷7，中华书局1984年版，第99—100页。

[2] 《涑水记闻》卷1，第15页。

[3] 《宋史》卷260《党进传》，第9019页。

普推荐了左补阙、知彭州辛仲甫。于是，辛氏当即被任命为西川兵马都监，改换武职。辛仲甫乃文武全才，虽身为文官，但也武功超群。宋太祖亲自对他进行了测试，对其娴熟的武艺大为赞赏，便允诺以后授给他刺史的官职。辛仲甫却深感遗憾，自称本学先王之道，愿协助皇上建功于尧、舜之上，现逢盛世，皇上仅以武艺测试他，十分委屈。宋太祖只得加以劝勉："果有奇节，用卿非晚。"[1]辛氏只得悻悻地走马军营。从辛仲甫的话中不难发现，此时政坛开始流行崇文抑武的风尚，已与唐末五代明显不同。

宋太祖朝，统治集团总结历史经验教训，意识到唯有恢复并强化儒家的道德规范，重振纲常伦理，才能维系世道人心，并控制社会。因此，宋太祖在政策导向与具体行动上不断推动，崇儒风尚开始形成。北宋中叶人范祖禹对此高度评价道："儒学复振，是自此始，所以启佑后嗣，立太平之基也。"[2]南宋人陈亮更认为，太祖皇帝用天下士人替代武臣，"故本朝以儒立国"，而儒道之振兴，独优于前代。[3]这当然属于后世文人的夸张美化之词。事实上，宋初脱胎于五代，又处于统一四方之时，尚不可能完全以儒立国。[4]宋太祖的意图仍在于一方面调整以往严重失衡的文武关系，力图使文官武将队伍回归各自正常的位置；另一方面，则在落实"可以马上打天下，不可以马上治天下"的政治规则，以尽快结束动乱，恢复君主专制和中央集权统治秩序。由此看来，宋太祖倡导崇儒的宗旨，更大程度上在于将过低的文臣地位提升，以制衡超强的武臣势力，同时提倡儒学中的君臣大义和

---

[1] 《宋史》卷266《辛仲甫传》，第9179页；《玉壶清话》卷1，第10页；《续资治通鉴长编》卷13，开宝五年十二月乙卯，第293页。

[2] 范祖禹：《帝学》卷3《太祖》，影印文渊阁《四库全书》本，第696册，第742—743页。

[3] 《宋史》卷436《陈亮传》，第12940页。

[4] 陈峰：《宋朝开国史与士人的记忆及改造——以宋朝"崇文"气象为中心的考察》，《人文杂志》2010年第5期。

纲常伦理，在思想上解决臣民意识混乱的问题。宋太祖这方面的努力，无疑划清了与五代的界限，也预示着宋朝文治的开端。元代史家在编修的《宋史》中指出："艺祖（宋太祖）革命，首用文吏而夺武臣之权，宋之尚文，端本乎此。"[1]

4. 征伐与善后

宋太祖建国后，在倾力维持内部安定的同时，继承了大一统的传统观念，力图完成统一江山大业。这其实也是历代有为开国帝王所走的必由之路。但如何实现这一目标，宋太祖君臣还是颇费了一番心思。他们经过慎重的考虑，才确定了稳妥的统一方略。

宋初的外部环境，大体上呈北强南弱的态势：南方各地的后蜀、荆南、马楚、南唐、吴越、南汉以及闽国等割据政权，军事实力大都较弱，且彼此对立争斗，但经济上相对富裕；盘踞河东的北汉虽地盘不大，物质基础薄弱，但军队的战斗力却不容小觑，加上辽朝势力已深入长城以内的幽云地区，并与北汉结成同盟，从而在北部形成强大的军事威胁。面对如此形势，宋太祖先后征求了宰相魏仁浦和宿将张永德等人的意见。他们都反对先向北方用兵，理由是北汉虽小，但军队强悍，又有契丹的支持，征讨难以迅速奏效。当年，还有宋太祖雪夜突然造访枢密使赵普家的故事，他们在酒席间讨论出兵北汉的问题。赵普也主张先南下削平各国，再行北伐。[2]于是，宋太祖君臣敲定了"先南后北"的统一方略，先出兵南征，待平定南方地区后，再集中人力物力讨伐北汉与辽朝，收复幽云十六州，最终恢复汉唐时期的疆域。

---

[1] 《宋史》卷439《文苑传·序》，第12997页。

[2] 《宋史》卷256《赵普传》，第8932页。

［明］刘俊《雪夜访普图轴》故宫博物院藏

从这一方略确立的过程来看，宋太祖君臣显然汲取了以往的教训，认为周世宗没能处理好内部治理与北伐的关系，以致虽然大举北伐进展顺利，却终因祸起萧墙而亡国，所以选择与周世宗不同的路线。宋太祖认为，先与强敌角逐高下要承担巨大的风险，尤其是内忧无穷，秩序未稳，只能先易后难，采取稳妥推进的方式。说到底，这是一种求稳惧乱的设计方案，反映了宋太祖凡事务实、缺乏冒险精神的特点。对此，后世有人指责他缺乏周世宗的气概，在解决统一的问题上过于保守，丧失了最佳的北伐时机。[1]这些议论是否成立，只能说是见仁见智。

从乾德元年（963年）初开始，在“先南后北”统一方略的指导下，宋朝不断派出大军南征。那些安逸已久的君王国主，只有招架之功，全无还手之力。其中，昏庸的南汉国君刘铱，以为宋朝大军是为自己的珍奇异宝而来，就提前付之一炬；[2]痴迷填词吟诗的南唐后主李煜，天真地派出口才一流的辩士赶赴开封，幻想说服宋朝皇帝。但这一切都是徒劳，宋太祖一句“卧榻之侧，岂容他人鼾睡”，[3]便令他们手足无措。在征讨过程中，宋太祖倒是十分留意兵燹的后果，告诫将帅不得大肆杀戮抢掠，并做好善后安抚事宜。在首先对荆南地区用兵期间，主帅慕容延钊纵容部下抢掠，这在五代乱世本是常情，但负有监军职责的枢密副使李处耘遵照旨意，对违法军兵予以惩处。慕容延钊自恃与宋太祖关系深厚，遂诬告李处耘。当时的赵匡胤还不愿得罪这位宿将，只得违心地将李处耘贬官处理。[4]当宋军剿灭后蜀政权后，

[1] 王夫之：“宋祖有志焉，而不能追惟王朴之伟论，遂绌曹翰之成谋，以力敝于河东，置幽、燕于膜外，则赵普之邪说蛊之也……惜哉！其不遇周主，使不得试樊爱能之欧刀也。”《读通鉴论》卷30《五代下》，中华书局1975年版，第940页。

[2] 《宋史》卷481《南汉刘氏》，第13927页。

[3] 《续资治通鉴长编》卷16，开宝八年十一月己巳，第350页。

[4] 《宋史》卷257《李处耘传》，第8962页。

将领们又带头烧杀抢掠，虽然他们出师立功，宋太祖这次却不再宽容，将主帅王全斌以下一批武将贬官惩处。[1]到征伐最富裕的南唐国时，宋太祖特意选择了为人谨慎的曹彬为统帅。曹彬与诸将临行前，赵匡胤不仅一再告诫他们要避免杀戮，还特别赋予曹彬可斩杀副将以下将士的尚方宝剑，因此在兵入建康城之际，市井所受破坏有限。[2]

尤为令后世称奇的是，对被征服政权的亡国之君及其宗族、高官，宋太祖没有大开杀戒，而是将他们迁到京城开封，给予各种名义上与物质上的优厚待遇，一律豢养起来。灭后蜀后不久，宋太祖就下令在京城内修建拥有五百间房屋的大宅第，安置后蜀国君孟昶及其家人。孟昶抵达开封，被授予秦国公及开府仪同三司、检校太师等官爵。南汉国君刘𬬮一行被押送至京师，被赐予恩赦侯及金紫光禄大夫、检校太保等头衔以及府邸。南唐后主李煜举族被迁往汴京定居，宋廷授予他违命侯及右千牛卫大将军、检校太傅等头衔，其子弟也获得环卫大将军、将军之类名义官衔，同样获赐宽大的府第。其余被征服的亡国之君，情形大体与此类似。宋太宗初年主动纳土归顺的吴越王钱俶、福建漳泉地区的陈洪进及其家族，受到更大的优待。至于这些被征服政权的旧臣，也大都获得高低不等的官衔，其中一些人在宋朝依旧活跃。如南唐大臣张洎在宋太宗朝官至参知政事的高位，徐铉则以过人的文采受到朝野的推崇。[3]总而言之，宋朝通过这种怀柔安抚的方式对待各个亡国的君臣，令他们安然终老。[4]

---

[1]　《续资治通鉴长编》卷8，乾德五年正月甲寅，第187页。

[2]　《续资治通鉴长编》卷15，开宝七年十月丙戌，第324页。

[3]　《宋史》卷267《张洎传》、卷441《文苑三·徐铉传》，第9208—9215、13044—13049页。

[4]　《宋史》卷119《礼二十二》，第2796—2799页；《宋史》卷478《南唐李氏》、卷479《西蜀孟氏》、卷480《吴越钱氏》、卷481《南汉刘氏》、卷482《北汉刘氏》、卷483《湖南周氏》《荆南高氏》《漳泉陈氏》，第13853—13966页。

值得一提的是，多愁善感的李煜在汴京度过了余生。在这几年里，他时常追忆昔日的君王生活，伤感与追悔交织，写下了许多哀婉凄凉的诗词，诉说亡国破家之痛，就此在文学艺术上留下不朽的声名。如著名的词篇《虞美人》写道："春花秋月何时了，往事知多少。小楼昨夜又东风，故国不堪回首月明中。雕栏玉砌应犹在，只是朱颜改。问君能有几多愁，恰似一江春水向东流。"说起来，自古征服者在成功后通常都采取"灭国毁祀"的做法，对被剿灭政权的亡国君主大开杀戒，以绝后患。如秦始皇灭六国后，诛杀诸国国君；项羽入关后，杀死了前来归降的秦王子婴；刘裕篡位后，指使手下扼杀东晋末代皇帝司马德文；朱温登基后，将被废为济阴王的唐哀帝毒死；等等。李煜能苟延性命，还可以衣食无忧地在深宅大院里发牢骚，已属幸运。

宋太祖的做法偏就不同往昔。他在兵变称帝之际，下令对周世宗的后代加以保护，并给予王爵与延续祭祀的优厚待遇。[1]《水浒传》中有关"小旋风"柴进家有"铁券丹书"的故事，即源于此。赵匡胤厚待柴氏子孙，如果说与他的愧疚心与宽容性情有关的话，已大不同于前后代的帝王，而在消灭其他割据政权后，更进一步豢养所有亡国君王及其宗族、大臣的手法，实在不能不说是史上少有。有这样一段记载更能说明问题。一日，宋太祖游宫中的讲武池，其他人还没到，刘铱就先来陪同，宋太祖于是赏赐他一杯酒。刘铱疑心这是赐死的毒酒，不敢喝，而且还哭了起来，称他作一个大梁布衣足矣，希望皇上留下他的一条性命。宋太祖听罢，觉得好笑，便取过所赐之酒一饮而尽，另外再赐酒一杯。[2]刘铱的担心，并不为过，因为前代以类似方式鸩杀

---

[1] 《续资治通鉴长编》卷1，建隆元年正月甲辰，第3页；《宋史》卷119《礼二十二》，第2796—2798页；陆游：《避暑漫抄》，陆楫编：《古今说海》说纂丁集，上海文艺出版社1989年版，第8—9页。

[2] 《宋史》卷481《南汉刘氏》，第13928—13929页。

亡国帝王的例子太多，可宋家天子就是与众不同。其实，这种善后方式既体现了宋朝前所未有的包容气度，也是通过怀柔方式安抚新征服地区形势的上佳选择。

到开宝九年（976年）时，宋朝已先后剪灭南方的荆南、马楚、后蜀、南汉、南唐等小王朝，并迫使吴越政权及割据福建漳泉地区的势力走到归顺的边缘。应当说，第一步的“先南”计划取得了预期的效果。在此期间，宋太祖也并非机械地执行“后北”的部署，曾两度对北汉发动试探性的进攻，遭到顽强抵抗后，只得收兵。对于辽朝控制的幽云十六州，宋太祖还考虑过优先采用经济赎买的方式获取，其次才是运用武力手段解决。[1]不过，由于事关重大战略意义，辽统治者不可能放弃长城以南地区，也自然不会割舍与北汉结盟抗衡宋朝的关系，因此彼此的冲突在所难免。宋太祖不得不从现实出发，继续将统一行动的重心放在南方，同时尝试缓和与辽的紧张关系。开宝七年（974年），宋廷主动派遣使臣出使辽朝，辽也派地方官“与宋议和”。[2]此后，宋辽使臣往来逐渐频繁，还互致国书、礼物，双方关系一度缓和。[3]另外，值得提到的是，对自五代已在西南边疆建立起来的大理政权，宋太祖采取了默认的态度，后世遂有“宋挥玉斧”之说。宋朝统治者大概亦认为边荒之地，无关内政外交要害，就不愿为之耗费过多精力。遗憾的是，尚未到真正实施第二步“后北”的北伐阶段，宋太祖就突然死去，原定的统一方略暂时

[1] 宋太祖曾设立封桩库，储积金帛，并告诉近臣：此库金帛是专用于向辽朝赎买燕云地区，如果遭到拒绝，再以此项经费支持武力收复行动。有关记载见于《续资治通鉴长编》卷19，太平兴国三年十月乙亥，第436页。

[2] 脱脱：《辽史》卷8《景宗纪上》，中华书局1974年版，第94页。

[3] 《续资治通鉴长编》卷16，开宝八年三月己亥、七月庚辰、八月壬戌，第337、343—344页；《宋史》卷3《太祖纪三》，第44—46页；《辽史》卷8《景宗纪上》，第94—95页。参见傅乐焕：《宋辽聘使表稿》，《辽史丛考》，中华书局1984年版，第181—182页。

停顿。

从宋太祖时代的统一方略及其实施过程来看，其稳妥的军事征伐计划与怀柔手段，的确收到很大的实效，大致完成了预定的第一阶段目标。同时，对外战争也没有影响到内部的整顿，可谓以尽可能小的代价换取了尽可能大的回报，从而为以后的宋统治集团提供了启示与经验。

三　宋太宗朝的专制统治与路线转变

宋太宗继位以后，进一步强化集权体制建设，追求皇权专制独裁政治。当两次北伐辽朝失败后，他又调整王朝的发展目标，确立了重内轻外与崇文抑武的治国理念，开始推崇“文治”路线。宋太宗朝所形成的统治模式，完成了宋朝立国架构的设计，对以后的统治者产生了重大影响。

1. 北伐与转身

开宝九年（976年）冬，时年五十岁的宋太祖突然死于宫中。据宋朝官方记载，宋太祖是因病而死，但学界研究的结论基本肯定他是被其弟——晋王赵光义谋害。[1]赵光义登基，即宋太宗。宋太宗在位初期，大致沿袭了以往的治国思路，一方面继续巩固中央集权，另一方面着手完成统一大业。

在宋太祖朝，赵光义官居开封府尹，封晋王，班序位列宰相之上。他的地位确实很高，但与继承皇位无缘，因为按照西周以来的宗法制继承传统，当帝王有子嗣时，帝王的兄弟一般很难承袭大统。宋太祖有两个儿子，即赵德昭、赵德芳两兄弟，其中赵德昭在宋太祖健在时已成人。[2]宋太祖之所以生前没有明确儿子

[1] 参见吴天墀：《烛影斧声传疑》，《史学季刊》1941年第1卷第2期；邓广铭：《宋太祖太宗皇位授受问题辨析》，《邓广铭治史丛稿》，北京大学出版社1997年版，第475—502页。

[2] 《宋史》卷244《宗室一·燕王德昭传》《宗室一·秦王德芳传》，第8676、8685页。

[宋] 佚名 宋太宗像 台北故宫博物院藏

的太子名分，大概是感觉自己尚在强壮年岁，没料到会发生意外。不管怎么说，宋太宗通过特殊手段登上帝位，虽然打出遵从母后临终遗言的理由——帝位在兄弟间传承，赵匡胤也欣然接受，即所谓“金匮之盟”，[1]然而面对皇兄诸子和百官，宋太宗的内心并不可能坦然。可以说，君臣相见，彼此内心不能不怀有某种微妙的感觉。因此，宋太宗急于建立超越以往的功业，树立崇高威望，以震慑群臣。昔日，唐太宗便是谋杀太子，逼迫父皇退位，然后登上帝位。不过，唐太宗因取得赫赫功业，群臣都为之折服，故不仅统治稳定，还名垂青史。宋太宗称帝时，宋朝的内部整顿已初见成效，难有大的作为，唯有一统江山的大业尚未完成，于是，他便将主要精力放在这方面。天遂人愿，到太平兴国三年（978年）四、五月间，也就是宋太祖故去仅一年半多，漳泉地区的陈洪进、吴越王钱俶自知穷途末路，先后纳土归顺，南方完全纳入宋朝版图。至此，北伐成为对外用兵的唯一目标。可以说，一旦宋朝征服北汉并收复沦陷数十年的幽云十六州，既可以彻底改变北部受到巨大威胁的被动局面，恢复传统大一统疆域的格局，又能让宋太宗获得空前的威望，享受唐太宗一样的英名。因此，原定第二阶段的“后北”计划，自然迅速被提到议事日程上。

在太平兴国三年（978年）年底，宋太宗君臣已筹划征讨北汉的方案。翌年初，宋太宗亲征北汉，大将潘美、崔彦进及崔翰以下诸将分别领兵进发，皇弟齐王赵廷美与众多大臣也陪同出征。在宋朝大军的猛烈围攻下，北汉防线很快瓦解，太原城暴露在宋朝大军的攻击之下。当日，攻城射手昼夜射击，数百万箭簇“顷刻而尽”，太原城头飞矢如雨。与此同时，宋军吸取前车之鉴，以名将郭进率部预先在石岭关设伏，专门对付辽朝的援军。石岭关位于今山西阳曲县东北两山之间，形势险要，为太原

[1] 《涑水记闻》卷1，第9页。

城以北的门户锁钥，历来为北方游牧势力南下的必经要道。当契丹增援大军抵达后，郭进依险阻击，大败对手，断绝了北汉的外援。[1]五月初，太原终于被攻陷，北汉末代皇帝刘继元出降，北汉名将杨业也被劝降。当战火硝烟逐渐散尽时，宋太宗在扈从的陪伴下踏入敌国都城，兴奋之下，写下《平晋诗》和《平晋赋》等诗文。[2]

从周世宗到宋太祖的二十几年间，北汉始终没能攻克，一直在北面威胁汴京的安全，宋太宗第一次出征就取得如此战果，自然极大地满足了他的成就感。在一派胜利的欢呼声中，宋太宗受到强烈的鼓舞，于是不顾许多文臣武将的反对，随即做出继续北伐，攻打辽朝的决定。同年六月，宋太宗亲率十多万大军从镇州（今河北省正定县）向北进军，辽朝许多地方官与守军或望风而逃，或开门投降。到七月，宋军已至幽州（今北京市）城下，对它形成包围态势。当时，宋辽双方会战的兵力对比为十五万对五六万，[3]宋朝占据明显优势。然而，战场形势随后却发生了转变。辽军依托经营已久的幽州城及周边防线，以逸待劳，展开反击，宋军经过半年多的战斗，已疲惫不堪，呈现强弩之末态势，于是攻势受挫。据记载，当战场形势紧张之际，宋太宗一度不见所踪，一些将帅曾有策划拥戴随征的赵德昭称帝的举动，[4]可见当时局面之混乱。七月上旬，宋军在高梁河（今北京市西直门外一带）遭到辽军名将耶律休哥、耶律斜轸所部的突然猛攻，阵势大乱，军需物资丧失殆尽，遂惨败而归。[5]据说宋太宗也大腿中

---

[1] 陈峰：《宋初名将郭进事迹述评》，《西北大学学报》（哲学社会科学版）2002年第1期。

[2] 《续资治通鉴长编》卷20，太平兴国四年五月己丑，第453页。

[3] 参见漆侠：《宋太宗第一次伐辽——高梁河之战》，《河北大学学报》（哲学社会科学版）1991年第3期。

[4] 《续资治通鉴长编》卷20，太平兴国四年八月甲戌，第460页。

[5] 《辽史》卷9《景宗纪下》、卷83《耶律休哥传》《耶律斜轸传》，第102、1299、1302页。

箭，顾不上随驾嫔妃的死活，狼狈逃遁。[1]第一次北伐行动到此结束。

宋太宗撤军后，紧急调整了对辽的军事部署，在河北前线要地驻扎重兵，以防范对方的进攻。同年九月，辽景宗果然派兵大举南攻，但由于宋军早有防备，辽军在满城（今河北省保定市满城区）大败而归。[2]此后，双方还发生过多次交战，互有胜负。看到辽军并非不可战胜，宋太宗很快恢复了信心。宋太宗认为之前失败的原因主要在于出兵仓促，准备不足，因此没有放弃继续北伐的打算。到太平兴国七年（982年）九月，辽景宗死，年仅12岁的辽圣宗即位，萧太后摄政。消息传到宋廷以后，一些边将感到有机可乘，不断上奏要求进军幽州。宋太宗采纳了这一主张，再度筹划北伐之事。[3]

经过数年的准备，雍熙三年（986年）初，宋太宗不顾许多臣僚的反对，绕开中书宰执大臣，通过枢密院直接下达命令，调遣三路大军北伐。根据宋太宗对诸将的指示和他以后给赵普的手诏可知，这次北伐的战略部署为：东路主力十万大军“持重缓行”，以吸引辽主力于幽州（辽朝南京）城下；中路军兵出飞狐口（在今河北省涞源县北）北上，阻隔辽幽州与辽西线的联系；西路军则乘机攻取辽西京（今山西省大同市）及周围地区；然后中、西两路大军会合，从侧后翼进攻，配合东路军围攻幽州，最终逐辽朝于长城以外，收复整个幽云地区，“恢复旧疆”。[4]这一作战部署看似稳妥周全，与上次贸然进攻幽州不同，然而前提却

[1] 王铚：《默记》卷中，中华书局1981年版，第20页。

[2] 《续资治通鉴长编》卷20，太平兴国四年九月丙午，第462—463页；《辽史》卷74《韩匡嗣传》，第1234页。

[3] 《续资治通鉴长编》卷27，雍熙三年正月戊寅，第602页；《宋史》卷463《外戚上・贺令图传》，第13540页。

[4] 《续资治通鉴长编》卷27，雍熙三年四月乙卯、五月丙子，第612、617页。

是自以为契丹国主年幼，母后专权，宠幸用事，军民不满。[1]其实这样的前提纯粹建立在对女性偏见的基础上，实际情况恰恰相反，萧太后是一位手段高明的政治家。她主政后改革以往积弊，缓和上层矛盾，提升了国力。面对宋朝可能发动的北伐，辽统治者早有充分的准备，宋军一开始行动，辽便迅速做出迎战部署，萧太后与辽圣宗还亲自率后援军队赶赴幽州前线，坐镇指挥。[2]

当年三月初，曹彬率宋东路军北上，攻克辽涿州（今河北省涿州市），兵临幽州城南。与此同时，田重进率部出飞狐口，招降辽蔚州（今河北省蔚县）。潘美率宋西路军也进军顺利，迫使辽寰州（在今山西省朔州市）、朔州（今山西省朔州市朔城区）、应州（今山西省应县）投降，进而攻陷辽西京。[3]一时形势看起来对宋军非常有利。但辽军骑兵灵活出击，宋东路军主力疲于应对，粮道又受阻，只得暂时退师解决给养，从而延误了战机。当曹彬再度北上时，辽各路援军已云集前线。双方会战，宋军败退，辽军则穷追猛打，宋军一时混乱不堪，“无复行伍，为敌所蹑”。[4]五月初，宋东路军撤到岐沟关（在今河北省高碑店市）以北时，再度被辽军打败。曹彬率残部南渡巨马河（在今河北省保定市徐水区、雄县及霸州市以北一带）时，又遭到耶律休哥所率辽军的攻击，死伤不计其数，“人畜相蹂践而死者甚众”，最终大败而归。[5]消息传到朝堂后，宋太宗只得下令其余两路立即

[1]《续资治通鉴长编》卷27，雍熙三年正月戊寅，第602页。

[2]《辽史》卷11《圣宗纪二》、卷83《耶律休哥传》《耶律斜轸传》，第120、1300、1302页。参见漆侠：《宋太宗雍熙北伐——宋辽战争研究之二》，《河北学刊》1992年第2期。

[3]《辽史》卷11《圣宗纪二》、卷83《耶律休哥传》《耶律斜轸传》，第120、1300、1302页；《宋史》卷5《太宗纪二》、卷258《曹彬传》《潘美传》、卷260《田重进传》，第77—78、8981、8993、9024页。

[4]《续资治通鉴长编》卷27，雍熙三年四月乙卯；《宋史》卷258《曹彬传》，第8982页。

[5]《续资治通鉴长编》卷27，雍熙三年五月庚午；《辽史》卷11《圣宗纪二》、卷83《耶律休哥传》，第122、1300页。

回撤。然而，这两路宋军的撤退也不顺利，因为辽军主力在东线大胜后已迅速西进，会同西线守军展开追击，田重进损失少量士卒后，才退回定州（今河北省定州市）。六月间，潘美与副帅杨业率军掩护云、应、寰及朔州民众内迁，受到辽军的追打，形势异常危急。杨业提出利用地形设伏，遭到潘美拒绝，监军王侁、刘文裕逼迫杨业出战，以掩护大军逃奔，结果一代名将兵败被俘。[1]至此，轰轰烈烈的第二次北伐彻底失败。

宋军从六月全面撤退后，宋太宗紧急调派一批宿将及亲信分赴前线要地，依托沧州（今河北省沧州市）、霸州（今河北省霸州市）、雄州（今河北省雄县）、贝州（今河北省清河县东）、定州和代州（今山西省代县）等重镇，屯驻重兵，以防备辽军南下。[2]等到形势稍缓下来，这场战争的后遗症逐渐显现：惨败的结果给宋朝统治集团上层带来了严重的恐慌心理，宋太宗完全失去北伐的信心，对曾经的企图深表追悔。史称北伐失败后，宋太宗对枢密院大臣表示"推诚悔过"，对开国元老赵普的批评也表示理解。[3]宋太宗有这样的举动，说明他已放弃了收复幽云的战略构想。随后，宋廷推行全面防御的战略，继续调整部署，在对辽前线采取分区与重点驻防相结合的原则，大致在河北构建两道防线：第一道防线沿巨马河布军，重点在霸州、雄州、遂城（今河北省保定市徐水区）、保州（今河北省保定市）等要地；第二道防线以沧州、莫州（今河北省任丘市）、高阳关（今河北省高阳县东）、定州为重镇，构成前后支撑体系。河东北部多山，地势复杂，相对易守，因此主要以代州、太原为两层防线。不久，沧州地方官何承矩提出一套利用和改造河北沿边河塘的建议：从

[1]《宋史》卷272《杨业传》，第9304—9305页；《辽史》卷11《圣宗纪二》、卷83《耶律斜轸传》，第123、1302—1303页。

[2]《续资治通鉴长编》卷27，雍熙三年六月戊戌、七月壬午，第618—620页。

[3]《续资治通鉴长编》卷27，雍熙三年六月戊戌、五月丙子，第618、617页。

顺安砦（今河北省容城县北）以西引易河水，挖渠导流向东注入大海，以形成东西长三百余里，南北宽数十里的河塘地带，既能阻挡契丹骑兵的冲击，也可开展屯田，种植稻谷；从顺安砦西抵太行山的百余里无水地带，则选派精兵据险防守。[1]这一方案很快被采纳，实施后在前线形成水网地带，一定程度上弥补了河北平原无险可依的地形弱点，也可称之为"水长城"。不过，在秋冬枯水、封冻季节，其作用就基本消失，故无法从根本上解决失去长城带来的国防困境。

宋太宗全面防御战略的确立，成为北宋历史的一个重要转折点，标志着宋朝告别之前的发展路径，开始转身，走向另一条道路。这当然是一种无奈的选择。宋统治者从此眼光向内，停止了开疆拓土的活动，国防战略由积极进攻转向消极防御。再从处理内政与外交的关系上看，宋太宗转而采取了"守内虚外"的理念，[2]其实就是所谓的"攘外必先安内"。于是，追求内部统治稳定和"文治"功业成为最高目标，边防则退为次要议题，历史上高度重视和依赖军事武力的传统就此发生转变，强军强国的意识消退。

宋太宗原本指望通过北伐建立盖世功业，接连碰壁受挫后，心灰意冷，从此对边防持消极态度。据记载，宋太宗君臣多次讨论对外用兵的议题，最终都得出维持现状的结论。如端拱（988—989年）初，御辽前线形势一度紧张，宋太宗要求文武群臣提出对策。宰相李昉引述汉唐议和故事，建议委曲求和，以"弭兵息民"。[3]不久，朝臣田锡又上奏批评主动用兵，认为"欲

---

[1] 《宋史》卷273《何继筠传附何承矩》，第9328页。

[2] 宋太宗"守内虚外"的理念，学界已有论述，参见漆侠：《宋太宗与守内虚外》，《宋史研究论丛》第3辑，河北大学出版社1999年版，第1—17页。

[3] 《宋史》卷265《李昉传》，第9137页。

理外，先理内，内既理则外自安”。[1]淳化四年（993年），宋太宗与宰臣吕蒙正又谈到战争议题，吕蒙正以隋唐皇帝为例，认为隋唐两朝数十年间，四次讨伐高丽，民不堪命，结果隋炀帝时遭全军覆灭，唐太宗亲自指挥作战，也无功而返，因此治国的关键在于内修政事，唯有如此才能边境安稳，“则远人来归，自致安静”。宋太宗当即表示赞同，又对以往的伐辽战争表达了追悔之意。[2]由此可见，宋太宗君臣已达成共识，从历史教训与“弭兵息民”两方面，为“守内虚外”理念找到堂皇的理由。这也成为宋朝祖宗之法的要义之一，对以后的继承者带来了深远的影响。

2. 宋太宗的心思与统治风格

宋太宗本属工于心计之人，谋划篡位成功后，唯恐臣下不服，故猜忌心极重。同时，他自视甚高，想获得明君的名声，所以又需要臣僚的认同。这种复杂矛盾的心理，造成他一方面作风专断，毫不留情打压异己，另一方面喜好表现，以至事必躬亲，在治国理政上凸显出强烈的个人色彩。

宋太宗在即位之日，就通过赦书向天下表示：“先皇帝创业垂二十年，事为之防，曲为之制，纪律已定，物有其常。谨当遵承，不敢逾越。”[3]这段话表达的核心意思，是要继承宋太祖“事为之防，曲为之制”的原则，也就是为了巩固统治，设计各种规则，防患未然。宋太宗继续发扬这一精神，自然还有一番用意，那就是防范宗室、百官对自己得帝位的不满。宋太宗对带兵将帅尤其担忧，第一次北伐幽州期间，部分将领企图拥戴太祖之子赵

---

[1] 《续资治通鉴长编》卷30，端拱二年正月乙未，第678页。

[2] 《宋史》卷265《吕蒙正传》，第9147页；《续资治通鉴长编》卷34，淳化四年十一月甲寅，第758—759页。

[3] 《续资治通鉴长编》卷17，开宝九年冬十月乙卯，第382页。

德昭即位的事件，更加剧了他对武将的猜忌。宋太宗在对外征战中无法有所建树，被迫收缩目标，就将满腹的心思放在内部建设上，严密控制军政体系，倾力维护自己的统治，并重用文官士大夫，追求文治的成就。

起初，宋太宗用“金匮之盟”为自己称帝正名，后来却发现隐患重重，因为胞弟秦王赵廷美与太祖之子也享有合法继承权。于是他要想尽办法消除这一隐患，确保将皇位顺利传给自己的后嗣。在第一次亲征北伐结束后不久，宋太宗逼赵德昭自刎；一年多后的太平兴国六年（981年）三月，宋太祖另外一个儿子赵德芳也莫名死去。同年九月，宋太宗起用赋闲已久的老臣赵普，合谋设计迫害秦王。翌年三月，宋太宗制造了秦王赵廷美谋反的冤案，将其流放到荒凉的房州（今湖北省房县）。雍熙元年（984年）初，赵廷美在监管地惊惧而死。[1] 与此同时，对武将的整顿、清洗也已完成，将帅都受到宋太宗的有效钳制。宋太宗还亲自对禁军自都指挥使至百夫长在内的各级军官进行考核，或升或降。因为人数太多，此次考核前后耗时一个月。值得注意的是，他升降武臣的最主要标准，在于武臣是否具有“循谨”的特点，而“武勇”则次之，也就是说对武将的要求重服从、守规矩，轻果敢、进取。这次活动，也开创了宋朝皇帝直接考核罢黜将校的制度。[2]

宋太宗猜忌武将，重用和依赖文臣；明智的将帅自然心知肚明，只能表示服从，甚至故作姿态加以响应。如位居枢密使的大将曹彬，在京城街市上若与士大夫相遇，就主动让自己的马车退避让路。这种过于谦卑的举动虽大可不必，却赢得上下的好

[1] 《宋史》卷244《宗室一·魏王廷美传》《宗室一·燕王德昭传》《宗室一·秦王德芳传》，第8667—8668、8676、8685页。

[2] 《续资治通鉴长编》卷25，雍熙元年二月壬午，第573页。

感。[1]如此一来，武将群体呈现循规蹈矩甚至无所作为的状态。像曹彬、潘美等曾取得剿灭敌国战绩的将领，在第二次北伐中却表现失常，即与此有一定的关系。清初学者王船山敏锐地指出了这一点：曹彬谦谨而不居功，是为了避免擅权之嫌；潘美陷杨业于死地而不肯救，是为了避免功高之嫌。如此用兵，“无有不败者矣”。[2]话说得虽有些尖锐，倒也不无道理。

其实，宋太宗虽然重用文臣，却不愿放手让他们任事，而习惯于乾纲独断。从他任用的宰执大臣来看，大都属于顺从之流，而且在位时间也不长。其中，赵普一改昔日强硬的风格，唯以迎合为能事；宰相李昉也是谨小慎微，“小心循谨，无赫赫称”；[3]参知政事贾黄中更是遇事回避，被称为“专务循默，无所发明”，以至连宋太宗也觉得过分，指责这位胆小的高官过于小心，不合大臣之体。[4]其余如宰臣吕蒙正之类，也都以循规蹈矩著称。就任期而言，赵普从太平兴国六年（981年）九月到太平兴国八年（983年）十月，任宰相仅两年多就罢相，端拱元年（988年）二月复出，仅两年时间再度罢相；吕蒙正同样两次出入相位，都不过两年时光。这反映出宋太宗独断专权的特点。当时，唯有张齐贤、寇准稍有作为，但也进出无常。王船山对此评说道，自雍熙以后，宰相、参知政事与枢密院大臣，“乍登乍降”，犹如在一盘棋局中被随意挪动的棋子。[5]可见宋太宗将君主专制的原则发挥到了极致，因此在政治上日趋保守。

宋太宗在晚年总结称，他从做皇帝之日起，多年来没有一天

[1]《宋史》卷258《曹彬传》，第8982页。

[2]《宋论》卷2《太宗》，第35页。

[3]《宋史》卷265《李昉传》，第9138页。

[4]《宋史》卷265《贾黄中传》，第9160—9162页；钱若水著，燕永成点校：《宋太宗实录》卷76，甘肃人民出版社2005年版，第157页。

[5]《宋论》卷2《太宗》，第46页。

不是在鸡鸣时就起来决断大政，纵使百司机构中的庶务，虽细微末节，也常亲自过问。[1]他说的话，大致属实，这种事无巨细都要过问的风格，令臣僚难有作为。于是，官员们遇事多请皇帝裁断，有时也不免出现一两件可笑的事来。如淳化四年（939年）十月的一天，京畿境内有人闯入登闻鼓院擂鼓，申诉家奴丢失了自己的一头猪，官员按惯例将此事逐级反映到宫中。宋太宗看了诉状，感到又好笑又可气，但官员们如此照章办事，他也无法指责。他只得对上朝的宰臣说：像丢失一头猪之类的小事都要皇帝亲自处理，着实可笑。不过通过解决此事，倒也可以使四方无冤屈的人。随后，他传旨赐给申诉者1 000文钱，以弥补损失。[2]可笑归可笑，但凡事都有两面性，宋太宗如此问政，也有勤政的效果，官僚们不敢胡作非为，可以保证朝政不会偏离到乱了规矩的地步。所以，这一时期，内政没有发生大的震荡，对经济社会的稳定发展不无益处。

3. 宋太宗的文治追求

宋太宗在对外征战中接连碰壁，只得转而追求文治，于是文官日益受到重用。说起来，宋太宗对文臣士大夫的偏好，最初大概是出于放心的缘故。还是王夫之对当时形势的分析深刻："宋所忌者，宣力之武臣耳，非偷生邀宠之文士也。"[3]当然，文官并非都是偷生邀宠之流，不过"秀才造反，十年不成"的话还是有些道理，帝王最谙熟其理。到文官群体逐渐成长起来以后，宋太宗除了控制之外，也更加依赖他们，遂不遗余力施展笼络手段。

[1]《续资治通鉴长编》卷38，至道元年十二月丙申，第824页。

[2]《续资治通鉴长编》卷34，淳化四年十月丁丑，第757页。

[3]《宋论》卷2《太宗》，第37页。

观察宋太祖与宋太宗对待士大夫的态度，可以发现既有连续性，程度也有所不同。当代西方学者就指出："（宋太祖）并非出于偏爱而将士大夫单独挑选出来，但是他创造了形势和先例，这些形势和先例能够部分解释为什么他的继任者太宗的确提高了士的利益。"[1]

宋太宗在位期间，通过各种方式表达崇儒重文。他曾先后三次率群臣拜谒文宣王庙，[2]而仅去过一次代表武人精神的武成王庙。[3]这虽属表面的礼仪活动，却显示出他对儒学的高度尊崇。宋人李攸在撰写的《宋朝事实》卷3《圣学》中称："太宗笃好儒学。"他举例说：太宗阅览兵书《阴符经》后，感叹此书讲的都是诡诈技巧，无益于良善，容易诱发奸雄之志；在谈到《道德经》一书时，则表示"王者虽以武功克敌，终须以文德致治"。这就明确向朝野表达文治高于武功的价值定位，也是肯定士大夫作用的一种宣示。

宋太宗即位不久，亲自主持科考，录取进士、诸科及特奏名500多人。不仅录取人数大大超过以往，宋太宗还对他们超等任官，甚至连大臣都觉得过分，他却全然不顾。[4]此后，通过科举选拔的官员数量一直保持高位。可以说，到宋太宗朝，科举出身的官员才逐渐占据官场的主流。难怪南宋人说："国朝科举取士,自太平兴国以来恩典始重。"[5]翰林学士院是文人精英供职的场所，宋太宗为其御笔题写"玉堂之署"，以示尊崇，因此深得士人的感激，时人评说道：自唐朝置学士以来，几乎三百年，今

[1] 参见［美］包弼德著，刘宁译：《斯文：唐宋思想的转型》，江苏人民出版社2001年版，第58页。

[2] 《宋史》卷105《礼八》，第2547页。

[3] 《续资治通鉴长编》卷36，淳化五年十一月丙寅，第801页。

[4] 《续资治通鉴长编》卷18，太平兴国二年正月丙寅，第394页。

[5] 洪迈：《容斋随笔》"续笔"卷13《科举恩数》，中华书局2005年版，第374页。

日方感到高贵。[1]历代典籍载有历史经验教训与道德守则、典章制度的内容，宋太宗意识到其重要性，曾对近臣说："夫教化之本，治乱之源，苟无书籍，何以取法？"[2]所以他对文化机构以及典籍的建设，充满兴趣。比如，他不满原有昭文馆、集贤院和史馆的促狭条件，认为难当天下文渊之薮的重任，下令迁址和大规模重建，亲自赐名"崇文院"，表达崇尚之意。淳化三年（992年），新建的内府藏书楼秘阁落成后，宋太宗不仅率文臣登楼览书，还要求三衙将帅也来参观，以便让武臣们了解"文儒之盛"。[3]宋太宗观览群书后，"喜形于色"，得意地对众臣说：自往昔战乱以来，经籍散失，周孔儒教行将坠落。自己即位后才多方收拾，抄写购募，已有数万卷。[4]流传至今的《太平御览》《文苑英华》《太平广记》等卷帙浩繁的大型类书，便是宋太宗组织大批文臣所编修，可称得上重大文化建设工程，对保留古代文献典籍颇有贡献。

据记载，宋太宗有坚持读书的习惯，临朝之余，以读书为乐，史称："太宗崇尚儒术，听政之暇，观书为乐。"[5]据说，某日他在宫中翻阅书籍，不觉过去大半天时间。当他抬头向外观望时，发现有一只黑鹤落在大殿屋檐上，一直到他读完掩上书卷，黑鹤才飘然飞去。宋太宗感到奇怪，就问身边侍臣何故，侍臣回答道：这是因为天子好学，感动了上天的结果，昔日就有鹳雀衔鱼投至杨震讲堂前的事发生。[6]杨震是汉代大儒，学问名

---

[1] 苏耆：《次续翰林志》，洪遵：《翰苑群书》卷9，影印文渊阁《四库全书》本，第595册，第385—386页。

[2] 《续资治通鉴长编》卷25，雍熙元年正月壬戌，第571页。

[3] 《续资治通鉴长编》卷33，淳化三年九月己未，第739页；《宋史》卷266《李至传》，第9176—9177页。

[4] 程俱著，张富祥校证：《麟台故事校证》卷1《储藏》，中华书局2000年版，第38页。

[5] 《帝学》卷3《太宗》，第696册，第745页。

[6] 《续资治通鉴长编》卷24，太平兴国八年十二月戊申，第562页。

动一时，臣子借此隐喻回答宋太宗的提问，讨好中也含有敬佩之意。宋太宗还学着写诗，与文臣们唱和，他死后留下的《太宗御制文集》就包括许多诗文。遗憾的是，他传世的作品不多，只能看到零星的一些诗作，其中《太平兴国七年季冬大雪赐学士》云："轻轻相亚凝如酥，宫树花装万万株。今赐酒卿时一盏，玉堂闲话道情无。"[1]这首诗的水平实在不算太高，语言平淡，寓意肤浅，但对一名半路出家的帝王来说，已属不易。除了读书写诗，宋太宗还苦心研习翰墨，经过长期的练习，竟能写得一笔好字，尤以"飞白"自得，还常将所书字幅赐予臣僚。[2]雍熙三年（986年）冬，也就是第二次北伐失败几个月后，宋太宗给宰相李昉等大臣赐字时，说他退朝后从未虚度光阴，读书以外留意真草书法，近来学会飞白，此虽非帝王事业，却终究要胜过畋猎、声色之类的事。[3]因有此癖好，淳化三年（992年），宋太宗拿出内府收藏的历代墨迹，令翰林侍书王著编次摹刻于石，取名《淳化阁帖》，竖立在宫中。这就是中国最早的一部汇集各家书法墨迹的法帖，共有10卷，收录先秦以来历代帝王、书法家的400多篇作品，包括王羲之、王献之父子的真迹，在书法史上堪称贡献良多。

宋太宗有如此表现，着实将崇儒重文大大地加以推进，对于距武夫跋扈时代不久的宋人来说，也确有焕然一新之感，自然赢得了文臣的感激，也拉近了彼此的距离。就此而言，宋太宗武功不足，文治尚可一提，已基本实现了王朝政治的转型。后来，宋

[1] 孔平仲：《孔氏谈苑》，《丁晋公谈录（外三种）》，杨倩描、徐立群点校，中华书局2012年版，第256页。

[2] 徐松辑，刘琳、刁忠民等校点：《宋会要辑稿》崇儒6"御书"，上海古籍出版社2014年版，第2863页。

[3] 《续资治通鉴长编》卷27，雍熙三年十月丙申，第623页。

真宗朝宰相王旦赞颂道："以文章化人成俗者，自太宗始也。"[1]不过，宋太宗这些表现背后的隐情，很大程度上还在于他对外碰壁的无奈，只有借此聊以自慰。南宋大儒朱熹就尖刻地指出，太宗一朝，"不过写字作诗，君臣之间以此度日而已"。[2]

宋太宗晚年，将皇储的问题视为头等大事。宋太宗共有九子，长子元佐最早被作为继承人培养，先后被册封为卫王、楚王。但当秦王廷美遭到迫害时，这位良心未泯的储君对此深为不满，秦王冤死后，他受到刺激，精神失常，持刀随意伤人，甚至纵火焚烧宫室。雍熙二年（985年），宋太宗只得将其废为庶人。[3]翌年，宋太宗另选次子陈王元僖为继承人，并将他晋封为许王，同时按惯例委以开封府尹头衔。岂料时隔六年又出现意外，淳化三年（992年），许王元僖突然暴病毙命。宋太宗连续受到打击，以至彻夜不眠，涕泣达旦。作为父亲，他还写下《思亡子诗》，表达哀思。[4]一年多后，他又将第三子元侃晋封为寿王，定为继承人。到至道元年（995年）八月，宋太宗眼看自己病体难愈，遂正式宣布元侃为皇太子，并将元侃的名字改为"恒"。同时，他委任貌似糊涂实则能断大事的吕端独自为相，主持朝政，保驾护航。

至道三年（997年）三月，宋太宗病死，时年59岁。在此关头，曾协助宋太宗登基的宦官首领王继恩与参知政事李昌龄、知制诰胡旦等人密谋，说动了宋太宗的李皇后，试图以楚王元佐取代太子继位。宰相吕端顶住压力，果断地拥立太子赵恒顺利登基，赵恒即为宋真宗。吕端因此博得"大事不糊涂"的美誉。更难得的是，吕端作为顾命大臣没有鼓动宋真宗无情报复、株连政

---

[1]《宋会要辑稿》崇儒6"御书"，第2864页。

[2] 黎靖德编：《朱子语类》卷127《本朝一・太宗真宗朝》，中华书局2004年版，第3044页。

[3]《宋史》卷245《宗室二・汉王元佐传》，第8693—8694页。

[4]《宋史》卷245《宗室二・昭成太子元僖传》，第8697—8698页。

敌，而是一律予以宽大处理。宋真宗对李皇后不予深究，仍尊她为皇太后；对主谋虽然惩罚，却不开杀戒，李昌龄被贬为忠武军司马，王继恩被贬为右监门卫将军、均州（今湖北省丹江口市）安置监管，胡旦被除名流放浔州（今广西壮族自治区桂平县），其余一概不问。[1]如此这般，迅速稳定政局，朝野不惊。特别要指出的是，此事的处理方式最能反映宋朝统治者的包容特点，与前后代争夺帝位时充满血腥的过程迥然有别。如果再联系到宋太祖的做法，诸如厚待后周遗族、宽待各亡国君臣以及立下不杀大臣的誓碑等一系列举措，不难发现宋朝政治确有开明的一面，这也为以后的当政集团留下重要的启示与经验。

[1] 《续资治通鉴长编》卷41，至道三年三月壬辰、五月甲戌，第862、865—866页；《宋史》卷281《吕端传》，第9516页。

四 宋初的政治遗产

宋真宗即位时，宋朝开国已近40年，远离了五代，开始步入守成时期。宋初两朝积累的经验与教训，成为丰厚的政治遗产，其中制衡的制度设计原则、守内虚外的理念、趋向文治的追求与包容的统治特点，以及北伐接连受挫的教训等内容，构成这笔遗产的主体部分。

通常来说，政治遗产本是有益而宝贵的，富有创造力的继承者若充分汲取其正反面的启示，可以避免走弯路，进而超越前辈；但对于保守的继承人来说，他们若只懂得依赖陈规旧制，无异于画地为牢，从而受到拖累，失去与时俱进的动力。宋真宗及之后宋朝历代嗣君在治国上便基本沿袭宋初的路线，并视之为祖宗之法，虽然对其有损有益，甚至出现“变法”之争，但对其主要精神都不敢背离。从宋代历史来看，宋初的这笔政治遗产影响实在深远，几乎成为以后历朝君臣无法抛弃的包袱，颇有成败皆在其中的意味。

与以往王朝相比，宋初两朝形成的治国思路是：以内部稳定为施政的宗旨，高度强调机构与权力的制衡，又侧重怀柔的统治方式，具有稳妥而又相对保守的特点。这种特点反映了实用主义的治国态度，在宋初结束动乱与统一内地的过程中发挥了作用，不过其保守的倾向却不利于追求宏大的目标，特别是无法应对严峻的外部挑战，只能维持已有的疆域。随着时间的推移，这种治国路线被不断地神化，对宋朝的政治产生了导向性的影响。概括地说，自宋真宗以降历代宋朝帝王，自幼深受正统儒家教育的熏陶，大都缺乏开创性魄力，更愿意接受既定的内政外交路线。与此同时，科举出身的文官士大夫群体已经成为政坛的主体，他们擅长内政建设，抵触对外用兵，进一步推动了文治的发展。于是，宋初形成的模式不仅得到日后当政者的继承，而且成为他们解释自己行为的依据，以至积淀为惯性思维。如宋真宗即位时即表明态度："先朝庶政，尽有成规，务在遵行，不敢失坠。"[1]他还公开表示："朕每念太祖、太宗丕变衰俗，崇尚斯文，垂世教人，实有深旨。朕谨遵圣训，绍继前烈……"[2]这段话的意思，剔除歌颂的成分外，就是表明遵循祖宗成宪的态度。宋真宗以后的大多数宋代帝王都有类似表态。《宋史》载："太宗、真宗其在藩邸，已有好学之名，作其即位，弥文日增。自时厥后，子孙相承，上之为人君者，无不典学；下之为人臣者，自宰相以至令录，无不擢科，海内文士彬彬辈出焉。"[3]元代人的评述，虽然着眼于具体的文化学术范围，却揭示了宋真宗及其以后君臣在追求文治方向上的契合一致。

就对外而言，宋太宗朝两次主动北伐失败的阴影，长期笼罩在庙堂之上，成为此后统治集团记忆深刻的教训。所以，宋朝统治者全盘接受了全面防御的国防战略，其影响几乎贯穿此后宋朝的历史。可以说，从至道三年（997年）宋真宗即位，到宋钦宗靖康二年（1127年）失国，再从宋高宗重建社稷，至宋恭帝德祐二年（1276年）最终覆灭，在长达280年的时间里，宋朝统治者基本采用这一国防战略，专守防御，少有积极拓展疆域的追求，只有在外敌进攻时，才进行抵抗。在此期间，宋廷也有过几次主动军事活动，包括宋神宗朝对西夏的局部征伐、宋徽宗时代

[1] 《续资治通鉴长编》卷41，至道三年四月乙未，第863页。

[2] 江少虞：《宋朝事实类苑》卷3《祖宗圣训·真宗皇帝》，上海古籍出版社1981年版，第24页。

[3] 《宋史》卷439《文苑一》序，第12997页。

的联金灭辽行动、宋孝宗朝和宋宁宗朝的北伐等，但大都持续时间短暂，目标有限，参与者往往属于政坛的少数派，如宋神宗朝的宦官李宪之流，宋徽宗时代的宦官童贯及投机政客王黼，以及宋宁宗朝的权臣韩侂胄等人。这些活动并没有得到主流朝臣的认同，反而遭到批评指责，缺乏强有力的支持和广泛的参与，因此都很快失败。于是，就连最雄心勃勃的宋神宗事后也深感后悔，“遂不复用兵”。[1]有心恢复故土的宋孝宗，在失败后不免厌战，如宋人诗词所反映：“自胡马、窥江去后，废池乔木，犹厌言兵。”[2]在开禧北伐失利之际，孱弱的宋宁宗对大臣说：恢复故土岂不是美事？却是自不量力。[3]这话说得直白，正是当时统治者追悔莫及的内心写照。至于昏庸无道的宋徽宗君臣的投机行动，不仅荒唐可笑，也充满胆怯畏惧之心，大可不必多言。这一国防战略使宋朝长期处于守势，经常陷于被动挨打的境地。

要说宋真宗朝对宋初政治遗产有所补充的话，就是添加了议和的内容，以经济手段配合军事对抗，换取对手妥协。其中最突出的是宋真宗景德元年（1004年）与辽朝订立“澶渊之盟”，通过每年付出“岁币”的经济代价，取得对等的“兄弟”之国关系，结束了双方多年的敌对状态。随后，宋朝又以物质利诱的方式，使党项首领李德明臣服宋廷。当与辽、夏的冲突化解后，宋廷调整了军事部署，裁减前线驻军，其中“省河北戍兵十之五，缘边三之一”，罢免的部署、钤辖、都监、使臣等武官就有290多员。同时，宋廷减免对河北地方的征调，将河北诸州征发的民兵放归农田，还下令地方政府购买耕牛，给予那些从征过的农

[1] 《宋史》卷334《徐禧传》，第10724页。

[2] 姜夔：《扬州慢》，夏承焘校，吴无闻注释：《姜白石词校注》，广东人民出版社1983年版，第1页。

[3] 佚名：《续编两朝纲目备要》卷16，嘉定十七年闰八月丁酉，中华书局1995年版，第303页。

［宋］《景德四图·契丹使朝聘》（局部）　台北故宫博物院藏

民。[1]在西北地区，除了前线屯戍步兵得以保留外，其余也都被撤回关中等地，以就近解决粮饷供应。[2]

“澶渊之盟”给宋廷带来了启示：当边防危机难以化解时，可以用议和的方式应对。这似乎应了“化干戈为玉帛”的古训，所以受到当政集团的认可。正如以后的宋朝名臣富弼所指出：“真宗嗣位之始，专用文德，于时旧兵宿将，往往沦没，虏骑深入，直抵澶渊，河朔大骚，乘舆北幸。于是讲金帛啖之之术，以结欢好，自此河湟百姓，几四十年不识干戈。岁遗差优，然不足以当用兵之费百一二焉。则知澶渊之盟，未为失策。”[3]这段话是说，宋朝政府由于讲求文治，不得不用议和手段对付外敌，为此付出的代价比连年战争的成本要少得多，所以不算失策。这种思维并非富弼独有，实为政坛主流的共识。如熙宁五年（1072年），当辽朝有挑衅举动时，大有作为的宰相王安石也要求宋神宗不计较“薄物细故”，坚守盟约。[4]排除政治因素，仅从经济账来看，议和似乎更划算。这种思维不同于以往秦、汉、隋、唐王朝那些当政者，确实充满现实主义的特征。

后来，宋仁宗朝与西夏发生数年战争，最终也是在庆历四年（1044年）以“庆历和议”的方式妥协停战，换取了西夏向宋称臣的结果。靖康年间，面对金军的两次围城，宋钦宗与主和派还抱议和幻想，仍旧试图以和谈方式换取对方撤军。当幻想破灭后，宋廷终于无法挽救覆灭的结局。南宋时期，国力本已不如北宋，主和派又长期当政，为了达到偏安江南的目的，更加依赖议和。宋高宗甚至不惜借杀害岳飞之举，压制主战派力量，促成与金朝的“绍兴和议”。宋高宗曾赞扬秦桧：“尽辟异议，决

---

[1] 《宋史》卷7《真宗纪二》，第127页。

[2] 《续资治通鉴长编》卷64，景德三年十月辛巳，第1429页。

[3] 富弼：《上仁宗河北守御十三策》，《宋朝诸臣奏议》卷135，第1501页。

[4] 《续资治通鉴长编》卷236，熙宁五年闰七月己巳，第5752页。

策和戎。”[1]其实这反映的是当政集团对议和政策的倚重。宋孝宗、宋宁宗朝，在两次短暂的北伐失败后，宋朝又先后与金朝签订“隆庆和议”“嘉定和议”。宋理宗朝，贾似道利用蒙古大汗蒙哥战死钓鱼城（在今重庆市合川区）下的机会，与急于北上争夺汗位的忽必烈签订议和“密约”。到南宋末，在元朝大军兵临城下之际，宋廷已失去和谈的资本，却依然寄希望于议和，最终难逃覆灭的结局。

从对内来看，宋初确立的各项方针、政策，围绕内部建设而设计，各种制衡、牵制机制固然降低了效率，却削弱了地方抗衡中央的力量，对当时迫切要解决的统治稳定的问题发挥了作用。与此同时，怀柔与经济收买手段的广泛运用，缓和了统治集团上层的矛盾，使将帅、大臣、外戚安于享受优待，宦官也受到各种机制与力量的控制，难以操控帝王。而不杀大臣与士大夫的传统，使政治上相对包容，为官员批评朝政提供了宽松的环境。如宋哲宗朝宰相吕大防在总结祖宗之法时就指出，前代多滥于用刑，“大者诛戮，小者远窜”，本朝则用刑最轻，“臣下有罪，止于罢黜，此宽仁之法也”。[2]宋太宗时代进一步形成的以文治发展为主轴的路线，虽然放弃了对外发展的机会，但对巩固统治秩序和深入开展内部建设不无益处。特别是在宋初两朝务实的政策下，兵役、劳役大都转化为税收的形式，改由招募的禁军、厢军承担，这就减轻了民众的服役负担，有利于经济的发展。这些思路与经验，成为以后宋朝执政者的政治范本。

自宋真宗以降，虽然危及中央集权的因素基本消解，但统治者仍然遵循以往的内政路线，并不断加以深化，从而呈现出政治保守与文教昌盛的多元趋势。概况地说，从中央到地方政府机构

---

[1]　《建炎以来系年要录》卷160，绍兴十九年九月戊申，第3030页。

[2]　周辉著，刘永翔校注：《清波杂志校注》卷1《祖宗家法》，中华书局1994年版，第15—16页。

中，始终贯彻制衡、牵制的原则，以至日益庞大的官僚队伍陷于低效的状态。中央机构逐渐走向叠床架屋，除了保留秦汉的九卿、隋唐的三省六部外，又创设了许多新的机构。正如南宋人所说，吏部闲了，事归审官院及流内铨；户部闲了，事归三司；礼部闲了，事归礼仪院；刑部闲了，事归审刑院；兵部闲了，事归枢密院——“六部名存实亡，诸司纪统不正”。[1]宋神宗对官制的改革，看似恢复三省六部制度，其实质仍在于落实分权制衡原则，并且依旧保留主管军事的枢密院。[2]在地方上，形成了高于州郡区划级别的路级建制，却不设置统一的路级长官，分别由转运、提点刑狱、安抚及提举常平等司共同主管，相互牵制。加上其他的繁文缛节，都不同程度地制约了官员的作为。因此，南宋人叶适指出，宋朝“惩创五季而矫唐末之失策为言，细者愈细，密者愈密，摇手举足，辄有法禁”。[3]叶适的感慨，针对的是南宋的弊端，却追溯到宋初，正说明旧规对后世的影响之大。不过，如此一来，野心家要想夺权篡位，或者割据地方，倒也障碍重重，政治秩序与社会的长期稳定也得以保证。

宋朝坚持文治路线，儒家思想文化广为传播，对社会产生深刻的影响，不仅忠孝节义的“三纲五常”意识得到强化，崇尚文教也成为主流社会风尚。大中祥符五年（1012年），宋真宗亲自撰写了《崇儒术论》，向全社会表明尊崇儒学的坚定决心。宋真宗还对臣僚说明写作的动机：儒术渊深，当发扬光大，国家理应尊崇。以往历代凡崇儒者则国运盛，凡抑文者则王业衰。太祖、太宗“崇尚斯文”，才改变五代流俗，他继承先帝遗业，“谨遵

---

[1] 吕乔年编：《丽泽论说集录》卷9《门人所记杂说一》，影印文渊阁《四库全书》本，第703册，第440页。

[2] 陈峰等：《宋代治国理念及其实践研究》，人民出版社2015年版，第185—192页。

[3] 叶适著，刘公纯等点校：《水心别集》卷12《法度总论二》，《叶适集》，中华书局1983年版，第789页。

[宋]《景德四图·太清观书》(局部) 台北故宫博物院藏

圣训，礼乐交举，儒术化成”。在宰相王旦的建议下，御撰《崇儒术论》被刻碑立于国子监。[1]宋仁宗朝在文治建设上的力度更甚于以往，以至连当时的僧人也认为：“文儒之昌盛，虽三代两汉无以过也。”[2]由于得到大力扶持，宋代的文教事业取得长足的进步，无论是官私编修图书、刻书、藏书，还是办学育人，皆蔚然成风，读书求学之风更深入民间。甚至在南宋边防危机之际，宋高宗还在诏书中宣称“国家用武开基，右文致治”，[3]表明坚持文治不动摇的决心。现存宋代典籍《宋会要》中，“崇儒”门类的大量内容便记述了宋朝崇儒重文的无数事例。

宋太宗以后的历朝皇帝，大多深受儒家文化熏陶，他们的价值取向与爱好，已不再仅仅是姿态，而是身心、举止上自然流露出来的旨趣，与士大夫相融一体。其中以宋仁宗最为典型。宋仁宗在位长达四十余年，一贯以崇儒好学著称，宋人评论说：“仁宗圣性好学，博通古今。”[4]还有人称赞：“仁宗皇帝在位四十年，以尧舜为师法，待儒臣以宾友。”[5]宋仁宗死后，庙号被定为“仁宗”，这反映了他作为皇帝的主要特征。与他近似的帝王，还可以举出很多，只是偏好程度有所不同而已。北宋灭亡之际，宋钦宗坦承：“祖宗涵养士类垂二百年，教以礼乐，风以诗书，班爵以贵之，制禄以富之，于士无负。”[6]这位亡国之君所说的话，其实也是无愧于祖宗政治遗产的感慨。

宋朝在文治之下，通常注重秩序与规则，故难以引发暴政，

---

[1] 《续资治通鉴长编》卷79，大中祥符五年十月辛酉，第1798—1799页。

[2] 释契嵩：《镡津集》卷9《万言书上仁宗皇帝》，影印文渊阁《四库全书》本，第1091册，第491页。

[3] 《宋会要辑稿》崇儒4“求书、藏书”，第2830页。

[4] 魏泰：《东轩笔录》卷3，中华书局1983年版，第31页。

[5] 《帝学》卷6《仁宗》，第696册，第765页。

[6] 李纲：《戒励士风诏》，李纲著，王瑞明点校：《李纲全集》卷180《建炎时政记下》，岳麓书社2004年版，第1675页。

而务实与怀柔的政策也有利于社会的平稳发展。从经济发展的角度看，相对稳定的秩序与宽松的环境，显然有利于经济的成长进步。如宋朝不再严格限制土地买卖，放松对客户（佃户）迁徙的控制，并给予他们编户齐民的法律地位；将对农民征收的一般徭役转移到招募的厢军身上，剩余的差役则逐渐改为征收货币；对工商业则采取宽容的态度，对城市中市场的限制日益松弛，从而使得传统的“重农抑商”政策趋于弱化……诸如此类，都表明经济手段越来越多地改变政治强制的模式，顺应了社会潮流，有利于经济发展与多元化。如此一来，宋朝历史呈现出以下鲜明的两面性。

一方面，宋朝走向一条与以往中央王朝颇为不同的道路，在战争与和平的两难选择中，天平明显倾向于后者。宋朝统治集团走的这条路，其实并非易事，不仅要承受被动挨打的痛楚，还面临着背弃大一统传统的尴尬。尤其是南宋一度还得向金朝称臣纳贡，令君臣蒙羞，使多少慷慨悲歌之士无奈。由此，昭示出一个王朝尚武精神的沦落。

另一方面，宋朝统治秩序长期相对稳定，内部较少发生大的动荡。反观秦朝以来历代王朝，内部发生的祸乱大都相当严重，诸如权臣当道甚至篡位、宦官干政甚至杀害帝王、外戚专权甚至改朝换代、地方割据甚至分裂天下，还有推翻王朝统治的全国性大规模农民起义，都引发社会长期的剧烈动荡。在宋朝，无论是来自上层还是下层的威胁都不明显，既没有权臣、外戚专权篡位，也没有宦官跋扈害主、地方称雄割据等现象，下层农民的反抗虽然不少，却没有席卷全国的大规模起义，宋初的王小波、李顺起义，北宋末的方腊造反，南宋的钟相、杨幺反抗，无论是规模还是区域都相对较小。难怪宋人也认为“汉、唐多内难，而无外患，本朝无内患，而有外忧”。[1]客观地说，此话有一定道理，说明宋朝的统治秩序较为稳定，社会矛盾相对缓和，不易达到极端冲突的地步。而这恰与宋朝开国以来形成的制度、政策与发展道路有关，也可以说与宋初政治遗产的长远影响存在一定的关联。

在南宋学者吕祖谦看来，宋朝“文治可观而武绩未振，名胜相望而干略未优”；[2]元代人修宋史时也评价道：“宋恃文教，而略武卫。”[3]这些评价都明确地揭示了宋朝文盛武衰的时代特征。

---

[1] 吕中:《类编皇朝大事记讲义》卷1《国势论》，上海人民出版社2014年版，第42页。

[2] 《宋史》卷434《吕祖谦传》，第12874页。

[3] 《宋史》卷493《蛮夷一》序，第14171页。

第二章

谁主沉浮——宋朝文臣与武将的起伏

宋朝留给后世最为深刻的印象，除了经济、文教发达以外，大概就是官场中的文盛武衰。在政坛上，文官高歌猛进，武将则屈尊就卑；在社会上，士人风采照人，军人却饱受歧视。这种色彩对比如此强烈的画面，的确令人过目难忘。但这一画面并非一开始就如此，而是经历了一个逐渐描绘的过程。若要还原这一切，还得从头说起。

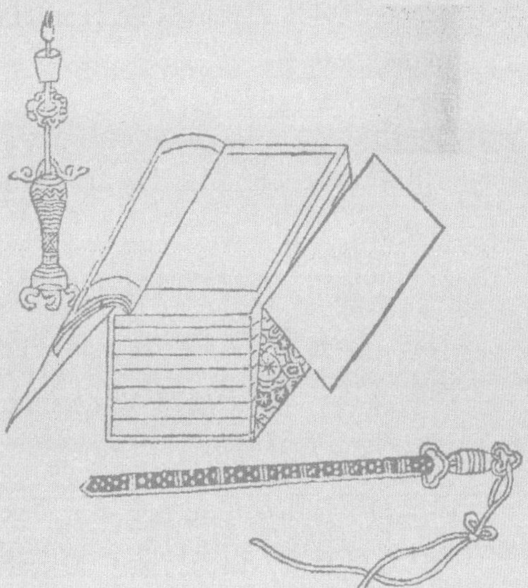

一 军功集团的一时荣光与消亡

赵匡胤在后汉时选择投军，就是受到当年尚武风气的影响。他逐渐发迹，成为手握重兵的大帅，并最终兵变建国，实现了那个时代人生的最大抱负。宋太祖所走的这条路，其实也是那个时代大多数人向往的，因为通过读书获取成功的概率很小，自古乱世都是豪杰枭雄的天下。

1. 军功集团在历史上的地位与影响

在中国历史上，以武力开国属于常态，建国后功臣大将自然都受到朝野的尊崇。虽然开国皇帝常因猜忌杀戮其中一些突出人物，但整体上还要依赖他们，由此他们形成政坛中影响力强大的军功集团势力。

在秦汉时期，军功贵族便长期高居政界重要位置。如秦朝统一前后，大批将领因对秦帝国的创建立下汗马功劳受封成为军事贵族，其中王翦、王贲和王离三代为大将，蒙骜、蒙恬和蒙毅两世统军，更是当时最具影响的政治家族。西汉初年，樊哙、周勃、郦商等一大批功臣受封高爵，成为统治集团的骨干力量，周勃及其子周亚夫还两代居大将之位。因此，有现代学者指出，“秦之国家和社会由此完全由秦之军功受益阶层所支配和主导”，而汉初军功阶层也完全主导了西汉建国后50多年，此后其影响力才逐渐衰减，但仍持续了50余年，“直到武帝末年从历史舞台上消失”，前后影响西汉超过100年。[1]东汉以后，开国军功集团成员同样被拜官授爵，长期占据显赫的位置，在政治上发挥重要的作用。如东汉的南阳豪强军功集团、隋唐的关陇军功贵族集团，分别在东汉与隋唐前期的统治中占有至关重要的地位。三国、魏晋开国时代，带兵将帅不仅地位显赫，还出现家族式领兵集团，典型的如曹魏的司马懿、司马师、司马昭与司马炎，他们祖孙三代手握兵权，并最终取代曹魏建立西晋；在孙吴政权中，自陆逊挂帅之后，其子陆抗继拜大司马、荆州牧，镇守荆州重镇，陆抗死后，其子“晏及弟景、玄、机、云，分领抗兵”，陆晏和陆景兄弟官至将军，陆氏从而成为孙吴政权的重要政治家族。[2]

自秦朝以降，历代中央集权王朝大都注重边防建设，强盛时期还积极拓展疆域，冀望建立大一统的帝国。在此形势下，具有雄才大略的帝王追求超越前代的武功成就，边塞战功在政坛中享有很高的荣耀，故尚武之风盛行于朝野，军旅能够召唤各阶层的杰出人才。军功不仅持续受到社会的崇尚，也能获得巨大的回报，足以封妻荫子、光宗耀祖。秦汉王朝，走军功爵途径成为贵族高官的情况，已不用多说。隋唐时期，军功仍然是提高社会地位的重要途径。如唐高宗时修《姓氏录》，规定五品官就可以升入士流，于是行伍出身者以军功获得五品官阶后，“尽入书限”，[3]即跻身士族之列。于是，千余年间，军功出身的英雄人物活跃于政界者不胜枚举，纵使文人学子也有“投笔从戎”的豪情壮志，西汉的张骞、东汉的班超以及唐朝的众多边塞诗人，即是典型代表。可以说，无论是凯歌而还抑或是马革裹尸的将军，都长期是世人崇拜的对象，在民间广为传颂。

---

[1] 李开元:《汉帝国的建立与刘邦集团——军功受益阶层研究》，生活·读书·新知三联书店2000年版，第240—243页。

[2] 陈寿:《三国志》卷58《吴书·陆逊传》，中华书局1982年版，第1343—1360页。

[3] 刘昫:《旧唐书》卷82《李义府传》，中华书局1975年版，第2769页。

值得注意的是，虽然官僚体制自战国、秦朝以后出现了文武分工，但这主要是职责的划分，却非身份的定义，彼此之间并没有绝对的鸿沟，文臣与武将转换角色的情况相当常见，甚至还有出将入相的现象。南宋人洪迈就列举了西汉初年军功将帅出任宰相的情况：韩信初拜大将军，随后以左丞相身份统军进攻魏国，又拜相国出击齐国；周勃以将军迁太尉，又以相国身份取代樊哙征讨燕国；樊哙则先出任将军率军讨伐韩王信，之后迁为左丞相，以相国身份征剿燕国；将军郦商也在升任右丞相后，出征反叛的陈豨；其余如尹恢、陈涓皆以丞相官衔出师。[1]以后的隋唐王朝，这种现象继续存在，如隋朝杨素，唐朝李靖、徐世勣、刘仁轨及娄师德等人，也先后因军功而入朝为相。在唐高宗朝，姜恪以边将立功为左丞相，善于书法的文臣阎立本为右丞相，于是世人称之为："左相宣威沙漠，右相驰誉丹青。"唐代中叶的玄宗时期，郭元振、薛讷、李适之等将领，同样因立功边陲，"入参钧轴"。[2]这些事实，都说明历史上军功集团长期在政坛上具有重要影响，受到社会的广泛尊崇。

五代十国时期，战争频仍，大小政权对武力的依赖更为强烈，以至常常受到武夫悍将的操控。于是，由武将构成的军功集团扮演了时代的主角，成为主导朝政和社会的强势力量。当年，甚至连中下级武将也受到礼遇，宋太宗曾不满地指出，自后梁、后晋以来，昏君弱主，无力控驭四方，朝廷稍有商议机宜事项，裨将、列校都能参与御前会议，"其姑息武臣乃如此"。[3]彼时，读书、科举、做官这条路走向边缘化，文官沦为政治附庸，宰相的权威也大为降低。如武夫出任的枢密使因掌握兵权，地位日益

---

[1]《容斋随笔》"续笔"卷10《汉初诸将官》，第336页。

[2] 刘肃：《大唐新语》卷11，中华书局1984年版，第167、173页。

[3]《续资治通鉴长编》卷37，至道元年五月丙寅，第815页。

提高，权势甚至压倒宰相。后唐庄宗时，大将郭崇韬担任枢密使后，开始分掌朝政，“与中书（宰相机构）抗衡”。当时的宰相豆卢革还因所兼弘文馆学士头衔，有一字与郭崇韬父名“弘正”相同，主动建议将弘文馆改为昭文馆，“其畏之如此”。以后，安重诲、范延光等武将先后为枢密使，“尤为跋扈”。[1]一时，枢密使权势膨胀，成为朝中最显赫的官职。如宋人所说，“五代自朱梁以用武得天下，政事皆归枢密院，至今谓之二府。当时宰相但行文书而已”。[2]不仅如此，跋扈的将校还敢于动辄杀戮文官，文臣、士人陷于艰难的境地，清代史家即评说道：士人生于此时，缠手绊足，动触罗网，不知何以保全性命。[3]正因如此，赵匡胤选择从武，还有大批怀揣远大志向的人也同样如此。像前述的焦继勋便愤而说道：大丈夫应当立功沙场，取万户侯，岂能孜孜从事于笔砚之间？于是，他投笔从戎，最终发迹。[4]

2. 宋初军功集团的显赫一时

宋朝建国，一批直接追随参与“陈桥兵变”的将领，不仅成为开国功臣，也构成军功集团的核心。他们在宋初曾显赫无比，是朝野艳羡的对象。

宋朝开国伊始，石守信、王审琦、高怀德、张令铎、张光翰、赵彦徽、罗彦瓌及韩重赟等功臣将领，慕容延钊、韩令坤等一些积极拥戴赵匡胤的资深宿将，都受到加官晋爵的犒赏，获得重用，担任禁军的重要军职。石守信由殿前都指挥使升迁为侍卫马步军副都指挥使，高怀德由侍卫马军都指挥使迁为殿前副都点

[1] 《挥麈录》“后录”卷1，第52页。

[2] 《默记》卷上，第3页。

[3] 赵翼：《廿二史札记》卷22《五代幕僚之祸》，中华书局1984年版，第476页。

[4] 《宋史》卷261《焦继勋传》，第9042—9043页。

检，张令铎自侍卫步军都指挥使迁为侍卫马步军都虞候，他们同时获得更大的节镇地位；王审琦则从殿前都虞候升为殿前都指挥使，张光翰和赵彦徽也分别由禁军厢都指挥使升任侍卫马军、步军都指挥使，并都由防御使直接升为节度使。[1]不久，韩重赟等人也先后得到提拔。原后周侍卫马步军都虞候韩令坤、殿前副都点检慕容延钊，则分别被提拔为侍卫马步军都指挥使、殿前都点检，获任禁军两司最高军职。[2]这样，在宋朝建国之初形成了一批武人组成的军功集团，他们代表了唐末五代以来在社会、政治上具有强大影响的军人力量。宋太祖对这些功臣宿将的重赏，不仅是出于感激，也是对他们实力的承认。而赵普以下的一批谋士，虽然也是开国功臣，同样得到器重，但由于身份归属文臣，没有军事实力，严格来讲不算军功集团之内，因此并没有马上获得特别的礼遇，他们的地位也不如以上那些将帅显赫。因而，当时的文臣地位要低于武将，他们对握兵的将领心存畏惧。

宋朝建国初年，由军将摇身变为皇帝的宋太祖经历了复杂的转变过程。他一方面在理性上认识到“可以马上打天下，不可以马上治天下”的道理，逐渐倚重文臣治国理政；另一方面在情感上还保留与武人亲近的特点，如在皇室的婚姻上，便选择了武将之家。赵匡胤第一位夫人是后晋军校贺景思之女，但早死，后被追为皇后。他又娶彰德军节度使王饶之女，宋初册封她为皇后。乾德初，王皇后死，宋太祖再立左卫上将军宋偓之女为皇后。宋太祖如此，他的皇兄弟和皇子也依此规矩。赵光义在后周时先后娶武将尹廷勋、宿将符彦卿之女，尹氏早卒，符氏死于宋太祖

[1] 《续资治通鉴长编》卷1，建隆元年正月辛亥，第6页。另，张光翰、赵彦徽二人无传，其事迹仅在《宋史》韩重赟传中有所涉及。见《宋史》卷250《韩重赟传》《罗彦瓌传》《王彦昇传》，第8823—8829页。另《宋史》卷250将韩、罗及王氏传与石守信等并列，亦为佐证。

[2] 《宋史》卷251《韩令坤传》《慕容延钊传》，第8833—8834页。

朝，赵光义接着又娶宋初枢密副使、武臣李处耘之女。宋太祖的儿子赵德昭娶武将陈思让之女。宋太祖为公主择偶时，同样将目光投向将帅之家。他称帝后，因大将高怀德有拥戴之功，遂出面将胞妹、燕国长公主下嫁这位将军。宋太祖共有六个女儿，除三人早亡外，其余皆出嫁武臣高门之子。石守信位列功臣大将之首，其子石保吉娶延庆公主；功臣大将王审琦长子王承衍，娶昭庆公主；宋初枢密使魏仁溥之子魏咸信，则娶永庆公主。[1]

宋太祖在位期间，领兵将帅受到特别照顾。宋太祖虽贵为天子，但对高级将帅也极为尊重，每当他们入朝，都设宴款待，厚加赏赐。石守信等功臣大将，韩令坤、慕容延钊等宿将更受到优待。其中，宋太祖对慕容延钊尤为礼遇，不仅每次在派遣使臣慰劳时依旧保持昔日称兄的习惯，甚至给他升官时，还在名称上专门避开其父的名讳。慕容延钊死时，宋太祖为之恸哭良久。[2]每当大将统军出征之际，宋太祖都隆重饯行。乾德二年（964年）冬，王全斌受命征伐后蜀，临行前，宋太祖在宫中设宴饯行。不久，宋太祖又解下自己戴的裘帽，专门派宦官送给千里之外的王全斌，以示关心。[3]当时守边的中级将领，也能得到特殊待遇。如防御使郭进为西山巡检，因守边有功，深受宋太祖厚爱。宋太祖赐予他开封城内宅第，修筑时甚至打破常规，按照亲王、公主的规格建造。[4]至于动辄百万的赏赐，更不乏其例。乾德四年（966年），殿前都虞候杨信患上哑疾，宋太祖亲临其第慰问，“赐钱二百万”；[5]开宝元年（968年），建雄节度使赵彦徽入

[1] 参见《北宋皇室与“将门”通婚现象探析》。

[2] 《宋史》卷251《慕容延钊传》，第8834—8835页。

[3] 《续资治通鉴长编》卷5，乾德二年十一月乙亥，第135页；《宋史》卷255《王全斌传》，第8923页。

[4] 《宋史》卷273《郭进传》，第9336页。

[5] 《宋史》卷260《杨信传》，第9016页。

朝，宋太祖不仅专门赐宴招待，而且在听说赵彦徽因饮酒过度生病后，又特意去他家探望，并赐钱百万。[1]当文臣与将领发生冲突时，只要不涉及要害，他宁愿让文臣吃亏。如开宝四年（971年），地位颇高的给事中刘载出任镇州长官，因与驻军将领何继筠发生矛盾，被何继筠告到朝廷。宋太祖不问缘由，将刘载贬为山南东道节度行军司马。[2]按照旧制，将帅出征还朝，皇帝要在宫中内殿设宴犒赏，当值的翰林学士、枢密直学士可以出席作陪。后来，阁门使、武臣梁迥对宋太祖说：陛下宴请将帅，何需此辈？于是，宋太祖下令不再让翰林学士、枢密直学士出席这样的活动。[3]由此类细节可见，宋太祖并非一味亲近文士，将帅在其心中的分量似乎要更重一些。因此，武将经济待遇普遍高于文臣，节度使的俸禄也优于宰相。

3. 宋朝军功集团的快速消亡

宋朝开国之初，军功集团无疑受到皇帝的高度优待，举族都享受到无比的荣光。如果依照传统习惯，他们将自然成为宋朝统治集团的骨干力量，并在政治上占据显赫的地位。然而，历史的轨迹却发生了变化，这一传统很快遭到抛弃。

如前所述，当度过最紧张的第一年后，宋太祖与谋臣开始筹划长治久安的重大问题。宋太祖总结、汲取五代教训，开始视禁军将帅为威胁皇权的最大因素，于是“收兵权”成为重建中央集权的关键之举。建隆二年（961年），宋太祖先罢免了慕容延钊和韩令坤的两司最高军职。不久，又通过“杯酒释兵权”剥夺了

[1] 《续资治通鉴长编》卷9，开宝元年五月丙午，第202页。

[2] 《宋太宗实录》卷26，第4页；《续资治通鉴长编》卷12，开宝四年七月己酉，第269页。

[3] 《续资治通鉴长编》卷34，淳化四年十一月丁卯，第759页。

高怀德、张令铎、王审琦等人的禁军帅职，石守信虽仍保留马步军都指挥使职务一年左右，但实际上已失去兵权。[1]这些位高权重的开国将帅在卸去实职后，各归本镇赋闲。从此，军功将帅及其家族日渐淡出政治中心，不过仍享受优厚的物质待遇。宋太祖还鼓励他们置买歌儿舞女、良田美宅，为其发财致富打开便利之门。他们的子弟也享有恩荫入仕的权利，但失去了以往世代把持高位的机会，所以不能成为政坛上的垄断集团。宋太祖通过推行一系列制度和规则，逐渐使武人远离了朝政的中心，退出了中央和地方行政体系。军功集团势力渐趋涣散，政治影响力大为减弱。

宋太宗朝对武将不断钳制打压，尤其是两次北伐失败后，宋朝转而追求“文治”，排斥武功，停止了开疆拓土活动。军事将领失去建功立业的机会，军功集团也就难以获得重振的空间，自然很快走向瓦解。宋神宗至宋徽宗朝，因为对西北进行间断、有限的开边活动，武将获得某些施展的机会，然而作为整体集团却难以成长壮大。南宋初年，抗金战争异常激烈，原来的体制已然崩塌，武将群体一度崛起，出现了以“中兴四大将”韩世忠、岳飞、张俊、刘光世以及吴玠、吴璘兄弟为代表的军功集团。但随着“绍兴和议”的订立，在宋高宗君臣的打击下，短暂存在的军功集团又一次被瓦解了。所以，总体而言，宋朝的军事将领仅仅是官僚队伍的一部分，不再是一支重要的政治力量。

宋人张演指出：“宋朝之待武臣也，厚其禄而薄其礼。”[2]这说的是宋朝对武将在经济上给予优待，但在权威、礼仪上予以压制。此话相当深刻，道出了宋统治者对待武人的基本态度。在宋朝历史上，由于军功集团在政坛很快消沉，在文治朝政路线之

[1] 《续资治通鉴长编》卷2，建隆二年七月庚午，第50页。

[2] 章如愚：《群书考索》后集卷21《官制门》，影印文渊阁《四库全书》本，第937册，第294页。

[宋] 刘松年（传）《中兴四将图》 中国国家博物馆藏

下，武将群体地位遂不断下降，其精神状态也呈现一派颓势。宋太宗朝后期，文臣王禹偁已经为此感到忧虑，转而提出“抑儒臣而激武臣”的激进主张。[1]

宋初军功集团势力在政治上的消亡，除了统治者采取的主动举措这一原因外，还存在着深刻的社会根源。唐宋之际社会发生重大变迁，中古时代的特权门阀士族到宋时已经消失，士庶区隔消解后，门第与家世已经不再成为衡量地位的主要标准，军功贵族就失去了生存的社会环境。同时，宋朝实行募兵制度，而在租佃经济发展起来的背景下，募兵队伍主要由破产农民组成，还包括充军的罪犯，因此他们的社会地位便低于以往征兵制下的军人。宋代士兵一律面部刺字，与罪犯脸上的标记本质相同，也可以说明这一点。《水浒传》中描写的许多人刺配充军的故事，即依据了这一史实。宋朝人因此指出，凡当兵者，往往是天下奸悍无赖之人，假若其能生存于乡里，谁又肯离开家人应募从军？[2]士兵被视作贱民，也极大地削弱了军人的社会地位和尊严，并进一步打击了军功集团的社会基础。

有道是世事无常，不久前还盛行弃文从武的风尚，不曾想，随着军功集团荣光的消退，社会风气发生逆转，武人沦为被歧视的对象，“好男不当兵，好铁不打钉”的民谣大致就来自宋代。到北宋中叶，军人即使屡立战功，成为大帅，也难以在政治上发挥影响。士兵出身的名将狄青，因为战功卓著一路升迁，最终做到枢密使，几乎成就一个奇迹。不过，他面部的刺字给他带来了许多困扰，常常受到文官士大夫的嘲讽。[3]在枢密院的几年，他几乎默默无闻，终于还是在朝臣的反对声中下台。欧阳修在给宋

---

[1] 《续资治通鉴长编》卷30，端拱二年正月癸巳，第673页。

[2] 王安石：《王文公文集》卷1《上皇帝万言书》，上海人民出版社1974年版，第7页。

[3] 《孔氏谈苑》卷2，第222页。

仁宗的上奏中认为，狄青乃一介武人，竟赢得社会声望，这会造成世人崇拜军功，而且像狄青这样的大将掌握了枢密院的机密，会对朝廷构成隐患。[1]欧阳修的言论，代表了当时文官的普遍见解。而另外一位武臣出身的枢密使王德用，也在不久遭到罢黜。[2]从狄青、王德用卸任直到北宋亡国，作为最高军事机关的枢密院几乎成为文臣的天下。到南宋后期，边患严重，军功集团在政坛却依然受到压制。宋理宗朝，军功出身的赵葵就任相位后不久，就遭到朝中非议，理由是"宰相须用读书人"，他只得自请辞职。[3]

从宋太宗朝以后，文官武将之间的关系逐渐出现了新的失衡，也就是文盛武衰，这使得宋代以前盛行的"出将入相"传统终结。在宋朝历史上，领兵将帅即使立下再大的功勋，也不可能执掌朝政。统治集团构成的这一改变，形成了典型的文官士大夫政治。值得关注的是，宋朝军功集团在政治上的消亡，制约了尚武力量对王朝施政的影响，武力手段通常遭遇抵制。特别是在对外政策与边防方面，冒险进取、开疆拓土的军事活动受到遏制，而防守以及怀柔的方式更容易获得采纳。宋朝压制军功集团，堵住了军功阶层的复兴之路，为文官士大夫主政铺平了道路。就连西方学者也认为："宋朝前期是士大夫的黄金时代。作为中国传统文化的传播者，士大夫在历史上第一次统治中国社会。"[4]

由此，宋代官场与社会风尚发生重要变化，以往文武分工的

---

[1] 王称著，孙言诚、崔国光点校：《东都事略》卷72《欧阳修传》，齐鲁书社2000年版，第600—601页。而《宋史》卷319《欧阳修传》则在此事上为欧阳修多有隐讳，见第10375—10381页。

[2] 《续资治通鉴长编》卷184，嘉祐元年十月辛巳，第4451页。

[3] 《宋史》卷417《赵葵传》，第12504页。

[4] [英]S.A.M.艾兹赫德著，姜智芹译：《世界历史中的中国》，上海人民出版社2009年版，第124页。

职责，已固化为不同的身份标志，文臣与武将之间出现了绝对的鸿沟。军功的感召力大为削弱，文臣、士人通常不愿投笔从戎，政坛形成突出的“文不换武”现象，即文官不愿转换为武职。典型的例子如宋真宗朝的状元陈尧咨。据记载，陈尧咨能文善武，尤其是在射术上有名于当世，有“小由基”（春秋时著名射士名养由基）的佳号。陈尧咨入仕后屡迁至工部侍郎、权知开封府、翰林学士。澶渊之盟以后，宋辽双方保持往来，辽朝使臣常挟能骑善射之长，轻蔑宋朝。宋真宗为了挽回脸面，打算在文臣中寻觅善武者陪伴对方。于是，宋真宗有意让陈尧咨转为武职，并允诺以后授给他节度使的官位。但当陈尧咨将此事禀告母亲后，陈母大怒，一面杖打陈尧咨，一面愤愤地责备他为图厚禄，蒙羞于士林，此事遂不了了之。宋仁宗天圣年间，由于陈尧咨与执政大臣不和，遭到打击，突然被改为与原官位相等的观察使的武职，调任知天雄军（今河北省大名县）。这自然引起陈尧咨的强烈不满，史称“尧咨内不平，上章固辞”，但他最终只得无奈屈从。[1]还有宋神宗朝善于谈兵的何去非，也不愿从事武职。[2]作为领风气之先的士大夫的这一行为，无疑对当时民间风气产生重大的影响，造成以从军为耻的社会观念，统治阶级中的精英遂远离军伍，使传统的尚武精神日趋沦丧。

[1] 陈峰：《从“文不换武”现象看北宋社会的崇文抑武风气》，《中国史研究》2001年第2期。

[2] 陈峰：《何去非的选择与宋朝社会时尚》，《寻根》2006年第6期。

二 文官士大夫的崛起与影响

五代时期，武夫悍将是武人君王倚重的主要力量，出身低微但具有实干之才的文吏，也是大小政权的重要工具。诸如理财、征税、书写与管理文书之类，是政务运行的重要内容，历来为文吏所长，武人无法替代。而科举出身的文士，纵有多少学识才情，却并不实用，只是被用来装点门面，不被重视。随着宋初政策的调整，特别是军功集团的消沉，文官士大夫的境况开始发生转变，他们逐渐摆脱附庸的角色，得以施展才能，迎来了政治上的大好时光。

1. 宋朝文官士大夫的崛起

宋太祖朝在抑制过于强势的武将势力的同时，开始恢复文官队伍的行政职责，以发挥其施政作用。不过，宋太祖在位期间，面临对内要整顿秩序，对外要统一四方的紧张局面，在用人上注重实效，具有兼容并蓄的特点，并未明确选择科举出身的文官集团为依靠。当时，陆续取代后周遗臣出任宰辅要职者，主要是原来的幕府亲信，也有新提拔的大臣。他们或出身昔日文吏，如赵普、沈义伦及吕余庆，或来自前朝有科举背景者，如薛居正、刘熙古及卢多逊。而枢密院的正副首脑，既有来自后周的武臣李崇矩、曹彬，也有幕府的武职李处耘、王仁赡及楚昭辅等人。

到宋太宗朝后期，确立了文治发展路线，武将势力在政治上已处于配角的地位；文吏也因缺乏学养与远见，成为过渡性政治人物，日渐淡出庙堂；科举出身的官僚开始崛起，逐渐居于统治集团的核心。这时的宰执大臣，除了元老赵普及吕端等个别人外，大都为进士出身。特别是宋太宗亲自殿试录用的士人，陆续受到重视，如他一手拔擢的状元吕蒙正，仅仅十年就做了宰相，探花寇准也在同样短的时间内升任枢密副使。[1]事实上，科举制度的大发展也是始于这一时期。宋太宗曾对身边的近臣说，天下州县缺官，他亲自选拔科举士人，以观其才，虽不敢指望拔十得五，但即使十得三四也算得上没有遗漏，朝廷也因此可多得君子。他最后感慨道："朕于士大夫无所负矣。"[2]这段话基本符合史实，反映了他对科举的重视，甚至迷恋。当年，进士科出身的朝臣王禹偁在给皇帝的上奏中承认："自陛下统御，力崇儒术，亲主文闱，志在得人，未尝求备。大则数年便居富贵，小则数月亟预官常。"[3]从这段话里可以看到，由科举入仕的举子，顺利者数年就博取富贵地位，一般人也能数月获得普通官位。此时，文臣甚至参与最高军事决策，如先后有石熙载、张齐贤和寇准等十余名文臣出任枢密院副长官，几乎与武臣形成对等之势。[4]至于中央、地方的行政组织则大致已经归文官管理。由此看来，宋太宗已有意选择科举出身的文官集团作为统治的核心力量。

进入宋真宗时代，科举出身的文臣已成长壮大，进一步成为统治集团的主体。武将地位日渐沦落不说，其他途径入仕的官员同样失去竞争力。唐朝时期，门荫制度曾与科举选官制并驾齐驱，凭借父祖官位入仕的人几乎占据官僚队伍的半壁江山。两派长期争斗，唐后期持续40多年的"牛李党争"即为突出表现。但在宋朝，更名为"恩荫"的这一入仕途径，已受到极大的挤

[1] 《宋史》卷265《吕蒙正传》、卷281《寇准传》，第9145—9146、9527页。

[2] 《宋太宗实录》卷26，第3页。

[3] 《续资治通鉴长编》卷30，端拱二年正月癸巳，第673页。

[4] 陈峰：《北宋枢密院长贰出身变化与以文驭武方针》，《历史研究》2001年第2期。

压，虽然录用人数不少，却在任职与升迁上遭遇重重障碍。也就是说，中高级官员的子弟如借恩荫入仕，在政界不仅升迁缓慢，而且很难获得重要职位。因此，但凡有能力者还是愿意投身科场，以博取正途功名，避免受到歧视。大批平庸无能子弟才赖此谋取一官半职，不过随着恩荫资格的限制，两三代下来就失去官宦身份。因此，恩荫也沦为科举制的附庸，以往门阀士族世代把持官场的局面，已成过眼云烟。

从宋真宗朝直至南宋亡国，科举（尤其是进士科）出身的文官一直掌控政坛。从《宋史·宰辅年表》中，可以清楚地看到宋朝宰执大臣基本是进士科出身：北宋宰相共有71人，其中64人为进士出身；其余非科举出身的7人中，又有3人为开国功臣；在所有的宰相中，竟无一人出身武臣。[1]南宋时期的情况也大体如此，共有宰相62人，其中51人为科举出身，6人为太学生出身，4人为恩荫出身，1人为武臣出身。[2]在宋仁宗一朝，共有13榜科考，每榜的前三名合计39人，其中没有做到宰执大臣者，“五人而已”。[3]北宋中叶即有人指出：“今世用人，大率以文词进。大臣，文士也；近侍之臣，文士也；钱谷之司，文士也；边防大帅，文士也；天下转运使，文士也；知州郡，文士也。虽有武臣，盖仅有也。”[4]这段话清楚地表明，到北宋中期，文士不仅掌控国家各方面的行政权，也肩负起军事指挥大权，还承担了边

[1] 《宋史》卷210—212《宰辅年表》，第5416—5531页。

[2] 据《宋史》卷213—214《宰辅年表》（第5543—5655页）记载，可知57人出身情况。其余沈该、曾怀、钱象祖、留梦炎和吴坚等5人出身背景，则考诸其他史籍获知，见陈骙：《南宋馆阁录》卷7《官联上》，中华书局1998年版，第77页；《宋史》卷34《孝宗纪二》，第653页；陈耆卿：《赤城志》卷33《人物门·本朝》，《宋元方志丛刊》第7册，中华书局1990年版，第7529—7539页；《宋史》卷43《理宗纪三》，第830页；《南宋馆阁录·续录》卷8《官联二》，第308页。

[3] 《容斋随笔》卷9，第120页。

[4] 蔡襄：《蔡襄集》卷22《国论要目》“任材”，上海古籍出版社1996年版，第384页。

睢阳五老图 上海博物馆藏

防大帅的角色。

在宋初，边防大帅还是高级将领的专属之职。在宋太祖、宋太宗朝，无论是出征还是驻防，负责总指挥的都部署一职都由将帅担任。宋真宗后期，开始参用文臣指挥军队。到宋仁宗朝，军事行动的指挥权逐渐归属文官，并确立了文臣主持所有战区的规矩：文臣出任经略安抚使兼都部署，不管地位多高的将帅一般也只能担任副职，听从文官主帅调遣。正如宋人所说，不以武人为大帅，必用文臣为经略使，以总负责；武人做总管，领兵马，号称将官，却受文臣经略使节制，出入战守，听从指挥。[1]后来，这种"以文驭武"的原则长期得到沿用。[2]宋徽宗时，有官员即指出，"本朝太祖、太宗时，四方未平"，迫于时势，乃用武臣分领要地；及至太宗以后，逐渐全用儒将，只有边地小郡，才用武人。[3]正因如此，范仲淹、韩琦及沈括等著名的文官，就曾经成为抗击西夏的统帅，演绎出文臣用兵的史事。

作为最高军事机要与决策机构的枢密院，早在宋真宗朝，文官大臣已占据主导地位。这就使得枢密院近乎为一个文职机构，其军事意义无形中弱化。在这样的环境下，武将出身的官员不仅难有作为，而且处境尴尬。据时任宰相王旦之子称，良将马知节担任枢密院副职时，受到文官枢密使王钦若的压制。一日，马知节与王钦若在御前发生争吵，宋真宗召宰相王旦前来调解。当王旦赶到后，看到王钦若"喧哗不已"，马知节则在"涕泣"。[4]当着皇帝的面，马知节竟被王钦若欺压到"涕泣"的地步，可见

[1] 刘挚：《上哲宗论祖宗不任武人为大帅用意深远》，《宋朝诸臣奏议》卷65《百官门》，第724页。

[2] 陈峰：《都部署与北宋武将地位的变迁》，《安徽师范大学学报》（人文社会科学版）2001年第3期。

[3] 任伯雨：《上徽宗论西北帅不可用武人》，《宋朝诸臣奏议》卷65《百官门》，第727页。

[4] 王素：《文正王公遗事》，《全宋笔记》，大象出版社2003年版，第181页。

[宋] 周季常《五百罗汉图》(局部) 美国波士顿博物馆藏

武臣在枢密院处境之一斑。到了宋仁宗朝，随着狄青、王德用两位武官被贬出，武将几乎被枢密院清扫出门，文官大臣完全承担了最高军事决策的重任。

说起来，在中国历代王朝中，皇帝虽然掌握最高军权，但考虑到军事的专业性与实战性，在军事决策与军队管理上，历来主要依靠富有实战经验的将帅。如兵家鼻祖孙子说："夫将者，国之辅也，辅周则国必强，辅隙则国必弱。"[1]故领兵大将倍受尊崇，刘邦筑坛拜韩信为将的故事即为典型例证。秦汉时期，有太尉、大将军负责最高军务，每遇大的出征或军事活动，通常由皇帝授予将帅统军印信，以指挥军队。宋初的枢密院也沿用五代的传统，由武将主持，出征与驻防的任务亦由将帅负责。然而，到北宋中叶，上至决策，下至出征，原本武将的专属责任却已转移到文官身上。这种格局的出现，意味着武将成为职业军人，听从文官决策与调遣。这的确是中国历史上前所未有的现象，充分彰显了宋朝文官政治的特点，某种程度上已近似于现代西方国家的军事体制。

如此一来，宋朝士大夫在政坛的影响力与日俱增，至宋真宗朝以后，已成为王朝统治的主体力量。可以说，在历史的选择下，他们肩负起建设与发展国家的使命，扮演起时代舞台的主角。宋神宗朝，大臣文彦博敢于当面对皇帝说出天子"为与士大夫治天下"的话，[2]正是士人充满自信的反映，也是对君主的一种提醒。这与以往的王朝的确不同。秦汉军功贵族长期主导庙堂不说，东晋时期，还流传过"王与马共天下"的民谣，"王"指的是主政的王导、王敦这一门阀家族，"马"指的是皇室司马氏。

---

[1] 孙武：《孙子·谋攻第三》，林伊夫等注译：《武经七书新译》，齐鲁书社1999年版，第12页。

[2] 《续资治通鉴长编》卷221，熙宁四年三月戊子，第5370页。

当年民间的这一说法，其实是对当时皇帝与门阀士族共天下事实的隐喻说明。与皇帝共天下角色的前后变化，也侧面折射出中国历史的变迁。

2. 宋朝文官政治的特点与成效

宋朝文臣士大夫长期处于政治中心，有强烈的国家认同感，不仅具备“舍我其谁”的自信，还拥有相当的优越感。在他们的长期执政下，形成了宋朝特有的时代特征。

宋代的文官政治，对文教发展无疑提供了极为有利的环境和保障。在三百多年间，无论是思想与学术、文化与艺术之昌盛，还是教育之发达，确已达到前所未有的高度。现代史学家陈寅恪先生即认为：“华夏民族之文化，历数千载之演进，造极于赵宋之世。”[1]宋史专家邓广铭先生也赞誉道：“两宋期内的物质文明和精神文明所达到的高度，在中国整个封建社会历史时期之内，可以说是空前绝后的。”[2]除此之外，当时的文官政治还在以下方面表现出优势与特点。

第一，文人最大的特点是注重道理，讲求以理服人。碰到蛮横的武夫时，他们常说的话是：“秀才遇见兵，有理讲不清。”在通常的情况下，宋朝文官发挥了自己的优势，在庙堂营造可以“讲道理”的环境，并着力把握话语权，以确保朝政不偏离正常轨道。据记载，早在宋太祖在位期间，他曾问宰相赵普：“天下何物最大？”赵普深思后却没有回答。皇帝再问，赵普才答曰：“道理最大。”宋太祖听罢，表示信服。[3]赵普的这一说法，便可

---

[1] 陈寅恪：《邓广铭宋史职官志考证序》，《金明馆丛稿二编》，上海古籍出版社1980年版，第245页。

[2] 邓广铭：《谈谈有关宋史研究的几个问题》，《社会科学战线》1986年第2期。

[3] 沈括：《梦溪笔谈 · 续笔谈》，岳麓书社2002年版，第253页。

以说是从最高层面把持道理的举动，意在告诫皇帝不可妄自尊大，须顺应天意民心，理性对待朝政。而宋太祖能够有虚心接纳的胸怀，既与多年乱世下君权神授光环的破灭有关，也与其充满戒惧的心理存在联系。宋朝后来的君臣多次重提这一话题，如宋孝宗就欣然接受这样的观念，当时的大臣遂感叹道："天下惟道理最大，故有以万乘之尊而屈于匹夫之一言，以四海之富而不得以私于其亲与故者。"[1]

宋真宗在位期间，为了防止权臣专断，提出著名的"异论相搅"[2]认识，有意在朝中提倡不同意见，为服从道理提供了宽松的环境，同样产生很大的影响。宋朝君臣的如此做法，颇有专制皇权下的某种政治"民主"的意味，在中国历史上闪烁出一定的政治文明的光彩。于是，宋朝朝堂上形成了相对宽松的议事规矩，凡重大决策，帝王一般都要先征询臣僚的意见才予以裁断，这便在很大程度上限制了暴君独断专行现象的发生。如景德元年（1004年），面对辽朝的大举进攻，朝臣中分化为主张主动抗战与主张南下避祸的两派，宋真宗虽然畏惧亲征，但仍然在庙堂听取两派的主张，最终采纳了少数派寇准的皇帝亲征意见。大中祥符三年（1010年），当有将领反映西夏不遵守盟约，要求主动用兵时，宋真宗马上征求大臣意见。他对宰相王旦说，有言事者认为四海无虞，议和之利，不如武力征服。王旦劝说道，先帝在位时颇已厌兵，如今用怀柔方式收服四夷，此乃"帝王之盛德"。本已厌战的宋真宗，遂心安理得接受了王旦的主张。[3]靖康年间，在金军大举南攻的形势下，主政的宰执大臣建议南迁避祸，但以李纲为首的部分官员要求坚守开封。宋钦宗虽倾向于南

---

[1] 佚名:《中兴两朝圣政》卷47，乾道五年三月戊午，北京图书馆出版社2007年版，第1400页。

[2]《续资治通鉴长编》卷213，熙宁三年七月壬辰，第5169页。

[3]《续资治通鉴长编》卷73，大中祥符三年五月癸卯，第1672页。

迁，却不敢承担出逃的骂名，只得同意抗战派的主张，留守京城抗战。

即使宋朝帝王有心做一件有争议的事，若得不到臣僚的响应，也不能一意孤行。引起后世颇大非议的“天书”、封禅活动，即为典型的例子。澶渊之盟后，宋真宗为了巩固王朝统治的神圣性，摆脱议和带来的屈辱，与枢密使王钦若等人密商“天书”与封禅活动。虽然王钦若的理由很充分，即认为编造“祥瑞”自古有之，像所谓的河图、洛书，也不过是前人借助神道教化臣民的手段，但宋真宗还不放心，他先向一位宿儒确认其事，[1]随后又担心宰相王旦反对，再派王钦若做工作。为了争取王旦的支持，宋真宗还在宫中专门宴请王旦，临别时又赐给他一尊酒瓶。王旦回家打开一看，发现里面竟装满价值昂贵的珍珠，遂明白了皇帝的苦心，只得表示认可。[2]于是，在臣僚的积极配合下，一场持续多年的造神运动才得以进行，甚至连被贬在外的故相寇准也参与其间。这场带有浓厚道教色彩的政治性运动，劳民伤财是显而易见的，不过若无朝臣的理解与配合，宋真宗也无法强制推行。敢于作为的宋神宗虽然支持王安石进行变法，但围绕变法的内容也广泛征求意见，于是出现了以富弼、文彦博及司马光等为代表的反对派的激烈批评。甚至于在宋高宗朝，还先后起用过李纲、汪伯彦、张浚、赵鼎、秦桧等不同主张的宰臣，宋高宗一度允许主和与主战两派之间辩论，最终才敢公开力挺秦桧的议和主张，并以此道理压服朝野。

第二，文人又有批评现状的传统，宋代文臣不仅保持着敢于批评时政的特点，也促成了相关制度与机制的建立。自宋太祖立

---

[1] 《续资治通鉴长编》卷67，景德四年十一月庚辰，第1506—1507页。

[2] 《宋史》卷282《王旦传》，第9545页；苏辙：《龙川别志》卷上，中华书局1982年版，第73页。

下不杀大臣与上书言事者的规矩后，士大夫因无杀戮之忧，最多不过被贬官流放，故敢于批评朝政，甚至对皇帝也不例外，这在中国历代王朝中都显得极为特别。宋人指出："汉法，大臣有罪皆弃市夷族。本朝祖宗恩德之厚，未尝杀戮大臣，然窜逐岭表，固有之矣。"[1]按照规定，不仅谏官肩负劝谏的职责，其他朝臣以及在野士人也可以上奏进谏皇帝，因此犯颜直谏的现象在宋朝非常普遍，也成为宋朝的传统。以宋仁宗时期为例，庆历四年（1044年）盛夏的一天，谏官余靖认为朝廷对西北边防的处置不妥，遂入宫当面上奏批评。这位谏臣素来不修边幅，谈论起来又滔滔不绝。等到余靖高谈阔论完毕，宋仁宗立即返回内宫，对身边人说，他刚才被一个汗臭的汉子熏杀，脸上甚至被喷上了吐沫。[2]又如宋仁宗废黜皇后郭氏后，右司谏范仲淹不顾帝王的感受，率领谏官、御史竭力反对，指责这一做法。[3]宋仁宗特别能包容臣僚的批评，固然属于典型，而大多数宋朝帝王也都有相当的雅量。翻检文献史籍，代表性的例子还有很多。如宋英宗即位后，希望为已故的亲生父亲加上皇帝的名分，但许多官员认为此举不合礼制，遂不断上奏劝谏，宋英宗最终只得妥协。[4]宋神宗支持变法，也允许反对派发表不同意见，于是在朝堂上经常出现争论。在金军第一次包围京城期间，宋钦宗一度罢免主持抗战的李纲的职务，以陈东为首的太学生在皇宫门外上书请愿，数万军民追随响应，要求恢复李纲的职务，严惩主和派宰相李邦彦、白时中等人。宋钦宗迫于压力，遂重新起用李纲。彼时，宋朝士大夫直言敢谏的行为，受到朝野公议的敬重，打破了唐末五代以来

---

[1] 陈公辅:《上钦宗条画十二事》,《宋朝诸臣奏议》卷150，第1720页。

[2] 《孔氏谈苑》卷3，第242页。

[3] 《宋史》卷314《范仲淹传》，第10268页。

[4] 《续资治通鉴长编》卷205、卷207，治平二年六月甲寅，治平三年正月壬午、戊辰、癸酉、丙子、丁丑，第4971—4976、5023—5032页。

文臣苟且偷生的积习，[1]甚至有时明知不可为而为之。宋高宗即位后力主议和，陈东、欧阳澈等几位士人连续上书坚决反对，为此付出生命代价，造成宋代杀戮上书士人的罕见现象。[2]

宋朝对百官建立了较为完备的监督弹劾体制，包括中央的“台谏”（御史、谏官）系统和地方路级机构的“监司”系统。更重要的是，宋朝台谏机构能充分行使职责，并得到官员们的认同和支持，通常连公卿大臣也不得干预，因此发挥了突出的作用。北宋大多数时期里，御史、谏官很少受到贬谪，即使被外放也通常是平级调出，不久还会被召回，因此他们往往敢于尽责。[3]在宋代，批评朝政、抨击当政大臣，成为政坛常见的现象。宋仁宗在位期间，吕夷简主政多年，不仅造成保守积弊，还带来任人唯亲的问题，朝臣范仲淹便多次上奏批评。景祐三年（1036年），时任权知开封府的范仲淹接连上奏批评吕夷简擅权，欧阳修、余靖等官员也公开支持范仲淹的举动。当范仲淹被罗织“朋党”罪名贬出京师时，欧阳修、余靖受到牵连，太子中允尹洙还自请一同受贬，从而受到士林的赞誉。[4]即使在宋徽宗时代，统治集团荒淫腐朽，士大夫也未完全沉沦，许多台谏官员不断弹劾抨击以蔡京为首的主政官僚。

按照宋朝寻常惯例，官员被贬后一般还有复出的机会，所以士大夫敢于批评时政。但在特殊政局下，这种举动可能要承受沉重的代价，意味着丧失一切政治待遇，甚至会牵连家人。不过，仍有一些士人无所畏惧，表现出真正的担当精神。宋高宗朝，秦

---

[1] 欧阳修：《新五代史》卷33《死事传·序》，中华书局2007年版，第355页。

[2] 《宋史》卷358《李纲传上》、卷455《忠义十·陈东传》《忠义十·欧阳澈传》，第11245、13359—13363页。

[3] 《石林燕语》卷10，第144页。并参见虞云国：《宋代台谏制度研究》，上海社会科学院出版社2001年版。

[4] 《宋史》卷295《尹洙传》，第9831页。

桧奉命主和，打击迫害主战派，便有敢于提出不同政见者出现。在制造岳飞冤案期间，不仅先后有薛仁辅、何彦猷、李若朴等官员表示反对，还有进士智浃、布衣刘允升以及范澄之等在野士人上书鸣冤，他们不是被贬官流放，就是被逼自杀。[1]后来，无论是宋宁宗时权臣韩侂胄、史弥远当道下，还是宋度宗朝贾似道专权时，因批评朝政而被贬的官员仍不时出现，这就显得难能可贵。

正因为受到监督弹劾制度的制约，宋朝的宰执大臣常常有所顾忌，甚至不少人因此被迫下台。宋仁宗景祐四年（1037年），陈尧佐、王随出任宰相，但时隔一年，就因能力不足及遇事迁延拖拉遭到朝臣们的弹劾批评，最后他们只得自请罢相。[2]宋哲宗元祐元年（1086年），在御史刘挚、王岩叟等人的交章弹劾下，宰相蔡确被迫下台。[3]次年，大臣在一位官员的任命问题上发生分歧，宰相苏颂因坚持己见遭到御史的弹劾，他立即上奏辞职。[4]大观三年（1109年），宰相蔡京因遭到台谏官的连续弹劾，一度被迫致仕赋闲。[5]正如宋哲宗朝侍御史刘挚所说，执政臣僚若触犯公议，一有台谏弹劾，则无人能安居其位而不去职。[6]

第三，文人通常比较理性，注重用制度解决问题。当年刘邦率军攻入秦都咸阳后采取的“约法三章”，便是用制度赢得民心的典型代表。宋朝文臣士大夫对于政务运行强调遵循制度与规则，以减少随意性的干扰。如前所述，在通常情况下，宋代从中

[1] 参见王曾瑜：《荒淫无道宋高宗》，河北人民出版社1999年版，第294—298页。

[2] 《续资治通鉴长编》卷121，宝元元年三月戊戌，第2864页。

[3] 《宋史》卷471《奸臣一·蔡确传》，第13700页。

[4] 《宋史》卷340《苏颂传》，第10867页；《石林燕语》卷10，第144页。

[5] 《宋史》卷472《奸臣二·蔡京传》，第13725页。

[6] 《续资治通鉴长编》卷364，元祐元年正月庚戌，第8720页。

央到地方的各种官府机构都建立了分工负责与牵制机制，并以台谏、监司系统提供监督保障，虽然因繁文缛节降低效率，但它使得各级官员只能照章办事，难以滥施暴政。现代史家钱穆先生在对比中国历代政治得失后指出："宋代制度之缺点，在散，在弱，不在专与暴。"[1]诸如中书与枢密院、科举与选官、财政与赋役、调兵与统军以及司法与刑狱等体系，都无不如此，这就尽可能防止了朝政失控，从而有益于社会的稳定。对历代常见的外戚干政、宦官专权及地方割据的痼疾，宋朝文官保持高度的警觉，也通过各种制度与机制加以约束，使其难以膨胀起来。正如元代修史者所总结，宋朝以优厚待遇对外戚，却又有法度之严、礼统之正的约束，"而终无外家干政之患"；[2]宋朝对宦官管理甚严，宦官中凡有奸邪之辈出现，都很快遭到剔除，"君臣相与防微杜渐之虑深矣"。[3]

特别值得提到的是，宋代制定了各种赋役制度，百姓的负担固然沉重，但以往那种随心所欲的横征暴敛较少出现，像前代民间故事"孟姜女哭长城"，杜甫诗"三吏""三别"反映的情景，大为减少。同时，宋朝的赋役与户籍制度较为务实，更多地用经济方式取代对人身的征调，减少了对百姓生产与生活的干扰。如政府推行的募兵制度取代了农民的兵役、王安石变法中用"募役法"取代"差役法"等，还有对工商业的税收制度，也减少了随意的摊派与剥夺，从而对经济运行产生积极作用。虽然在北宋末年与南宋战时状态下，宋廷常常背弃自己的许多经济规则，造成较大的消极影响，但那都属于个别时期的特殊现象。

第四，士人深受儒家忠君报国思想熏陶，常怀忧患意识，多

[1] 《中国历代政治得失》，第72页。

[2] 《宋史》卷463《外戚传》序，第13535页。

[3] 《宋史》卷466《宦者传》序，第13599页。

有“天下兴亡，匹夫有责”的志向，宋代尤其如此。两宋长期处于边患的严重威胁之下，战争时常成为高悬国人头上的利剑，内政上又存在各种复杂的积弊，内忧外患交织，不断带来统治危机，因此士人心中的忧患意识颇为强烈。范仲淹发出“先天下之忧而忧，后天下之乐而乐”的呼声，其实不仅是抒发个人的情怀，也代表了宋朝众多士大夫的心声，表现出与国分忧的愿望。他们中的许多人都秉持“达则兼济天下，穷则独善其身”的信念，困顿时洁身自好，发达时报效天下。南宋大儒朱熹评价范仲淹：“自做秀才时便以天下为己任，无一事不理会过。一旦仁宗大用之，便做出许多事业。”[1]王安石自青年时代就忧国忧民，嘉祐年间给宋仁宗上万言书，提醒盛世下存在的隐忧。他当政后，顶着各方面的压力推行改革，就是希望通过各种“富国”“强兵”举措，重振国力。王安石视富贵如浮云，其名节操守也得到朝野的赞誉。司马光虽然对变法持反对意见，但对国家的前途同样忧心忡忡，一心想要维持安定。司马光一生简朴，史称“恭俭正直”，“于物淡然无所好”。[2]还有以寇准、李觏、韩琦、欧阳修、张载、程颢、程颐、王韶、李纲、宗泽、虞允文、叶适、陈亮、陆游、辛弃疾、真德秀、文天祥、陆秀夫等为代表的大批文官士人，都无不心系江山安危，或义无反顾投身危局，或奋笔表达报国志向。张载“为天地立心，为生民立命，为往圣继绝学，为万世开太平”的名言，彰显了更高境界的追求；辛弃疾的词“醉里挑灯看剑，梦回吹角连营。八百里分麾下炙，五十弦翻塞外声。沙场秋点兵。马作的卢飞快，弓如霹雳弦惊。了却君王天下事，赢得生前身后名。可怜白发生”，流露出报国无门的无限悲凉；陆游临终前，还念念不忘告诫儿孙自己的心愿：“死去元

[1] 《朱子语类》卷129《本朝三·自国初至熙宁人物》，第3088页。

[2] 《宋史》卷336《司马光传》，第10769页。

［宋］马和之 《女孝经图》（局部） 台北故宫博物馆藏

知万事空，但悲不见九州同。王师北定中原日，家祭无忘告乃翁。”

宋代士人还形成重气节的传统，对国家保持了很高的忠诚度。当社稷危亡之际，他们中的很多人勇于抗争，保持不屈的节操。从《宋史·忠义传》的记载中，可以读到大量有关这方面的事迹。“靖康之难”发生后，许多文臣士人以死殉难。吏部侍郎李若水随宋钦宗被押送至金营后，不甘屈辱，以必死的信念怒骂金军统帅粘罕，最终被残酷杀害。[1]因拒绝投降，一批官员选择赴死，如刘韐服毒自杀，傅察遭到杀戮，杨震父子力战而死，张克戬满门自尽，等等。[2]到南宋灭亡前后，不仅有大量类似的情景重现，还有文天祥、陆秀夫等一批文臣坚持抗战，直至玉石俱焚。其中状元出身的文天祥，在国破之际，抛却优越生活，毅然走入危城临安，挑起救国重担。被俘后，他先后拒绝了元朝宰相、故主宋恭帝的劝降，在囹圄中坚持了数年之久，最终杀身成仁。文天祥《过零丁洋》中的名句“人生自古谁无死，留取丹心照汗青”，至今依然感人至深。而陆秀夫则背着宋朝最后的小皇帝赵昺，在崖山投海自尽，留下一曲令后世扼腕叹息的绝唱。对于有如此之多的壮举，元代史家也不得不感慨：“中外搢绅知以名节相高，廉耻相尚，尽去五季之陋矣。故靖康之变，志士投袂，起而勤王，临难不屈，所在有之。及宋之亡，忠节相望，班班可书。”[3]

[1] 《宋史》卷446《忠义一·李若水传》，第13160—13161页。

[2] 《宋史》卷446《忠义一》，第13162—13168页。

[3] 《宋史》卷446《忠义传》序，第13149页。

3. 宋代文官政治的弊端

宋代文官政治在彰显理性成就的同时，也存在过犹不及的明显缺陷，还有专制时代的通病。这些新旧弊端交织在一起，同样深刻地影响着当时的政治与社会，成为宋朝的鲜明印记。

宋朝统治集团过度追求文治，一味关注秩序稳定，规矩条法烦琐，造成内政外交上的相对保守，特别是畏惧对外战争风险，导致长期被动挨打，终以“积弱”著称于史。概括来说，除了历代都不可避免的争权夺利、腐败之类的痼疾外，其弊端又突出地表现在以下两方面。

一方面，宋朝文官士大夫长期主政，掌管军事决策与指挥，打破了文武平衡，使武将难以施展应有的作为。而文臣既不擅长用兵，也大都抵触动武，自然不利于军队战斗力的发挥，因而直接影响到边防的效果。有关这方面的情形，在史籍记载中不乏其例。

自宋真宗朝以后，文臣逐渐主宰了枢密院。他们大都不熟悉军事，或注意力多集中在案牍事务上，或纸上谈兵，对全局战略及防务部署少有贡献。如宋仁宗朝的王鬷、陈执中及张观三位文臣枢密院长贰，面对突然出现的元昊反宋局面不知所措。宋仁宗数次询问对策，他们皆“不能对”。于是，三人同日都被罢官。[1]此例反映出文官大臣身居枢府，但对突发边防危机难以应对。北宋后期，负责枢密院的文官同样少有知兵者，如吕公著在任内留下的主要事迹，不外乎反对恢复肉刑、批评主动征讨西夏而已；[2]而林摅、郑居中之流，则追随蔡京，罔顾边防安危。[3]更

[1]《续资治通鉴长编》卷126，康定元年三月戊寅，第2987页。

[2]《宋史》卷336《吕公著传》，第10774页。

[3]《宋史》卷351《郑居中传》《林摅传》，第11103—11104、11110—11111页。

可悲的是，文臣孙傅在开封城被围时出任同知枢密院事，面对金军的猛烈进攻，他拿不出任何有效的对策，最终只能求助于“神灵”的帮助。饱读诗书的孙傅竟不顾他人劝阻，将城防职责交给了一个装神弄鬼的兵丁郭京，最终演出郭京开门迎敌的荒唐闹剧。[1]

在指挥军队作战过程中，宋朝文官也往往因不懂军事导致严重的后果。宋仁宗朝，夏竦出任陕西主帅时，面对西夏的进攻，畏缩自守，“但阅簿书，行文移而已”。[2]更有甚者，熙宁三年（1070年），西夏在宋朝边境内修筑堡垒，环庆路经略安抚使、文臣李复圭本不熟悉军事，却给李信、刘甫、种咏等武将下达作战的“阵图、方略”。李信等人奉命出兵征讨，结果大败而归，史称：“（李）信等如其教，未至贼营，贼兵大至，信等众才三千，与战不利，多所失亡，退走荔原堡。”事后，李复圭为推卸责任，匆忙收回下发的阵图、部署之类文件，然后将李信等武将关押起来。朝廷最终追究下来，李信、刘甫以“违节制”（违反命令）的罪名被杀，种咏也冤死于狱中。[3]此事反映了个别文官主帅既平庸无能又不敢担当的卑劣行为。

当金军大举南攻之际，宋钦宗在京师周围设四总管府，以文臣分别负责防务。但在金军第二次进攻时，他们大都无力应对，结果是西道总管王襄“弃城遁”，北道总管赵野回避与金军交锋，东道总管胡直孺被金军俘虏，唯有南道的张叔夜率军增援京城开封。[4]最可笑的是，当金军两路大军最终围攻开封时，负责

[1] 《宋史》卷353《孙傅传》，第11137—11138页。

[2] 韩琦：《乞陕西仍分四路各依旧职奏》，李之亮、徐正英笺注：《安阳集编年笺注》之《附录一》卷2，巴蜀书社2000年版，第1631页。

[3] 《续资治通鉴长编》卷214，熙宁三年八月己卯，第5218页；《宋史》卷313《文彦博传》，第10261页。

[4] 《建炎以来系年要录》卷1，建炎元年正月庚子，第25—26页。

守卫南面城垣的文官李擢一筹莫展，只能在城楼上醉生梦死，听任金军日夜填塞护城河，“日与僚佐饮酒烹茶，或弹琴讌笑，或日醒醉”。武将何庆源要求严加防范，李擢竟无动于衷，以致城河壕沟很快被填平。宋钦宗登城发现这些情况后，虽将李擢贬官，但为时已晚。不久，金军便首先攻下城南的宣化门，汴京城随之陷落。[1]

南宋时期，文臣在军事活动中依然失误不断。建炎四年（1130年），大臣张浚以川陕宣抚处置使的头衔主持西部防线，他不顾诸将的反对，调集陕西五路兵马，贸然在富平（今陕西省富平县）与金军决战，结果损失惨重，关中从此完全丧失。[2]绍兴七年（1137年），主持淮西防区的大将刘光世被解除职务后，由兵部尚书、文臣吕祉节制所部5万军队。但因吕祉既不善于统军，又处置不当，引起部将郦琼等人的不满，最终酿成郦琼叛变的后果，吕祉被杀，4万多军人投敌，[3]给宋廷造成极大的损失。

在“以文驭武”政策下，文官肩负指挥军队的重任，但科举出身无法替代战场经历，纸上谈兵也不能解决实战问题，因此很多文臣统帅难免陷于尴尬的境地。宋人对韩琦、范仲淹在御夏战争中的表现评价颇高，“朝廷倚以为重，故天下称为‘韩、范’”。[4]但康定二年（1041年）发生的好水川之败，韩琦作为总指挥难逃其责。谏官余靖也不得不承认：“况好水之败，韩琦等为招讨使，定川之败，王沿为都部署，皆号本朝精选，尚犹不

[1] 徐梦莘：《三朝北盟会编》卷66靖康元年闰十一月十四日己巳、卷67靖康元年闰十一月十五日丙午，上海古籍出版社2008年版，第500—501、503—505页。

[2] 参见杨德泉：《张浚事迹述评》，邓广铭、郦家驹等主编：《宋史研究论文集》，河南人民出版社1984年版，第565页。

[3] 《建炎以来系年要录》卷113，绍兴七年八月戊戌，第2110—2112页。

[4] 《宋史》卷312《韩琦传》，第10223页。

免丧师。”[1]韩琦自己也承认:“臣素昧兵机,不经边任”,[2]“既不能亲冒矢石,应机制变,而但激励将卒,申明赏罚,以昼继夜,实忘寝食。”[3]康定元年(1040年),宋军在三川口之战中惨败后,重镇延州(今陕西省延安市)处于危险境地。文官张存接任知延州后恐惧不已,先拖延赴任,后又对前来议事的范仲淹诉苦,称他素不知兵,父母年已八十,希望能将他调到内地任职。于是,范仲淹只得主动上奏朝廷,接替其职。[4]后人王船山即中肯地评说道:“韩、范二公,忧国有情,谋国有志,而韬钤之说未娴,将士之情未浃,纵之而弛,操之而烦,慎则失时,勇则失算。”[5]靖康危难之际,文官杨时深感文人用兵之害,在给皇帝的上奏中坦承:“臣本书生,军旅之事,未之学也,不敢自信其说。”[6]

宋代历史上,也有过少数有作为的文臣统帅,最著名的要算宋神宗时代的王韶。熙宁元年(1068年),王韶向朝廷献《平戎策》三篇,提出解决西北边防的构想:要取西夏,当先收复西北河湟地区(今甘肃西南部至青海东部一带),以断其右臂,如此则我有侧翼之助,而西夏失去同盟,此为御夏上策。这种设想一改被动防御的思路,是从战略高度加强国防的主动谋略。于是,宋神宗深为所动,委派王韶付诸实施。从此一直到熙宁七年(1074年),王韶以经济手段配合军事行动,用兵主动、灵活,屡出奇兵,并多次大胆反击,最终征服了西北吐蕃诸部,抑制了

[1] 《续资治通鉴长编》卷150,庆历四年六月癸卯,第3631页。

[2] 韩琦:《韩魏公家传》,《安阳集编年笺注》之《附录三》卷1,第1760页。

[3] 韩琦:《鄜庆渭三路添兵将奏》,《安阳集编年笺注》之《附录一》卷2,第1625页。

[4] 《续资治通鉴长编》卷128,康定元年八月庚戌,第3036页;《宋史》卷320《张存传》,第10414页。

[5] 《宋论》卷4《仁宗》,第93页。

[6] 杨时:《杨时集》卷1《上钦宗皇帝书·其三》,福建人民出版社1993年版,第17页。

西夏势力的扩张，取得前所未有的拓边成果。在此基础上，宋廷新设了熙河路。[1]南宋后期的余玠，在抗击蒙古大军的过程中，率领四川军民多次击退对手，成为一时的中流砥柱。[2]通览王韶、余玠事迹，可以看出他们两位是宋朝很善用兵，也很具胆魄的军事统帅，其作为已足以与古代名将相媲美。然而，像王韶、余玠一样善于用兵并取得突出战果的文官将帅，毕竟不多见，并且也难以获得更大的发展空间，遂制约了国防力量的壮大。

另一方面，宋朝文臣长期主政，也暴露出文官特有的弱点，既优柔寡断，缺乏果决精神，常常议而不决，又好发议论，各执己见，互不相服，甚至空谈误国。这也给朝政带来严重的消极影响。

有关这方面的例证，可谓屡见不鲜，不胜枚举。从宋太宗末年开始，李继迁率领的西夏军队对宋西陲要地灵州（今宁夏回族自治区吴忠市）展开围攻，宋军虽先后数次出征，却没有收到明显的效果。至咸平四年（1001年）年底，西北边防形势日趋紧张，宋真宗多次下诏征集压制西夏的对策，于是有戍边官员建议在绥州（今陕西省绥德县）修筑城堡，以遏制对手。面对这一建议，大臣们议论不一，宰相吕蒙正与参知政事王旦等人持反对意见，另一位宰臣李沆认为建议虽有价值，但劳民伤财，而枢密院的长官多倾向于支持。结果，朝臣们在庙堂上争吵不已，“互执利害，久而未决”，宋真宗不得不派出使臣前往当地实地考察。[3]不久，宋廷又派六万大军营救灵州，但行动颇为迟缓，宝贵的时间就这样一点点失去。到咸平五年（1002年）三月间，灵州城最终沦陷。

---

[1] 《宋史》卷328《王韶传》，第10579—10582页。

[2] 《宋史》卷416《余玠传》，第12469—12472页。

[3] 《续资治通鉴长编》卷50，咸平四年十二月丁未，第1089—1090页。

在宋仁宗亲政以后，士大夫不断批评朝政积弊，到庆历年间遂出现了范仲淹受命主持的新政改革。但新政推行后，又遭到许多非议，改革最终戛然而止，使宋朝失去了一次自我修复的机会。宋神宗即位前后，改革的呼声再度高涨，然而当王安石主持变法之后，很多朝官同样又提出异议，在朝野内外引发激烈争论，直接影响到旨在富国强兵的改革的成效。此后，这场争议还使得官员形成对立的集团，彼此争斗，互相攻讦，朝政路线几度交替，余波一直延续到南宋。宋高宗朝，有朝官即上疏反映："自元丰新法之行，始分党与，邪正相攻五十余年……今国步艰难，而分朋缔交、背公死党者，固自若也。恩归私门，不知朝廷之尊，重报私怨，宁复公议之顾。"[1]南宋后期，一些标榜理学宗旨的士大夫当政后，自视甚高，排斥不同政见者，却无法解决实际的困境，只能高谈阔论，以致空谈误国。权臣史弥远死后，宋理宗亲政，一度清理以往用人积弊，出现所谓"端平更化"，久负名望的真德秀入朝参政。但他对皇帝提出的首要大事，不是关乎国计民生或边防大计要务，而是"尊崇道学，正心诚意为第一意"，继而献上所著《大学衍义》，因此他很快失去了民望，巷间间随之传出"吃了西湖水，打了一锅面"的讥讽民谣。[2]

抛开不同政见背后的利益冲突不说，宋代文臣士大夫自我标榜，各自兜售一己之见，往往意气用事，时常陷入无原则的争议之中，在官场上党同伐异，无法形成稳定的合力。加之拘泥于繁文缛节的程序，这些都极大地影响了朝政的效率。对于这种突出的现象，当年的有识之士曾批评了其危害。如朱熹尖锐地指出："秀才好立虚论事，朝廷才做一事，哄哄地哄过了，事又只休。"朱熹深感文人空谈的弊端，甚至不免怀念开国时代的简约朝政：

[1] 《宋史》卷376《常同传》，第11623页。

[2] 周密：《癸辛杂识》前集《真西山入朝诗》，中华书局1988年版，第43页。

“太祖当时亦无秀才，全无许多闲说。”[1]

正所谓“寸有所长，尺有所短”，士大夫也存在自身的短板，他们在内政外交上刚性不足，不免被动尴尬。宋朝文官政治的种种表现，就明显地暴露出这种两面性的特点，其得失皆相当显著。

[1]《朱子语类》卷127《本朝一》，第3043页。

三 吕蒙正与张亢故事的启示

宋朝政坛的崇文抑武风气，随着时光的推移日益浓厚，成为那个时代的重要特征。如此瞩目的风尚孕育出无数官员荣枯有别的仕宦经历，也影响了许多人的命运。吕蒙正与张亢同为进士出身，一文一武两种仕途，结局却迥然不同。他们的经历不仅体现了当时的价值取向，也为后世了解宋朝政治提供了启示。

1. 吕蒙正的仕宦得意

吕蒙正是宋朝历史上第一位状元出身的宰相，历仕宋太宗、宋真宗两朝，三入相府，可谓风光无限。不过，他早年的生活却颇为坎坷。后晋时，吕蒙正生于洛阳一个仕宦之家，祖父曾任户部侍郎，父亲吕龟图官居起居郎。大致在宋初时，吕龟图因为偏爱侧室宠妾，将夫人刘氏及儿子吕蒙正逐出家门。此后，孤儿寡母举步维艰。据说他们母子曾寄居于洛阳龙门山上的一座寺庙，吕蒙正在此潜心读书，时间长达九年。[1]有记载称，吕蒙正曾有“挑尽寒灯梦不成”之句，遭人嘲讽为“瞌睡汉”。[2]其实，此句也是他昼夜刻苦读书的写照。

在太平兴国二年（977年）正月，宋太宗登基后仅三个月就亲自主持了殿试。这一榜录取人数大大超过以往，拔得头筹的状

[1] 叶梦得:《避暑录话》卷下,《全宋笔记》，大象出版社2006年版，第312页。

[2] 《孔氏谈苑》卷3，第244页。

元便是吕蒙正。宋太宗还打破常规，对中举者超等任官，史称“宠章殊异，历代所未有也”，连宰相薛居正都觉得过分。但宋太宗“方欲兴文教，抑武事”，所以对异议未加理睬。[1]吕蒙正获得将作监丞的官职，差遣为昇州（今江苏省南京市）通判。吕蒙正入仕后，赶上宋太宗大力提倡科举制度，故一帆风顺，仅时隔三年，就升迁为左补阙、知制诰。之后，他又迁任都官郎中，出任翰林学士，承担草拟诏书之责，成为皇帝身边的近臣。到太平兴国八年（983年），他超迁为参知政事，也就是副宰相，跻身执政之列。此时他入仕不过七个年头，升迁速度之快可谓官场罕见。几年后的端拱元年（988年），吕蒙正被宋太宗一手提拔为宰相，与元老重臣赵普共掌中书大权，成为宋朝第一位状元宰相。当时，他不过42岁。

淳化二年（991年）九月间，因受姻亲牵连，吕蒙正罢相。于是，他保留了吏部尚书官衔，返回老家洛阳赋闲。洛阳是隋唐两朝的东都，入宋后成为西京，历史人文底蕴深厚，是北宋重要的文化中心。城内外聚集了大批养闲退休的官僚，文人骚客荟萃，故多园林别馆。吕蒙正回乡后，聚首亲朋故旧，陶醉于修筑园池，享受起早年无法企及的优越生活。淳化四年（993年）十月，吕蒙正居洛不过两年，又被宣召复相，并且还是独自为相。到至道元年（995年）四月，晚年的宋太宗为储君能顺利继位考虑，最终看中了“大事不糊涂”又果决的吕端，而放弃了儒雅的吕蒙正。于是，宋太宗下诏授予吕蒙正右仆射的极高官衔，出判洛阳兼西京留守。按照宋朝的规矩，宰执重臣离朝出任地方长官，称“判”不称“知”，以示敬重；西京留守一职更带有替天子镇守之意，故更受世人尊崇。

至道三年（997年）三月，宋真宗即位，吕蒙正迁为左仆

[1] 《续资治通鉴长编》卷18，太平兴国二年正月丙寅，第394页。

射。咸平四年（1001年），吕蒙正又回到中书成为首相，被加授昭文馆大学士，与李沆共掌相印。此时，他55岁。宋朝建国以来，三度入相者仅有吕蒙正与开国元勋赵普两人而已，又都历经两朝皇帝，因此，他的仕途确实显赫无比。然而，彼时朝政大致沿袭前代路线，域内建设倒是进展顺利，来自边关的压力却与日俱增。辽朝大军不时进犯不说，西北一隅的党项势力也日渐崛起，一时狼烟不绝，令君臣为之宵衣旰食。面对严峻的边防形势，宰执大臣班子却几乎是一个和平内阁。当时宰相有吕蒙正、李沆和向敏中三位，参知政事有王旦、王钦若二人；枢密院长官为周莹、王继英，副职是冯拯、陈尧叟。衮衮诸公中，除了周莹和王继英两人出自武官，其余都是清一色的科举士人，不懂军务。而周、王两位武人，出身宋太宗、宋真宗藩邸随从，既缺乏战场经验，也无高明的军事谋略。吕蒙正正是在此背景下开始了第三任主政期，前后有两年多时间。吕蒙正算是明白人，眼看社稷面临无穷的边患，自己乏善可陈，加之年岁渐高，遂萌生了退意。到咸平六年（1003年）九月，他已连续七次上表请辞，最终得到宋真宗的批准，获授太子太师、莱国公，赋闲于京城。

翌年，也就是景德元年（1004年）闰九月间，辽萧太后与辽圣宗挥师二十万铁骑大举南下，宋辽双方上演了一场生死大决战。在宰相寇准的力主下，宋真宗亲征，宋军的抗击打破了契丹入主中原的梦想，最终双方休战妥协，订立“澶渊之盟”。

景德五年（1008年），吕蒙正终于致仕，在他临别政坛之际，宋真宗特意提拔他两个儿子的官职，以示抚慰。吕蒙正先后娶过两位妻子：前妻宋氏封广平县君，早死；续弦薛氏封谯国夫人。他共有10子，皆入仕为官；女儿6人，也都嫁于官员，其中二女婿赵安仁、四女婿丁度官至参知政事。他还有25个孙子、31个曾孙。就此观之，真是多子多福，满门富贵，完全符合古代福禄双全的成功标准。他的爵位也一再提升，先后改封徐国公、许国公。宋真宗在出巡途经西京时，还两次亲临其家，赏赐不菲。大中祥符四年（1011年），吕蒙正病死，享年68岁，获赠中书令官衔，谥号“文穆”，故后世称他为“吕文穆”。[1]

吕蒙正在三度主政期间，以谨慎持重为特点，能领会和顺从君王的意志，因此深得两位皇帝的欣赏。他第一次拜相时，正是宋朝第二次北伐失败后的第二年，他与首相赵普顺应宋太宗的意愿，推动朝政转向文治路线。淳化四年（993年），吕蒙正重回相位，当宋太宗与他谈到对外战争的问题时，他认为治国的关键在于内修政事，只有国泰民安，周边夷狄才会归顺，边关也方能安定。这些话既总结了历史的经验教训，也满足了现实的需要，不仅符合传统经典中的仁政治国理念，更迎合了宋太宗“守内虚外”的心思，故宋太宗深为所动。[2]吕蒙正退休返乡之际，还在入宫觐见宋真宗时，对与辽朝达成的议和表态支持，认为议和属“古今上策”，得到宋真宗的嘉许。[3]可见，吕蒙正对宋朝文治路线的定型，发挥了一定的作用。

在施政上，吕蒙正崇尚宽简，能关心民瘼，偶尔也直言进谏。某次宫廷赏灯宴会中，宋太宗自满地对在座的吕蒙正说，五代乱世，生灵涂炭，周太祖率军入汴京，官员庶民家都遭受剽掠，人间大火不绝，天上彗星横现，真是全无太平之日可待。宋太宗接着说自己亲躬政务，可谓万事粗理，天顺人和，京师已是一派繁荣气象，看来治乱还在人为！听到君王如此言语，吕蒙正离席上前奏道：天子所居之处，士民荟萃，自然繁盛，但都城外不过几里之地，就可见饥寒而死的人，其他地方可想而知。吕蒙正劝告宋太宗能由近旁发生的事推及远方，则苍生有幸！宋太宗

---

[1] 《宋史》卷265《吕蒙正传》，第9148页。

[2] 《续资治通鉴长编》卷34，淳化四年十一月甲寅，第758—759页。

[3] 《宋史》卷265《吕蒙正传》，第9148页。

听罢，变了脸色，闭口不言，吕蒙正倒安然归席。其他大臣因此都佩服他直率敢言。当然，这些出自《宋史》本传的记载，或许有些溢美的成分，但大致事实倒还可信。

从有关记载来看，吕蒙正性情随和宽厚，并以雅量使朝野服膺。有三件事可以具体说明。其一，他以参知政事身份初入朝堂之日，两旁朝臣中有人不服气地议论。吕蒙正佯装没听见，径直上殿。同行的大臣为其鸣不平，要追查说话者，他却劝阻，认为若一旦知道此人姓名，就终身不能忘记，不如不知为好。如此气度雅量，深得众人叹服。其二，宰相卢多逊在任时，其子依照荫补条件入仕，被授予水部员外郎，属正七品官。吕蒙正拜相后，其子也可循旧例享受如此待遇，但他上奏皇帝，称自己忝位科举甲等及第，授官不过九品京官，何况天下有才之人终老于民间，不能享有尺寸俸禄者众多，他的儿子才离襁褓，便获殊荣，他怕遭到报应，乞求用他当初授官时的标准给他的儿子补官即可。宋廷由此修订了规则，成为以后的定制。其三，一位朝官家藏一面古镜，据说观看范围可达二百里，此人为巴结吕蒙正，遂将此物献上。不料吕蒙正对其笑道：我的脸面不过碟子大小，哪里需要照二百里？此事传出，闻者无不叹服。[1]在生活上，吕蒙正自然享有超常的待遇，不过，他还能有所节制。据说，他在相位时，曾一度喜食鸡舌汤，每日必餐。一天，他游自家后园，见围墙旁有座山包，便不解地问仆从是何人修筑，仆人回答说这是他吃鸡剩下的鸡毛。他大感意外。仆从解释说：一只鸡仅一尾舌，相公一顿汤，需用多少尾舌？食鸡舌汤又已多久？他闻听后默然无语，从此舍弃这一嗜好。[2]这一来自后人的记载，不无夸张意味，却从侧面说明吕蒙正有相当的自制力。

---

[1] 《宋史》卷265《吕蒙正传》，第9146页。

[2] 褚人获：《坚瓠集》余集卷1《鸡舌汤》，浙江人民出版社1986年版，第10页。

从吕蒙正的一生来看，他少年时甘于清贫，苦心读书，入仕后为人持重，不一味贪恋权位，以“厚重”赢得声名，属于宋人眼中的名臣。但最引人瞩目的还在于，他以一介寒儒仅凭读书科举出身便在仕途上春风得意，并最终执掌国政的事实。这确实是宋朝崇文风尚的一个写照，也是当时书生文臣成功的一个缩影。正如他自己的一首诗所云：“昔作儒生谒贡闱，今为丞相出黄扉。两朝鸳鹭醉中别，万里烟霄达了归。羽客渐垂新鹤发，故人犹着旧麻衣。洛阳漫说多才子,从昔遭逢似我稀。”[1]字里行间，流露出志得意满的感怀。

其实，与吕蒙正经历相似的人还有不少。他的同年张齐贤，也是贫家子弟出身，也做到宰相。后来的名臣王曾，出身普通农家，在州试、省试和殿试中都连续拔得头筹，有“王三元”的美名。王曾在宋真宗朝入仕后，一路顺畅，官至参知政事，宋仁宗即位后又出任宰相。[2]宋代历史上，来自平民或普通官吏家庭的子弟，通过科举入仕而活跃于政坛的大臣还有许多，如宋真宗朝的宰相寇准、丁谓，宋仁宗朝的宰相宋庠、枢密使杜衍、参知政事范仲淹，历任三朝宰臣的富弼，宋神宗朝的宰相王安石、苏轼、苏辙，宋哲宗朝的宰相吕大防，宋徽宗朝的宰臣王黼、李邦彦，南宋初的宰相张浚、参知政事李光，宋孝宗朝的宰相陈俊卿、参知政事范成大，以及南宋后期的宰臣崔与之等。至于世家子弟科举做官后飞黄腾达的情况，就更不用多说了。这无疑彰显了宋朝文官士大夫在政治上的巨大影响力。

---

[1] 《默记》卷中，第33页。

[2] 《宋史》卷310《王曾传》，第10182—10184页。

2. 张亢的从武作为与尴尬结局

同样是科举出身的文臣，一旦转任武官，情形就大不相同了，张亢就是其中的典型代表。张亢出生于临濮（今山东省菏泽市西北），家世不详。耐人寻味的是，大约其兄张奎在洛阳当官期间，因当地人奉承他相貌与后唐时的河南尹张全义相近，于是张氏兄弟便冒称张全义七世孙。[1]由此可见，张亢的出身并不显赫。张亢在宋真宗天禧二年（1018年）进士及第，[2]张奎则先中进士做官。宋人笔记称，张亢身躯肥大，为人豪放，与其兄迥异，于是世人称："张奎作事，笑杀张亢；张亢作事，唬杀张奎。"[3]张亢性情的特点是"豪放喜功名,不事小谨",[4]与当时大多数儒雅文臣有别。

张亢入仕之初，经历与同时代的普通文官差不多，做过广安军（今四川省广安市）判官等地方官。大约天圣（1023—1032年）后期，他调任对西夏前线的镇戎军（今宁夏回族自治区固原市）通判。适逢西夏首领赵德明死，张亢掌握到继任者元昊的动向，上奏提出预警建议以及西北攻守之计，有数十章之多。以后，辽朝在幽州一带聚兵，张亢因此前的表现，由屯田员外郎被转换为武官如京使，调任对辽前线的安肃军（今河北省保定市徐水区）长官。他上任前向皇帝分析局势，认为契丹坐享丰厚岁币，此举不过是虚张声势而已，并表示辽方一旦有违约举动，

[1] 《宋史》卷324《张亢传》《张奎传》，第10482、10491页。

[2] 曾巩著，王瑞来校证：《隆平集校证》卷19《武臣·张亢传》，中华书局2012年版，第579页。

[3] 王辟之：《渑水燕谈录》卷10《谈谑》，中华书局1981年版，第123页。《东轩笔录》卷11，第127页。

[4] 《宋史》卷324《张奎传》，第10492页。

“臣请擐甲为诸军先”。[1]由此可见，张亢虽然是科举进士出身的文官，却积极关心边防，在国家面临外患时，勇于以身许国，毅然走上弃文从武之路。这与政坛流行的文尊武卑风气，显然背道而驰，因此实属不易。宝元元年（1038年）十月，元昊称帝，从此宋夏关系破裂。不久，张亢被调往西北，出任泾原路兵马钤辖兼知渭州（今甘肃省平凉市）。宋廷的这一任命，显然是看中了张亢的才略和胆识，故赋予他御边职责。以后，张亢又历任知鄜州（今陕西省富县）兼鄜延路兵马钤辖、都钤辖、并代都钤辖兼管勾麟府军马事、高阳关钤辖兼知瀛州（今河北省河间市）、泾原路经略安抚招讨使兼知渭州、并代副都部署、并代路钤辖、知代州（今山西省代县）兼河东沿边安抚使等官职，时间大约在康定元年（1040年）四月至庆历七年（1047年）九月期间。他任职的地方都属陕西、河东及河北前线边防要地，其官职则包含一路统兵官到方面将帅。与此同时，张亢累迁西上阁门使、引进使、遥领眉州防御使等中上级武阶官衔。

张亢属于有见识的将帅，针对战场形势，不断筹划应对策略。在对西夏开战后，他多次上奏分析宋军战场失利的原因，提出了统一指挥权、集中优势兵力及其他解决措施，部分得到了采纳。[2]传世的宋代文献有许多张亢的论兵奏议，其见解可谓有识、务实，多切中要害，确非一般武夫悍将或未经战火的文臣统帅所能虑及。但他积极主动的良策因与保守的防御大战略不符，所以关键的内容未被接受。更难得的是，张亢并非只是善于纸上谈兵的书生，还是勇于和善于用兵的良将，在战场上取得了许多实际战果。庆历元年（1041年），西夏攻陷丰

[1]《宋史》卷324《张亢传》，第10483页；《续资治通鉴长编》卷115，景祐元年十二月丁卯，第2707—2708页。

[2]《续资治通鉴长编》卷128，康定元年七月癸亥，第3025—3028页。

州（今陕西省府谷县西北至内蒙古自治区准格尔旗之间），造成宋朝的麟州（今陕西省神木市以北）与府州（今陕西省府谷县）之间联系中断，彼此只能困守孤城，形势异常艰难，最紧张时，一两黄金才能换一杯水。当政者遂考虑放弃两地，以免过于拖累，但一时未能决断。[1]在如此危急时刻，张亢单骑进入府州城，承担起解决麟、府地区困境的任务。他一改前任龟缩被动的做法，通过各种主动的举措，如全力获取水源、加强练兵并调动斗志、用兵收复要塞琉璃堡等，解除了府州受到的威胁。他还率军与党项军交锋，取得两次以寡击众战役的胜利。一次，张亢率三千人运送物资途经柏子寨，遭遇数万夏军的围攻，他以兵书中“置之死地而后生”之理激励将士，然后机智地借助风势反击，打败对手；另一次，在兔毛川之战中，张亢设计诱敌入围，利用地形伏击敌军，“贼大溃，斩首二千余级”。在这两次战役结束后，他不失时机地在交通线上赶修五处堡寨，终于打通了麟、府二州的通道。[2]这些军事行动压制了夏军的攻势，提升了宋军的士气，极大地改善了麟、府地区的防务状况。《宋史》称，张亢起于儒生，通晓韬略，取得琉璃堡、兔毛川之捷，“良快人意，区区书生，功名如此，何其壮哉”！[3]就连有关西夏的文献，也承认张亢取得的战果。[4]

张亢通过实战经验，认识到在开阔地带己方步兵很难对付机动灵活的西夏骑兵，因此十分重视修筑堡寨。在出任并代副都部署、知代州兼河东沿边安抚使期间，他积极主张在麟、府沿边增修堡寨，增强防御能力。他的建议还得到范仲淹的支持，范仲淹

[1] 《续资治通鉴长编》卷133，庆历元年九月庚戌，第3172页。

[2] 《续资治通鉴长编》卷133、卷136，庆历元年九月庚戌、庆历二年五月甲辰，第3172、3247页。

[3] 《宋史》卷324“论曰”，第10498页。

[4] 《宋史》卷485《夏国传上》，第13997页。

奏请宋仁宗下诏批准这一计划。但知并州（今山西省太原市）兼河东经略安抚缘边招讨使明镐却从中作梗。张亢顶着上司的压力，“督役愈急”，最终全部竣工。[1]在镇守河北瀛州时，他也不顾上司夏竦的阻挠，扩修城池，增强了防护功能。[2]由此可见，他身上有敢做敢为的特点。张亢还有其他值得称道的地方，包括驭军严明、重视间谍情报等，苏辙笔下还保留了张亢善用间谍的生动故事。[3]正因为张亢的过人表现，他多次被调任应对突发事件或紧张局面。庆历二年十一月，当宋军大败于定川砦之后，“诸郡震恐”，宋仁宗想用范仲淹镇守渭州和泾原路，范仲淹却推荐了张亢。于是，张亢临危受命，出任泾原都部署、经略安抚招讨使兼知渭州。[4]此职为陕西对夏四路战区之一的统帅，也是张亢毕生担任过的最高职务。

从以上事迹来看，张亢堪称宋朝一位良将，其胆魄与见识为当时一般文臣出身的统帅所不及，其战场表现又超过许多武将同辈。但他却屡遭磨难，仕途坎坷，甚至一度身陷囹圄。张亢遭受的第一次打击，发生在他上任泾原都部署、经略安抚招讨使兼知渭州后，起因是他为了增加经费，犒赏部下，激励斗志，命吏人用“公使钱”贸易营利。史称：“（张）亢好施轻财，凡燕犒馈遗，类皆过厚，至遣人贸易助其费，犹不足。以此人乐为之用。”[5]这原本属于边将传统做法，宋太祖还特别给予边将这方面的特权，此后宋廷也长期默认。不过，张亢由于与上司郑戬意见不合，所以遭到报复。御史乘机弹劾，进一步夸大此行为属

[1] 《续资治通鉴长编》卷152，庆历四年十月壬子，第3710页；《宋史》卷324《张亢传》，第10489页。

[2] 《续资治通鉴长编》卷160，庆历七年二月壬戌，第3863页。

[3] 《龙川别志》卷下，第96页。

[4] 《续资治通鉴长编》卷138，庆历二年十一月辛巳，第3322页。

[5] 《宋史》卷324《张亢传》，第10490页。

于贪污。于是，张亢一度被收押入狱。参知政事范仲淹深知张亢冤枉，便主动为其鸣冤和担保。[1]张亢虽得以出狱，却仍遭到贬官处分。[2]张亢遭到的第二次打击仍与犒赏军人有关。庆历七年（1047年）九月，他在知渭州任上需要犒赏军人，当时朝廷三司下发的物品质次价高，而当地库存的东西则价廉物美，他便调整不合理的办法，取其均价，然后发给军人。张亢因此事被举报后，枢密使夏竦挟以往的私怨，将张亢从引进使、防御使、知渭州贬为团练使、知磁州（今河北省磁县）。不久，御史又重提公使钱旧案，张亢又遭到贬责，被降为右领军卫大将军，出知寿州（今安徽省寿县北）。[3]经过这样的贬黜，张亢实际上被赶出军门，失去了带兵之权，成为内地普通的地方官。翌年，陕西转运使上报朝廷，称经过调查发现张亢公使钱旧案属于冤案，张亢并无贪污行为，他这才得以平反。有意思的是，宋廷将其武官身份转为文官的将作监，调他任邻州知州。在宋人眼里，恢复文臣资格显然有照顾性质，算是一种补偿。[4]

以后，张亢几度变换文武身份，多年后才恢复原有武职官衔，但大多徘徊于地方衙门，且因琐事又遭到弹劾，屡次被贬官。嘉祐五年（1060年）三月，张亢迁官河阳部署，他以身体多病予以谢绝，请求转回文官，遂改为秘书监。一个月后，朝廷再任命他为徐州（今江苏省徐州市）部署，并恢复其客省使、防御使的原有武官头衔。[5]次年，张亢死于徐州部署位上，终年

[1] 《续资治通鉴长编》卷143、卷146，庆历三年九月戊子、庆历四年正月辛未，第3456—3459、3527—3530页。

[2] 《宋史》卷324《张亢传》，第10489页；《续资治通鉴长编》卷151，庆历四年七月己卯，第3668页。

[3] 《续资治通鉴长编》卷161，庆历七年九月甲戌，第3886页。

[4] 《续资治通鉴长编》卷164，庆历八年七月己亥，第3957页。

[5] 《续资治通鉴长编》卷191，嘉祐五年三月丙申，第4615页；《宋史》卷324《张亢传》，第10490页。

63岁。说起来，他多次被贬的理由大多牵强附会，关键的两次贬黜又是被报复所致，这便不能不说是一种悲剧。

宋朝有过不少儒将，但像张亢这样进士出身的文官转换为武官，真正投身军伍，并亲自带领军队出战沙场者，并不多见。北宋的范仲淹、韩琦、王韶，南宋的余玠等著名统帅，虽指挥大军作战，但仍旧保留文臣的身份。张亢属于彻底投身军旅者，堪称宋代投笔从戎的典型代表。然而，观察他从军及仕宦经历，却发现一个颇为尴尬的事实，即宋廷既对文臣从军有期待，又漠视他们的前途，纵然这些人有突出的表现，具有良将之才，也概莫例外。张亢满怀报国的志向投军，不曾想却置身复杂、矛盾的环境之中。一方面，张亢转换身份后便与武夫无异，遭到文臣轻视。张亢率直的性情，往往成为讥讽的把柄。如宋人笔记记载，军卒出身的杨景宗因有外戚背景，做了观察使，但暴横无赖，绰号“杨骨槌”。某次，杨景宗对张亢兄长张奎说，张亢可爱，只是性粗疏。张奎回家后不满地指责张亢，责问他不知做了何等事竟让杨骨槌如此挖苦。[1]另一方面，作为前线将帅，张亢处处受到各种条规的约束，甚至遭到一些文官的报复打击。正如范仲淹替他辩护时所说，朝廷派遣儒臣，以经略使、部署之名统军，赋予生杀之权，使弹压诸军，抵御外患，“若一旦以小过动摇，则诸军皆知帅臣非朝廷腹心之人，不足可畏，则是国家失此机事，自去爪牙之威矣”。[2]范仲淹的言辞清楚地反映了宋朝任用儒将统军的深刻用心，也暴露了宋朝对这些儒将缺乏有效的支持与信任，以致一些官员拘泥常规条令，致使宋廷借重儒将的深意流于形式。

与张亢的出身与经历相似的儒将还有几位。同时期的刘平由

---

[1] 《东轩笔录》卷11，第127页。

[2] 《续资治通鉴长编》卷146，庆历四年正月辛未，第3528页。

侍御史、盐铁判官转为武职性的衣库使，出任环庆路兵马钤辖，兼知邠州（今陕西省彬州市），投身对西夏战场。以后，他的官职虽然多次提升，却一直难有作为的空间。后因文臣统帅范雍指挥不当，在三川口之役中，他落得兵败被俘的下场。稍后的刘几从文官转任武职后，在任权泾原路副都总管（因避宋英宗名讳，部署改称总管）期间，他因与权知渭州的文臣陈述古发生矛盾，遭到贬黜。[1]还有从文职转为武官的郭谘，颇有见地，多次提出御边良策，但宋廷仅采纳了其改良武器装备的建议，使他难以发挥更大的作用。[2]

由上可见，张亢等儒将投军后，因受到各种束缚，都难以施展抱负。他们不仅英雄无用武之地，更谈不上赢得朝野的尊重。与出身相同的文官在仕途一路高歌猛进相比，他们的行迹颇显得另类而古怪，仕途坎坷，境遇尴尬。宋廷也陷入一个怪圈，既不能信任武夫悍将，放手让他们指挥用兵，也不信赖文臣出身的儒将，不能给予他们晋升坦途，最终只能任其随波逐流。宋朝这种自相矛盾的做法，看似与当政者的初衷背离，其实还是与抑制军功的主流意识有关。正如北宋中叶人所说，武臣虽率军数十万收复幽州，逐强敌于穷漠，凯歌而还，告捷太庙，其荣耀亦不及一次科举登第的状元。[3]这一说法流传甚广，从侧面反映了宋朝崇文抑武导向的社会影响。于是，历史上那些曾经叱咤风云、出将入相的英雄人物，在宋代已无法再现，文治路线留给社会精英们的光明前景，是在读书、科考、做官这条大路上拼搏奋斗，并以此光宗耀祖。

---

[1] 《续资治通鉴长编》卷205，治平二年五月辛未，第4966页；《宋史》卷262《刘温叟传附刘几》，第9076页。

[2] 《宋史》卷326《郭谘传》，第10530—10532页。

[3] 田况：《儒林公议》，《全宋笔记》，大象出版社2003年版，第88页。

第三章

守则与犯规——宋朝帝王行止管窥

宋朝立国后，前两代皇帝出于长治久安的目的，竭力倡导秩序原则，并力图带头践行，就此形成影响深远的当朝帝王规矩，也成为以后君主遵从的样板。宋朝从第三代皇帝开始，君主自幼接受严格的传统文化教育，开国时代传下的祖宗规矩，还有历代留下的经验教训，都通过各种方式灌注到他们的头脑之中，成为其行为守则。但宋朝帝王在现实生活中又如常人一般有七情六欲，对守则难以坚守如初，犯规的情形实际上并不少见。更有甚者，有的帝王的放纵行为还突破了守则的底线，与前后王朝中的昏君无异。作为宋朝最高主宰的皇帝，他们的行止在守则与犯规之间摇摆，而从其摆动的幅度上，恰可窥视宋朝的时代特征。

一 帝王的培养与约束

宋朝统治集团一如前代王朝那样，深知帝王表现直接关系到江山社稷，以及上层的整体切身利益。所以，不仅在世的皇帝关注继承人的培养，当政的士大夫也竭力匡扶当朝与未来的君主，力求使他们符合人君的标准。为此，宋朝在帝王与储君的培养与约束上，形成了许多规矩及制度。

1. 宋朝皇储的教育与培养

宋太祖、宋太宗兄弟，属于出生于五代的草莽英雄，两人皆非预先培养出来的帝王。宋朝有意识地培育皇位继承人，还是从宋太宗朝开始。

宋太祖在位期间，因忙于对外征战和对内整治，未能顾及在自己的子嗣中确立皇储，并精心加以培育，皇位最终被胞弟晋王赵光义篡夺。自宋太宗以降，历代皇帝对皇储问题便高度重视，教育与培养的过程有格外严格的要求。

皇储又称“太子”“储君”，关乎皇帝大位的继承，历来受到统治者的重视，被称为“国本”，亦即王朝的未来，正如唐朝大臣许敬宗所说：“太子，国本也。”[1]于是，培育皇储成为宫廷与王朝的大事。宋太祖生前虽没有立下储君，但对皇室子弟的教育却有清醒的认识，他说道：“帝王家儿，不必要会文章，但令

[1] 欧阳修、宋祁:《新唐书》卷81《燕王忠传》，中华书局1987年版，第3586页。

通晓经义，知古今治乱，他日免为侮文弄法吏欺罔耳。”[1]也就是说，宋太祖对皇子的教育重在让他们掌握儒家经典要义与历史经验教训，以明白古今治乱得失，免得受到臣僚的操控，而修辞作文之类的功夫倒在其次。这其实也是历代王朝的传统观念。到宋太宗朝以后，对皇储的教育开始形成系统的制度。[2]

宋朝不同于以往，除了皇帝只有独子的情况外，通常不急于设立皇储，以便在所有皇子中考察选择，因此，对所有皇子的教育都很重视。按照宋朝的规矩，诸皇子的王宫都设大、小学，即宫学。皇子及其子孙到8岁都要入小学，以学习文化知识为主，“日诵二十字”。[3]到15岁则入大学，以学习修身正己之道为主。同时，宋代诸王府还设置了形式完备的系列官属，主要有傅、长史、司马、谘议参军、友、记室参军、翊善、侍读、侍讲、王府教授及小学教授等，不过大多无定员。[4]其中傅、长史及司马等官职往往虚设，负责皇子教育的是友、翊善、侍讲、直讲、侍读、赞读、王府教授及小学教授等。

大约在大中祥符八年（1015年），宋真宗为独子赵祯专门设置了资善堂，对他进行启蒙教育。[5]当时，赵祯只有5岁，正是贪玩之时，已过中年又身体多病的宋真宗，对培育唯一的接班人十分用心，特意安排亲信宦官负责照料资善堂，不许在堂中嬉笑玩耍，也不许提供“玩弄之具”，以便赵祯在教官的辅导下安心学习。[6]以后，资善堂便成为皇储及个别皇子接受教育的特殊场

---

［1］《孔氏谈苑》卷4，第266页。

［2］参见朱瑞熙、祝建平：《宋代皇储制度研究》（上、下），《文史》2001年第4辑、2002年第1辑；赵英华：《略论宋代皇储的教育与培养》，《兰州学刊》2007年第7期；范帅：《宋代皇子制度研究》，河南大学2014年硕士学位论文；等等。

［3］《宋史》卷157《选举三》，第3676页。

［4］《宋史》卷162《职官二》，第3826页。

［5］《续资治通鉴长编》卷83，大中祥符七年十一月己酉，第1903页。

［6］《宋大诏令集》卷35《建资善堂诏》，中华书局1962年版，第183页。

所，建制不断完善，设置资善堂翊善、资善堂赞读、资善堂直讲、皇太子宫小学教授、资善堂小学教授、资善堂伴读及资善堂说书等一系列官职。[1]于是，资善堂在宋代皇储教育中成为最重要的机构，太子一般都在此接受过教育，故史称："皇太子宫曰东宫。其未出门阁，但听读于资善堂，堂在宫门内。"[2]

宋代皇子学习的课程内容，一般包括经史、诗赋作文和书法等，包含了品德、文化知识及艺术修养等方面。说起来，这些原本就是对读书人的要求，也是当时士大夫群体提倡的知识体系，皇家自然须率先垂范。其中品德修养又最为统治者看重，因为这关系到人伦、社会的稳定。自古以来，帝王都在全社会提倡忠孝节义观念，希望以此维系上下尊卑的统治秩序，尤其担心皇室成员丧失这些规范，造成内乱，破坏江山社稷。所以，儒家典籍排在皇子们学习内容的首位。宋太宗在确立赵恒为太子后，就对东宫的辅佐官员告诫道：《礼记》《乐》《诗》《书》中的道理，可以裨益太子。[3]《论语》《孟子》《周易》《孝经》等儒家经典，也是必修的课业。宋太宗以篡位方式称帝，很怕子孙们效仿，演出同室操戈的悲剧，故特别强调忠孝之道，给皇子灌输以君臣大义和忠孝之道为核心的品德教育。过往历代王朝的经验教训，对现实有深刻的启示，具有警示意义，故记载这些内容的史籍排在皇子学习内容的第二位，如《春秋左传》、前后《汉书》等史书，便是必读的书目。至于诗赋、文章、书法、绘画，属于文化艺术修养的必备条件，也是皇子学习的重要内容。此外，宋朝皇子也多少学一些骑射技能，算是保持古代"六艺"中射、御的传统，但与昔日那些崇尚武功的王朝相比，宋朝这方面的分量要弱得多。

---

[1] 《宋史》卷162《职官二》，第3824页。

[2] 《宋史》卷154《舆服六》，第3599页。

[3] 《续资治通鉴长编》卷38，至道元年八月癸巳，第819页。

对于担任教导皇子职责的官员，宋朝帝王在品行、才学以及性情等方面有特殊的要求。只有品行纯正、才学突出和性情耿直的官员，才有资格教育皇子。雍熙二年（985年），宋太宗委任毕士安等人为诸王府记室参军时，告诫道："诸子长宫庭，未闻世务，必资良臣贤士赞导为善，使日闻忠孝之美。卿等谨恪有行，故兹遴选，宜各勉之。"[1]宋真宗为幼弟赵元俨选记室参军时，在戚维、崔昈两位人选中最终选择了崔昈。宋真宗的理由是：元俨年少，尤须教导，戚维老实本分，不能规诫，崔昈则性情颇为严谨，在管束上能有裨益。[2]宋高宗无子，收宗室赵瑗为养子，在为他选择资善堂翊善、赞读官时，也挑选了"名德老成，极天下之选"的范冲、朱震两人。[3]宋朝帝王还经常检查皇子的课业，根据成绩奖惩教官。大中祥符九年（1016年），因独子赵祯学完《孝经》，宋真宗下诏奖励王府官员张士逊等人。[4]建国公赵瑗修完《孟子》时，宋高宗给朱震、范冲各晋官一等；在赵瑗学完《尚书》后，又以拔擢他的属官作为奖励。[5]

宋朝皇帝也关心子弟的教育，尤其是对皇储常常亲自教导、告诫，精心培育接班人。雍熙三年（986年）十月，宋太宗选定次子陈王赵元僖为继承人后，就特别关心他的成长。宋太宗曾教导赵元僖等皇子道："汝等生于富贵，长自深宫，民庶艰难，人之善恶，必恐未晓，略说其本，岂尽余怀。夫帝子亲王，先须克己励精，听卑纳谏。每著一衣，则悯蚕妇，每餐一食，则念耕夫。至于听断之间，勿先恣其喜怒。朕每亲临庶政，岂敢惮于焦劳，礼接群臣，无非求于启沃。汝等勿鄙人短，勿恃己长，乃可

[1] 杨仲良：《皇宋通鉴长编纪事本末》卷9《诸王事迹》，江苏古籍出版社1988年版，第145页。
[2] 《续资治通鉴长编》卷61，景德二年九月乙卯，第1365页。
[3] 《宋史》卷435《范冲传》，第12906页。
[4] 《续资治通鉴长编》卷87，大中祥符九年五月戊午，第1991页。
[5] 《建炎以来系年要录》卷118，绍兴八年三月甲午，第2205页。

[宋]马和之 《女孝经图》(局部) 台北故宫博物院藏

永守富贵而保终吉。先贤有言曰：‘逆吾者是吾师，顺吾者是吾贼。’此不可以不察也。”[1]显而易见，宋太宗担心皇储、皇子们生于富贵，不懂得民间疾苦，所以特地告诫他们要理解农夫、农妇的辛劳，同时要虚心听取逆耳忠言。宋真宗为唯一的皇子先后亲自写下《恤黎民》《元良箴》《劝学吟》《学书歌》等御制诗文，以教育这位幼子。[2]宋孝宗对太子的培养也颇费苦心，要求太子注意德行、广泛读书。[3]宋理宗无子，收皇侄赵孟启为养子，后封他为忠王，立为皇储。但这位储君智力低下，7岁才会说话，宋理宗不得不亲自过问他的教育培养。据记载，每当鸡鸣时分，忠王就须入宫问安，每天课业结束后，都要给宋理宗汇报当日学习情况。宋理宗亲自询问，如果赵孟启回答不清，宋理宗便反复讲解。若赵孟启仍不明白，宋理宗就命令讲官来日重讲。[4]有关宋朝皇帝亲自教导皇子的记载，在史籍中可谓屡见不鲜。

此外，宋代后妃也对自己子孙的教育用心不少。特别是垂帘听政的太后，对未成年的皇帝常常扮演重要的教导角色。最突出者如刘太后对宋仁宗、高太后对宋哲宗，以及宋高宗的吴皇后对两位养子等。[5]

2. 从皇储到帝王的继续培育与约束

在宋朝，从确立皇储到新帝登基，还存在一套培育制度与约束规则，并随着时间的推移对其有所调整，旨在保障选定的皇帝

[1] 《续资治通鉴长编》卷29，端拱元年正月庚辰，第648页。

[2] 《续资治通鉴长编》卷92、卷93，天禧二年八月癸丑、天禧三年二月丁未，第2123、2138页。

[3] 佚名：《皇宋中兴两朝圣政》卷59，淳熙八年正月乙亥，（台北）文海出版社1964年版，第2208页。

[4] 《宋史》卷46《度宗纪》，第892页。

[5] 《宋代皇子制度研究》。

能正常履行职责。

宋朝皇储一旦确立，就会组建一套东宫属官，挑选可靠的朝臣承担保育职责。不过，宋朝东宫被极大简化，其权威已不如往昔。帝王及东宫官员对皇储精心加以培养，不仅提出更高的要求，又以传统的礼法、祖宗家法来约束。如宋仁宗幼年即位，刘太后“动以礼法禁约之”。[1]同时，为了培养皇储的实际能力，除了品行和知识素养教育外，还增加了历练从政的环节，以便为继位后掌控朝政积累必要的经验。早在宋太祖时代，皇弟赵光义就以晋王的身份挂职开封府尹，成为京师地方衙门的最高长官。赵光义登基后，又将开封府尹的位置交给皇弟、秦王赵廷美。以后，宋太宗将秦王赵廷美迫害致死，先后选定次子陈王赵元僖、三子寿王赵元侃为储君，都依例授予他们开封府尹之职。从此，宋朝历代太子基本都有任京城府尹或府牧的经历。其实，开封府、临安府的实际事务是由知府、判官、推官等属官管理，皇储并不具体负责，不过是参与处理大事而已。但这对于未来的皇位继承人，还是提供了熟悉政务的机会。如宋孝宗确立皇太子赵惇地位后，便委以临安府尹头衔，并任命了临安府少尹晁公武、判官李彦颖以下属官。按照当时的规矩，太子赵惇在任职临安府尹期间，每天都要接受下属汇报百姓诉讼情况，隔日要率领属官进宫给宋孝宗报告。[2]

太子登基称帝之后，除了自己读书，仍有专门的御前讲座制度，即经筵讲读制度，以保障皇帝继续学习。以往王朝也有过为帝王讲授经史的情况，如汉代有“侍讲”，唐代有“侍读”，都属于御前“经筵”的形式，但未能成为固定的制度。宋初两朝便是如此，宋太祖、宋太宗虽时常请儒臣讲解，却没有形成正式的

---

[1] 《涑水记闻》卷8，第153页。

[2] 《宋史》卷166《职官六》，第3944—3945页。

制度。宋真宗朝，开始设翰林侍读、侍讲学士等官职，专门负责给皇帝讲授经史，以阐发儒家理念，汲取历史上的经验教训。到宋仁宗时，才正式推出经筵讲读制度，选拔文臣担任经筵讲读官，定期讲授经史知识。从此，该制度便在宋朝延续下来。

说到经筵讲读制度，它的设置其实与宋仁宗的特殊情况有关。宋仁宗即位之时尚未成年，故摄政的刘太后要求小皇帝做好两件事：一是在朝堂“听断”，熟悉太后与臣僚处理大政的过程，以学习治国经验；二是“讲习经史，以辅其德”，继续接受品德与知识教育，为以后亲政做准备。于是，在宫中崇政殿的西庑专设场所，挑选朝臣每天为宋仁宗讲读。[1]宋代经筵制度就此创建，从此设有正式的专门机构——讲筵所，负责服务管理；规定了固定的时间，大致每年分二月至五月、八月至十一月两个阶段，[2]在此期间隔日安排一次，每日半天；[3]设置固定场所，北宋先后有延义阁、迩英阁，南宋时期有“讲殿”或“讲筵阁”；制定专门规章条令——《讲筵式》。配备的专门讲读官职包括翰林侍读学士、翰林侍讲学士、侍读、侍讲、天章阁侍讲、崇政殿说书及迩英殿说书等经筵官，宋神宗元丰以后，主要保留侍读、侍讲、崇政殿说书三职。讲授的内容主要是儒家经典和重要史籍，包括《诗》《书》《礼记》《周易》《周礼》《春秋左传》《论语》《孝经》《孟子》《史记》《汉书》《后汉书》《旧唐书》《资治通鉴》等，此外，还有记载本朝历代皇帝为政的“宝训”“圣训”等，以及传授古代帝王思想的《帝学》等。如此一来，在长期而系统的教育下，宋代帝王的文化修养大都较高。

在经筵讲读制度下，宋朝讲读官在为皇帝讲解经史知识的同

---

[1] 《宋史》卷242《后妃上·刘皇后传》，第8615页。

[2] 《续资治通鉴长编》卷358，元丰八年秋七月庚申，第8574—8575页。

[3] 《宋史》卷118《礼二十一》，第2785—2786页。

时，更重要的是阐明为君之道的含义，试图以此约束帝王的行为，并灌输符合主流士大夫理念的政治思想，为既定的治国路线寻找理论依据。可以说，宋儒们追求的是儒家的“圣王”之道，否定秦汉以降的“霸道”，尤其批评因好大喜功而造成的暴政。具体地说，包括忠孝节义伦理观、敬天爱民治道观以及简政宽刑的治世观等内容。抛开这些美化的字句，其实质就是要帝王在统治中遵循秩序规则，施政不可走极端，个人追求与活动应有节制。宋代皇帝因此受到颇大的影响，大都具有包容性的特点。宋仁宗便在经筵上提出“深文峻法，诚非善政”的见解。[1]宋孝宗亲自依据《尚书》中有关“敬天事”的记载，将其编为《敬天》两图，以警示自己。[2]宋理宗在经筵上表态，要遵守祖宗家法，“祖宗以仁立国，朕当以仁守之”。[3]甚至连宋徽宗、宋高宗等皇帝，也有类似的说辞。[4]宋朝帝王的这些表态足见长期培育与约束对他们的影响之深，已在其言行中成为习惯套路，这固然有虚伪的一面，不过也使得帝王通常不敢公然离经叛道。

宋代文官士大夫对帝王的直接约束方式，是在朝堂上当面劝谏或上奏呼吁，也能借助舆论、著书立说施加影响。而这些依凭传统理念发出的约束，常常成为帝王无法抗拒的道义压力。于是，在相对宽松的政治环境下，宋朝大多数皇帝对臣僚的意见多有所顾忌，在行为上通常不至于一意孤行，这就对防止朝政走向偏激与极端暴政具有较大的约束作用。事实上，宋朝之所以能长期推行文治路线，与帝王受到的系统教育及约束有相当大的关系。

---

[1] 《续资治通鉴长编》卷120，景祐四年冬十月甲戌，第2837页。

[2] 刘时举:《续宋中兴编年资治通鉴》卷9，乾道七年正月，中华书局2014年版，第202页。

[3] 《宋史全文》卷31《宋理宗一》，黑龙江人民出版社2005年版，第2134页。

[4] 参见《宋代治国理念及其实践研究》第四章，第110—174页。

二　立储、传位的规矩与表现

宋朝历史上，从开国的太祖到南宋亡国的恭帝，正式在位的皇帝共有16位。除了宋太祖朝未能明确立储与传位外，其余的各朝都有一套规矩，得到君臣的一致认同，从而保证了帝位的有序传承，避免了因争位而引起的血腥震荡。

1. 宋朝立储、传位的规矩

按照宋太宗以来形成的规矩，皇储的选择有一套严格的规则，除非帝王只有唯一的血脉，可以自然继位外，通常的规矩主要有以下几条。

其一，嫡长子优先。如宋太宗先立长子楚王赵元佐；赵元佐精神失常被废后，宋太宗再立次子陈王赵元僖；赵元僖病死后，宋太宗又立三子寿王赵元侃为储君。宋神宗、宋钦宗以长子身份被立为太子；宋哲宗在五位兄长早亡后，他便以在世长子身份成为皇储。个别情况也会有所调整，如宋孝宗长子赵愭成年后便被立为太子，他亡故以后，宋孝宗并未改立次子，而是让第三子赵惇接替。

其二，皇帝在无子的情况下，从宗室近亲中收养子嗣，并须对其品行进行考察，以最终确定人选。如宋高宗无子，收养宗室赵伯琮、赵伯玖于宫中，宋高宗遂精心观察，对两人加以考验。一次，宋高宗令二人抄写《兰亭序》五百本，赵伯琮按期超额完成七百本，赵伯玖却忘却此事；宋高宗赐二人宫女各十人，赵伯琮以礼相待，不敢碰触，而赵伯玖则全都接纳，享受床笫之欢。[1]于是，宋高宗最终确立赵伯琮为太子。宋宁宗无后，在其晚年，权臣史弥远排挤原定接班人济国公赵竑后，宋宁宗对另外两位宗室之子加以考察，终以性情稳重的赵贵诚为皇子，并最终立他为储君。[2]

其三，皇帝自己决定皇储人选，臣僚通常不得干预。淳化二年（991年）九月，言官宋沆与冯拯等人上奏请立许王赵元僖（宋太宗次子）为太子，引起宋太宗震怒。宋太宗不仅严惩宋沆、冯拯两人，还对宋沆的姻亲、宰相吕蒙正产生猜疑，借故将吕蒙正罢相。当宋太宗晚年向参知政事寇准征求太子人选的意见时，寇准便清醒地答道：既不必问后宫、宦官，也无须问近臣，还是陛下自己裁断。[3]宋英宗病危之际，大臣韩琦建议早立皇太子，以安人心，并请宋英宗亲笔写下皇太子之名"颍王顼"，才敢草拟遗诏。[4]宋高宗晚年询问朝臣辛次膺对立储人选的意见时，辛次膺的回答也是："知子莫若父。"[5]

其四，为防止带兵将帅介入帝位之争，禁止武臣议论立储。[6]宋朝以兵变立国，在太平兴国四年（979年）北伐幽州期间，宋太宗又遭遇将领拥立太祖之子的未遂事件，故统治者严防武人涉及立储之事。如宋高宗的养子（后来的宋孝宗）十余岁时，大将岳飞曾建议让其出阁，"以定民心"，被宋高宗断然回绝。朱熹对此指出，宋高宗最担心的就是"岳飞将兵在外，却来

[1] 周密：《齐东野语》卷11《高宗立储》，中华书局1983年版，第201页。

[2] 佚名著，王瑞来笺证：《宋季三朝政要笺证》卷3，景定五年十月，中华书局2010年版，第315页。

[3] 《续资治通鉴长编》卷38，至道元年八月壬辰，第818页。

[4] 《续资治通鉴长编》卷208，治平三年十二月辛丑，第5068页。

[5] 李心传：《建炎以来朝野杂记》乙集卷1《壬午内禅志》，中华书局2000年版，第496页。

[6] 《宋代皇储制度研究》（上）。

干与此等事”。[1]

其五，汲取前代的教训，通常较晚立储。在以往历史上，因太子较早确立，以太子为核心的东宫往往形成第二权力中心，甚至与皇权产生矛盾与冲突，引发同室操戈、父子相残的悲剧，造成政局动荡，严重影响到统治秩序。如隋有杨广弑父杀兄的惨剧，唐有李世民逼父退位的故事。皇储权力过大往往会威胁到皇权。宋统治者有鉴于以往的教训，遂改变了规则，帝王通常较晚才考虑确立皇储。

2. 宋朝皇位的传承与规矩运行

自宋太宗以后，宋朝历代皇帝的传位大致按照规矩有序进行，没有发生激烈的争夺现象，更没有引起朝野的剧烈动荡，可以说出现了以往历史上所罕见的格局。

具体而言，其中宋太宗、宋真宗、宋英宗、宋神宗、宋徽宗、宋孝宗、宋光宗、宋度宗等八位皇帝都传位给嫡子，宋仁宗、宋高宗、宋宁宗、宋理宗等四位帝王传位给宗室养子，宋哲宗、宋钦宗两位传位给皇弟。在以上传位过程中，大都以先皇遗诏的形式完成新皇帝的即位程序，只有宋徽宗、宋高宗、宋宁宗三位登基的情况有些特殊。年轻的宋哲宗突然病死，既无子嗣，也无遗诏，遂由太后与大臣商议，选定端王赵佶继位。靖康之难发生后，宋徽宗、宋钦宗被俘，康王赵构是仅存的亲王，虽有官员的拥戴，但因无传位诏书，仍不敢登基。最终以早已被废的宋哲宗皇后孟氏（后被尊为隆祐太后）的名义下旨后，赵构才安心地在南京应天府（今河南省商丘市）即位。要说宋朝唯一的特例，则发生在宋光宗与宋宁宗父子的皇位交接上。当年，宋光宗

[1] 《朱子语类》卷127《高宗朝》，第3055—3056页。

与其生父、太上皇宋孝宗长期不和，已在政坛引发许多非议。宋孝宗死后，宋光宗竟没有出席葬礼，这就突破了传统父子人伦的底线，引起官员普遍不满，朝野议论纷纷。为了稳定政局，宗室出身的枢密使赵汝愚便与臣僚商议，筹划请宋光宗退位做太上皇，由太子继位。不过，这虽合情理却不合规矩，皇帝纵然有再大的问题，臣子也无权废黜。最终，赵汝愚等大臣想到办法：子孙不孝，长辈可以出面惩治。于是，派外戚韩侂胄入宫请吴太后出面了结。值得注意的是，在宋朝严格的规矩下，母后不得干政，故吴太后最初也不敢答应。韩侂胄只得往返多次劝说，终于说服太后，以宋光宗的名义下旨：宋光宗因病退为太上皇，由太子继位。由此，一场因皇位传承导致的政治危机得以化解。[1]

令后世叹为观止的是，宋朝先后出现过四次“内禅”，也就是当朝皇帝退位成为太上皇，将帝位传给太子。而且，这并非太子以刀枪相逼的结果，大致属于和平过渡。唐朝李世民通过玄武门之变杀死太子李建成，逼迫父亲唐高祖将自己立为太子，时隔半年多又逼父皇退位做太上皇，自己登基称帝。历史上，太子、皇子为做皇帝弑父篡位或事败被杀的例子不胜枚举。大概只有以后的清朝还有过类似的情形，那就是当政60年的乾隆皇帝主动退位为太上皇，由嘉庆皇帝继位。

宋朝的第一次内禅，发生在宋徽宗宣和七年（1125年）年末。当时金军大举南下，势如破竹，过惯了骄奢淫逸日子的宋徽宗不敢留在京城抵抗，打算跑到南方避祸，于是委任太子赵桓为开封府牧，并想授予太子“监国”的头衔，替自己应付危局。但力主抗战的大臣李纲认为国难当头，太子虽有开封府牧、监国之名，但仍不足以号召天下，只有正式登基称帝，才能名正言顺地

[1] 《宋史》卷392《赵汝愚传》，第11984—11987页；《续编两朝纲目备要》卷3，绍熙五年七月壬戌，第37—39页。

组织抗敌，所谓“巨盗猖獗如此，宗社不守，中原且无人种，自非传以位号，使招徕天下豪杰，与之共守，何以克济！”[1]在此危急时刻，宋徽宗急于脱身，又面临众多臣僚的压力，只得禅位太子，以教主道君太上皇帝的身份移居龙德宫。不久，金军渡河逼近开封，宋徽宗匆忙乘船从汴河南逃。[2]

第二次内禅，出现在南宋高宗与孝宗之间。宋高宗本有一子，但这位年仅3岁的小皇子在建炎三年（1129年）三月发生的“苗刘之变”结束不久突然病死。时年不过23岁的宋高宗因已丧失生育能力，从此无后。巧合的是，从宋太宗即位以来，皇位始终在其子孙一脉延续，结果在靖康之难中皇室近亲几乎被一网打尽，而宋太祖的后人因沦落地方，倒得以保全。为了将赵家帝位传承下去，绍兴二年（1132年），宋高宗只得从宋太祖后嗣中寻找人选，收养宗室赵伯琮、赵伯玖两个幼儿于宫中。经过长期观察和考验，直到绍兴三十年（1160年），宋高宗才给予赵伯琮皇子名分，两年后终于选他为太子，并赐名赵昚。此时，宋高宗在位已30多年，心生倦意，主动退位为太上皇，移居德寿宫，让年已32岁的太子赵昚继承大统。[3]

第三次内禅，发生在宋孝宗与宋光宗父子之间。淳熙十四年（1187年），太上皇宋高宗死去。时隔一年多，已倦怠政务的宋孝宗主动禅位给太子赵惇，退居重华宫。然而如前所述，令人意想不到的是，宋光宗赵惇对生父、太上皇宋孝宗却未能尽足孝道。宋光宗平时既未常赴重华宫问安，宋孝宗死后，他竟然还不出席葬礼。其间缘由众说纷纭，或归罪于皇后李氏，或云宋光宗患上心疾，或指责宦官、幸臣挑拨，但真相已难以

[1]《李纲全集》卷171《靖康传信录上》，第1575页。

[2]《宋史》卷22《徽宗纪四》，第417页。

[3]《宋史》卷33《孝宗纪一》，第615—618页。

根究。倒是后果十分严重，即导致第四次内禅。这次内禅是唯一的一次皇帝被逼退位，不过也得以和平交接。

如此一来，因为有了以上君臣共同遵循的规矩，宋代帝王传位便没有发生大的危机，外姓也难有插足的机会。靖康之难后，金朝掳掠宋徽宗、宋钦宗父子及宗室、公卿大臣北上，为了找傀儡替自己暂时控制中原地区，便立原宋朝宰相张邦昌为附庸皇帝，国号“大楚”。不过，宋朝180多年的秩序整顿，早已在社会上树立了牢固的君臣纲常意识，深谙规矩的张邦昌自知没有取代赵氏社稷的可能，又哪里敢有非分之想。张邦昌一再推脱，最后在金军的威逼下才勉强答应，但在私下的场合，他一概不以皇帝自居，自称“予”而非“朕”，不称“手诏”而称“手书”。当金军主力北撤后，张邦昌先迎宋哲宗废后孟氏入宫，尊为宋太后，再派人给康王赵构送去密函，诉说自己的苦衷。在得到赵构的回信后，张邦昌立即主动献上宋朝传国玉玺及其他御用器物，并亲自奔赴应天府归顺，一场短暂的“大楚”梦随之烟消云散。值得注意的是，在此期间，张邦昌完全没有以往历史上改朝换代的喜悦，有的只是满腔的惊恐。有心当新朝功臣的积极分子不过是寥寥几位投机官僚，而大多数官员都表现出抵触的态度，这大概也是张邦昌不敢觊觎帝王之位的现实因素。赵构称帝后，对这位识趣的僭越者一度心存怜悯，授予高官，封郡王爵位。不过在大多数官员的一再声讨下，张邦昌最终被流放赐死，那几个活跃分子也早已作鸟兽散。[1]

张邦昌实在算不得僭越者，短暂帝王梦于他不过是无奈中的被迫选择，又很快结束，但最后仍给他带来了灭顶之灾。这无疑是宋朝特有政治环境的结果，也再一次对官僚们发出警示：权力再大，也不能触碰这道底线。于是，南宋后期，虽然先后出现过

[1] 《宋史》卷475《叛臣上·张邦昌传》，第13790—13793页。

三位权臣，可称得上权倾朝野，但他们都不敢有非分之想。宋宁宗朝前期，韩侂胄因在宋光宗内禅宋宁宗过程中立下大功，便利用宋宁宗孱弱无能的机会，击败政敌，掌握了大权，成为宋朝历史上第一位真正的权臣。韩侂胄主政后，拉帮结派，形成以自己为中心的权力集团。不过，他最多只能做到作威作福，或试图从事北伐以抬高自己的威望，却没有任何觊觎帝位之心。最终，他还是被政敌与宫廷联手消灭。

史弥远在铲除韩侂胄势力后，专权长达26年，权势又超过了韩侂胄，不仅亲信遍布朝堂上下，而且实际上架空了当时的皇帝。然而在宋宁宗朝，史弥远也要遵循传位的规矩，在宋宁宗的养子、太子赵询死去后，他配合宫廷选择宗室之子赵竑为皇子，封济国公，将赵竑作为未来的皇储培育。史弥远属于心机很深的老道政客，自知把持朝政已久，不免担心下一代皇帝清算自己，因此对赵竑刻意监视。据记载，史弥远挑选了善于鼓琴的美女送给济国公，以刺探对方的举动。年轻无知的赵竑确实不满史弥远的专权，某日在宫中指着地图上最远的琼崖（今海南岛）说，他一旦登基，就将史弥远流放到天涯海角。这一信息很快被史弥远获悉。但他并没有像三国时魏国权臣司马炎那样干脆杀死皇帝，改朝换代，而是在另选皇储上打主意。一天，史弥远以替亡父做法事为名，私下将国子监一个小官郑清之召到净慈寺的阁楼上，交代给他一件机密任务：悉心培育沂王府的嗣子。为了防止事情泄露引来灭族之灾，史弥远一方面以高官厚禄为诱饵，另一方面一再告诫郑清之保守秘密。急于出头的郑清之当即答应，于是精心栽培宗室赵贵诚。嘉定十七年（1224年）八月，宋宁宗病死，史弥远派杨皇后的两个侄子入宫不断做工作，最终说服杨皇后，伪造遗诏拥立赵贵诚（宋理宗）即位。同时，将赵竑封为济王，驱离临安。[1]由此可见，权臣史弥远在筹划改立储君过程中也充满惊惧，只能在赵氏宗室内调换，并且形式上须符合规矩，而不敢骄横跋扈到为所欲为的地步，更不要说篡位夺权了。至于南宋末的最后一个权臣贾似道，权势虽大，不过是陶醉于奢靡享乐，对赵氏江山也无非分之念。

[1] 《宋史》卷246《宗室三·镇王竑传》、卷243《后妃下》，第8735—8737、8657—8658页；《癸辛杂识》后集《济王致祸》，第86—87页。

三　宋朝皇帝的行止特点

宋朝皇帝在位时间长短不一，虽性情各异，喜好有别，追求也不尽相同，但他们大都有较强的为君意识，能在个人欲望与江山利益之间保持一定的平衡。他们不仅在公开场合表示遵循帝王守则，多数皇帝即使活动有越界、犯规之处，也有一定的限度。

1. 宋初两朝皇帝的样板意识

作为开国时期的两代皇帝，宋太祖、宋太宗兄弟历经乱世，属于枭雄类人物，故在位期间紧握朝政大权，敢于作为。他俩又十分注意制度建设，倡导规矩观念，并以强烈的样板意识带头践行，终以鲜明的个性风格主导了朝政。

宋朝立国后，面对内部异常混乱的秩序和各种势力的挑战，外部四分五裂的局面与敌对政权的威胁，宋太祖如同大多数明智的开国皇帝一样，始终心存戒惧，不敢懈怠。他又充分汲取五代短命王朝的教训，时刻保持着清醒的头脑，长期忙于整治内政与统一四方的活动，不敢随意放纵享乐。因此，宋太祖作为帝王，尽管可以享受一切，但他并不过分追求这些，于是给后世留下“太祖性节俭”的印象。如宋太祖寝殿使用麻布苇草编织的帘子，还保留昔日穿过的麻鞋、布衫。据记载，他后宫内的宫女不足300人，后由于某次大雨不止，为了表示对上天的诚意，他又将数十人放出皇宫。[1]宋灭后蜀后，宋太祖看到缴获的后蜀宫中镶嵌珍宝的夜壶及王公的奢靡之物，感慨道：如此享受，怎能不亡国？当即下令捣毁。

宋太祖也有自己的喜好，不过如果这些喜好有损皇帝形象，或妨碍政务，他便有意识加以克制。史载他称帝之初，曾一度喜好骑马游猎，一次从马上摔落，恼怒之下拔刀刺杀所乘马匹。冷静下来，他感到追悔莫及，从此戒掉这一爱好。武夫出身的宋太祖又好畅饮，并保持多年，但他也意识到过量饮酒有害，曾对身边人坦承懊悔之意。[2]

宋太祖终日操心朝政，无暇追求更多的奢侈享乐，在史籍中难觅有关他放纵行为的传闻踪迹。倒是他读书兴趣渐浓的情形，多见于记载。此外，大概是作风务实以及行伍出身的关系，宋太祖没有太多的宗教情结。据记载，他曾去京城内的相国寺，在佛像前烧香时问是否要拜。僧人赞宁看到皇帝犹豫，遂答道：现在佛不拜过去佛。宋太祖微笑点头，这从此也成为惯例。[3]由此可见，宋太祖从心底就没有尊崇佛教之意。事实上，宋太祖对释、道关注不多，也就不会投入大量财力物力营建佛寺、道观。总之，宋太祖的主要精力都在治国理政上，称得上是尽职尽责的帝王。在他垂范下，统治集团励精图治，为宋朝奠定了基业。

宋太宗因有弑兄篡位之嫌，猜忌心又过重，还开启“守内虚外”路线，故在后世人眼中的形象颇为不佳。但若抛开这些，他也不失为一个勤政的皇帝，甚至在某种程度上还超过宋太祖。宋太宗在位20多年，始终以明君自居，亲自主持朝政决策，大小事一概过问，臣僚大都只能照章办事。他晚年曾说，五代时

---

[1]《涑水记闻》卷1，第19—20页。

[2]《涑水记闻》卷1，第6页。

[3]《归田录》卷1，第1页。

期“朝廷削弱，主暗臣强”，以致纲纪大坏，仅能维持小邦。因此，他承丧乱之后登基，汲取经验教训，革故鼎新，不顾各种非议，更改朝廷法度，“昼夜孜孜，勤行不殆，于今二十载矣”。从做皇帝之日开始，他每天“鸡鸣而起，听四方之政，至于百司庶务，虽微细者，朕亦常与询访”。[1]姑且不论实效，仅就他每日决断大政、亲自过问细微庶务而言，宋太宗的确是殚精竭虑坚守皇帝责任，唯恐疏忽酿成祸乱。于是，臣僚不敢懈怠，亦不敢弄权，朝政固然保守，却也上下有序。对此，宋太宗亦颇为自得，如太平兴国八年（983年），他就对大臣说，大凡为人君臣，常应谨畏，不可放逸，“近者内外政事，渐成条贯，远近官吏，无不畏谨。朕思之，不觉自喜”。宰相宋琪遂附和道：“陛下勤俭于己，励精政务，以百姓心为心，所谓‘其身正，不令而行’也。”[2]

从文献记载来看，除了政务，宋太宗平日最大的乐趣是读书、写字以及赋诗，并长期坚持。如前所述，他在确立以内政为主的文治路线后，还通过附庸风雅的方式传递崇文抑武的导向，并与文臣保持亲密交流，因此颇得士人的赞誉。不过，当最艰难的立国初创期结束后，作为第二代君主的宋太宗，已更在意帝王的感受，在享受上自然超过了宋太祖。多年后，宋神宗在追忆这位先祖时也提到一些细节：宋太宗亲征幽州失利后，兵败逃奔，不仅服用的“宝器”丢失，随行的“宫嫔”也都被俘。[3]宋太宗即使出征还带着许多妃子陪侍，也多少说明他并非清心寡欲。宋太宗对佛、道抱有热情，曾对宰臣表示，凡为君治国，便是修行，做一好事，天下获利，“即释氏所谓利他者也”。[4]这种公开

---

[1]《续资治通鉴长编》卷38，至道元年十二月丙申，第824页。

[2]《续资治通鉴长编》卷24，太平兴国八年十月甲申，第555页。

[3]《默记》卷中，第20页。

[4]《续资治通鉴长编》卷24，太平兴国八年十月甲申，第554页。

场合的言辞，既有借助佛教行善理论引导臣民顺从之意，也应该有解脱自己的用心。宋太宗对于道教同样热衷，背后大概更隐藏着个人的诉求，也就是期盼道教中的长生不老之术显灵。因而，他在位期间营建了许多佛寺、道观，如宋人所说，“太宗志奉释老，崇饰宫庙”，“创上清宫以尊道教”，所建佛寺道观“皆一时之盛观”。[1]有朝臣曾因此上奏劝谏：“望陛下少度僧尼，少崇寺观。”[2]宋太宗却并未改弦更张,还为后代嗣君开启了先例。但总的说来，宋太宗在生活方面受到的指责还不算太多，也说明他能适度控制个人的欲望，不至于因此影响到朝政走向。至道三年（997年）三月，宋太宗病死宫中，时年59岁。

2. 北宋后嗣帝王的君道意识及特点

从宋真宗即位开始，宋朝进入守成时代。宋朝此后统治既有相对稳定的和平时期，也有内忧外患加剧乃至于边防危机爆发的时段。在两百几十年的漫长岁月里，历代宋朝帝王虽表现不一，个别君主甚至有极端行为，但多数皇帝还能维持统治的基本规则，在享乐上有所节制。

宋朝第五位皇帝宋英宗，以宋仁宗过继养子身份继承皇位，是宋朝影响不大的君主之一。自32岁即位始，他便受到曹太后的制约，即使在亲政后也仍时常遇到太后及其追随者的牵制。加上身体多病，所以他在位四年间委曲求全，作为不多，基本由宰执大臣辅政。要说宋英宗做过的最突出的事，大概就是对“濮议”的表态。治平二年（1065年），朝臣在商议宋英宗已故亲生父亲——濮安懿王的祭祀典礼时，多数臣僚认为宋英宗已是宋仁

[1]《儒林公议》，第93页。

[2]《续资治通鉴长编》卷30，端拱二年正月癸巳，第674页。

宗养子，应以宋仁宗为皇考，建议称濮安懿王为皇伯考，唯有参知政事欧阳修持不同意见。欧阳修以为自古从无称生父为伯之礼，因此主张可称濮安懿王皇考。这场礼仪之争持续了大半年时间，背后其实隐藏着宋英宗想为生父争取皇帝名分的企图。最终，在曹太后和多数朝臣的反对下，宋英宗妥协，称生父为“亲”。[1]贵为九五之尊的宋英宗，无法撼动传统规矩与主流意见，也只能将几个持激烈反对意见的官员贬黜，为自己出口气而已。除此之外，宋英宗很少受到非议，他遵循为君之道，维护朝政秩序，无明显奢靡享乐之举，可称得上一位循规蹈矩的皇帝。史载他“不为燕嬉亵慢，服御俭素如儒者”，[2]虽不免有美化的成分，但也大致属实。治平四年（1067年）正月，正当英年的宋英宗病死于福宁殿，年仅36岁。

若论宋朝守成皇帝中最有作为的帝王，无疑要算是宋神宗了。在父皇英年早逝后，年轻的宋神宗即位，他不满于长期以来的保守朝政，希望通过变法扭转已然下降的国势，改变对外屈辱的状况。也可以说，血气方刚的宋神宗有意走汉唐强国之路，因此不顾许多臣僚的激烈反对，坚定支持以王安石为首的变法派主政，实施了一系列的理财、整军等方面的改革举措，随后又对官制进行改革，裁汰了一些重叠的机构。与此同时，宋神宗在边防上也部分调整了传统的单纯防御战略，在西北采取积极的攻势，新开辟了熙河路，对交趾（今越南）的入侵则展开自卫反击战，收复了失地。在北部的辽朝问题上，宋神宗保持了清醒的头脑，接受王安石等大臣维持和睦关系的意见。熙宁五年（1072年），君臣在讨论如何应对辽朝挑衅时，宰相王安石明确要求宋神宗

[1]《续资治通鉴长编》卷205、卷207，治平二年六月甲寅，治平三年正月壬午、戊辰、癸酉、丙子、丁丑，第4971—4976、5023—5032页。

[2]《宋史》卷13《英宗纪》，第253页。

坚守双方盟约，“臣愿陛下于薄物细故，勿与之校，务厚加恩礼，谨守誓约而已”。[1]于是，宋廷继续保持与辽的和平交往关系。元丰时期（1078—1085年），当变法取得一定成效后，宋神宗急于求成，抛开朝臣的反对意见，一度对西夏发动进攻，却以失败告终。接连碰壁后，宋神宗信心大受打击，特别是元丰五年（1082年）发生的永乐城（在今陕西省米脂县）之役惨败后，他忧愤成疾，停止了对西夏的攻势，史称“深自悔咎，遂不复用兵，无意于西伐矣”。[2]

宋神宗在位的17年间，抱负远大，励精图治，采取了变法改革。虽然当时及后世对此评价不一，却少有人贬损其帝王品格。可以说，他在位期间夙夜求治，勤于政务。他每次临朝都悉心听取臣僚汇报，以至初次上朝奏事的朝臣极为紧张，说话常常出错。[3]他甚至亲自批改官员拟定的敕令文字，然后才予以下达。[4]尤为难得的是，宋神宗在理政上始终没有懈怠。像以往的唐玄宗，在前期勤于政务、积极有为，到后期则倦怠朝政、贪图享乐，以致酿成安史之乱祸端。宋神宗曾对近臣说：“朕享天下之奉，非喜劳恶逸，诚欲以此勤报之也。”[5]他承认自己并非喜欢劳碌，不好享受，但他认为自己肩负天下责任，只能以勤政来回报。值得关注的是，对于反对变法的保守派官员，宋神宗仍多持包容态度，虽不再重用，甚至贬官、外放，却并不刻意加以迫害。在生活上，宋神宗也有着强烈的自律意识，主动保持节制，不过分追求享乐，唯恐因此影响庙堂风气。据记载，他对奢靡之物不感兴趣，通常加以排斥，并表示遵循祖宗留下的传统：

[1]《续资治通鉴长编》卷236，熙宁五年闰七月己巳，第5752页。

[2]《宋史》卷334《徐禧传》，第10724页。

[3]《续资治通鉴长编》卷350，元丰七年十一月丁未，第8385页。

[4]《续资治通鉴长编》卷331，元丰五年十二月辛酉，第7986页。

[5]《续资治通鉴长编》卷353，元丰八年三月戊戌，第8457页。

“本朝祖宗皆爱惜天物，不肯横费。”就连素来耿介、简朴的王安石，也被宋神宗的节俭风格感动，称赞道：“陛下圣心高远，如纷华盛丽无可累心，故安于节俭，自是盛德，足以率励风俗。”[1]宋人也感慨说：“神宗天资节俭。”[2]因而，元代史家总结道：宋神宗自即位起，小心谦抑，敬畏宰辅，“求直言，察民隐，恤孤独，养耆老，振匮乏；不治宫室，不事游幸，励精图治”。[3]由此可见，宋神宗是宋朝历史上少见的有为而称职的帝王。元丰八年（1085年）三月，久病不愈的宋神宗病死，时年不过38岁。

宋神宗之子宋哲宗即位时，只是9岁多的儿童，依照惯例由祖母高氏（宋英宗皇后）、母亲向氏（宋神宗皇后）两宫太后垂帘听政。在整个元祐时期（1086—1094年），宋哲宗都未亲政，一直处于见习皇帝的状态。不过，宋哲宗并非没有主见的少主。当辽朝使节前来吊唁已故父皇时，宰臣担心他看到装束怪异的辽使会害怕，就提前一再说明原委，“请上勿以为异”。不料年少的宋哲宗毫无惧意。[4]在此期间，高太后与保守派大臣主导朝政，庙堂上虽因意见不合也出现派系之争，经常争论不休，却力求恢复旧制，废止了之前的变法路线，史称“元祐更化”。值得一提的是，元祐时期，臣僚上朝时眼里只有高太后，坐在龙椅上的宋哲宗往往只能看到他们的“臀背”，令他深感遭受冷遇，便长期沉默不语。据记载，高太后常问宋哲宗为何对大臣的意见不发一言，他总答道:“娘娘已处分，俾臣道何语？”[5]年龄渐长的宋哲宗虽然不满自己的处境，也唯有遵守规则，一面熟悉政务，一面将自己的怨气压抑在心底。

---

[1]《续资治通鉴长编》卷241，熙宁五年十二月丙申，第5885—5886页。

[2]《邵氏闻见录》卷4，第36页。

[3]《宋史》卷16《神宗纪三》“赞曰”，第314页。

[4]《石林燕语》卷9，第140页。

[5] 蔡绦:《铁围山丛谈》卷1，中华书局1983年版，第5页。

元祐八年（1093年）九月，高太后病死，已满17岁的宋哲宗终于亲政。随后，他接受子承父业的“绍述”之说，起用章惇、曾布以及蔡卞等以往遭到压制的变法派主政，将元祐年间当政的一批臣僚贬责降官，并改年号为“绍圣”。宋哲宗是位颇有个性的帝王，在政治上想有所作为，不愿维持旧制，因此重拾父皇的变法旗帜。同时，他由于长期受冷落，亲政掌权后便有意报复昔日漠视自己的臣僚。不过，他的胸怀虽然比他的父亲逊色，对“元祐党人”刻意打压，不惜将他们贬官流放，甚至追夺已故者的官爵，但他还是守住了祖宗传统的底线，尚未走到大开杀戒的地步。而对于宰执大臣，他既支持他们施政，又不听他们摆布，始终保有最终裁断大权。因此，庙堂气氛虽然发生明显变化，人事安排几经洗牌，朝政却并未偏离到极端方向。

宋哲宗也属于勤政的皇帝，史称他勤于政务，喜愠不形于色，“聪明睿智，见于夙成”，“灼见是非邪正，以照临百官中外”，说他颇有主见，坚持临朝问政，掌控臣僚动向。据记载，他自小就染有咳血的疾病，每次咳血都由身边宦官用手帕接着，藏于袖中，从不泄露外人，由此可见其毅力不同寻常。他还注意保持帝王亲民的形象，如每逢灾异出现，便表示自责，并停止朝堂一切宴游活动。[1]因此，宋哲宗在生活上少有非议，无明显的放纵犯规举动。他私生活中唯一引起议论的事，就是废黜了皇后。元祐七年（1092年），高太后为他做主，册立孟氏为皇后。但宋哲宗对比他年长4岁的孟皇后并无感情，而宠幸“明艳冠于后廷”的刘婕妤。绍圣三年（1096年），孟皇后的养母与尼姑等人私下在宫中行巫蛊之类的法术——厌魅术，诅咒刘婕妤。结果事情泄露，宋哲宗乘机废黜孟后，将其打入瑶华冷宫，并将刘氏

[1]《续资治通鉴长编》卷520，元符三年正月己卯，李焘引有关记载，第12360—12362页。

扶为正宫。[1]这虽然是宋哲宗厌烦孟氏所致，但毕竟事出有因，算不上帝王过分失德。总之，宋哲宗作为皇帝仍属称职，没有追求放纵享乐并波及朝政。元符三年（1100年）初，宋哲宗忽然病死宫中，年纪不过25岁。

宋钦宗是在国难当头的危急形势下匆匆即位的，在位仅一年便因开封失陷被俘，成为北宋的亡国之君。若追究北宋亡国之责，当然主要在于之前宋徽宗君臣的腐朽统治，宋钦宗不过是碰上不幸的时机，在帝位上席不暇暖即沦为阶下囚。在短暂的统治期间，宋钦宗面对金军两次大举南下，虽然充满恐惧，但既没有像唐玄宗等前代帝王那样选择出逃，也没有像太上皇——宋徽宗那样离京避祸，而是最终选择留在京师抵抗，已说明他仍愿意坚守为君之道，也在意自己在臣民心中的道义形象。此外，他顺应人心将蔡京、王黼、童贯及朱勔等一伙祸国殃民的大臣贬谪流放，废止了宋徽宗朝的一些弊政。他还一边派人与金议和，一边调兵应对。然而，一切为时已晚，宋钦宗君臣无力迅速扭转颓势并组织有效的抵抗，终究难逃一劫。因此，元代史家修《宋史》的《钦宗纪》时，先肯定他“帝在东宫，不见失德。及其践阼，声技音乐一无所好。靖康初政，能正王黼、朱勔等罪而窜殛之”，又指宋钦宗君臣无能，而惴惴于议和，以至走入绝路，并批评了宋钦宗懦弱的性格。[2]其实，宋钦宗的文弱属于宋朝大多数皇帝身上共有的基本特点，若生逢和平年代，亦非突出之过。绍兴三十一年（1161年），也就是金朝的正隆六年，宋钦宗在度过30多年的俘虏生涯后，死于塞外的囚禁之地。

---

[1]《宋史》卷243《后妃下》，第8633、8638页；《东都事略》卷14《世家二》，第110—111页。

[2]《宋史》卷23《钦宗纪》“赞曰”，第436页。

3. 南宋皇帝的行止特点

南宋时期，疆域骤缩，外敌紧逼，国家日渐呈现颓势。南宋皇帝遇到更大的挑战，他们在沿袭帝王传统守则之路上跌跌撞撞，既有维持之时，也有不顾之日，特别是到了后期，日益随波逐流。

宋高宗无疑是最受后世诟病的宋代皇帝，大概在于他对金朝屈辱求和、杀害民族英雄岳飞父子、重用秦桧一党、偏安南方一隅等方面。如史家评说他道："偷安忍耻，匿怨忘亲，卒不免于来世之诮。"[1]显然，这些都是宋高宗的主要问题，无法回避。其实，若仔细梳理，会发现这些问题既复杂又简单，关键的症结是宋高宗为了稳固自己的帝位并延续宋朝的统治，确立了通过议和维持半壁江山的政治路线。以岳飞为代表的抗战派因坚决反对和谈，主张北伐收复北方，成为落实议和路线的障碍，势必要遭到打击迫害；以秦桧为首的主和派是既定路线的倡导、支持者，自然得到重用。宋高宗之所以一味选择求和，固然与靖康之难后南北双方军事实力悬殊有关，也与北宋长期实施消极防御战略的传统影响存在关联。特别是自宋太宗北伐失败后，宋朝统治集团以极端现实主义的态度应对边防危机，已在议和路线上践行过多次，并自认为有效，这便对宋高宗带来启示。事实上，宋高宗原本与宋朝大多数皇帝一样，不属于胸怀大志的帝王，又亲身经历了国破家亡与强敌的残酷打击，始终处于异常惊恐的状态，当然不敢抱有誓死决战的信心，而是满足于维持现状。这就不可避免地带来一系列保守弊政。

宋高宗统治长达36年多，是宋朝在位时间较长的几个皇帝之一，被宋人乃至后世个别人称颂为"中兴之主"。其理由无外

[1] 《宋史》卷32《高宗纪九》"赞曰"，第612页。

[金]杨邦基 《出使北疆图》（绢本，局部） 美国大都会博物馆藏

乎是当宋徽宗、宋钦宗被金军俘虏，张邦昌以“大楚”皇帝身份入居开封皇宫，宋王朝面临生死存亡之际，宋高宗重新恢复宋室社稷血脉，使其统治又延续了一百几十年。狭隘来看，这种说法倒符合传统观念。不过宋高宗并未收复故土，也没有显著的作为，故名实并不真正相符，与东汉光武帝中兴无法相提并论。从宋朝统治传统来看，宋高宗还在三大问题上践踏了规则：其一，签订“绍兴和议”后，向金朝称臣纳贡，公开放弃了宋朝神圣至上的法统地位，致使君臣忍垢蒙羞于天下；其二，违反不杀大臣和上书言事者的规矩，不仅残杀了抗金名将岳飞父子，也杀害了上书批评朝政的太学生陈东与进士欧阳澈，成为宋朝历史上的特例；[1]其三，长期依赖秦桧及其党羽主政，秦桧一人任宰相竟达17年之久，打破了以往惯例，并为以后权臣崛起埋下隐患。同时，秦桧还打击迫害不同政见、不同派系者，封锁言路，破坏了宽松的朝堂议事氛围。

在宋高宗的庇护下，秦桧在当权期间恃宠弄权，其家族与追随者鸡犬升天，致使官场追名逐利之风盛行。不过，宋高宗还没有愚蠢到昏聩的地步，即使慑于金朝威胁不得不依靠秦桧，但尚不至于被其操控。而秦桧也深知宋廷的君臣规矩，故始终对宋高宗保持异常谨慎、恭顺的态度，并通过各种途径保持与宫廷的密切关系。宋高宗登基前的原配夫人邢氏，在靖康之难中被金朝掳掠，后死于北方。秦桧见贵妃吴氏得宠，就一再殷勤建议立吴氏为皇后，又将自己的孙女嫁给吴皇后的胞弟吴益。另外，秦桧还悉心结交宋高宗身边的亲信宦官张去为，让妻子王氏与红极一时的御医王继先认作兄妹，随时揣摩帝王心思，投其所好。秦桧之子秦熺官至执政大臣，某日，他身穿黄色葛衫在家侍奉秦桧，秦桧看到后令他改换白葛衫。秦熺不解地说：“葛黄乃贵贱所通

---

[1] 《建炎以来系年要录》卷8，建炎元年八月壬午，第234页。

用。”秦桧告诫道：“我与尔却不可用。”原来黄色为御用颜色，秦桧不想因此遭到君主的猜忌。还有一次，宋高宗皇后请秦桧妻子王氏参加后宫宴会，席间端上来一道稀有的淮青鱼，吴皇后问王氏是否吃过，王氏殷勤地回答称已吃过许久，并且吃过的比这里的大很多，容她来日献上。王氏回府后，马上告诉秦桧，不想秦桧动气地说她不懂事。次日，他挑了几十条大个的寻常糟鲜鱼，让妻子送进宫里。结果，吴皇后一见到就笑道：“我便道是无许多青鱼，夫人误耳。”秦桧对宋高宗可谓用尽心机，唯恐引起猜忌，因此史称：“秦桧权倾天下，然颇谨小嫌，故思陵（宋高宗）眷之，虽（秦）桧死，犹不释。”[1]

到绍兴二十五年（1155年）十月，秦桧病死，宋高宗虽然对秦桧家族及党羽有所压制，并终结了一人独自任相的局面，但对既定的主和路线却没有更改。他下诏对朝野公开表示：“是以断自朕志，决讲和之策，故相秦桧，但能赞朕而已，岂以其存亡，而有渝定议耶！”[2]绍兴三十一年（1161年）冬，金朝皇帝完颜亮亲自率军大举南攻，一直打到长江北岸，但在采石之战中被宋军击败，完颜亮被部下所杀，金军才停战北撤。渡过此次重大危机后，宋高宗已无颜继续面对百官，当了30多年皇帝的他也懒于政务，不愿再承受庙堂责任，遂于翌年六月主动退位做太上皇，让位给精心培育的养子（宋孝宗），以便颐养天年。

从宫廷生活的角度来看，宋高宗在位期间自然享受了常人难以企及的待遇，不过倒没有特别突出的放纵活动。与他荒淫腐朽至极的父皇宋徽宗相比，他多少还顾忌边防威胁与财政困境，尚不敢过分随心所欲。如当时的皇宫，是在原来杭州州衙的基础上建立，宫殿不仅数量有限，且规模不大，甚至往往还要一殿多

[1] 叶绍翁：《四朝闻见录》乙集，中华书局1989年版，第80页。

[2] 《建炎以来系年要录》卷172，绍兴二十六年三月乙丑，第3284页。

用。至于他在其他享受方面，固然属于奢侈讲究，却也大体不出历代庸主惯常的范围。倒是有一点值得特别提到，宋高宗早在藩王府时已贪恋女色，史称“好色如父，侍婢多死之”。[1]宋高宗登基之初，仍相当沉溺于此，他曾对身边大臣表示自己“性不喜与妇人久处”，[2]其实不过是虚伪掩饰之辞。但建炎三年（1129年）二月初，当宋高宗正在扬州行宫与宫女房事作乐时，忽然得知金军临近，猝然间惊得失魂落魄。虽然他当即渡江逃出虎口，性功能却受到严重影响，“遂病痿腐”。[3]时隔仅一个月，又发生“苗刘之变”，宋高宗一度被逼迫退为太上皇，再度受到惊吓。随后，他还遭到金军一路追击，四处逃难。正因为长期在惊恐中度日，所以尽管以后百般医治，如医官王继先便因此得宠，宋高宗称“（秦）桧，国之司命；（王）继先，朕之司命”，[4]然而其性功能始终遇到障碍，失去生育能力，因此也就难有过分行为。于是，南宋有人认为他有“俭德”，[5]大概是与放纵无度的帝王比较而论。不过，宋高宗退为太上皇后，其奢侈享乐的程度又明显超过以前，如所居住的德寿宫就堂皇壮观，园池亭榭之美堪称一时之冠。[6]宋人还记载，宋高宗退居德寿宫后，“颇属意玩好”，宋孝宗遂经常“网罗人间，以共（供）怡颜”。[7]

从绍兴三十二年（1162年）退居德寿宫，到淳熙十四年（1187年）81岁死去为止，宋高宗做了25年多的太上皇，可谓寿终正寝，也成为宋朝历史上最高寿的皇帝。

[1] 确庵、耐庵著，崔文印笺证：《靖康稗史笺证》卷5《青宫译语笺证》，中华书局2010年版，第177页。

[2] 《建炎以来系年要录》卷15，建炎二年四月乙丑，第361页。

[3] 参见《荒淫无道宋高宗》，第53页。

[4] 《四朝闻见录》乙集《秦桧、王继先》，第58页。

[5] 《清波杂志校注》卷1《思陵俭德》，第8—9页。

[6] 《建炎以来朝野杂记》乙集卷3《南北内》，第553—554页。

[7] 岳珂：《桯史》卷4《寿星通犀带》，中华书局1981年版，第40页。

宋孝宗在位27年，属于宋代统治时间较长的帝王，也是力图有所作为的君主之一。他早在藩邸时已不满于偏安现状，怀抱收复故土的志向，故自即位之日起，就一改长期的屈辱议和路线，积极筹划北伐大业。宋孝宗一方面起用主战派当政，调兵遣将，部署北征；另一方面为岳飞平反昭雪，[1]恢复以往遭到排斥的一些官员的职务，以振奋抗战士气，就连爱国诗人陆游也因此得到提拔。隆兴元年（1163年）四月，宋军大举北伐，收复宿州（今安徽省宿州市）等地。随后，在金军的反击下，宋军失利，宋孝宗为此特下诏亲征，[2]试图扭转局面，但最终仍不免败退的结局，短暂的北伐行动就此终结。结果之所以如此，是由于以往多年执行主和路线，谋臣猛将尽失，导致国家武备能力严重下滑，而金朝仍保持足够的军事实力。到次年年底，经过不断的交涉，宋金双方签订了“隆兴和议”。相比宋高宗朝的“绍兴和议”，宋廷这次多少还是争取了一些权益，包括宋不再向金朝称臣，彼此改为叔侄关系，每年的“岁贡”改称“岁币”，白银和绢帛的数量各减5万。说起来，宋孝宗的这次北伐，其实是顶着太上皇和大批主和派臣僚的反对压力进行，不仅带有侥幸和冒险色彩，也过于匆忙。最终，宋孝宗壮志难酬，从此不得不放弃北伐，但恢复“旧疆”的梦想始终萦绕在心头。

宋孝宗主宰庙堂期间，恢复了皇权掌控朝政的传统，并特别注意独断宸纲。他既想有所作为又碍于太上皇的掣肘，所谓“孝宗初年，规恢之志甚锐”，只是因为太上皇“主于安静”，而不便违抗。[3]所以他只能摇摆于主战派与主和派之间，虽一度重用政见相同的张浚、魏杞、虞允文等人，但大致还是兼用各派。他

[1] 《建炎以来系年要录》卷200，绍兴三十二年七月戊申，第3953页。

[2] 《宋史》卷33《孝宗纪一》，第621—623页。

[3] 罗大经：《鹤林玉露》丙编卷4，中华书局1983年版，第302页。

又汲取秦桧长期专权的教训，紧握裁断大权，经常更换宰执大臣，强化君权，于是先后出任宰相的达17人次，做过参知政事的达34人次，大臣多难久任，难有大的作为。宋孝宗在位期间，因为对大臣防范心过重，不免信赖身边的亲信弄臣，所以受到文臣士大夫的批评。其实，宋孝宗总体上是一位勤政、称职的皇帝。一方面，他消除了宋高宗朝的许多积弊，特别是在对金朝关系上赢得一些权益，史称“然易表称书，改臣称侄，减去岁币，以定邻好，金人易宋之心，至是亦浸异于前日矣”。[1]另一方面，他恢复了许多遭到破坏的秩序规则，特别是允许官员议论、批评朝政，包容性的政治传统得以回归。宋孝宗曾对过于宽容官僚失职的惯例深表不满，愤懑道：“国朝以来，过于忠厚，宰相而误国者，大将而败军师者，皆未尝诛戮之。”这在朝中引起轩然大波，他不得不表示收回原话以示妥协，才平息了朝臣的不满。[2]

宋孝宗在生活上能遵循传统规矩，受到指责的地方不多，最受世人赞誉的是宋孝宗对养父宋高宗深怀感恩之情，可谓竭尽孝道。宋高宗在为太上皇的二十几年间，不仅享受极为优厚的待遇，而且每逢节日、生日，宋孝宗都要率领臣僚到德寿宫庆贺，额外奉献大量钱财。宋高宗身体稍有不适，宋孝宗也亲自陪侍。宋高宗死后，宋孝宗将他隆重下葬，甚至萌生效仿养父的退位举动之念，以完成三年守丧之礼。因此，他死后获得“孝宗”的庙号，绝非虚名。难怪元人修《宋史》时也感叹道：“然自古人君起自外藩，入继大统，而能尽宫庭之孝，未有若帝。”[3]淳熙十六年（1189年）初，宋孝宗主动退位为太上皇，搬出皇宫，让位于太子（宋光宗）。五年后的绍熙五年（1194年）五月，68岁

[1]　《宋史》卷35《孝宗纪三》“赞曰”，第692页。

[2]　《建炎以来朝野杂记》乙集卷3《孝宗论用人择相》，第545—546页；《宋史》卷396《史浩传》，第12068页。

[3]　《宋史》卷35《孝宗纪三》“赞曰”，第692页。

的宋孝宗病死于重华宫。[1]

宋光宗称帝的时间只有五年多，也是宋代历史上影响不大的皇帝之一。他在不惑之年即位，虽最初曾对以往个别弊政有所抑制，但无明显作为，基本上还是延续以往的统治传统，算是一位平世庸主。如前所述，由于宋光宗未能妥善处理好与太上皇的关系，绍熙五年（1194年）七月，他被迫退为太上皇，让位于太子（宋宁宗）。庆元六年（1200年）八月，宋光宗在寂寞中病死，终年不过50多岁。[2]

宋代第一个不能真正当家做主的帝王，大概就是宋宁宗。他身体多病，心智又不算十分健全，因此他在大臣安排下即位后，主要是扮演形式上的君主。据记载，宋宁宗“不慧而讷于言”，每次接见金朝使臣都只能由宦官代为应答。[3]如此一来，宋宁宗便无法正常履行皇帝的职责。他在位期间，朝堂上官僚集团斗争激烈，先后出现韩侂胄、史弥远专权的局面；后宫中杨皇后专宠弄权，甚至与权臣相互串通，他都只有听之任之。当时状元出身的官员袁甫就当面指出：“陛下深居高拱”，天下紧迫之事“无由上闻”。[4]于是，无论是最初赵汝愚下台，还是韩侂胄当政后追封岳飞为“鄂王”、改秦桧谥号为“谬丑”、开启北伐行动以及打压道学（理学），以及之后史弥远与杨皇后联手杀死韩侂胄、再度恢复主和路线，史弥远继而长期专权……这些朝政大事，皆非宋宁宗所主导。所幸的是，官场中各种政治势力尽管斗争激烈，却都遵从赵宋社稷至上的根本原则，故昏聩的宋宁宗依然可以保持帝王的形象。难怪以后史家为其撰写本纪时，只

[1]《宋史》卷35《孝宗纪三》，第691页。

[2]《宋史》卷36《光宗纪》，第710页。

[3]《癸辛杂识》续集下，第190页。

[4]《宋史》卷405《袁甫传》，第12237页。

能感叹“幸帝耄荒”，[1]所有的得失与弊政，都与昏庸的他扯不上关系。

有关宋宁宗生活细节的记载不多，故后人难以了解其详情。倒是有这样一条传闻：他在宫中走动时，竟由宦官背着两个“小屏”为先导，上面写着“少饮酒，怕吐；少食生冷，怕痛”几个字，凡后宫有人劝酒或劝食生冷食品，他便手指小屏上的字以打发。[2]嘉定十七年（1224年），57岁的宋宁宗病死，结束了近30年的糊涂帝王生涯。大概他最感遗憾的是没有留下子嗣，最终承袭皇位的人也不是他早已认定的养子赵竑。

宋理宗在权臣史弥远一手安排下登上帝位时，已是过了20岁的成年人。与前两代的宋光宗、宋宁宗不同，来自民间的宋理宗身体健康，又颇具智慧，这就使他能够有机会长久坐稳帝位。在最初的十年间，宋理宗一方面出自对史弥远的感激，另一方面也因为畏惧史弥远的权势，所以潜心蛰伏，甘居寂寞，凡庙堂大事皆听从史弥远处置。到绍定六年（1233年）十月史弥远病死后，宋理宗才开始亲政。他迅速清除朝堂上的史弥远余党，更换宰执大臣，将遭到排挤的真德秀、魏了翁等一批清流官员宣召回朝，还开放言路，允许台谏及臣僚议论、批评朝政，就此重新恢复了宋朝的传统政治规矩。此时的宋理宗的确很想有所作为，因此勤于政务，关注政策得失，在吏治、财政及边防上进行了一些改革，清理了一些长期积累的积弊，并为被史弥远冤杀的济王赵竑平反，故这一时期被宋人称为“端平更化”，又被赞誉为“小元祐”。与此同时，在联蒙灭金的形势下，宋理宗于端平元年（1234年）还派人到洛阳祭拜了祖宗皇陵，派兵一度收复了故都开封城。然而，随之而来的蒙古军的猛烈进攻，使得边防

[1]《宋史》卷40《宁宗纪四》“赞曰”，第781页。

[2]《四朝闻见录》乙集《宁皇二屏》，第64页。

遭遇前所未有的危机；积弊丛生的内政上也难见成效，庙堂上儒臣们学究气十足的空谈，亦不免隔靴搔痒，如当时人所称，自端平更化以来，“美意虽多，实政未究”。宋理宗遂不满地感叹道：“虚论诚无益于国。”[1]最终，他渐渐失去重振国势的信心。

亲政十余年却无大的成效，已届中年的宋理宗的热情开始消退。或许是感到无力回天，不堪江山重负，他开始倦怠政务，放弃了君道职守，转而追求个人享乐。于是，他罔顾日益颓败的国势，贪图骄奢淫逸的享乐生活，还沉溺于道教长生不老之术。宋理宗后宫有品级的嫔妃超过千人，他却仍不满足，竟时常寻花问柳。据记载，一次，宋理宗又招妓入宫，有朝官上奏劝谏，他不加理睬。甚至有道姑也得宠幸，亲属连带着受益当官。[2]至于劳民伤财营建宫室、园林、道观，随意封赏宠臣、道士之类的现象，更是司空见惯。这样的情景已近乎宋徽宗朝宣和末世之象，于是有御史上奏批评“上有耽乐慆逸之渐，下无协恭和衷之风”，直指皇帝带头享乐的危害。宋理宗依旧不思悔改，亦不问罪，[3]一副宽容批评而又自得其乐的样子。他依靠迎合他的官僚处理朝政，庇护身边人为自己提供超常服务。由此，丁大全、贾似道等宠臣得势。贾似道是贾贵妃的胞弟，深受信赖，弄权乱政，宋理宗则逃遁于理学的性命义理之中，聊以自慰。如史家所言：“由其中年嗜欲既多，怠于政事，权移奸臣，经筵性命之讲，徒资虚谈，固无益也。”[4]他在两个儿子早夭后一直无子，晚年最操心的事莫过于培养宗室养子赵孟启这位皇储，经常亲自辅导，过问其课业进展，[5]希望能延续王朝社稷江山。景定五年（1264年）

[1]《宋史全文》卷32《宋理宗二》，第2213页。

[2]《宋史》卷411《牟子才传》，第12358—12359页。

[3]《宋史》卷408《吴昌裔传》，第12302—12303页。

[4]《宋史》卷45《理宗纪五》“赞曰”，第889页。

[5]《宋史》卷46《度宗纪》，第892页。

十月，已过六旬的宋理宗病死宫中，成为宋朝在位时间超过40年的两个皇帝之一。

宋度宗在25岁时即位，这本应属于敢想敢为的年华，但这位帝王智力低下，又贪图享乐，所以不仅无所作为，对王朝行将走向灭亡浑然不觉，还以昏聩荒淫著称于史。贾似道自宋理宗朝晚期开始擅权后，已逐渐操控了朝政大权，宋度宗登基后对此既不敢反抗，也乐于逃避责任，因而便完全形成贾似道专权的局面。宋度宗加封贾似道为太师，见面还必尊称他为“师相”，也就是将贾似道视为皇帝的师傅与宰相，这在宋朝是前所未有的现象。不过，宋度宗虽然放弃了君主的职守，却没有失去帝王的享受特权，于是乎一心放纵享受。在宋度宗的十年宫廷生活中，最突出的嗜好是好色贪酒，史称“自为皇太子时，以好内闻。既立，耽于酒色”。[1]由于事涉当朝皇帝隐私，故直接的记载闪烁其词，传闻多见于后世。但从他35岁就去世的结果来看，应该与过度纵欲、饮酒有相当大的关系。[2]

咸淳十年（1274年）七月，宋度宗死去，不足4岁的儿子宋恭帝赵㬎继位，谢太后临朝听政，但实权仍由权臣贾似道控制，舞勺之年的小皇帝自然听任摆布。此时宋朝江山已处于崩溃前夕，元朝大军在攻陷襄阳（今湖北省襄阳市）后沿江东下，对南宋展开全线进攻。贾似道被迫出战，兵败后遭到流放。操控朝政的权臣虽因此垮台，宋廷统治却也随之涣散瓦解。德祐二年（1276年）二月，元军兵临临安城下，谢太后率宋恭帝及群臣投降，立国300余年的宋朝覆灭，幼小的宋恭帝沦为亡国之君。之后，文天祥、张世杰、陆秀夫等遗臣先后拥立年幼的宗室赵昰、赵昺，继续抵抗到至元十六年（1279年）的崖山（在今广东省

---

[1]《宋季三朝政要笺证》卷4，咸淳十年七月，第359页。

[2] 参见胡昭曦、蔡东洲:《宋理宗、宋度宗》，吉林文史出版社1996年版，第228页。

江门市新会区）战败，宋室余脉最终断绝。

宋朝自开国时代以后的历朝皇帝中，积极有为者不多，保守平庸者常见，荒淫荒唐者有之，暴戾强权者罕见。这与以往王朝相比，显得相当突出。其中最具代表性的皇帝，又以宋真宗、宋仁宗和宋徽宗为典型，若进一步对其行止细加分析，可以加深对宋朝皇帝特点的了解。

四 宋真宗的前后变化

宋真宗是宋代第一位正常继位的皇帝，也是第一个经过专门帝王培养的守成之君。他在位的26年，既有循规蹈矩的勤政阶段，也有沉溺于神道、祥瑞的日子。他既想看守好祖宗基业，又想满足自己的超常欲望，从而成为在守则与犯规之间摇摆的帝王典型。

1. 宋真宗在位初期的谨慎与勤政

宋真宗在皇子中排行第三，本与皇位无缘。他的长兄、次兄先后被立为储君，只是由于一个发疯被废，一个暴病死去，他才意外获得机会，最终继位称帝。

淳化五年（994年），宋真宗被初步考虑立为皇储时，已是26岁多的成年人。翌年八月，他被正式立为皇太子时，宋太宗渐已病入膏肓。宋太宗又熬了一年多即病死宫中。也就是说，宋真宗是宋太宗在晚年无奈选择的接班人。宋真宗总体上属于性情温和的人，可能还有些平庸，这当与其生活环境有关。从小在刚愎自负的父亲的阴影下成长，加上长期严格的正统教育，都使他在压抑中培植起规矩意识，成长为一个寻常的守成之君。

称帝之初，已届而立之年的宋真宗因为缺乏政治经验，非常倚重大臣的辅佐，像顾命宰相吕端和东宫师傅出身的宰相李沆等人，就备受尊重。同时，他每天都勤于政务，早朝在前殿分别听取中书、枢密院、三司、开封府、审刑院以及上奏官员的汇报，然后才入宫用餐，随即又到后殿检阅禁军操练，直至中午方罢，晚上则召见侍读、侍讲学士，询问“政事”，有时甚至到深夜才结束，[1]表现得循规蹈矩。

此时，随着宋初革故鼎新局面的结束，政坛新老交替业已完成，科举出身的官僚士大夫成为执政的核心力量，以李沆为代表的宰执大臣开始对朝政发挥主导作用，并对新一代皇帝产生重大影响。李沆从咸平元年（998年）十月由参知政事升任宰臣，到景德元年（1004年）八月病死，前后做了近六年的宰相，是宋真宗当时最信赖的股肱大臣。李沆为政最大的特点，是力图保持朝政平稳发展，不愿皇帝受到急功近利活动的干扰。于是，宋真宗受到鼓励与约束，认真扮演帝王角色。李沆曾对关系密切的同年（同榜科举进士）、参知政事王旦深谈过自己的远虑：外敌压迫的形势固然不利，但对君臣有警示的作用，若边境安宁了，朝廷倒未必无事，一旦没有外部压力，恐怕君主就会渐生奢侈之心。所以，李沆每日都将各地发生的灾害、盗贼之类事情，奏报给宋真宗。王旦认为这些都是细微琐事，不必事事烦劳皇帝。李沆则说，皇帝年轻，应该了解治国的艰难，否则，即使不留意声色犬马，也会热衷土木、兵甲、鬼神之类的事。李沆告诫王旦以后要多操心这方面的事。果然，澶渊之盟以后，宋真宗大兴土木，长期搞造神、祥瑞活动，位居宰相的王旦才感叹已故前任的先见之明：“李文靖（李沆谥号文靖）真圣人也。”李沆因此被宋人称为“圣相”，[2]这都是后话。

在即位初期的咸平年间，宋真宗不仅面临熟悉庙堂环境、树立自己权威的问题，更要应对日益紧迫的边患威胁。彼时，北方的辽军频频入侵，西北的党项势力也已经坐大，连年战争常使君

[1]《涑水记闻》卷6，第123页。

[2]《宋史》卷282《李沆传》，第9538—9541页。

臣宵衣旰食。咸平二年（999年）九月，契丹军队大举南侵，边关纷纷告急。主帅傅潜一味避战，致使敌骑深入河北腹地。前线宋军迎战时，又遭到惨败，大将康保裔战死。年底，宋真宗不得不在大臣的安排下下诏亲征，进驻大名（今河北省大名县），以鼓舞前线将士斗志。所幸辽军不久班师，才暂时缓和了局面。[1]到景德元年（1004年）秋天，辽太后与辽圣宗统率二十万主力大举南攻，一路势如破竹，大有入主中原之势。面对朝堂上南下避祸与亲征抗击的两种对立建议，宋真宗虽充满恐惧，但最终还是无奈接受了新任宰相寇准提出的亲征要求。宋真宗之所以能如此，显然是出于对皇帝责任的考虑，要在臣僚面前竭力保持必要的威信，故不敢承担逃跑的指责。他一路勉强出行，甚至一度在寇准的强硬督促下，才总算抵达澶州（今河南省濮阳市）城头。当年十一月，辽朝因进攻受挫，释放出议和的信息，宋真宗遂抓住机会，不惜付出高昂的经济代价，在年底与对方签订"澶渊之盟"，就此化解了一场严峻的边防危机。不久，党项首领李继迁死，其子李德明即位，宋廷又借机主动以经济方式与之议和，承认其割据现状，换取对方臣服，从而缓和了西北的边防形势。与辽朝及西夏先后议和后，外部环境得到改善，宋真宗终于度过了异常紧张的日子。至此，他曾经十分依赖的宰相吕端、李沆已先后故去，继任的毕士安不久也病死。经过七八年的磨练，宋真宗渐渐熟练地掌握了帝王术，可以相对自如地驾驭朝堂，他开始摆脱大臣的左右，力图在朝政上实现自己的意志。

---

[1] 《宋史》卷279《傅潜传》、卷289《范廷召传》，第9474、9698页；《续资治通鉴长编》卷46，咸平三年正月乙酉，第986—987页。

2. 宋真宗的转型与犯规

宋真宗的转型，始于澶渊之盟之后的一两年间。他最初对自己主持的和议甚感满意，对曾力主亲征的功臣寇准也心存感激，相当器重这位宰相，故自然延续着之前的统治路线。不过，寇准为人向来耿直，好刚使气，不善于迎合皇帝，常常直抒己见，甚至不顾情面坚持原则。在宋真宗亲征期间，寇准还有近乎逼迫的举动。对于南北议和后的罢兵结果，寇准也不免自满，史称“颇矜其功”。如此一来，便给政敌留下可乘之机，并直接促成了宋真宗的转变。

当初，主张天子南下避祸的参知政事王钦若，受到寇准的压制，在议和后被打发到闲职上。素善权谋的王钦若为了复出，便使出浑身解数报复寇准。他摸清宋真宗好面子的弱点，私下说澶渊之盟不过是城下之盟，纵然是春秋时的小国犹以为耻。他又心怀叵测地指责寇准以赌徒心理将皇帝作为“孤注”，付诸澶渊之役。宋真宗既对城下之盟的说法感到难堪，自尊心受到打击，又想到亲征期间寇准硬逼自己渡河赴澶州北城的情景，遂对寇准产生怨气。[1]这些情况，都有文献史料记载可证。其实，宋真宗或许还有更深的考虑，即利用臣僚之间的矛盾重新洗牌，抛弃强硬的寇准，换上更便于驾驭的臣子，摆脱对大臣的依赖，以达到自己完全主宰庙堂的目的。

在以上背景下，景德三年（1006年）二月，宋真宗将功臣寇准外放地方，起用性情稳重的参知政事王旦为唯一的宰相，同时用善于逢迎的王钦若、陈尧叟为知枢密院事，加上参知政事冯拯等几位辅臣，构建起适应自己需要的宰执班子。此时，宋真宗急于摆脱城下之盟的耻辱，一心想维护自己至高无上的帝王尊

---

[1] 《续资治通鉴长编》卷62，景德三年二月丁酉，第1389页；《涑水记闻》卷6，第116页。

严。王钦若已揣摩清楚君王的心思，遂秘密提议用神道设教的方式化解议和屈辱，宣传本朝统治的合法性，并塑造本朝皇帝的绝对神圣性。宋真宗当即接受了这一方案。于是，如前所述，宋真宗做通宰相王旦的工作，在大多数官僚的积极配合下，开始制造“天书”活动。景德五年（1008年）正月初，天书《大中祥符》三篇降临宫中，宋真宗将喜讯告知上朝的群臣，王旦带头恭贺，称皇帝仁孝爱民，与邻邦和睦，励精图治，五谷丰登，以至感化上苍，降下祥瑞天书。及至打开天书，赫然显示出如下文字：“赵受命，兴于宋，付于恒（宋真宗名赵恒）。居其器，守于正。世七百,九九定……”云云。这段话的核心意思是：赵宋兴起，受命于天，如今托付皇帝赵恒，统治天下，守正合法，当绵延七百年，乃天命所定。一场预先设计的剧目如愿拉开大幕。当天晚上，宋真宗令王旦陪同自己来到宫中道场，又进行了长谈。[1]君臣两人谈话内容已不得而知，大概是宋真宗在继续劝说犹豫不决的王旦，以进一步赢得理解和配合。

随后，宋真宗下达一系列诏令，大赦天下，将景德五年改为大中祥符元年，表示告别过去，开启新的纪元。不久，朝野、各地希望封禅泰山的奏书、请愿不断。所谓封禅，是古代君王举行的一种祈求和报答上天神佑的重要典礼。自秦始皇专程到东海之滨的泰山之巅举行过封禅礼后，[2]以后历代都将在泰山上行封禅礼视作最隆重的祭天典礼，称“封禅大礼”。但因为举办一场这样的活动，耗资极为巨大，对朝廷政务和沿线地方的影响也非常之大，所以往往只有少数盛世王朝的帝王才有能力举办，如汉武

[1]《续资治通鉴长编》卷68，大中祥符元年正月乙丑，第1518—1519页；《宋史》卷104《礼七》，第2539页。

[2] 司马迁：《史记》卷28《封禅书》，中华书局1975年版，第1366—1367页。

帝、唐玄宗先后从事过这样的活动，[1]这又使其成为一种旷世大典。南北休战之后，宋朝开国已40多年，宋真宗朝的君臣认为国家已步入稳定阶段，自然应具备“太平盛世”“国泰民安”的祥和气象，因此有必要举行旷世封禅大典，以告慰上天。于是，在当年十月，宋真宗率群臣、大批护驾卫军东赴泰山，举行了隆重的封禅大典。据说，当时泰山上出现五色祥云，山间突然生出无数的灵芝、醴泉涌流等吉祥征兆。[2]大概是受到这次隆重封禅典礼活动的感染，宋真宗的虚荣心得到极大的满足，狂热的神道活动愈发不可收拾，而四方的各种罕见“祥瑞”征兆亦不断显现。

东封泰山之后，宋真宗又率群臣亲临河东的汾阴（今山西省万荣县西南荣河）祭祀后土，史称“东封西祀”。此外，还陆续到西岳华山祷告山神，赴亳州（今安徽省亳州市）朝拜太清宫老子真迹，等等。为了供奉诸多天书，又在开封城内营建了玉清昭应宫，作为专门祭祀天地的道场。各地追随建设的宫观也有很多。可以说，一直到宋真宗去世，前后十数年间，各种神道礼仪活动贯穿于朝廷的政务之中，文武百官及社会各界的注意力也被这场声势浩大、持久的造神运动吸引。甚至包括辽朝、西夏的使者，也不时入朝庆贺“祥瑞”降生的喜事，从而使世人转移了对澶渊之盟耻辱的关注。

然而，从事这些活动需要耗费大量的财力、物力与民力，为此付出的资财支出已无法统计。[3]其中仅建造玉清昭应宫一项工程，就动员了三四万工匠，日夜赶修，历时七年左右才完工。玉

[1] 班固：《汉书》卷6《武帝纪》，中华书局1995年版，第191页；《新唐书》卷5《玄宗纪》，第131页。

[2] 《续资治通鉴长编》卷69、卷70，大中祥符元年五月乙丑、六月壬寅、八月庚寅，大中祥符元年十月戊申、壬子，第1542—1543、1546、1550、1553、1570、1572页。

[3] 参阅汪圣铎：《两宋财政史》（上），中华书局1995年版。

清昭应宫落成后，有多达2 610楹的建筑，可谓气势恢宏。这种行为显然与节俭爱民的正统观念相悖，而与以往历史上那些劳民伤财、大兴土木之类的弊政几乎无异，当时便有官员在临终前上奏批评道："不当造宫观，竭天下之财，伤生民之命。"[1]后来的名臣王安石也指出，当年为了向天子献灵芝，各地官员责令农民入山寻觅，"以上至不测之高，下至涧溪壑谷，分崩裂绝，幽穷隐伏，人迹之所不通，往往求焉"。[2]从大中祥符元年（1008年）开始，宋真宗在一定程度上背离正统的为君之道，出现了明显的越界、犯规行为。

3. 宋真宗的隐秘心迹与底线

宋真宗其实熟读史书，对劳民伤财的危害并非懵懂不知，自登基称帝后，在以李沆为首的大臣一再要求下，他也一直努力遵循帝王守则。不过，随着内外环境因素的变化，人总是会改变，君主也不例外。

若对宋真宗心思的变化加以分析，不难发现：一方面，当李沆、毕士安先后辞世，寇准离朝后，继任的王旦缺乏魄力，王钦若、丁谓等投机政客一味逢迎，这就使宋真宗缺少了约束，也摆脱了压力，可以不受传统规则束缚；另一方面，宋真宗在位时间久了，神圣的皇权于他已不再神秘，自然对日复一日扮演帝王角色逐渐失去热情，不免懈怠，他开始更关注自己的感受与身心满足。这正是专制时代君主的通行轨迹，也是人性弱点的暴露。昔日秦始皇、汉武帝、唐玄宗等闻名于史的帝王，又何尝不是如此？作为帝王，对人间的权力与各种享乐早已不再动情，但凡人

[1]《续资治通鉴长编》卷85，大中祥符八年八月癸未，第1944页。

[2]《王文公文集》卷34《芝阁记》，第408页。

身上生老病死的问题却无法回避，宋真宗像以往众多皇帝一样，也期望自己能健康长寿，而且幻想长生不老，所以热衷道教中的养生术、神仙不老说法以及一切神奇的可能，故经常召见道士入宫咨询长寿之道。这正是他从事神道、祥瑞活动的个人动机。为此，宋真宗经历了从犹豫不决到逐渐心安理得的过程，一步步越过了规矩与守则的界限。

值得关注的是，在最初策划“天书”神道活动时，宋真宗并非如昔日暴君那样专断推行。他一方面寻求宰臣王旦等人的理解，另一方面向儒臣咨询理论依据。据记载，宋真宗听了王钦若的建议后，一时还犹豫不决。某天晚上，他来到秘阁，正碰上值班的一位老儒，便问他“河出图，洛出书”是否属实。老儒不知其意，便随口答称这是先圣所设教化百姓的神道办法。宋真宗听罢，觉得有所依据，于是下了决心。[1]宋真宗也考虑过财力负担的问题，曾就此询问过权三司使丁谓。丁谓早已参与了王钦若等人的密谋，便肯定地答称国家财计充裕有余。宋真宗这才打消顾虑。以后，在筹划建造玉清昭应宫时，有朝臣上奏劝谏，宋真宗担心大兴土木会落下和前代暴君昏君一样的恶名，于是想寻找合理的理由。还是丁谓出谋划策，称皇帝拥有天下之富，修一座供奉天帝的宫观又有何妨？况且也可借此祈祷早生皇子，若有人再阻拦，可以此与其理论。宋真宗一直未得子嗣，此乃其一大心病，丁谓的说辞正中下怀，为他说服自己与他人找到充分的依据。果然，当宰臣王旦密奏规劝时，宋真宗便以此相告，王旦哑口无言，其他朝臣也不再敢提出异议。[2]宋真宗需要说服臣僚与自己的正当理由，以求心安理得。于是，争取上天对社稷的庇护，确保本朝统治神圣不可侵犯，洗刷澶渊之盟带来的耻辱，并

[1] 《续资治通鉴长编》卷67，景德四年十一月庚辰，第1506—1507页。

[2] 《宋史》卷283《丁谓传》，第9567页。

为延续皇室血脉祈福，就成为拿得上桌面的理由。如果耗费资财实属必要，也就算不得犯规。

宋真宗也有自己的心理需求，他既能从神道活动中享受到被人顶礼膜拜的满足，冥冥之间似乎还领受到天人相通的感觉，正所谓“假作真时真亦假”，幻象的不断重复也能使人陶醉。特别是到天禧年间，长期纵欲的宋真宗已深受病痛的折磨，甚至时常神志不清，[1]祈福的意愿就更为强烈。明知生命难以超越凡间界域，却总期待奇迹发生，这应该是他沉溺其中无法自拔的隐情，是否劳民伤财对他来说已不重要。在维护社稷利益与个人欲望之间，宋真宗一直在寻求平衡，寻找各种理由为自己辩护，但最终的结果是违反了君道。

当时许多官僚的积极参与，虽动机不同，但也是促成宋真宗敢于犯规的重要原因之一。王钦若为求复出并打击政敌寇准，最早倡议此事，已无须多言。丁谓等一批投机政客为了获宠，后来居上，变本加厉地怂恿，致使宋真宗迷离心智。就连被贬出朝的寇准为了东山再起，也在天禧三年（1019年）无奈地参与了伪造“天书”的活动。据说，寇准发现“天书”的消息传到京城后，人们大多不相信。有臣僚对宋真宗说，寇准最不信天书，现在“天书”降在他的任所内，若能让寇准献上“天书”，则天下百姓必然信服。于是三个月后，遭贬多年的寇准被召入京师，恢复了宰相职务。[2]

然而，这一活动不过是一场自欺欺人的闹剧，有时连宋真宗本人也觉得有些过分。在大中祥符初年的一天，一位宠臣入宫献新造的“天书”法物，一时竟飞来十余只预先准备好的仙鹤。天书扶侍使丁谓立即上奏称仙鹤降临于“天书”周围，“飞

[1] 《涑水记闻》卷6，第108页。

[2] 《续资治通鉴长编》卷93，天禧三年三月乙酉、五月甲申，第2141—2142、2148页。

舞良久”，方才离去。次日，宋真宗对丁谓说，虽然他亲眼看到仙鹤，但如果说仙鹤在天书上飞舞很久，妙则虽妙，但恐怕不真实，让丁谓重新修改奏文。[1]不过，宋真宗仍旧痴迷于此，直到最终死去，“天书”祥瑞活动才算终结。

客观地说，宋真宗的上述活动固然属于越界、犯规行为，也为一些投机官僚提供了当政的机会，但它的范围主要限于造神与营建宫观方面的劳民伤财举动，还没有泛滥到其他领域。宋真宗在保持常规秩序的同时，还注意政策的包容性。如他得知江淮官方经常以雇用为名调集客船运输漕粮时，便说“商旅趋利”，如此做法必将阻碍贸易，并影响民间供应京城粮食的渠道，于是，当即下令停罢。[2]他还对王钦若表示，古今风俗，都追随帝王喜好，制定国家法令，不可不注意谨慎。[3]总体而言，宋真宗朝的统治秩序保持稳定，文教建设持续发展，经济和社会环境没有遭受大的干扰。同时，宋真宗朝在议和后也维持了对外缓和的局面，使得宋朝仍能保持发展的趋势。尤其值得关注的是，宋真宗在用人上能保持必要的清醒，虽任用投机者满足自己的需要，却注意用正统派掌控庙堂，以防止朝政失去底线。正因如此，稳重的王旦始终深受信任，前后任宰臣长达12年，并且在开始的6年时间里独自为相。此后，同样属于稳健派的向敏中升任为次相，而投机取巧的王钦若之流长期被阻挡在中书之外。直到天禧元年（1017年）七月王旦病死任上以后，王钦若才有机会从枢密使转任次相。但不到两年，宋真宗又将王钦若投闲置散，而起用寇准接替其职。至天禧四年（1020年），向敏中死去后，寇准被罢免，枢密使丁谓虽终于登上首相之位，但参知政事李迪、枢

[1] 《续资治通鉴长编》卷70，大中祥符元年九月庚申，第1560页。

[2] 《续资治通鉴长编》卷68，大中祥符元年二月庚戌、乙卯，第1526页。

[3] 《续资治通鉴长编》卷68，大中祥符元年二月戊戌，第1525页。

密使冯拯先后被委任为次相，牵制丁谓。不过，此时的宋真宗已病重，时常神志不清，即将走向生命的尽头。

由上可见，宋真宗还算有自知之明，有所顾忌，尚能守住帝王的底线，不敢像以往王朝中许多皇帝那样，以九五之尊震慑天下，依照个人喜好为所欲为。因此，后世对他的批评也主要集中在虚妄的造神活动上，如元代史家所说，"真宗英晤之主"，但屡造天书、祥瑞，有封禅之举，"一国君臣如病狂然，吁，可怪也"！[1]

[1] 《宋史》卷8《真宗纪三》"赞曰"，第172页。

五 宋仁宗的“仁孝宽裕”

宋朝的第四位皇帝宋仁宗，在位40余年，属于最有规矩意识的君主，也最受宋代士人的肯定。从他身上不仅能看到突出的自律意识特点，也可窥视当时文官士大夫对帝王的影响程度。

1．宋仁宗的成长经历

宋仁宗作为皇帝的特点，与他早年的成长经历有很大关系。他是宋真宗的第六个儿子，但他的兄长都在幼年夭折，因此他成为宋真宗的唯一继承人。宋仁宗的生母李氏本是刘皇后身边的侍女，因意外机会得到皇帝的临幸，才生下日后的宋仁宗，但她生前却始终不能母子相认，因为刘皇后已将宋真宗的这个唯一血脉夺去。

宋真宗先后有三位正宫夫人。第一位潘氏在他登基前已死。第二位郭氏虽贵为皇后，但并不受宠，景德四年（1007年）也因病亡故。宋真宗的第三位皇后刘氏，出身颇为离奇。据官方文献记载，刘氏出身武官世家，后因父亲病死，被母亲家族收养。[1]但更可靠的一种记录却透露，刘氏出身于蜀中的寒微之家。她自幼能歌善舞，后来随当地一个叫宫美的银匠来到京师。至于她与银匠之间是何关系，正史避而不谈，司马光则在笔记中明确说他们是夫妻。据说，宫美曾在东宫打造银器，当时还是太

[1]《宋史》卷242《后妃上》，第8612页。

子的宋真宗听说蜀地女子多才慧，便让宫美为他寻觅一位蜀姬。于是，宫美马上将刘氏献给太子。[1]年方15岁的刘氏因此入宫，深受宠爱，后来成为皇后。但刘皇后一直未能怀孕生子。大中祥符三年（1010年）四月，她得知宫女李氏产下一子，立即将男婴抱来，视为自己的儿子养育。

在少年时代，宋仁宗虽然因为皇储的身份受到父皇和一批专职官员的关照与培育，但日常起居生活中对他影响最大的还是刘皇后。这位出身卑微的刘皇后，不仅容颜动人，民间经历的磨练更使她才智出众，手腕过人，在后宫激烈的争宠中击败许多嫔妃，夺得皇后之位。宋真宗晚年多病，她又运用权术，实际把持内宫，并与丁谓联手扳倒政敌寇准。有了这样一位强势的母后，幼年储君势必受到重大影响。据记载，刘皇后对宋仁宗从小"动以礼法禁约之"。这种严格的教养方式，除了要体现母亲的职责外，应该还有担心并非亲生的儿子日后对自己不孝，所以从各方面都严加约束的原因。据说，宋仁宗幼年常患病，刘皇后遂禁止他碰虾蟹一类水产。看到小皇子嘴馋，杨淑妃就经常私下藏匿一些，偷偷拿给他吃。[2]从这一生活片段记载，可看出刘皇后对宋仁宗各方面都管教甚严。在严格的正统教育和严厉的母后管教下，宋仁宗自幼学会顺从，遵守规矩，最终在性格上形成了柔弱的特点，史家则美誉为"仁孝宽裕，喜愠不形于色"。[3]

乾兴元年（1022年）二月，宋真宗病死，13岁的宋仁宗登上大宝，刘皇后则以太后身份临朝听政，从此少年天子开始了十余年的傀儡生活。在此期间，朝廷大政由刘太后做主，文官大臣辅政，宋仁宗实际上扮演着见习皇帝的角色。新旧交替，中书重

---

[1] 《涑水记闻》卷6，第109页。

[2] 《涑水记闻》卷8，第153页。

[3] 《宋史》卷9《仁宗纪一》，第175页。

新洗牌，丁谓被贬流放，宰相先后由多人担任。王钦若重回相位两年，但在位时间长并有影响的主要是王曾、吕夷简两人。王曾属于宋代士大夫眼中的名臣，也是宋仁宗朝初期的关键人物，前后任宰臣7年多时间。他最大的政治贡献，在于苦心说服刘太后，将各种“天书”一股脑随大行皇帝宋真宗下葬，就此终结了历时多年的造神运动，排除了这一虚妄议题对朝政的干扰。他在力图革除前朝遗留积弊的同时，特别留意抑制投机风气，如对投机政客、同僚王钦若便有意制约。史称王钦若虽为首相，但每每有所裁断，便遭到次相王曾等人的反驳，因此难以施展，以至不堪忍受。王钦若曾对朝臣发牢骚，说王旦在朝的时候，谁都不敢这样。[1]王曾在继任首相之后，尽力维护传统的制度和规矩，甚至敢于抵制刘太后一些僭越礼仪的企图，并对太后家族的一些过分要求加以“裁抑”，[2]对重振朝纲秩序颇有贡献。而这最终也使王曾付出了沉重的代价。天圣七年（1029年）六月，玉清昭应宫在一场雷雨中被焚毁，刘太后在王曾上表请罪之际，趁机将他赶出中央。[3]宋仁宗在此时处于从少年成长为青年的阶段，遵照刘太后的安排，继续以学习为主，在庙堂上不过是陪位而已，故未必深知朝政奥秘。此后，取代首相之位的吕夷简理政，宋仁宗才开始熟悉政务。

在随后的五年间，刘太后虽已年逾六旬，但权力欲丝毫未减，继续临朝听政，使得已经成年的宋仁宗无法亲政，仍然扮演陪位的角色。在如此扑朔迷离的微妙境况下，以吕夷简为首的宰执大臣，运用权术，调和暮年太后与年轻皇帝之间的矛盾，所谓“和睦两宫”，即一方面满足刘太后的一些僭越礼仪的要求，特

[1]《续资治通鉴长编》卷101，天圣元年九月丙寅，第2333页。

[2]《宋史》卷310《王曾传》，第10184—10185页。

[3]《续资治通鉴长编》卷108，天圣七年六月甲寅，第2517—2518页。

别照顾太后家族的利益，另一方面尽力维护宋仁宗的地位，排除各种危及皇权的因素，使宋仁宗平安度过了这一特殊时期，从而维持了政局的稳定。[1]明道二年（1033年）冬，刘太后病死，宋仁宗才终于得以亲政。不过，自幼的成长经历加上10年有余的傀儡生活，已铸就了宋仁宗优柔寡断的性格特点，也影响到他当政的风格。

2. 宋仁宗问政的特点

宋仁宗亲政以后，思想上深受儒家文化的影响，行为上受到祖宗规矩的约束，因此处理政务时特别关注主流文官士大夫的态度，看重宰执大臣的口碑，也在意朝臣们的议论，唯恐遭到非议。

可以说，但凡庙堂遇到分歧，宋仁宗往往倒向呼声高的一边，很少坚持自己的意见，更不用说强硬推行自己的意志了。有谏官入宫上奏时，可以滔滔不绝地进谏，全然不顾盛夏时节皇帝的感受。只有等这位谏官高谈阔论完毕，汗流浃背的宋仁宗才能返回内宫歇息。[2]宋人范祖禹因此评说道："仁宗皇帝在位四十二年，以尧舜为师法，待儒臣以宾友。"[3]于是，他自然难有越界、犯规的举动。在亲政的30年间，宰相吕夷简是前10年影响最大的老臣，因为辅佐之功和老道的手段，备受宋仁宗的倚重，在某种程度上承担了"主心骨"的角色。随后，诸多宰臣先后出入中书，他们的去留多取决于资历平衡及台谏议论的结果，宋仁宗的好恶倒在其次。到最后的十几年，肩负士林威望的文彦

---

[1] 《宋史》卷311《吕夷简传》，第10207—10208页。并参见陈峰：《试论吕夷简的政治"操术"》，台湾师范大学《历史学报》第26期（1998年6月）。

[2] 《续资治通鉴长编》卷150，庆历四年六月丁未，第3635页。

[3] 《帝学》卷6，第696册，第765页。

博、富弼和韩琦又成为股肱大臣，得到宋仁宗眷顾，在朝政中发挥了重要的影响力。

宋仁宗既然十分依靠大臣，便有意扮演从善如流的“明君”角色，不随意触犯传统规则，即使身边人有所要求，他也很少答应。据记载，在至和（1054—1056年）与嘉祐（1056—1063年）之间，嫔妃的品位已许久没有升迁。她们多次请求，宋仁宗都告诉她们无典可依，“朝廷不肯行”，也就是说他自己也不能做主。有人不服，说皇上出口即是敕令，谁也不敢违抗。宋仁宗笑称，若不相信可以降旨试试。果然有大臣上奏称不合规矩，此事也就不了了之。后来，又有人提要求，宋仁宗遂在彩笺上御笔书写：某某特转某官，某某特转某品。众嫔妃看到后，无不喜悦。到发放俸禄时，她们拿出御笔文书要求增加，主管机构却不敢遵从。嫔妃们跑到御前诉说“原来使不得”，并将那些御书彩笺撕碎，宋仁宗见了只是发笑。[1]

宋仁宗又以宽厚著称于史，朝堂上包容臣僚，治国不愿倚重猛刑。他曾公开表态:“深文峻法，诚非善政。”[2]一般情况下，臣僚们无杀戮之忧，自不必多说，即使有官员有明显的失职及违法举动，也不会遭到重刑惩处。庆历三年（1043年），一伙强盗横行淮南，在他们攻打高邮军（今江苏省高邮市）城前夕，当地的地方官因无力抗拒，担心城内百姓受到抢掠烧杀，就动员富户拿出金帛、牛酒，然后派人携往地界前迎接。强盗们得了好处，便绕道而行，高邮城遂免遭洗劫。此事奏报上来，枢密副使富弼要求将地方官处死，以儆效尤，但参知政事范仲淹却认为情有可原，反对动用极刑。宋仁宗最终接受宽恕的建议，仅以贬官降

[1] 周辉:《清波别志》卷下,《全宋笔记》，大象出版社2012年版，第186页。

[2] 《续资治通鉴长编》卷120，景祐四年十月甲戌，第2837页。

职处理。[1]据说，当年还有个川蜀的举子给成都知府献诗，其中"把断剑门烧栈道，西川别为一乾坤"之句，有教唆谋反之嫌。成都知府将此人关押起来，再奏报朝廷，宋仁宗却表示，这个老秀才不过是急于当官才口出狂言，不必深究，可在边远小郡安排给司户参军一职。此人上任不到一年，便愧疚而死。[2]

宋仁宗在政事上通常听从大臣安排，不过偶尔也有例外，其中最突出的例子是对狄青的任命。皇祐五年（1053年）二月，枢密副使狄青平定南疆的侬智高之乱，取得少有的胜利，为朝廷和皇帝赢得了脸面。所以，宋仁宗大为喜悦，马上要把狄青擢为枢密使。然而，宰相庞籍带头反对，唯有参知政事梁适支持。据说梁适之所以积极，是想通过推举武人出身的狄青，挤掉文臣身份的枢密使高若讷，从而排除高若讷在竞争宰相时对自己的威胁。辩论的结果，梁适的意见被否定，宋仁宗只能服从。[3]同年四月，狄青凯旋，宋仁宗在宫内设宴款待了这位功臣。此时，为了达到个人目的，梁适乘机密奏，称狄青功勋赫赫，犒赏却极薄，无法鼓励后人。梁适又将自己的意思告诉狄青和宦官石全彬，鼓动他们鸣不平。石全彬也参加了南征行动，便经常在皇帝身边诉苦，宋仁宗听了，"不能无信"。于是，在中书与枢密院大臣上朝议事时，宋仁宗突然对庞籍说，平南之功，以前赏得过薄，现在任命狄青为枢密使，孙沔为副使，石全彬也先按观察使待遇对待，来年实授，枢密使高若讷可迁官加级，改任他职。为了避免宰臣们再有异议，宋仁宗竟颇为罕见地表现出"声色俱厉"的神情，以至庞籍等人都感到惊愕不已，遂要求回中书商议，第二天再答复。没想到，素来优柔寡断的宋仁宗这时反常地

[1] 《续资治通鉴长编》卷145，庆历三年十一月辛巳，第3499页；《邵氏闻见录》卷8，第79页。

[2] 《曲洧旧闻》卷1，第94页。

[3] 《续资治通鉴长编》卷174，皇祐五年二月癸未，第4197页。

固执，命令宰辅们立即决定，“朕坐于此以俟”。直到大臣们依据旨意递上顺从的奏言，宋仁宗的脸色才缓和过来。[1]不过，类似的举动在宋仁宗身上实在不多见。

总之，宋仁宗长期在宰执大臣的主导下，在内政外交上沿袭祖宗之法，继续推行文治路线，但保守有余，开拓不足。他在边防上维持传统的防御战略及部署，在内政上不敢积极作为，迫于舆论压力出现的“庆历新政”改革也只能昙花一现。优柔寡断的宋仁宗就这样在恪守成宪和维持局面的过程中度过了一生。不过，也正因为宋仁宗的柔弱与无为，才使得当时的朝政没有专断皇权的压力，从而将宋朝政治开明、包容的特点推到巅峰。

3. 宋仁宗私生活上的克制与委屈

如果说宋仁宗在朝堂上容忍臣僚，是因为惧怕议论、批评，不敢随心所欲，体现了明君气度的话，那么在私生活中他也常常受到官员的约束，就显示出帝王身上罕见的委曲求全的特点。

宋仁宗的婚姻及后宫生活，大概是历史上皇帝中最不尽兴的一位。据记载，大约在天圣二年（1024年）时，年少的宋仁宗钟情于身边的张美人，想立她为皇后。但刘太后按照自己的眼光，选择将门之后郭氏为皇后，并主持完成了婚配。[2]结果，宋仁宗婚后对郭皇后颇为冷淡，只因不敢触怒太后，才隐忍下来。郭皇后自恃有太后撑腰，也不免有些骄横，常借太后旨意断绝宋仁宗与其他宫女的来往。[3]于是，双方之间的不和就此加剧。明

[1] 《续资治通鉴长编》卷174，皇祐五年五月已巳，第4207—4209页。

[2] 《宋史》卷242《后妃上》，第8619页。

[3] 《涑水记闻》卷5，第84—85页。

道二年（1033年）三月，刘太后死去，宋仁宗才摆脱了多年的禁锢，遂宠幸后宫其他嫔妃，其中尤以对尚氏和杨氏两位美人宠爱有加。这便引起郭皇后的强烈不满。这位据称性情好“妒”的皇后，屡次当着天子的面与受宠者争吵。同年冬天某日，郭皇后因不满尚美人的讥讽，冲上前扇打对方，宋仁宗起身阻挡，竟被一掌击在脸上。宋仁宗忍无可忍，终于大怒，便接受了亲信宦官的建议，马上将宰相吕夷简召入宫中，将自己面颊上的手痕展示给他看。[1]说起来，皇帝受了皇后多年的气竟然不敢自己惩罚，还需要向臣下求助，足见宋仁宗懦弱的一面。曾经因郭皇后议论而一度出朝的吕夷简，为了报复，也为了表示理解和同情皇帝，乘机劝说废黜郭皇后。当宋仁宗因惧怕遭到非议而犹豫时，吕夷简引用东汉光武帝废黜皇后的先例，打消了他的顾虑。最终，还是在宰相的支持下，宋仁宗才将郭皇后废黜。[2]翌年，在重新考虑皇后人选时，宋仁宗因寄情于宫中一位陈姓茶商之女，打算将其扶为皇后。但宰相吕夷简、枢密使王曾、参知政事宋绶及以下众多朝臣认为商人之女身份低贱，不足以母仪天下，纷纷上奏反对。宋仁宗只得再度屈服，放弃自己中意的人，接受了大臣们的推荐，将已故大将曹彬的孙女册封为皇后。[3]

不能如愿选择正宫皇后，皇帝完全可以纵情后宫其他佳丽，但宋仁宗还是受到许多约束，无法随心所欲。郭皇后被打入冷宫后，宋仁宗一度纵欲过度，身体多病，“或累日不进食”，据说与身边的尚、杨二氏有关。于是，许多朝臣视这两位女性为惑乱

[1] 《续资治通鉴长编》卷113，明道二年十二月甲寅，第2648—2649页；《涑水记闻》卷5，第84页。

[2] 《涑水记闻》卷5，第84—85页。《续资治通鉴长编》卷113，明道二年十二月甲寅，第2648页；《宋史》卷242《后妃上》，第8619页。

[3] 《续资治通鉴长编》卷115，景祐元年九月辛丑、甲辰，第2700页；《涑水记闻》卷10，第183页。

人主的妖孽，再加上对废黜皇后事情的不满，便一致要求将两美人驱逐出宫。宋仁宗在强大的压力下，被迫屈服，答应将她俩安排到道观。当宦官强拉着这两位女子出宫时，她们悲痛欲绝，哭着向皇帝求情，但这一切都无济于事。宋仁宗为了表示自己虚心纳谏，只得违心地抛弃了心上人。[1]一次，当时身为谏官的故相王旦之子王素，听说外面向宫中进献秀女，便劝谏宋仁宗要远女色。宋仁宗笑着对王素说，献秀女的事确实有，秀女也甚为亲近，想让她们留下来。王素却说，他议论的目的，正是恐怕太亲近。宋仁宗听罢脸色都变了，赌气让宦官给所献女子各支300贯钱，立即打发出门。言毕，宋仁宗不觉委屈地流下泪来。王素看到眼前一幕，只得委婉地劝皇帝也不必如此快速，还是暂留后宫，慢慢打发出去。此时，宋仁宗才道出了内心的无奈：“朕若见其人留恋不肯去，恐亦不能出矣。”等了相当长一段时间后，内侍才回来报告已将秀女放出皇宫。宋仁宗听罢，又不觉为之动容。[2]在官员近乎约束性的劝谏环境下，宋仁宗只能循规蹈矩，难以放纵后宫的生活。据说，当身边一个专门服侍梳头的宫女自恃有宠，对台谏官劝谏皇帝远离女色的上奏表示不满时，宋仁宗竟将其打发出宫。[3]

在生活享受方面，宋仁宗也常能克制自己，以表现仁厚形象。据说，有一天晚上，宋仁宗忽然感到饥饿，想吃烧羊肉，但又怕御膳房的人从此宰杀牲畜以备不时之需，便打消了念头。另有一次，宋仁宗到御花园内观赏春色。时间久了，他便频频环顾四周，众人不知天子何意，也不敢询问。等到返回宫中，他立即吩咐宫女拿些热水来。宫女一听感到奇怪，就问他为何不在外面

---

[1] 《涑水记闻》卷3，第59—60页。

[2] 邵博:《邵氏闻见后录》卷1，中华书局1983年版，第3页。

[3] 《邵氏闻见录》卷2，第12页。

要水，还忍耐这么久的干渴。宋仁宗答称，他没有看见水壶，假如询问的话，必有受罪者，故忍渴而归。[1]大概因汲取了父皇狂热神道活动的教训，同时也惧怕朝臣的批评，宋仁宗对于宗教活动也相当谨慎。某次，宋仁宗在宫廷内设道场，请了一批僧人做法事。为了向僧人表达谢意，他赏赐每人一匹紫色丝罗，同时还特别告诫他们出宫门时将丝罗藏在怀里，以免被人看见，否则又会引来台谏官员的议论。[2]类似的记载还有不少，都足以从侧面反映宋仁宗克制自己的欲望，以尽力扮演称职的帝王角色。

嘉祐八年（1063年）三月，宋仁宗病死，结束了40余年的漫长帝王生涯。宋朝皇帝中，他在位时间之长，只有后来的宋理宗可以相提并论。就宋仁宗一生而言，可谓循规蹈矩，恪守为君之道，终以“仁厚”著称于史。于是，他死后，礼官们为他选择了“仁宗”的庙号，既体现了他一生的主要特征，也表明了士大夫对这位君主的高度评价。宋人笔下大量有关宋仁宗克己自律的记载、传闻，或许不免夸张，不过如此集中在他身上，倒也多少印证了他这方面的突出特点。元代史家评说道：“传曰：‘为人君，止于仁。’帝诚无愧焉！”[3]其实，“仁厚”不过是文臣的赞美之词，说穿了则是懦弱怕事。后来，王安石与宋神宗讨论这位先皇的弱点，称他对待群臣乃至于天下的仁恩“可谓深厚”，却受到西夏人的欺辱，所谓“陵侮仁宗最甚”。[4]事实上，宋仁宗一直被朝中的文官大臣包围，只能遵从既定的方针大政，无所作为，后人因此称他“只会做官家（皇帝）”。[5]

---

[1] 《东轩笔录》卷3、卷11，第31、125页。

[2] 《邵氏闻见录》卷2，第13页。

[3] 《宋史》卷12《仁宗纪》“赞曰”，第251页。

[4] 《续资治通鉴长编》卷230，熙宁五年二月癸亥，第5596页。

[5] 施德操：《北窗炙輠录》卷上，《全宋笔记》，大象出版社2008年版，第174页。

六 宋徽宗的放纵无忌

宋徽宗赵佶是宋朝的第八位皇帝，也是北宋的亡国之君。他在位26年左右，与先皇先君大相径庭的是，他在大多数时间里都过分追求个人的喜好与享乐，严重地破坏了传统规矩，影响了统治秩序，终将社稷江山带向末路。因此，宋徽宗也成为宋朝历史上最无视守则的另类皇帝。

1. 宋徽宗的本性与意外登基

宋徽宗也是因为意外的机会获得帝位。按照宋朝规矩，包括皇帝亲兄弟在内的皇室成员，禁止染指朝政，只能坐享富贵。因此，当宋哲宗在世的时候，端王赵佶虽受到各方面的传统教育，却没有承担国家责任的意识，也从无胸怀天下的志向，只是在随性的状态下成长起来。

青少年时代的赵佶，兴趣广泛，史称他“独喜读书、学画、工笔札，所好者古器、山石”。[1]其实，他不仅精通字画古玩，也喜好玩乐，诸如蹴踘、赌博之类，无所不能，还“颇好驯养禽兽以供玩”。[2]据说，赵佶诞生前夕，宋神宗观看过南唐后主李煜的像，赵佶大概因此得以托梦降生，故长相与李煜相似，但“文采风流，过李后主百倍”。[3]南宋人的这一说法，未必可信，却反映出这位

[1] 《皇宋通鉴长编纪事本末》卷128《花石纲》，第4003页。

[2] 《桯史》卷10《殿中鹇》，第111页。

[3] 张端义：《贵耳集》卷中，《全宋笔记》，大象出版社2013年版，第309页。

皇帝在宋代人眼里，属于南唐李后主一类的风流多情人物。他交游的圈子聚集了一批与吃喝玩乐有关的各类人士，如京城里一个善于踢球的市井破落户高俅，便以球技高超而成为端王府的亲信。[1]

元符三年（1100年）正月，年轻的宋哲宗突然病故，没有留下子嗣，意外的机遇竟光顾到赵佶身上，令贪图享受的他承担起天大的责任。史籍记载，向太后因本人无子，主张立宋哲宗异母弟、端王赵佶。可是，宰相章惇提出异议，认为端王品行轻浮，难以为人君，所谓“轻佻不可以君天下”。章惇建议，若以年龄长幼排序，应立宋哲宗异母长弟、申王赵佖；若以血缘亲疏之礼而论，则应立宋哲宗同母弟、简王赵似。[2]然而，与章惇互相抵牾的知枢密院事曾布以及参知政事蔡卞、许将等人都支持太后，章惇的意见因此遭到否定。[3]值得注意的是，章惇能提出“轻佻”的看法，就足以说明宋徽宗在藩邸时便常有出格行为，名声欠佳。的确，对于近20岁的成年人来说，脾性及喜好早已养成，注定会伴随一生，“轻佻”的赵佶并不适合承担皇帝职责，但意外的机缘却将他推上帝位，成为新君主。

宋徽宗登基伊始，向太后垂帘听政，起用了一些保守派的大臣。不过，向太后仅半年时间便还政隐退，翌年年初又病死，使得宋徽宗很快就掌握实权。宋徽宗最初对治国理政还抱有兴趣，因为不仅可以体验无比的尊严和不尽的权威，还能决定朝政的走向，而这是寻常游戏无法带来的快感。据说，宋徽宗即位初期，宦官投其所好，收养了很多动物，有谏官上奏批评，他便立即下令释放。[4]当时，庙堂上最大的议题是变法与反变法的争论，自

[1]《挥麈录》“后录”卷7，第138页。

[2]《宋史》卷19《徽宗纪一》、卷471《奸臣一·章惇传》，第357、13713页。

[3]《续资治通鉴长编》卷520，元符三年正月己卯，第12356—12357页；《宋史》卷471《奸臣一·曾布传》，第13716页。

[4]《桯史》卷10《殿中鹇》，第111页。

宋神宗朝以来已持续多年，并在官场中形成对立的两派。宋徽宗很快对朝堂上的政治分歧做出判断，接受子承父业的“绍述”理念，对反变法派的元祐党人予以打击。同时，将反对过自己的宰臣章惇驱逐出朝，实现“一朝天子一朝臣”的布局。到崇宁元年（1102年），也就是距称帝不过两年多时间，宋徽宗又抛弃曾布等人，任用蔡京为唯一的宰相。从此，宋徽宗开始了随心所欲的漫长统治岁月。

宋徽宗实在是一位追求享乐而又缺乏责任心的人。仅仅两年多的时间，他便失去遵守帝王守则的耐心，开始将注意力转向寻欢作乐。宋徽宗要满足自己的欲望，就不能受到大臣的摆布，当初的两位宰臣韩忠彦、曾布就不适合这一要求。韩忠彦乃故相韩琦长子，属于保守派官僚，在向太后摄政期间出任首相，他虽性情柔弱，却不敢纵容皇帝。曾布是当年王安石变法中的骨干，一贯坚持变法之说，获任次相后，总以继承先帝遗业规劝宋徽宗，自然无法长久取悦宋徽宗。于是，善于投机、迎合的蔡京受到了宋徽宗的垂青。以蔡京主政为标志，一批怀抱个人目的的官僚先后得到重用，占据政坛要津。元祐时期当政的官员及其子弟则进一步受到打击，连已故者也遭到被追夺官爵的惩罚。他们的名字被刻石立碑，公示天下，即所谓“元祐党人碑”。此外，秉持原则、不善投机的官员，也遭到冷遇。由此，在以蔡京为首的官僚集团竭力迎合下，有关君道的各种规矩都能遭曲解，宋徽宗便可以不受约束地放纵自己。

2. 宋徽宗对规则的践踏

宋徽宗在位期间，由于无法克制多年养成的随心所欲的习惯，自然日渐懒于政事，便在继承先帝变法路线的借口下，为自己寻找不守传统规矩的理由。同时，宋王朝历经一百数十年，虽然积弊丛生，内部统治却依然大致稳定，外部威胁也不明显。尤其是自宋神宗变法以来，官方收入大增，府库充盈，这又使宋徽宗难有危机意识，因此敢于为所欲为。

正所谓“上有所好，下必甚焉”，蔡京针对宋徽宗追求享乐的心理，引用《周易》里的字面意思，提出“丰亨豫大”之说，即正当太平盛世，帝王与朝廷凡事应力求排场，以宏大壮观的形象屹立于天下。蔡京、蔡攸父子还私下对宋徽宗说，人君应以四海为家，“太平为娱”，岁月能有几何？岂可徒自辛劳！[1]他们毫不掩饰地鼓动君主及时行乐。最初，宋徽宗还担心宫廷宴席摆玉器杯盏过于奢华，会受到批评，蔡京当即劝慰说，辽朝人亦用此物，并以此炫耀，劝宋徽宗应超越寻常观念的拘束，尽享四海九州万物。[2]这些说辞显然是投上所好，却为宋徽宗的奢靡享乐寻找到理由。除了蔡京父子之外，先后得宠的宰相王黼，宦官童贯、梁师成、李彦，以及朱勔等人，同样投机取巧，争相迎合宋徽宗，唯恐落于人后。这五位政治暴发户连同蔡京一道，被世人称为祸国殃民的“六贼”。事实上，“六贼”之外，当时的其他宰执大臣也不同程度地参与投机，如赵挺之、何执中、张商英及郑居中等人，都因追随蔡京先后得到重用。他们又窥视宋徽宗的态度变化，彼此尔虞我诈、争权夺利。难怪后世史家总结说，赵挺之以下诸位大臣，“向背离合，视利所在”，即便抨击蔡京，也不过是“攘夺权宠之计而已”，依靠这些人当政，不可能指望善政。[3]还有自称“李浪子”的李邦彦，本是一个十足的风流浪荡之徒，曾自夸“赏尽天下花，踢尽天下球，做尽天下官”，也因善于取悦宋徽宗而获得赏识，成为宰辅大臣，故被京师人呼为

[1] 陈均：《皇朝编年纲目备要》卷28，中华书局2006年版，第730页。

[2] 《宋史》卷472《奸臣二·蔡京传》，第13724—13725页。

[3] 《宋史》卷351“论曰”，第11106页。

“浪子宰相”。[1]甚至市井无赖高俅虽无任何军旅背景，仍可跻身殿前司主帅之职。可以说，一时之间朝堂上充满投机之风，所谓“风俗已尚谄谀”。[2]在如此臣僚的逢迎包围下，宋徽宗自然在放纵中浑然不觉有失。

在庙堂上，宋徽宗任用投机政客理政，竭力粉饰“太平盛世”景象。他们大肆铺张，如重建延福宫，铸九鼎，建明堂，在都城内大修“艮岳”等园林工程，成立专门机构编“大晟乐”，以迎合宋徽宗的喜好。宋廷还下令各地州县仿照太学修建校舍，以收买士心；甚至拨付专款开设居养院、安济坊、漏泽园，收养穷困孤独老人、乞丐，埋葬无主遗骸，以博取虚名。后来，陆游指出，当时“州郡建学，聚学粮，日不暇给。士人入辟雍，皆给券，一日不可缓，缓则谓之害学，议罚不少贷”。居养院、安济坊及漏泽园等机构，也耗费颇大，成为地方财政的一项负担，民谣于是讽刺道：“不养健儿，却养乞儿。不管活人，只管死尸。”[3]而每逢节庆之日，官方都张灯结彩，大肆铺张庆贺。特别是元宵节晚上，在皇宫宣德门外搭建许多造型各异的大型灯山，其中既有万灯装饰的宛若飞走的巨龙，也有高悬的百戏人物，还有水力带动的文殊、普贤、白象、狮子等造型，在“大观与民，同乐万寿”“宣和与民同乐”之类的招牌下，鼓乐齐鸣，士庶喧腾。宋徽宗则携嫔妃在宣德楼上观赏，“万姓皆在露台下观看，乐人时引万姓山呼”。[4]诸如此类粉饰歌舞升平气象的行为，不一而足。在无数劳民伤财举动之下，以往积累的财富很快被耗尽，史称：“视官财如粪土，累朝所储扫地矣。”[5]当国库空虚后，

[1] 《三朝北盟会编》卷28，靖康元年正月六日壬申，第207页。

[2] 陆游：《老学庵笔记》卷3，中华书局1979年版，第37页。

[3] 《老学庵笔记》卷2，第27页。

[4] 《东京梦华录》卷6《元宵》，第164—165页；《铁围山丛谈》卷1，第17页。

[5] 《宋史》卷472《奸臣二·蔡京传》，第13723—13726页。

宋廷只得横征暴敛，苛捐杂税层出不穷，其危害程度已远远超过当年的宋真宗。宋廷又卖官鬻爵，以增加收入，当时社会上便有“三千索，直秘阁。五百贯，擢通判”的民谣。[1]这里所说的三千索，即3 000贯钱，可以购买直秘阁的清华之职，500贯钱则能买到通判的官位。于是，官场一派腐败，急功近利之风盛行，行贿索贿，争权夺利，末世之象充斥天下。这一切都表明，宋徽宗肆意践踏君道规则已经到了丧失理智的地步。

让宋徽宗始料不及的是，只顾贪图个人享乐与陶醉盛世幻象，终究要付出代价，而重用投机官僚不仅损害了内政，还危及边防。当辽朝遭受新兴金朝势力攻击而衰亡之际，宋朝当政集团既鼠目寸光，好大喜功，又出于投机目的，心存侥幸地与金订立“海上之盟”，企图联手灭辽，收取燕云。但由于自身的腐败无能，两次北伐都大败而归。到宣和五年（1123年），宋廷只得借女真军队之手灭亡辽朝，再以极大的经济代价换回辽朝的燕京（今北京市）等地。随后，又引诱降金的原辽朝武将张觉，张觉以平州（今河北省卢龙县）投归宋廷，[2]为金军南下提供口实。结果酿成靖康之难，落得宋徽宗、宋钦宗父子被俘与江山毁灭的结局。

3. 宋徽宗的奢靡享乐及喜好

宋徽宗在朝政上肆意践踏规则，已不顾帝王的基本职守。在生活上，他更是穷奢极欲，任性放纵，满足于个人的喜好与追求，可谓将君道的外衣撕扯得七零八落。

宋徽宗极其迷信长生不老之说。他在京城内外广建道观，“令洞天福地修建宫观，塑造圣像”，[3]无非是希望为自己祈福。

[1] 《曲洧旧闻》卷10，第225页。

[2] 《宋史》卷472《奸臣二·张觉传》，第13736—13737页。

[3] 《宋史》卷21《徽宗纪三》，第396页。

当年，各地道士、道姑奉诏频繁出入宫廷，“气焰赫然”，被世人称为“金门羽客”，其中林灵素最受宠信。[1]在宫中，宋徽宗时常与道士炼丹作法，寻求神仙不死之术，又在道教中谋求神圣地位，以期盼接通仙界的捷径。政和七年（1117年）二月的一天，宋徽宗在上清宝箓宫中大会2 000多位道士，法号“通真先生”的林灵素奉旨当众宣布“帝君降临”。随后，宋徽宗册封自己为“教主道君皇帝”，俨然以当代道教宗主自居。[2]这些虚妄的活动与前代几乎无异，穿帮的情况在所难免。如宋徽宗多次驾临林灵素家，以寻求意外收获。为了展示神功，林灵素事先收买了“京师无赖数十人”，伪装成驼背之人、盲人、哑巴及瘸子等，然后当着皇帝的面施展法术，口喷“神水”，投笔“灵符”，那些自称患病二三十年的“残疾人”竟立即恢复成常人，令宋徽宗大感惊异，“上为大悦”。随后，内宫中数次出现鬼魅幻象，林灵素奉命驱离，却不见成效。林灵素大概由于露馅的情形多了，引起宋徽宗的厌倦，最终失宠。[3]

为了在开封城内就能观赏到江南美景，宋徽宗派人到东南各地搜集奇花异石，于是运送花石的船队——花石纲，在运河上络绎不绝；为了享受更多的东南奢侈品和珍奇宝物，宋徽宗又派人在产地采购、加工。彼时，在苏州、杭州常设的应奉局与造作局，专门负责这些事务，商贾子弟朱勔便因此得宠。[4]宋徽宗还有数不清的嗜好，包括众所周知的热衷琴棋书画，对品茶也极为讲究，为此特意写下了《大观茶论》。

宋徽宗大概是宋朝拥有后宫女色最多的皇帝，宋人笔记称有

---

[1] 《清波杂志校注》卷3《林灵素》，第106页。

[2] 《宋史》卷21《徽宗纪三》，第397—398页。

[3] 陆游：《家世旧闻》卷下，中华书局1993年版，第218—219页。

[4] 《宋史》卷470《佞幸·朱勔传》，第13684—13686页。

万人之多，[1]比之以往以好色出名的帝王毫不逊色。据说，他因为有“异能”，故房事频繁，每隔几天都要找处女享乐，每次事毕，就给陪侍的宫女加封位号，以后再每陪侍一次便提升位阶一级。到他退为太上皇时，放出的宫女还有6 000人。[2]最令人意想不到的是，宋徽宗不满足三宫六院的美色，竟时常出宫寻花问柳，遂留下与京师名妓李师师交往的许多绯闻。南宋人还记述了这样一段离奇的故事：一次，宋徽宗到李师师家，先来的风流才子周邦彦只得藏匿床下，闻听了君王与名妓之间的“谑语”，随后写出《少年游》一词，其中有“锦帐初温，兽烟不断，相对坐调生”之句。改日，宋徽宗再来时，李师师唱了这首词，宋徽宗得知为周邦彦所作后大怒，下旨将其逐出京城。不久，宋徽宗又来到这位名妓家，不见美人，坐等半夜，才见李师师愁眉泪眼而归。得知是送周邦彦出城，宋徽宗便询问有无新词，名妓答称有《兰陵王》，宋徽宗听罢竟大喜，又将周邦彦召回，提拔他任大晟府正的官职。于是，当时坊间流传李师师家有“二邦彦”，一个是周邦彦，另一个就是“浪子宰相”李邦彦，都是宋徽宗的“狎客”。[3]在后世小说《水浒传》中，宋徽宗以放荡无忌的花花太岁形象出现，自有史实依据。

宋徽宗作为皇帝，无疑是彻底失败的，唯一的成就大概就是对宋代艺术发展有所贡献。宋徽宗因为个人兴趣，在位期间对艺术领域的投入超过以往历代，特别是对书画艺术倾注了极大的关注。他专门创设书学、画学的教育机构，分别招收学生学习书法、绘画艺术，以培养专业人才。其中书学主要学习篆、隶、草三体书法，画学主要教授佛道、人物、山水、鸟兽、花竹、屋木

[1] 庄绰：《鸡肋编》卷下《道君朝宫女万人》，中华书局1983年版，第107页。

[2] 《靖康稗史笺证》卷5《青宫译语笺证》，第177页。

[3] 《贵耳集》卷下，第335—336页。

［宋］赵佶（宋徽宗）《听琴图》　故宫博物院藏

等类别的技法，并参照太学上舍生毕业后授官的惯例，对书画学中优秀的毕业生授予相应的官职，[1]从而带动了社会上学习书画的空前热情。他又征召各地书画名师到宫廷书画院供职，支持他们开展各种创作。如当时著名的书法家米芾就做过书学博士，曾应召入宫挥毫泼墨，得到宋徽宗的赏识。[2]据记载，善于书法的宰臣蔡京，也与米芾有一定交情。[3]此外，宋徽宗还主持编修《宣和画谱》《宣和书谱》等大型典籍，对书画研究加以总结。至于他自己，更是在书画上花费很多精力，经常揣摩前人作品的意境，并与名家切磋技艺，其独创的瘦金体书法与花鸟画皆堪称一绝，从而在书画成就上达到名垂千古的高度。宋徽宗又喜诗赋，善音律，对笔墨纸砚、瓷器、玉器、雕刻以及青铜等一切精美器物亦兴趣盎然，遂刺激了相关领域长足发展，一时名家名品迭出。然而必须承认的是，这一切过多的投入与付出，固然推动了宋朝艺术的空前繁荣，却终究无关治国大计，属于帝王“玩物丧志”的表现，在很大程度上影响了朝政。

绍兴五年（1135年）四月，被金朝拘禁多年的宋徽宗死于五国城（在今黑龙江省依兰县），时年54岁。元朝史臣修《宋史》时，对宋徽宗有如此评说：既非晋惠帝之愚笨、孙吴末帝孙皓之暴虐，也非曹操之类篡位，但自恃“私智小慧，用心一偏，疏斥正士，狎近奸谀”。“自古人君玩物而丧志，纵欲而败度，鲜不亡者，徽宗甚焉”。[4]玩物丧志，放纵无度，的确是宋徽宗背离为君底线的最大特点，也是当时朝政败坏乃至于亡国的主要根源之一。

---

[1] 《宋会要辑稿》崇儒3“书学、画学”，第2787、2802页；《宋史》卷157《选举三》，第3688页。

[2] 《挥麈录》“后录”卷7，第135页；《清波杂志校注》卷11《米芾》，第465页。

[3] 《铁围山丛谈》卷4，第61页。

[4] 《宋史》卷22《徽宗纪四》“赞曰”，第418页。

第四章

仕宦与追求——宋朝官场『游戏』透视

在中国古代，无论是高官显宦还是卑职下僚，都面临仕途的选择，或追求施展抱负，或为功名利禄所诱惑，或弄权躁进，或知所进退，或功成名就，或困顿失意……这些构成官场“游戏”的主要内容。他们在仕途生涯中，又不同程度地受到政坛主流风气的影响，熏染出特有的价值观与追求目标，其行为举止是官场“游戏”的重要表现。无数的悲喜剧上演，也折射出鲜明的时代印记。宋朝300余年间，在凸显文治的朝政路线与社会氛围下，官员的仕宦生涯既深受传统观念的影响，亦有时代变化的烙印，是宋代历史舞台的重要话题。

一　官方的明规矩

宋朝官制的内容与程序之繁复，大概是历史上最突出的，包括考课、磨勘、改官、迁转、荐举、除授、权摄、差遣、轮任、回避、叙迁以及降黜等制度，每项制度又有很多流程，不仅令后人颇感困惑，即便当时的许多人也未必能逐一说清。这些制度构成了宋朝官场游戏的明规矩。

宋朝在官员的选拔、考核、晋升、降黜、待遇及退休等方面都有公开明确的规定，要求共同遵守，以确保官僚队伍安心政务。其中的考核、晋升规则，因为关系到每位官员的前程与利益，又最受关注。在纷繁复杂的各种考核、晋升规则之中，入仕者的出身背景、年限资历、从政业绩是考量的主要标准，很大程度上决定了他们不同的发展前景。

1. 宋朝官员的来源与层级范围

宋朝有多种官员入选制度。有科举制度，即以考试的方式选拔文官；有荫补（又称“恩荫”）制度，即对中高级官僚的子弟依照规定授予官职；宋神宗朝以后，有从太学上舍毕业生中选任文官的制度；又有流外补选的出职制度，为少数吏人转升为官提供途径；也有选拔军员补官以及武举考试等制度；还有杂色补官制度，主要对献纳钱粮以及某些技术系列的人授予官职；

等等。[1]

以上制度中，影响最大的还是科举制度与荫补制度，通过这两种制度选拔的官员占据官场的大多数。其中，科举制中的进士科、制科最为重要，是宋朝选任官员的正途，也是当时政界掌权集团的主要来源。事实上，由进士科、制科入仕者被视为有“出身”，由其他途径入仕者都属于无“出身”或“杂出身”。这种区别对官员的前途有重要影响，即有出身者升迁快，有机会跻身高层，而无出身者升迁慢，一般很难获得高位。两宋的宰执大臣几乎都是进士科出身，还有大批由此入仕的文臣执掌各级政府机构，成为统治集团的主体力量。而通过荫补以及其他渠道录用的官员，人数虽然众多，却仅仅处于帮衬的地位，是政坛的附庸。因此，与以往特权上层世袭垄断官场相比，宋朝政治更为开放，普通官吏与平民的子弟可以通过科举获得上升的机会。

宋朝的官僚集团，习惯上划分为三个层级范围。最低的为文官“选人”、武官“使臣”级别；中间的是“京官”，不过并非仅指京城的官员，而是特指挂有中央机构官衔的下级官员，地位在选人、使臣之上；最上面的则是朝官群体，即具有参加宫廷朝会资格的中上级官僚，属于掌权的势力圈子。朝官之内又包含了高低不同的很多级别，只有那些上层朝臣才真正握有朝政大权，是官场上的风云人物。

依照宋朝官制，初入仕途的人通常只能获得低级官职。文官主要为地方机构的幕职州县官，被称为“选人”，共有四等七阶，包括京师、留守、节度及观察州以下判官、掌书记、支使、推官、录事参军、县令、诸司参军、主簿及县尉等官职。武官则

---

[1] 《宋史》卷155—157、卷159《选举志》，第3606—3690、3721—3737页。并参见苗书梅：《宋代官员选任和管理制度》，河南大学出版社1996年版。

有三班使臣中的小使臣，包括东西头供奉官、左右侍禁、左右殿直、三班奉职、三班借职，以及未入流的三班差使、三班借差、殿前承旨、殿侍及大将、军将等。这里所说的大将、军将，并非一般意义上的统军将官，而是无品级的低级武职。[1]这些文武官的名称，到北宋后期又出现重大变化，皆冠以不同称呼的“郎”，不过实质相同。另外，军队中还有被称为“军校”的下级军职，包括禁军中的营指挥使、副指挥使、都头、副都头、军使、副兵马使及将虞候等，虽然不属于阶官，却有机会升到中高级军职，并获得武阶官的头衔。

低级官员上任后，只是开始了仕途生涯的第一步，接下来就会面临一系列任职、考核、升降，他们历经重重规则门槛，或者一路通达，或者长期淹滞，甚或屡遭贬黜，前程大不相同，可谓“几家欢乐，几家愁”。

2. 宋朝官员升迁面临的主要环节

宋朝高度重视统治秩序，在任用官员时通常依据规章条例，防范人为因素的随意干扰，以确保中央掌控用人大权。在唐代的基础上，宋朝修订了一系列规则条例，包括《长定格》、《循资格》、考课法、改官法、荐举法以及磨勘制度等，[2]作为一般文官任职、考核和升迁的依据。武官既有与文官相同之处，也有特殊的规矩，如普通军官升降还要考核军功与武技。从宋代历史来看，以上制度又存在日趋复杂的变化过程，使得一般官员的升迁门槛越来越多。

---

[1] 参见陈峰：《宋代的军将和军大将》，《文史知识》1996年第8期。

[2] 《宋史》卷158—160《选举志》，第3693—3765页。并参见邓小南：《宋代文官选任制度诸层面》，河北教育出版社1993年版。

宋朝的考课制度，依据年限与业绩对官员进行考核。如文官选人一般有三任六考或两任四考，[1]每任通常三年左右。朝廷给官员下发一种官方凭证性质的历纸，又称“印纸”，用以记录出身、任职情况。凡履历、业绩、过失、请假等事项都须在历纸上逐项写明，不得隐瞒，然后由所在机构的长官在历纸上批写考核文字，即“批书”，也就是评语；每届任期结束时，长官还要批写总结性的考核意见。这些历纸就成为官员的档案。与成熟的文官考课制度相比，武官的考课情况则因缺乏记载而模糊不清，其中三班小使臣大概因为有皇帝侍从武官的意味，通常只能按部就班地加以考核，任期年限则更长。至于军队中的军职人员，一般既查服役年限，也考核军功及武技。低级军职由于不具备官阶，另当别论。在这种考课制度下，对官员的考核结果主要反映在年限、资历的差异上，体现出的是循规蹈矩的秩序原则。

宋初两朝，由于官员缺乏，官场人员积压的问题不突出，所以考课过的履历一般成为升迁的主要标准，达标的官员往往可以在官阶上依次获得提升，遂使得考课制度流于形式。其中选人若不能改官，就根据“循资”的原则在七级阶官中逐级升迁，如州级中的司理等诸参军与县级的主簿、县尉可迁为州级的录事参军、县级的县令，录事参军、县令迁为防御与团练州推官、军监判官，再迁则为节度与观察州推官、支使、掌书记、判官等。[2]有无进士出身是一项重要指标，选人中无出身者需要三任六考才能提升，而有进士出身者一般两任四考就可升迁。随着科举录取的人数逐渐增多，加上其他途径入仕者也不断挤进官场，在宋真宗时代就出现员额多与官阙少的突出矛盾，以后日益严重。对于大批具备资格条件的低级官员，能提供的更高官位毕竟有限，为

[1] 《宋史》卷158《选举四》，第3694页。

[2] 《宋史》卷169《职官九》，第4040—4042页；《石林燕语》卷3，第45—46页。

了缓解这一紧张关系，宋朝就增加了磨勘与改官的制度环节，以发挥调节阀的作用，控制晋升人数。

宋真宗朝以后，对于完成任期和考课的官员，中央主管机关要审核、勘验他们的档案文书，同时考虑推荐、业绩等其他因素，然后比较他们的资格条件，最后才决定他们是否获得迁转，此即磨勘制度。这一制度增加了审核履历档案、勘验推荐文书的环节。选人一般要经过三任六考，只有任内无过失，又有上级官员推荐，才能够参加磨勘。届时，选人须向吏部提交如下文书材料：其一为解状，即本人申请和所在州衙出具的证明；其二为上级官员的推荐书；其三为家状，即本人籍贯、居住地、家庭三代背景及出身；其四为记录任职与考核情况的历纸档案。主管机关对这些文书逐一审核，勘验真伪及齐备与否。凡通过磨勘考核者，一律被引荐给皇帝，不过大多数情况下只是走过场。通过以上程序后，选人便获得升迁。业绩优等者可以减少磨勘年限，提前进入程序，而犯有罪过（尤其是贪赃罪）者则延长参加磨勘的期限。[1] 包括低级使臣在内的武官同样有磨勘要求，程序大体相同，不过任职年限要比文官长，[2] 无形中就增加了升迁的难度。

宋代改官之制，是与磨勘制配套的制度。文官通过磨勘后，可以依据规定改官秩，也就是改换官位序列。就七阶内的选人来说，通过磨勘和荐举，便可以改为京官，其中高级别的选人还可直接改为朝官。但每年都有名额限制，在一百名左右。同时，仍实行优待进士出身者的规定。有进士出身的县尉、主簿可改大理寺丞，无进士出身者改卫尉寺丞，最差者则改将作监主簿；节度与观察推官、县令、录事参军，有进士出身者改著作佐郎，无进

[1] 《宋史》卷158《选举四》，第3703—3704页。《宋代文官选任制度诸层面》，第170—180页。

[2] 《宋会要辑稿》选举25“铨选四”，第5726页；《续资治通鉴长编》卷113，明道二年八月甲子，第2634—2635页。

士出身者改大理寺丞；留守、节度及观察判官，有进士出身者改太常寺丞，无进士出身者改太子中允；等等。[1]其中太常寺丞、太子中允属于下级朝官，著作佐郎至将作监主簿为高低不同的京官，进士出身者显然比其他同级之人所改官职要高。选人要走出原来幕职州县官的低级圈子，进入更高的京朝官的范围，改官环节就是一个关键门槛。而与武官磨勘制相配的是迁转制度，小使臣通过磨勘可以逐级晋升，如三班借职迁奉职，三班奉职迁殿直，殿直迁侍禁，侍禁迁供奉官等。东头供奉官再升迁就进入大使臣行列，包括内殿崇班、内殿承制两阶，同样依次晋升。[2]大使臣以上武官序列的迁转，则更为复杂，既有逐级提升的规则，也有跳转的途径。至于小使臣以下人员，无资格参加磨勘，只能按照资历渐次升迁。

宋朝凡中下级官员升迁，包括循资、磨勘、改官及叙迁等环节，都需要有上级官员推荐，此即荐举制度。推荐人被称为“举主”，有承担荐举失察的连带责任。如宋仁宗朝，朝官张亢的一位旧日同学年岁已经颇大，仍位居下僚，张亢出于同情心便举荐其为县令。结果这位昔日同学做官出了事，张亢便受到牵连而被贬官。[3]每位举主可推荐的人数前后有所不同，宋仁宗朝初期的规则中，中书、门下省五品以上朝臣每人每年可荐举五人，其他朝官可推荐三人。[4]其实，磨勘、改官中最重要的内容便是荐举，也就是看有无上司愿意保举。宋初，对荐举的要求尚相对宽松，到宋真宗朝以后规定越来越严，如选人磨勘与改官通常需要有五位举主的推荐，其中还必须有所在地州级长官、监司官员的保

[1] 《宋史》卷158《选举四》，第3694页。

[2] 《宋史》卷169《职官九》，第4029—4030页。

[3] 《宋史》卷324《张亢传》，第10490页。

[4] 《宋会要辑稿》选举27“举官一”，第5778、5779页。

荐。三班使臣受到的限制更多，一般要有七位举主推荐才行。[1]因而，若要顺利通过磨勘、改官，除了出身与资历须达标外，更重要的是必须找到符合条件、达到规定人数的举主，而这一点实非易事。如北宋人说，选任县令须有三人推荐，县令任满无过失，又要有荐者五人以上，方能转京官。“盖县令者，已经两次荐举，共用举者八人”，要求不可谓不严。[2]

以上诸项制度，与低级文武官员升迁密切相关，大体也同样适用于高于他们的普通京朝官。一般京朝官也要参加考课、磨勘，并须有举主推荐。中级以上朝官的规则又有所不同，如中书舍人以上的高官不必参加磨勘；九寺五监的卿监、六部的郎中，以及地方的路与州长官等需要参加磨勘，但地方长官不用离任赴京，可以就地参加磨勘。武官的情况，也大致相类。自古仕途，下级官员能升到中级的已属少数，再从中级跻身高层的就更少了，宋朝繁复的规章制度，便起到筛网的作用。

3. 宋朝官员的晋升与差遣

宋朝文武低级官、普通京朝官通过磨勘与改秩后，除了表现突出者能获得跳跃式提升外，其阶官通常依据级别循序渐进。而他们获得的实际职权，则受差遣制度左右，并由中央主管机构予以任命。

按照宋代规定，官员晋升官阶有明确的叙迁规则，通常逐级迁转。如文官：九寺五监的主簿若有进士出身，可迁为大理寺评事，无进士出身者迁太常寺奉礼郎；吏部郎中若有进士出身，可迁转太常寺少卿，无进士出身者迁转司农寺少卿；吏部尚书迁太

---

[1]《宋会要辑稿》选举27“举官一”，第5776页。

[2] 郑獬：《郧溪集》卷12《论县令改官状》，影印文渊阁《四库全书》本，第1097册，第221页。

子少保；司徒转太保；太保转太傅；太傅转太尉；太尉转太师为止；等等。如武官：西染院使迁如京使，引进使迁客省使，刺史迁转团练使，团练使迁防御使，防御使迁观察使，观察使迁节度观察留后，留后升迁到节度使为止。[1]不过，这些仍属于阶官，仅表明地位与俸禄的高低，与职事并不直接挂钩。只有差遣到实际岗位，才能行使职权。

与阶官并存的差遣制度，是宋代官制中更为重要的环节，也最具宋朝的时代特点。如前所述，宋朝沿袭以往旧制，实行阶官与差遣分离的制度，即原本中央与地方机构中的大量官职，如果没有委派职事，便成为阶官，或称“寄禄官”，并无任何权力。各机构中实际的职权，由受到专门委派的官员负责，此即差遣制度。史称：“诸司互以他官领之，虽有正官，非别受诏亦不领本司之务。”[2]在阶官人数日益膨胀的情况下，各衙门中的实际职事官却十分有限，员额多与官阙少的矛盾相当突出。官员若不能差遣到实职岗位，便意味着有位无权。这就造成多名官员等候一个官阙的局面，南宋时期尤为严重。如一州或一县出现知州、知县缺位，具备资格的人选可能有十位以上，职事官越高阙额自然越少。唯有北宋的幕职州县官既是阶官，也保留职事，但属于初级官。于是，宋代官场最重差遣，倒不十分在意阶官。寇准第一次做宰相时，阶官不过是兵部侍郎。他第二次入相后，阶官才提升到中书侍郎兼吏部尚书。到寇准最后罢相时，阶官虽提升为太子太傅，却已无任何权力。[3]南宋名将岳飞生前的最高阶官仅是少保与节度使，却是领兵十万的大帅，这又是许多比他官衔还高的人所无法拥有的实权。

[1] 《宋史》卷169《职官九》，第4023—4032页。

[2] 《宋史》卷169《职官九》，第4029页。

[3] 《宋史》卷281《寇准传》，第9529、9532、9533页。

军队中的军职情况又有所不同，营指挥使及以下的低级军官——军校，在升迁到军都指挥使（管辖2 500名士兵）后，算进入中级武将行列。从军都指挥使继续升迁，一般是获得遥领某州刺史、团练使的虚衔。若无法升至更高的军职，便只有转任正任（正式）某州的刺史、团练使，然后到地方做官，或在路、州担任总管或钤辖，统管地方驻军。[1]以后，再逐级升迁，直至节度使为止，同时可出任在外的领兵将帅，如经略安抚副使、招讨使、都统制等，或在三衙中担任高级军职，如殿前都指挥使、侍卫马军都虞候等。

当然，通常高阶官者有机会获得高级位置的差遣，低级阶官一般只能差遣到低级岗位。如礼部郎中可以差遣知扬州，也就是以礼部郎中的官衔出任扬州的长官；中书舍人差遣三司使、大理寺评事差遣知县之类，差遣大致与本阶官匹配。武官观察使差遣河北定州路副都部署，小使臣中的供奉官差遣为河东代州兵马监押等情况，亦同样正常。在特殊情况下，也有差遣到高于或低于本阶官的情形。寇准第一次罢相后，以刑部尚书身份出任知陕州（今河南省三门峡市西），就属于典型的高职低配性差遣。北宋中叶的儒将刘平，早年进士及第后先取得县尉的选人官职，再改官为大理评事的京官，然后差遣为知县。当泸州（今四川省泸州市）发生部族造反时，他被调任为权（代理）知泸州，负责平叛，这就属于低职高配性的差遣。后来，他因平叛有功，加上寇准荐举，迁转至殿中丞，从临时代理正式差遣为知泸州。[2]

---

[1] 参见赵冬梅：《文武之间：北宋武选官研究》，北京大学出版社2010年版，第306—310页。

[2] 《宋史》卷281《寇准传》、卷325《刘平传》，第9532、10499页。

4. 宋朝管理官员的机构与任命规则

在中国古代，自隋朝三省六部制度定型后，吏部便是中央最高人事管理机关，掌管全国官员的考核与升降。宋朝的人事管理则复杂得多，机构有交叉，环节有重复，体现的是分权制衡的原则。

北宋前期，负责普通文武官员考核的机构有吏部、考课院、磨勘院、三班院及枢密院等。任命普通官员（包括差遣）的机构包括吏部流内铨、审官院、三班院及枢密院等，其中吏部流内铨、审官院负责文官，枢密院与三班院专管武官。经宋神宗朝官制改革后，一般官员的任命权皆划归吏部，称为“吏部四选”。其中，吏部尚书左选、吏部侍郎左选，负责中下级文官的任免；吏部尚书右选、吏部侍郎右选，负责中下级武官的任免。这种任命被称为吏部“差除”。从此，大多数官员，包括中央机构的一般京朝官，地方的很多知州、知县及幕职州县官等文官，武官中的皇城使以下宫苑使、骐骥使、都监及使臣之类等，他们的仕宦前程都由吏部四选部门掌管。到了一般中上级文官层面，如九寺五监长官、路级长官、重要州府长官等，其任免权便归宰相负责的中书（元丰以后改称“三省”）；一般中上级武官如客省使、引进使、部署（总管）等，则归枢密院任免，称为“堂除”。但中书、枢密院作为最高文武中枢机关，往往扩大任免范围，也时常任命中级甚至某些下级官阙。[1]而高级、核心臣僚的考核与任免，虽然也走程序，但裁断权通常掌握在帝王手里，形式上都由皇帝亲自决定去留，此即“特旨除授”。宋朝皇帝特旨任命的重要官职主要有：两府宰执大臣、三司使、六部尚书与侍郎、给

---

[1] 《宋史》卷163《职官三》、卷158《选举四》，第3831—3832、3713页；《续资治通鉴长编》卷370，元祐元年闰二月，第8964—8966页。

事中、翰林学士、知制诰、馆阁学士（包括大学士、学士、待制）、台谏官及开封、临安的知府，还有武官中的禁军三衙帅职、前线统军将帅以及负责宫廷侍卫机构的官职等。

宋朝皇帝亲自过问的人事任免范围，正是官场的要害圈子。宰执大臣系帝王的左膀右臂，自不用说，其他官职也属核心层角色。像三司、六部的长贰，乃中央主要政务部门的首脑；翰林学士、知制诰，为起草诏书的御用秘书；馆阁大小学士，代表精深的学术修养；台谏官，肩负监督百官职责；首都所在地的长官，关系到京师治理；三衙与前线将帅，承担统领军队与指挥作战的重任；还有侍卫首领，掌管宫廷安危。这些无疑都至关重要。台谏官中，除了御史台首脑——御史中丞的官位颇高外，其余的官职在地位上并不算高，如仅次于御史中丞的侍御史，其官位仅与左右司员外郎同级，属从六品官；殿中侍御史、左右司谏是七品官；监察御史、左右正言，为从七品官，略高于太常寺、国子监的博士。[1]然而，这些台谏官照例皆须皇帝钦点，宰执大臣一般不能任命，目的正是要有效监督宰相以下百官，防范臣僚为所欲为。而大学士、学士、待制之类不同级别的馆阁职衔，因为体现着崇文的精神导向，通常只有一些进士出身的中高级文官才能获得，往往也要得到皇帝的首肯。像首相、次相照例分别获得昭文馆大学士、集贤院大学士的头衔，故有“昭文相”“集贤相”的别称。在外的文官也可被加授馆阁职衔，被称为“贴职”，同样备受青睐。如包拯在任知开封府时因有龙图阁直学士的加衔，世人常呼他为“包龙图”，足见职衔所受到的追捧。

宋代还有很多官场明规矩。按照制度规则，又有公、侯、伯、子、男的各等级爵位，以及各级勋官、散官、祠禄官等虚衔。虽然这些虚衔的实际意义有限，但同样属于名分，也依照官

[1] 《宋史》卷168《职官八》，第4015—4016页。

职高低的原则授予。

平心而论，宋朝官方的明规矩的确颇为全面，当时人都有规则过密过细之叹。然而，在执行过程中不免僵化，使得规则往往流于形式，只能适用于常态下对官员的一般约束。因此，官员但凡没有显著罪过，大都能通过年限资历获得阶官上的提升。如宋人所评说："限年而校功，循阶而进秩"，[1]"不问其功而问其久"，"官以资则庸人并进"。[2]于是，这种论资排辈的规则，稳住了大多数普通的官员，符合宋朝一贯求稳的秩序原则。与此同时，除了破格提拔政绩突出者的公开用人原则属于遵循历代的传统习惯外，重视进士出身的做法，特别是进士科中的佼佼者享有特殊礼遇，可以顺利进入高层，则是宋朝官场明规矩中最突出的特点。

5. 宦海无涯

在上述明规矩之下，对于两宋政坛的普通官员来说，仕宦之路实在是漫长而无情。尤其是没有进士出身的官员，若无特殊机缘的话，大都很难跻身高位。

以文官选人为例，从县级的主簿、县尉与州级的诸司参军起步，升迁为州级录事参军或县令，需有三届任期，每届任期三至四年。然后继续任职两三届，经推荐并通过磨勘，改官进入京官序列，才能差遣到地方或中央机构担任下级实职，如出任地方的知县一职。算起来，普通文官在此阶段已经耗费了20年左右的时光。选人虽然是官员，在地方机构中扮演不可或缺的角色，然而身处官场底层，只有走出这一层级，进入京官层面，才能获得更大的发展空间。否则，官员一生只能在选人圈子内徘徊，难免郁

[1] 苏颂:《苏魏公文集》卷34《承制以上磨勘词》，中华书局1988年版，第505页。

[2] 李觏:《李觏集》卷22《精课》、卷1《长江赋》，中华书局1981年版，第239、2页。

[宋]郭熙　《早春图》　台北故宫博物院藏

郁不得志。北宋中叶人苏洵即反映，凡为人做官，须至京朝官，才稍可以“纾意快志”。由此而下者，无不辛劳筋骨，摧折精神，为人役使，近乎于“仆隶”。[1]将选人比作仆从的说法，虽不免有些夸张，但也道出了选人与京朝官之间存在鸿沟的实情。

的确，宋代有许多文臣终其一生都无法脱离选人的“选海”，其中又以无进士出身者居多。宋真宗朝状元张观的父亲张居业，以科举学究科中举入仕，在幕职州县官上徘徊30多年，直到60岁才得以改秩为京官。[2]宋高宗时期，一位名叫刘实的多年科考落第举子，最终以特奏名的方式入仕，却因没有官阙，只能做地方官学里的助教。之后，碰上宋高宗生母被金朝放回，朝廷对百官加恩，他才有机会出任某县主簿，不过要等待现任届满后方可上任。终于等到这一天，不料刘实竟在赴任前夕病死。[3]在宋真宗朝后期，王钦若罢相出守杭州，见下属钱塘县的县尉已白发苍苍，其履历和年岁竟然与自己相同，遂动了恻隐之心，上奏推荐给朝廷，于是老县尉得以改为京官。事后，这位跳出苦海者写诗谢道：“当年同试大明宫，文字虽同命不同。我作尉曹君作相，东君元没两般风。”[4]由此看来，选人至死未能晋升京官的情况，并不少见。

到了父母官——知县的位置，已拥有主宰一县的权力，不过在整个宋朝官场内仍然属于小官。若知县的年纪不太大，再任职两届六年，继续经推荐并通过磨勘，有机会升为州通判；通判任职两届六年，并通过推荐、磨勘，可差遣升迁为知州，从知县到知州前后又花费12年。也就是说，一切顺利过关，一般文官要

[1] 苏洵著，曾枣庄、金成礼笺注：《嘉祐集笺注》卷13《上韩丞相书》，上海古籍出版社2001年版，第352页。

[2] 吴处厚：《青箱杂记》卷1，中华书局1985年版，第2—3页。

[3] 洪迈：《夷坚志·乙志》卷3《刘若虚》，中华书局1981年版，第209页。

[4] 《挥麈录》“余话”卷1，第228页。

历时30年左右，才能做到知州。不过官员此时年龄已在五六十岁，按照一般70岁退休的规定，已大致走到仕途的末路。官员若在任何一个环节受阻，就只能停顿于原位。知州任职一段时间后，再经过推荐程序可升为路级监司官员，像转运使、转运判官、提点刑狱及安抚使之类，或进入中央部门担任中上级官职。到此阶段，能留在官场的人已经为数不多，可称为幸运儿。当然，少数出身进士特别是进士高科的人，有减少环节与年限的优待，可以跨越式升迁，年龄自然更有优势，还有继续上升的空间。

就一般的武官而言，升迁规则与文官大致相同。但在崇文抑武的政治氛围下，他们不仅耗费的时间更长，而且还难以跻身高层。如一个依靠荫补入仕的武官，通过熬年头、攒资历，一般只能获得州县或京师仓库、税务之类机构的管理差使，或掌管地方治安的巡检、监押之类的职务。这些官职地位低下不说，更远离各级权力中心。事实上，随着宋代荫补人数的不断增多，僧多粥少的矛盾在普通武官身上表现得日益突出，穷其一生都无法在八阶小使臣内出头的人，可谓比比皆是。只有少数使臣几经考核、磨勘、推荐等环节，付出比文官更长的时间，才能逐级晋升到诸司使及以上层面，并获得更重要的差遣官职，如宫廷各类侍奉机构的负责官职，或地方上统军的总管、钤辖、都监之类。能跻身到这一中上级武官层次的幸运儿，自然人数有限，且年齿亦大都近于垂暮。同样，背景特殊或表现极为突出者，像进士高科出身者一样，可以跳跃式发展。这些人有年龄优势，仍能继续获得升迁，不过人数更少。

最终能挤进高层核心圈子的人，仅仅是官场中极少数的官僚。这些人中既有凭借熬资历上来者，也有一路过五关斩六将者，还有深得帝王特别眷顾的人，其中进士出身又几乎是他们的共同标志。到了宰执大臣的位置，权力、话语权、气势自然不同凡响，对于任职官员来说不啻为人生的顶峰，却是绝大多数人终生难以企及的梦想，故世人总有宦海无涯的感叹。

二 官场的潜规则

自古专制时代，帝王可以决定包括宰相在内的百官命运，他们的喜怒往往成为官场的风向标；有权有势的高官重臣也能影响官员的前程，他们的好恶亦备受下属关注。这种传统人治的特点必然带来超越常规的潜规则，从而为那些特殊人物提供了捷径，使得宋朝官场更趋复杂迷离。

宋朝官方游戏中实行的明规矩，一般只对大多数普通官员有效，却不能约束少数官僚的违规、钻营活动，尤其是无法阻挡皇帝的好恶与当权政客的干扰、破坏行为。于是有一套潜规则始终存在于政坛之中，为少数人提供升迁获益的捷径。当出现秩序混乱的特殊局面时，潜规则往往泛滥，冲击着各项成规，成为影响官员升降的重要杠杆。亲朋裙带、故旧人情、追随谄媚、疏通关节以及利益交换等因素发酵，带出的一系列潜规则，一如历代王朝那样时常搅动宋朝官场。

1. 宋朝帝王对身边人的照顾

宋朝君臣标榜重秩序、讲规矩，大多数时期的皇帝能注意分寸，特别是任用大臣时讲究相关程序，要考虑资格条件是否符合，而不会随意将一个人安排到宰执位置。然而，宋朝皇帝仍然无法摆脱专制时代的痼疾，仅凭喜好、感情用人的行为同样存在，最突出的则是照顾身边人的官爵待遇。

宋太祖登基建国后，对昔日追随自己的亲信予以重用，这在新旧交替时期实属必要，也符合犒赏功臣的传统做法。然而，宋太宗即位后，对以往的旧部、随从又加以破格提拔，就属于罔顾规矩的狭隘行为。此后，宋真宗及历代嗣君大都延续这种做法，从而形成政界的一种传统，被宋人称为“随龙”，即皇帝登基前的潜邸（或称“藩邸”）属下，可以随着主子入主宫廷获得破格升迁。司马光指出：“国初草创，天步尚艰，故祖宗即位之始，必拔擢左右之人以为腹心羽翼。岂以为永世之法哉？乃遭时不得已而然也。自后嗣君，守承平之业，继圣考之位，亮阴未言之间，有司因循，踵为故事，凡东宫僚吏一概超迁，谓之‘随龙’。”[1]在深谙历史掌故的司马光看来，开国年代里皇帝重用身边左右实属不得已，而以后因循为惯例，给这些“随龙”的人超常升迁，就属于陈规陋习。由于宋朝注重文官大臣的进士出身，故从潜邸出来的人走武官之路最为便捷。宋真宗朝官僚丁谓便说，太宗即位后，仅时隔数年，旧日潜邸中牵马的、仆从者之流，都能位至节度使，“人皆叹讶之”。[2]如柴禹锡在宋太宗居晋王府邸时，“以善应对，获给事焉”，宋太宗即位后，他被授以供奉官之职，再超迁如京使等，以“藩府旧僚”身份经常奉命刺探臣僚隐私。后因告发秦王赵廷美，他被破格越级晋升枢密副使。他由小使臣的供奉官到执政大臣的枢密副使，前后不过七年时间，升迁之快可谓超乎寻常。后来，柴禹锡官至知枢密院事，授节度使，成为军界最高首脑。[3]还有杨守一、赵镕及王显等一批人，情况大体类似。[4]史家对这些人的评价为：“率因给事藩

---

[1] 司马光：《上神宗论郭昭选除阁职》，《宋朝诸臣奏议》卷69《百官门·谨名器》，第766页。

[2] 潘汝士：《丁晋公谈录》，《丁晋公谈录（外三种）》，第11页。

[3] 《宋史》卷268《柴禹锡传》，第9221—9222页。

[4] 《宋史》卷268《杨守一传》《赵镕传》《王显传》，第9224—9225、9230—9233页；卷279《傅潜传》《戴兴传》，第9473—9476页。

邸，以攀附致通显……故莫逃于龊龊之讥。”[1]

宋真宗朝最典型的例子，莫过于张耆、杨崇勋两人。张耆原名张旻，11岁时进入韩王赵元休的王府，成为贴身服务的童仆，这位韩王后改名赵恒，就是后来的宋真宗。赵恒当太子时，张耆除了日常服侍外，还做过一件特殊的事。当年，太子赵恒将钟爱的蜀女刘氏召入东宫。宋太宗获悉后下令驱逐刘氏，太子舍不得放弃佳人，便让张耆把刘氏带入他家，暂时保护起来。张耆安排好刘氏的食宿，为了避免主子猜疑，再也不敢回到家里。宋真宗即位后，刘氏返回后宫，张耆也立刻获得西头供奉官的官职奖赏。按照官场惯例，初入仕途的武官需要多年资历才能熬到这一位置，张耆起步就超越了大批低级小使臣。这还只是他仕途的开端，随后七年间他的官爵一路走高，除了在诸司使中不断晋升外，还先后加授刺史、团练使、防御使等官衔，并出任河北多地钤辖的统军职务和侍卫马军都虞候的军职。张耆虽然从未有过突出战功，也显然不懂兵略，却从一个下级武官升至防御使，并成为禁军高级将领。此后，他再升为侍卫马军副都指挥使，先后获得观察使、节度使的高位。可他并不擅长带兵，一次因选用士卒不当，引起部下不满，几乎引发兵变。[2]他又被宋真宗调任枢密副使，成为执政大臣。以后，很可能是因为无法胜任职务，他只得离朝到地方衙门养闲，不过皇帝却给他加授节度使与平章政事的优渥官衔，即所谓“使相”。使相是宋朝官场上待遇最高的官衔，俸禄优于宰相。宋仁宗即位后，刘太后垂帘听政，张耆继续受到照顾。时隔三年，张耆被提拔为枢密使，做了最高军事长官，附加的官衔也越来越多，包括邓国公的高爵。[3]像张耆这样

---

[1]《宋史》卷268“论曰”，第9233—9234页。

[2] 王素:《文正王公遗事》,《全宋笔记》，大象出版社2003年版，第183页。

[3]《宋史》卷290《张耆传》，第9709—9711页。

一个庸人，坐镇枢密院多年，在今人眼里真是匪夷所思，在宋朝倒不稀奇。还有背景相同的杨崇勋，升迁速度虽不如张耆那般神速，但在宋仁宗初年，已历仕殿前都虞候、殿前都指挥使等重要军职，成为禁军大帅，并获得节度使头衔。明道元年（1032年），杨崇勋出任枢密使。宋代史家王称为他俩写传时只能无奈地说："耆、崇勋材质庸下，致位将相，盖出幸会云。"[1]而元人修史时则毫不客气地讽刺道："位将相，皆骄侈贪吝，恃私恩，违清议，君子所不取也。"[2]

在宋真宗时代，科举出身的文官士大夫已经崛起，在朝政上发挥越来越大的影响，武臣则处于政坛边缘的位置。所以，在宋真宗朝及宋仁宗朝初期，虽然有潜邸旧部进入枢密院的高位，却只能是附庸。同时有文官在枢密院掌权，如王钦若、陈尧叟、丁谓及冯拯等人。宋仁宗亲政后，更依赖文官大臣主政，藩邸出身的武官受到士大夫的压制，很难再踏入枢密院。不过，他们在仕途升迁上还是受到不少照顾，能跻身高级武官行列，如宋仁宗朝的郭承祐、张孜（茂实）及夏随等人。[3]此后，这种潜规则一直存在，在秩序混乱的时期更为明显。宋徽宗藩邸的跟班高俅，在缺乏必要的资历、业绩的情况下，竟然也做到殿前都指挥使的要职。宋孝宗在潜邸时的随从武官龙大渊、曾觌，在宋孝宗即位后旋即获得破格提拔。多位朝臣对此提出批评，认为“待之不可无节度”，并以祖宗故事为例劝谏，但宋孝宗不予理睬，两人分别迁官观察使、刺史，皆兼管皇城司。曾觌后官至节度使，加授开府仪同三司、少保等显赫头衔，[4]这显然是按正常官制升迁难以达到的结果。

---

[1] 《东都事略》卷50《杨崇勋传》，第398页。

[2] 《宋史》卷290“论曰”，第9718页。

[3] 《宋史》卷290《夏守恩传附夏随》、卷324《张孜传》，第9717、10476页。

[4] 《宋史》卷470《佞幸·曾觌传》，第13688—13691页。

与“随龙”人员在武官官位上的随意提拔相比，东宫属官中的文官就相对规范。因为文官圈子掌握实权，也更讲究规矩，注重出身，所以形式上的程序还不能简单地省略。但有皇帝登基前的情分，到底还是比他人更为有利。像李沆、李至曾是宋真宗当太子时的师傅，官职分别为尚书左丞兼太子宾客、礼部侍郎兼太子宾客，宋真宗即位初他们便受到重用，很快都出任参知政事。不到两年，李沆又升任宰相。宋仁宗朝初期，次相张知白病死，首相王曾推荐参知政事吕夷简接替，刘太后却提拔了平庸的枢密副使张士逊，其中一个重要理由就是张士逊有宋仁宗潜邸僚属的背景。吕夷简也只好向太后表示：“士逊事上于寿春府最旧，且有纯懿之德，请先用之。”[1]南宋时期，宋孝宗即位后不久，就将自己的东宫老师史浩从翰林学士、知制诰提升为参知政事，半年后再将他提拔为宰相。[2]类似的例证还有不少，不过由于这些文臣都有进士出身，又往往有相当的从政资历，倒是符合士大夫认同的条件，所以受到的指责就少了许多。

而“佞幸”一类人物，即服侍、追随帝王的某些宠臣，由于得到特别关照，也可破例获得高官厚禄。早期典型的例子，莫过于一个叫侯莫陈利用的人，他从小习幻术，后到开封城以卖药、变戏法为生，自言能用物变换金银。经宫廷亲信引荐，他的神奇戏法博得宋太宗的欢心，当即被授予殿直的武职，成为皇帝身边的弄臣。因有天庭照顾，他的官职不断升迁，历仕右监门卫将军、刺史、团练使等，“前后赐与甚渥”。[3]苏州商贩子弟出身的朱勔，虽无任何仕宦资历，却因积极进献奇花异石赢得宋徽宗的赏识，先后被授予防御使、观察使等官职，最终还得到节度使的

[1] 《续资治通鉴长编》卷106，天圣六年三月辛亥，第2468页。

[2] 《宋史》卷396《史浩传》，第12066页。

[3] 《宋史》卷470《佞幸·侯莫陈利用传》，第13678—13679页。

优渥官衔。[1]为宋高宗医治阳痿的御医王继先，因深得恩宠，起步就获得团练使官位的奖赏，后来官居仅次于节度使的承宣使，其多名子孙也获得高官。[2]在当时人眼里，这些佞幸出身低下，不过以奇技淫巧满足君主，在没有经历一道道从政环节的情况下就迅速升迁，属于不正当获利者。宋朝历史上，最受朝野批评的官场潜规则之一，便是佞幸之流得到超常的官爵优待。另外，潜邸出身的暴发户也常常与其存在交织关联。

至于帝王的皇室亲属、后宫的裙带关系以及宫廷宦官得到各种官爵待遇，但凡符合相应的条件，就属于明规矩。只有一部分外戚、宦官获得超规格优待，属于潜规则。宋朝太后临朝问政期间，外戚家族往往受到特别的官爵照顾。宋仁宗朝，刘太后垂帘掌权，她的侄子刘从德享受优待，很快就升迁到团练使，死后更被追赠节度使，追封公爵；又“录内外姻戚门人及僮隶数十人”为官，其恩泽待遇显然大大超过章程规定，虽引起御史“交章论列”，也无法改变既定事实。[3]在特殊时期，一些亲信宦官也被皇帝随意加官晋爵。如童贯因为得到宋徽宗的赏识，受到特别重用，他不仅打破宦官从未授节度使的惯例，成为宋朝唯一主宰过枢密院的宦官，还以陕西、河东、河北路宣抚使的头衔，统兵十万北伐，最终受封广阳郡王。[4]另外，谭稹、梁方平等宦官也先后获得节度使官衔，充当了统军将帅。[5]宋高宗在位期间，多个宦官受到重用。冯益先后加官武功大夫、防御使、观察使、宣政使，掌管皇城司、御马院，并时常弄权。张去为更为受宠，累

[1] 《宋史》卷470《佞幸·朱勔传》，第13684—13686页。

[2] 《宋史》卷470《佞幸·王继先传》，第13686—13688页。

[3] 《宋史》卷463《外戚上·刘美传附刘从德》，第13550页。

[4] 《宋史》卷468《宦者三·童贯传》，第13658—13661页。

[5] 陈峰:《论北宋后期文臣与宦官共同统军体制的流弊》,《国学研究》第17卷，北京大学出版社2006年版。

迁承宣使、延福宫使、入内内侍省都知，与宰相秦桧、御医王继先相互勾结，“恃恩干外朝谋议”，一时权势熏天。[1]

宋朝因皇帝引发的以上痼疾固然存在，但范围毕竟有限，主要集中在极少数人身上，并且在大多数时期里还得到控制，因此在中国历代王朝中并不算突出。

2. 宋朝当政大臣对用人权的影响

宋朝有权有势的官僚，在公开标榜秩序原则的同时，也往往关照自己的亲朋故旧及关系人，使他们在仕途上获益。在宋朝统治稳定的阶段，这种潜规则表现得相对隐晦，到北宋末年及南宋某些时期则有公开化的趋势，甚至到了肆无忌惮的地步。

北宋中前期，当政官僚干预用人的情况已经存在。吕夷简在宋仁宗朝长期高居庙堂，当时许多人官职的异常变动都与他有关，史称“进用者多出其门”，因此遭到一些官员的不满和非议。不过，吕夷简善于权谋，往往注意分寸，不轻易给外人留下把柄，故“虽数为言者所诋，帝眷倚不衰”。[2]景祐三年（1036年），权知开封府范仲淹上奏批评用人弊端，在给宋仁宗所献的《百官图》中列出官职升迁顺序，指明何为正常、何为违规，“如此则公，如此则私”，希望关乎官员升迁、大臣进退的大事，“不宜全委宰相”。吕夷简感受到巨大的压力，遂在宋仁宗面前诉苦、辩护，指责范仲淹“荐引朋党，离间君臣”，说动宋仁宗将范仲淹驱逐出朝。[3]另外，王随、陈尧佐二人在任宰相期间，也被谏官韩琦等人抨击有徇私用人行为，所谓“引

[1] 《宋史》卷469《宦者四·冯益传》《宦者四·张去为传》，第13670—13671页。

[2] 《宋史》卷314《范仲淹传》、卷311《吕夷简传》，第10269、10210页。

[3] 《续资治通鉴长编》卷118，景祐三年四月丙戌，第2783—2784页；《宋史》卷314《范仲淹传》，第10269页。

擢亲旧”。不久，王、陈二人即罢政。[1]其实，“进用者多出其门”“引擢亲旧”的记载，正反映出当时宰相照顾亲朋故旧的史实。

宋仁宗朝属于注重规矩的时代，潜规则表现得相对隐蔽，也受到一些官员的抨击。到北宋后期，明面上的规则日渐受到潜规则的侵蚀，潜规则已难以有效遏制。宋哲宗元祐三年（1088年），有言官公开上奏反映，四朝元老大臣文彦博与宰相吕公著家的许多亲属，以及吕大防等其他宰执大臣的一批亲属子弟，都破例得到升迁，获得各种美职官阙。其中吕公著一子吕希勣当年任知州，刚与资格沾边，就被召为少府寺少监；他的外甥杨国宝刚改官为知县，便被授予太常寺博士，不久又被提拔为成都府路转运判官……诸如此类，明显是“排斥孤寒，专引亲戚”的行为。[2]这种特殊优待自然属于超规格提拔，而被宋人视为名臣的文彦博、吕公著、吕大防等大臣竟心安理得地享用，足以说明潜规则已是政界公开的秘密。

到了秩序混乱的北宋末年，潜规则就有肆虐之势，最典型的例证莫过于蔡京所为。蔡京父子长期当权，家族几乎满门占据要津不说，凡与他们有关联的人也可获得提拔。由中书负责任命官阙的“堂除”，被蔡京等权贵滥用，严重挤占本属吏部的常规职权，为随意照顾人情打开了方便之门。宋人称，蔡京任用士大夫，“视官职如粪土”，无非是用国家的官爵换取私情。[3]有宋代笔记记载，同为高官的蔡卞曾去其兄蔡京府邸，说到常州州学某位教授淹滞多年。蔡京问如何安排，蔡卞答曰须给提学一职。蔡京马上取纸写出某人姓名与提学官职，却没有写明地方。蔡

[1] 《续资治通鉴长编》卷121，宝元元年二月甲申、三月戊戌，第2862、2864页。

[2] 《续资治通鉴长编》卷413，元祐三年八月辛丑，第10044—10047页。

[3] 《容斋随笔》“四笔”卷15《蔡京轻用官职》，第812—813页。

卞称此人家里极贫，非到待遇优厚之处不可。蔡京便提笔补上“河北西路”几个字，交人去办。随后，有随从手捧紫色匣子进来，说是福建路转运判官、直龙图阁郑可简所献新茶，蔡京随手在纸上书写“秘撰、运副”，交给来人。[1]教授为各州学校的教官，提学是路级机构中提举学事的简称，从一州学校的教授提拔到负责全路学校的提学，明显是越级升迁；秘撰即秘阁修撰，属高于直龙图阁的馆阁贴职，运副则为高于转运判官的转运副使，郑可简所获秘撰、运副，同样属超常晋升。由此可见，宰臣蔡京安排人情官职，几同儿戏。王黼在相位时，他14岁的儿子竟能获得待制的清华职衔，以至被京城人讥讽为“胡孙待制”。[2]朱勔一家，子弟也多得高官。[3]这些显然都是得益于潜规则。

不过，当时偶尔也有无意享受照顾的士人，其本属正常的行为倒显得不合时宜。当年蔡京被宋徽宗从杭州召回朝，途经苏州时结识了当地知县吴伯举。蔡京欣赏其才华，当权后推荐他连升三级为知制诰。可吴伯举上任后认为这不合规矩，引得蔡京颇为恼怒，遂将其外放为知州。不久，有人称赞吴伯举之才，并说此人为宰相蔡京所垂青，不应久居外地，蔡京则说道：“既作好官，又要作好人，两者岂可得兼耶！”[4]由此可见，蔡京对潜规则下造成的美差与好人不可兼得的问题，心中是一清二楚：要想获得破格提拔，就必须同流合污，否则只能安心去做好人，而不要指望仕途通达。

在南宋的某些时期，权臣秦桧、韩侂胄、史弥远、贾似道当道，官场深受潜规则影响。一时权贵之家鸡犬升天，形形色色追

---

[1] 《容斋随笔》“三笔”卷15《蔡京除吏》，第603页。

[2] 《老学庵笔记》卷10，第132页。

[3] 张邦基：《墨庄漫录》卷5，《墨庄漫录·过庭录·可书》，中华书局2002年版，第148页。

[4] 《曲洧旧闻》卷6，第167页。

随者走终南捷径的现象，四处可见。史弥远据说对亲属尚有限制，但对追随者予以重用，特别是对家乡四明（今浙江省宁波市）人分外照顾。一日，史弥远在府邸设宴，安排杂剧艺人表演，一位艺人扮作士人说：“满朝朱紫贵，尽是读书人。”不料想另一个艺人插科打诨道：“非也，满朝朱紫贵，尽是四明人。”[1]还有记载反映：“当史丞相弥远用事，选人改官，多出其门。”于是，当时一位四川大帅设宴，请艺人表演助兴，艺人们扮演成孔子与几个弟子，自称选人的弟子们都吵闹着要改为京官，孔子只同意宰予的要求，颜回科考成绩为首，自然不服。宰予辩称他钻了遂改，颜回答曰他非不钻，但钻而弥坚。宰予便说，颜回当然不能改官，“何不钻弥远乎？”[2]这段幽默的戏中对话，暗中讽刺官员只有钻营史弥远的门路，才能获得升迁。

不说韩侂胄、史弥远、贾似道三位权臣，仅以号称中兴之主的宋高宗朝来看，秦桧对官场的破坏就相当典型。秦桧操持权柄期间，家族成员在仕途上皆飞黄腾达。秦桧无子，收妻兄之子为养子，即秦熺。绍兴十二年（1142年），秦熺进士及第后，在没有积累选人阶段资历的情况下，即获得朝奉郎官衔，出任临安府通判。[3]随后，他连任翰林学士等美差，大大超过同辈。他入仕后仅用六年时间，就迅速升至知枢密院事，成为执政大臣。秦桧三个未成年的孙子，都享受荫补特权，开始授官的级别又明显超出规格。长孙秦埙参加科举考试，原本两浙路中举第一名为大诗人陆游，秦埙位列其次。到省试、殿试时，考官们为了巴结秦桧而作弊，将秦埙先后取为第一名。其中一位考官董德元还兴奋地说他们可以富贵了！宋高宗实在看不下去，才把秦埙压为

[1]《贵耳集》卷下，第356页。

[2]《齐东野语》卷13，第245—246页。

[3]《建炎以来系年要录》卷145，绍兴十二年四月庚午，第2727—2728页。

第三。而陆游则遭到废黜，名落孙山。[1] 秦桧另外两个孙子秦堪、秦坦，也都获得直龙图阁、直敷文阁的官衔。秦桧兄长秦梓、秦桧妻家王氏兄弟以及其他姻亲，亦晋升迅速，占据京师内外要职、肥缺。甚至连曾投靠过伪齐政权的郑忆年，因为有秦桧妻族姻亲的关系，南归后仍能留在官场中，享受资政殿大学士的高官待遇。曹泳因与秦桧沾亲带故，从一介低级武官转为文臣，并一路做到户部侍郎兼知临安府的位置。还有秦桧府中的教师、门客，同样在科举、迁转、差遣官职上享有常人无法获得的优待。[2] 另外，与秦桧有同乡、同学及友情关系的人也得到不次拔擢。史称“秦桧除吏多亲故，间亦用同乡、同榜之士”，当然这些人还须主动投靠。[3] 秦桧早年的同乡同学范同、段拂、何若、巫伋等人，先后被安排到执政大臣的官位。宋人指出，秦桧当权，“士淹滞失职，有十年不解者。附己者立与擢用”。[4] 也就是说，普通士人科举入仕后，有十年都不能得到实缺的人，而秦桧的追随者很快便可获得提拔重用，足见潜规则已成为当时官场的硬指标。

宋人笔下有许多秦桧随意照顾人情官位的记载，甚至一次交往或几句奉承话，就能成为提拔的理由。北宋末年，秦桧回故乡建康（今江苏省南京市），租房居住。时当酷暑，当地知县张师言来访，言谈之中，得知秦桧想要一间凉棚，遂连夜起造。次日，秦桧发现搭建的凉棚后为之大喜。后来，秦桧拜相，张师言年龄已过70岁，照例应该退休，秦桧当即在官方记录中删去十

---

［1］《建炎以来系年要录》卷166，绍兴二十四年三月辛酉，第3152—3153页；《宋史》卷395《陆游传》，第12057页；《四朝闻见录》乙集《陆放翁》，第65页。

［2］《荒淫无道宋高宗》，第311—319页。

［3］《建炎以来系年要录》卷168，绍兴二十五年三月庚午，第3189页。

［4］《宋史》卷473《奸臣三 · 秦桧传》，第13765页。

年，将张师言提拔为知州。[1]秦桧家新第落成后，宋高宗御笔赐予“一德格天之阁”匾额，官僚们都来庆贺。有位朝官的贺启中有“我闻在昔，惟伊尹格于皇天；民到于今，微管仲吾其左衽”之语，将秦桧比作辅佐商汤的伊尹与春秋时齐国大功臣管仲；另一个选人投诗阿谀奉承道：“多少儒生新及第，高烧银烛照娥眉。格天阁上三更雨，犹诵《车攻》复古诗。”秦桧读罢大喜，立即将此朝官予以提拔，对此选人则给予改官的奖赏。[2]南宋人因此指出，“秦桧为相，久擅威福。士大夫一言合意，立取显美，至以选阶一二年为执政，人怀速化之望”。[3]

在宋朝，由于掌权大臣能直接左右官员的前程，于是下属纷纷讨好奉承，这其实也属于一种潜规则。仅以磨勘、改官时最令人头疼的荐举环节为例，因为举主既有连坐责罚的顾虑，又有推荐名额的限制，亲朋故旧不说，还有很多人找上门来，故举主所写的举状就成为抢手之物。彼时，众多下级官员因找不到或凑不齐举状，只能眼巴巴地徘徊于磨勘、改官的门槛之外。而对权贵之家来说，这就显得轻而易举，只需打个招呼就有人积极配合，甚至不用亲自出面，也有人主动送上门来。在最讲规矩的宋仁宗朝，使相王德用的外甥女婿李师锡改官时需要举主，竟有30余人送来推荐书；[4]枢密使庞籍的女婿陈琪的改官举状，也有17份之多。[5]这显然是官员争相巴结大臣的表现，由此体现的潜规则自然影响到达官与孤寒两类子弟的仕宦前途。至于北宋末年和南宋时期，这种现象就更为常见。

---

[1] 《挥麈录》“余话”卷2，第243页。

[2] 《鹤林玉露》甲编卷5，第79页。

[3] 《桯史》卷7《朝士留刺》，第84页。

[4] 《渑水燕谈录》卷1《帝德》，第4页。

[5] 《鸡肋编》卷下《陈琪以举者多而报罢》，第121页。

3. 宋朝官场的其他潜规则

在宋朝官场中，还存在其他很多潜规则，对官员的晋升也可以产生影响。通过疏通手段打通仕途上的关节，使用贿赂的方式以获得快速升迁或越级提拔等现象，都属于潜规则。

有关宋代官僚疏通关节的记载颇多。宋仁宗朝，刘太后兄家的一个宠婢，可以随意出入内宫，能在太后面前说情，刑部侍郎赵稹便“厚结之”，因此被擢为枢密副使。[1]宋仁宗宠爱张贵妃，张贵妃的堂伯张尧佐便动员远房侄女为自己吹枕边风，遂因缘附会攀至高位。更可笑的是，张贵妃的奶妈贾婆婆有机会影响主子，有人便打起她的主意。据说朝臣贾昌朝为了升官，竟不顾年龄、体面，与贾婆婆冒认了姑侄关系，因此进入皇帝的视野，仕途顺畅，最终做到宰相。当他与参知政事吴育发生冲突时，又是贾婆婆暗中相助，说动皇帝将对手逐出中书。后来，台谏官弹劾贾昌朝的数条罪状，其中就有拉拢贾婆婆推荐他一事。近臣闻听后还不相信，宋仁宗默然良久，只得承认确有其事。[2]据说，就连名臣文彦博也走过宋仁宗后宫张贵妃的路子。[3]前述蔡京落魄杭州期间，便是通过结交宦官童贯，疏通了与宋徽宗的关系，得以回朝并受到重用。走蔡京门路发迹的官员，更屡见不鲜。宋孝宗朝，文臣叶蘅、武官徐本即是打通宠臣曾觌的关节，获得皇帝的赏识。他俩一个“自小官十年至宰相”；另一个从小使臣先超迁为刺史、知阁门事，随后改换文职，历任枢密都承旨、浙西路提点刑狱、集英殿修撰等要职。之后有臣僚向宋孝宗反映，先前士大夫走曾觌等门路的不过十分之一二，还怕为人所知，如今

[1] 《续资治通鉴长编》卷109，天圣八年九月乙丑，第2544页；《宋史》卷288《赵稹传》，第9682页。

[2] 苏轼：《东坡志林》卷3，中华书局1981年版，第69页。

[3] 《邵氏闻见录》卷2，第13页。

已公然到十分之八九，“大非朝廷美事也”。[1]此话虽不免偏激，却道出了部分实情。南宋末年的权臣贾似道主政，官僚们无不想与他搭上关系，以获得提拔。贾似道喜好玉器，有官员便与贾府玉工陈振民称兄道弟，通过这一关系获得了升迁。[2]至于南宋时期，官员在面临改官、晋升环节时，常常托人通过大臣出面说情，以取得保举文书，就实在算不得稀奇的事了。[3]

有关官场上行贿的记载，在宋代同样不少见。低级官员在磨勘改官时，若无广泛的人脉关系，很难找到五位推荐上司，无奈之下只能花钱来买。宋仁宗时，有大臣曾在上奏中提到，一些官员“阴行宠赂，构求荐举”。[4]宋高宗时，普通官员常常在申请改官程序上遭受主管机构吏人的刁难，材料稍有瑕疵，便被退回。于是，以行贿的方式解决问题已成为众所周知的潜规则。当时一份荐举书可卖三五百贯钱。[5]宋人还反映，改官者没有500贯贿赂吏部主吏，纵然有五份荐举书，也不能通过，故士大夫们都说：“无五百千，莫近临安。”一些既无背景又无钱疏通的孤寒之士，往往不顾廉耻地向权贵献媚，以求取推荐，否则只有落得“终身为选人，老死不得改官”的结局。[6]而那些大胆的官员，干脆就直接用重金贿买高位。贾似道专权期间，官吏贿买官职的情况尤为严重，史称：“吏争纳赂求美职，其求为帅阃、监司、郡守者，贡献不可胜计。”[7]帅阃即路级之上的大区首脑，监

[1] 《宋史》卷470《佞幸·曾觌传》，13691页。

[2] 《宋史》卷474《奸臣四·贾似道传》，第13783页。

[3] 黄淮、杨士奇编：《历代名臣奏议》卷49《治道》胡铨上言，上海古籍出版社1989年版，第665页。

[4] 夏竦：《文庄集》卷13《退巧宦》，《宋集珍本丛刊》第2册，线装书局2004年版，第546页。

[5] 《建炎以来系年要录》卷173、卷174、卷198，绍兴二十六年七月庚戌、绍兴二十六年八月戊寅、绍兴三十二年闰二月己丑，第3312、3315—3316、3326、3890页。

[6] 《历代名臣奏议》卷49《治道》胡铨上言，第665页。

[7] 《宋史》卷474《奸臣四·贾似道传》，第13783页。

司、郡守则为路、州的长官。

宋朝长期存在的上述官场潜规则，是对明规矩的无形破坏。违规任用官员的种种手段，由皇帝与当权大臣带头操纵所引发，成为权贵集团利益分肥的特殊方式。这种潜规则与明规矩不符，势必对官员晋升造成不公的结果，故通常情况下只有上层少数人暗中分享，并讳莫如深，而大多数普通官员则无权受益。宋朝君臣遵循崇尚科举的共识，将进士出身的官员看作施政的中坚力量，是否具备这一条件也往往成为当政者必须考虑的标准，即进士出身者在潜规则中遭遇的障碍较少，反之则受到的影响更大。于是，宋朝官僚都鼓励子弟投身科考，由此争取更大的发展空间，那些不成器的后人只能走荫补入仕之路，即使有机会分享潜规则，前程也相当有限。

秩序混乱时期，权贵集团因失去有效的约束，对自己的家族滥用潜规则，使得历来敏感的潜规则也不再隐讳，包括权臣子弟通过科考作弊取得进士出身，以此获得快速升迁。同时，当权者还随意放大势力范围，使上层圈子边际模糊，就为形形色色的投机者提供了更多的可乘之机，从而进一步堵塞了普通官员的晋升通道。潜规则不仅公然践踏了官场底线，也对官员队伍造成极大影响。此时，善于钻营者竭力挤进权贵圈子，以搭乘仕途的顺风车，或许还有更多人冀望效仿，不过机会毕竟有限，大多数人只能无奈抱屈，听任明规矩的摆布。还有那些拒绝同流合污者坚守底线，一方面期待明君善政再现，另一方面愤懑抨击弊政，其言辞甚至不免过激。然而，随着宋朝日趋腐朽没落，即使出现过短暂的整顿改良，却无力根治沉疴已久的潜规则，更常常呈现轻抑重扬之势，潜规则最终成为官场的突出弊政之一。

三 仕宦追求与表现

宋朝历史上，文官士大夫长期主导朝政，他们抱有传统社会的追求目标，希望施展抱负，仕宦显达，但最终功成名就者只有极少数人物。在300余年的演化过程中，又因时势不同导致追求目标不断变化，就此“时势造英雄”。不过这些“成功者”并非都是真正意义上的英雄，依照成王败寇的传统价值评判，还包括各类身居高位的文官大臣。关于他们的表现，史籍留下了翔实的记载。从一些代表性大臣身上，既可以看到他们走过的不同仕宦之路，也能考察到他们对待功名利禄的态度。他们体现的相似共性与差异个性，集中彰显出宋朝官场游戏的生动特点。

1. 赵普与宋初官僚的追求

在历经多年战乱后，宋朝建国草创期的政界不免有些粗犷气息。彼时，帝王出身草莽英雄，当政的文武大臣也有类似的经历，如朱熹所评说：“国初人材，是五代时已生得了。”朱熹还感慨开国初大臣“朴实”。[1]且不说当年粗鲁的将帅，就是潜邸出身的亲信文臣也大都见识有限。相比而言，最富谋略也最有影响的官僚非赵普莫属。曾为五代藩镇幕府属吏的赵普，虽然读书不多，学养欠缺，但精通刀笔功夫，并拥有丰富的阅历，极具民间智慧与手腕，因此在乱世中显示出过人的才能，成为赵匡胤的心

[1] 《朱子语类》卷129《本朝三·自国初至熙宁人物》，第3085页。

腹谋士与开国功臣，在协助宋太祖建国与稳定政权的同时，也成就了自己的功业。

赵普是宋初的重臣，特别是在宋太祖朝长期深受信赖，以务实而果决的手段声闻朝野。他在登上相位之前，就已参决大政，史称："宋初，在相位者多龌龊循默，普刚毅果断，未有其比。"入主中书后，他更被宋太祖"视如左右手"，"事无大小，悉咨决焉"。[1]统一方略、收兵权、解决藩镇割据及整顿秩序等重大决策，他都是关键的谋划者。但赵普在朝堂上作风专断，也令其他大臣颇为忌惮，臣僚上朝前要先到中书递交奏状，无指责朝政之语才能面见皇帝。[2]赵普还敢于对宋太祖坚持己见，甚至不加顾忌。"杯酒释兵权"结束不久，宋太祖考虑用老藩镇、魏王符彦卿主掌禁军，时为枢密使的赵普认为不妥，就提出异议。宋太祖不听其屡次苦劝，宣布了诏命。赵普揣着诏书入宫继续反对，当宋太祖表示他厚待符彦卿，符彦卿不可能背叛他，赵普竟回答道："陛下何以能负周世宗？"赵普以当朝皇帝受周世宗厚待却篡位的隐私为例，大胆加以告诫，最终使宋太祖收回成命。[3]至于举荐官员之类的事，也大致如此。赵普之所以如此，大概因为他既有辅佐开国之功，施政能力又无人能及，故宋太祖不得不倚重他。据记载，他还屡次当面提及宋太祖昔日的短处，直到宋太祖豁达地反唇相讥后，才不再敢言。到建国十余年以后，宋太祖终于厌烦了他的专断，开宝六年（973年），将他打发到地方赋闲。[4]

52岁的赵普离朝后，虽不甘心寂寞，却一直没有复出的契机。太平兴国六年（981年），他因积极为宋太宗迫害皇弟、秦

[1]《宋史》卷256《赵普传》，第8940、8932页。

[2]《东轩笔录》卷14，第158页。

[3]《续资治通鉴长编》卷4，乾德元年二月丙戌，第83—84页。

[4]《宋史》卷256《赵普传》，第8933、8940页。

王赵廷美出谋划策，并坚称自己亲身经历了杜太后临终嘱托宋太祖“金匮之盟”的过程，打动宋太宗，从而借机东山再起。宋太宗对赵普的动机虽心知肚明，但出于巩固帝位与传位子嗣的考虑，还是接受了他的投机行为。赵普在配合宋太宗制造赵廷美冤案的同时，也将政敌、宰相卢多逊一并举族削籍流放。[1]不过，赵普虽然尽心政务，并一改以往强硬的作风，注意举止分寸，但其深不可测的心机和手段，使宋太宗对他不能不防。两年后，赵普再度被罢相外放。他离开庙堂后，表面上韬光养晦，实际上依旧不愿淡出政界。当雍熙三年（986年）第二次北伐失败，宋太宗正深感难堪之际，他乘机上奏，一方面指出用兵之害，另一方面则从维护皇帝个人利益出发，提出“兵久则生变”的劝谏。[2]端拱元年（988年），宋太宗再度起用67岁的赵普为首相，并在他最后的两年任内给予许多照顾，免去了许多繁文缛节，以方便垂暮之年的他出入朝堂。翌年冬，赵普大病一场，至此他才明智起来，主动请辞养闲。淳化三年（992年），一代重臣赵普寿终正寝，享年71岁。[3]

就仕宦生涯而言，赵普可谓达到同时代无人可比的高峰。他在建国伊始从右谏议大夫、枢密直学士起步，半年多就升任枢密副使，两年后为枢密使，再过一年多即出任宰相，并从此独自为相近十年。到宋太宗朝，他又两度主掌中书。他晚年到洛阳赋闲时，还拥有太保兼中书令、西京留守及河南尹等隆高官衔，最终致仕之际，又获授太师、魏国公。赵普死后，被追

---

[1]《续资治通鉴长编》卷22、卷23，太平兴国六年九月丙午，太平兴国七年四月丙寅、丙子，第500—502、516—517页；《宋史》卷244《宗室一·赵廷美传》、卷256《赵普传》，第8666—8669、8933—8934页。

[2]《宋史》卷256《赵普传》，第8934—8936页；《续资治通鉴长编》卷27，雍熙三年五月丙子，第614—617页。

[3]《宋史》卷256《赵普传》，第8939页。

赠尚书令、真定王，宋太宗还亲自撰写神道碑文。宋真宗朝，赵普又被追封为韩王，在选定两位陪祀太祖庙的大臣牌位时，他位列其中之首。[1]如此看来，赵普不仅生前功成名就，死后还享有罕见殊荣，确为宋朝官场上不多见的人物。

然而，赵普有着古代官僚的通病，除了权力欲过重外，还贪恋财富。他出身五代小吏，怀揣出人头地的向往，也深受世俗富贵观念影响，登上庙堂后贪权恋财。其实，赵普对钱财的热衷，与当时世人对权势的理解存在关联，即权与利相连，贵与富相沾，地位越高财富就应越大。于是，他纵容家人违法牟利，包括挤占公地营建私邸、违禁贩运木材、开设当铺及享受馈赠等。某日，赵普私下接受吴越王馈送的瓜子金十瓶，就恰巧被来访的宋太祖发现。朝臣雷德骧在揭发赵普干涉司法的同时，也反映他强占市民宅院，聚敛财富。宋太祖惯于用金钱收买人心，对重用的人更是如此，对此都予以包容。[2]而在宋太宗朝，赵普又通过投机延续了政治生命，但再多的风光也无法遮蔽晚节不保的一面，归根结底还是过度追求权势所致，他也因此受到后世的诟病。元人为他写传时，只能感慨道："岂其学力之有限而犹有患失之心欤？"[3]也就是说他学养不足，又有怕失去权势之心。

赵普无疑是宋初功成名就而又最具影响的官僚，相比之下，同期其他大臣都不免相形见绌。当年，跻身庙堂的臣僚或因缺乏特殊背景，或因自身性格、能力的局限，大都难以发挥赵普那样的政治能量，故施展作为有限，荣登相位就成为他们追求的主要目标。如最早的范质、王溥及魏仁溥几个宰相，属于宋太祖暂时留用的后周遗臣，属于过渡性的角色，不过是安享富贵而已。宋

[1] 《宋史》卷256《赵普传》，第8931—8941页。

[2] 《宋史》卷256《赵普传》、卷278《雷德骧传》，第8933、9453页；《邵氏闻见录》卷1，第2页。

[3] 《宋史》卷256"论曰"，第8945页。

太祖朝另外两位宰臣薛居正、沈义伦，皆为赵普原来的副手，其权势与表现都远不及赵普。相比于宋太祖的豁达，宋太宗猜忌心极重，又一贯独断专行，故当政大臣的任期大都较短。同时，他们因畏惧宋太宗，基本表现出循规蹈矩的特点，既不敢揽权，也不敢过分玩弄手腕，而以邀宠固位为要务。正如清人王夫之所评说，宰执大臣“乍登乍降”，宛若宋太宗手中随意挪动的棋子。[1]如前所述，赵普便适时改变了从政风格，其他人更是谨言慎行。宰臣李昉“小心循谨，无赫赫称”；[2]参知政事贾黄中遇事回避，所谓“专务循默，无所发明”；[3]宋琪、吕蒙正等人，也都以安分守己著称。吕蒙正两次出入相位，都不过两年左右时光，唯以儒雅厚重的方式自保，知所进退。吕蒙正算是头脑清醒，对个人获得的名利十分知足。他晚年写诗道：“昔作儒生谒贡闱，今为丞相出黄扉。两朝鸳鹭醉中别，万里烟霄达了归。羽客渐垂新鹤发，故人犹着旧麻衣。洛阳漫说多才子，从昔遭逢似我稀。”[4]这首诗的大意是：自己从一介书生登上相位，并两度主掌中书，垂老返乡洛阳后，看到同辈旧人还在困顿之中。洛阳才子再多，能达到自己地位者却不多见。

2. 寇准、李沆与王旦的仕宦风格

从宋真宗朝开始，解决乱世棘手难题的创建期已经结束，王朝统治日趋平稳，朝堂也由进士出身的大臣主导，学养已不再成为问题。但文官士大夫同样面临仕途上的追求与诱惑，特别是在时势变化过程中需要考虑如何取舍。当时大臣的从政风格即展现

[1] 《宋论》卷2《太宗》，第46页。
[2] 《宋史》卷265《李昉传》，第9138页。
[3] 《宋史》卷265《贾黄中传》，第9160—9162页；《宋太宗实录》卷76，第158页。
[4] 《默记》卷中，第33页。

出他们的抉择，其中以寇准、李沆与王旦最受后世关注。

从寇准的经历来看，他属于少年得志，几度登上仕途高峰，又屡遭磨难，大起大落。太平兴国五年（980年），他才19岁就进士及第，是同榜中最年少者。在当时官场人才缺乏的情况下，寇准入仕后直接被授予大理评事的京官，两任知县，23岁晋升州通判。端拱元年（988年），寇准进入中央，很快便升任三司盐铁判官。不久，他被宋太宗亲自提拔为枢密直学士。淳化二年（991年），他30岁，升任枢密副使，成为最年轻的执政大臣。两年后，他遭贬外任一年，随后回朝为参知政事。不到两年，他再次被贬为地方官。直到咸平五年（1002年），他才被宋真宗召回京师，出任权知开封府，不久被提拔为三司使。景德元年（1004年）七月，43岁的寇准从三司使直接升为次相。在同年秋冬，他主持了抗击辽军南下的决战，最终签订澶渊之盟。一年半后，寇准又一次遭到罢免，出守地方。大中祥符七年（1014年），他返回中央，做了不到一年的枢密使，又被打发到地方赋闲。天禧三年（1019年），58岁的寇准东山再起，但时隔一年再度遭到罢黜。随后，他被政敌流放到岭南，至死也没有回到京城。

寇准志向远大，一生不甘平庸，从步入政坛之日起，就勇于作为。早年在知县任内，他兴利除弊，颇得民心。进入中央机构后，他遇事敢言，曾当着皇帝与大臣的面直指时弊。宋太宗事必躬亲，臣僚只顾自保而不愿多言，因此寇准奋不顾身的耿直行为就显得十分难得，赢得宋太宗的注意与赏识。如一次上朝议事，年轻的寇准因言语直率，惹得宋太宗恼怒地站起，他竟上前拽住龙袍继续陈说，直到事情决议后才退去。宋太宗不由得感叹，他得寇准，犹如唐太宗得到魏征！宋太宗晚年多疑，几位朝臣上奏建议立储，都因此被贬至外地。但他最终主动征求寇准的意见，确立了皇储人选，足见寇准颇得器重。[1]在宋真宗朝，寇准终于执掌中书大政，遂以"以天下为己任"的抱负施展治国才能。特别是在景德元年（1004年），他力排众议，促成宋真宗亲征，主持抗击萧太后、辽圣宗亲自率领的辽军南攻，最终迫使对手妥协，签订澶渊之盟。他因此成为一时叱咤风云的英雄，被宋人公认为名相，并深得后世好评。

寇准性情刚直外向，当政期间敢作敢为，甚至不顾及后果。正如宋真宗最初考虑任用毕士安与寇准为宰相时，征求毕士安的意见，毕士安说寇准天资忠义，善断大事，"此宰相才也"。宋真宗反问闻听寇准"好刚使气"。毕士安答称寇准为人方正，"忘身徇国，秉道疾邪"，故"不为流俗所喜"。[2]从这段对话里，可以看到寇准具有治国大才，也有刚直而任性的特点。这在用人上就有直接的体现。寇准在宰相任内，打破论资排辈的规矩，大胆用人，对有为的官员破格提拔。一次中书任命官员，同僚安排吏人拿出人事资历簿给寇准看，他却说宰相的职责是进贤能抑庸才，若全按资历办事，只需一个吏人就足矣。不过，他有时过于爱憎分明，甚至不顾规矩。早在他参知政事任期内，一次南郊祭祀大典结束后，百官依照惯例应获得叙迁，寇准素来印象好的官员多得美职，而他反感或不熟悉的人则受到抑制，他也因此遭人非议。[3]

寇准从政风格过硬，不懂妥协迂回，自然容易得罪同僚，也难以长期为帝王所容。他的好友张咏叹惜道：寇公奇才，可惜"学术"不足！这里所言的"学术"，指的是政治权术。寇准不善于使用权谋手腕，便往往使自己处于不利的境地。正因为如

[1] 《宋史》卷281《寇准传》，第9527—9529页；《涑水记闻》卷2，第36—37页。

[2] 《宋史》卷281《毕士安传》，第9519页。

[3] 《宋史》卷281《寇准传》，第9531、9529页。

此，宋太宗欣赏他的直率，却反感他不懂分寸。时任枢密副使的寇准，因与顶头上司、武官出身的张逊议事不和，引起对方忌恨。淳化四年（993年），张逊唆使人诬告寇准行为不当，寇准竟与张逊在宋太宗面前争辩，相互揭短，甚至声色俱厉，令宋太宗大为恼怒。于是，两人皆被贬官。至道二年（996年），寇准因安排百官升迁的事受到朝官冯拯的控告，遭到皇帝的质问，他依旧不知分寸，一味为自己辩护，还请求与冯拯在朝堂上公开对质。宋太宗告诫他，若当庭分辩，有失大臣之体。话已至此，寇准犹不知妥协，仍坚称自己无过，又拿出有关公文档案作证。宋太宗愈加气恼，再度将他贬官。景德元年（1004年），寇准登上相位后，行事风格依然如故。尤其是为了促成宋真宗亲征，他甚至有逼迫皇帝的举动。澶渊之盟以后，他又不免有些居功自傲，“颇自矜澶渊之功”，不知功高震主的大忌，为政敌提供了攻击的口实，终于遭致宋真宗的抛弃。在以后复出为枢密使期间，他依旧没有改变作风，宋真宗即认为他“刚忿如昔”。寇准还不注意与宰相王旦处好关系，屡次向皇帝指责王旦的不足。寇准在最后主政期间，似乎有倚老卖老之嫌，不把新贵丁谓、曹利用等人放在眼里。最初丁谓对寇准十分尊敬，一次中书大臣会餐，寇准的胡子沾上汤汁，丁谓起身替他抹掉。寇准却不领情，竟当众取笑丁谓身为参知政事，乃国之大臣，怎能为长官擦胡须！于是引起丁谓的忌恨。[1]曹利用是澶渊之盟中出使辽方的小武官，后来一路升迁至枢密使，寇准对他便颇为轻视，双方成为冤家。[2]当时，刘皇后利用宋真宗多病之机开始干政，寇准只想到压制，而不知此举已给自己带来祸端。于是，他最终遭到政敌联手报复，

[1]《宋史》卷281《寇准传》、卷282《王旦传》，第9527—9533、9547页；《续资治通鉴长编》卷93、卷95，天禧三年六月戊戌、天禧四年六月丙申，第2152、2196—2198页。

[2]《续资治通鉴长编》卷95，天禧四年六月丙申，第2196—2197页。

被贬官流放。

寇准最突出的弱点还是功名心过重，视入主庙堂为成功的标志，不知有所进退。特别是他在宋真宗朝二度被贬地方后，仍然不甘心隐退，为了东山再起，竟效仿王钦若、丁谓等人伪造天书的投机行为，也默许（甚至可能指使）部属在终南山下制造“天书”。然后，通过献“天书”的方式，取得宋真宗的谅解，得以再任宰相。据记载，寇准临行前，有门生劝阻，希望他保全一世清名。[1]但寇准并未采纳弟子的建议，这就成为他一生中最大的污点。其实，寇准并非圣人，对权位的理解没有达到超然的境界，犯了古代政客的通病，还是功名心过重。不过，他更看重权力带来的荣光，对财富利益倒不十分追求。宋人记载，寇准从政数十年，从不购置房产宅第。[2]加上其突出的作为与刚直的品行，故当时和后世少有人追究他的不足，甚至还将他讲排场、好饮宴的一面当作佳话流传。史称寇准“少年富贵，性豪侈，喜剧饮”。[3]寇准在外放地方期间，生活豪奢，尤喜大摆宴席，世人却并不以此非之。后来，生活奢侈的大臣夏竦曾不解地问门客，为何寇公如此而未遭非议，自己却被指责。门客答称，曾听说寇公闲暇之日与下属到郊外聚饮，偶然遇到一个卸任的县官，当即招呼此人一同饮酒。而夏竦对出入京城的士大夫，却以官位高低分别相待，故世间的品评自然不同。[4]这段记载，恰好说明宋人对寇准坦诚的性情相当欣赏，已抵消了对其豪侈举动的关注。

与寇准同时期的李沆、王旦，也先后出任过宰相，三人还有同年科考之谊，都属进士及第中的翘楚。但与寇准相比，李沆和王旦的仕途生涯就顺畅得多，这与两人稳重的性格与成熟的手腕

[1] 《续资治通鉴长编》卷93，天禧三年三月乙酉、五月甲申，第2141—2142、2148页。

[2] 夷门君玉：《国老谈苑》卷2，《丁晋公谈录（外三种）》，第66页。

[3] 《宋史》卷281《寇准传》，第9534页。

[4] 高晦叟：《珍席放谈》卷上，《全宋笔记》，大象出版社2008年版，第184页。

有关，更重要的原因是他们善于与皇帝相处。宋太宗时代，李沆已崭露头角，官至礼部侍郎、太子宾客。宋真宗即位不久，他就出任宰臣，到景德元年（1004年）才病逝任上。李沆在宰相任内尽力扮演好辅佐新皇帝的大臣角色，稳妥处理各种关系及问题，使年轻的宋真宗顺利适应了庙堂环境，因此深得信赖。李沆以追求大政稳定为己任，故从政最突出的特点是持重，注重规矩，不求虚名，有意抑制躁进、投机者的影响。如当宋真宗询问治道的优先问题时，他的回答是：不用浮薄好事之新人。于是，对于各种上奏利害得失的议论，李沆大都不予考虑，对外人讥讽自己为没有口的葫芦也不在意。其实，李沆深谙传统政治的经验教训，最担心主宰国家的皇帝受到各种鼓动，失去制约，为所欲为。史称澶渊之盟以后，宋真宗缺少了约束，与投机政客大搞天书神道运动，即印证了李沆的先见之明。[1]

李沆除了思虑缜密外，还有着明显的君子之风，无过分的功名诉求。他从不向皇帝上密奏，宋真宗曾问他："人皆有密启，卿独无，何也？"他答道："公事则公言之，何用密启？夫人臣有密启者，非谗即佞，臣常恶之，岂可效尤。"这种坦荡的品行举止，进一步赢得宋真宗的尊重。另外，他也不在意物质享乐，私宅既不够宽敞，破损了亦不及时修补。家人屡次劝说建造新居，他最终回答道："身食厚禄，时有横赐，计囊装亦可以治第，但念内典以此世界为缺陷，安得圆满如意，自求称足？今市新宅，须一年缮完，人生朝暮不可保，又岂能久居？"显然，李沆对富贵的理解更为清醒明智，超越了大多数同辈。因而，李沆临终之际，宋真宗两次亲往他家抚慰，哭诉道："沆为大臣，忠良纯厚，始终如一。"宋真宗还提拔李沆数子、亲属的官职。日后，

［1］《宋史》卷282《李沆传》，第9539页。

李沆获得陪祀宋真宗庙的殊荣，还被宋人称为“圣相”。[1]就此而言，李沆可谓功成名就，成为宋代名臣的代表之一。

王旦出身官宦名门，其父王祜[2]曾是宋初两朝的御用笔杆子，官至兵部侍郎。得益于广泛的人脉关系，王旦入仕之初虽不如寇准、李沆那样发达，倒也稳步发展，在宋太宗朝做过知制诰、兵部郎中等官职。宋真宗即位后，他很快被提拔为翰林学士，主持过科举考试，先后升为同知枢密院事、参知政事，跻身执政行列。在宋真宗亲征澶州期间，王旦身负重任，兼任东京留守，扮演坐镇京师的要角。寇准第一次罢相后，王旦接任其位，并且独主中书多年。经历澶渊之盟期间的严重边防危机之后，宋真宗希望重塑自己的神圣地位，也厌烦了寇准的刚直做派，于是接受王钦若等人的建议，从事隆重的造神活动。宋真宗为如愿开展这场含有投机色彩的运动，不得不用王钦若、丁谓等人积极配合，但又要防止朝政失去底线，遂起用王旦为唯一的宰相，以居中发挥平衡作用。说起来，王旦性格温和，属传统稳健派大臣，在承担社稷职责的同时，对君王有着更多的理解，所以既不像寇准那样坚持己见，也不会过分投机。特别是他宽厚的性情与足够的资望，使他最易被各派官僚接受，正适合担当平衡的关键角色，于是他成为宋真宗倚重的股肱大臣。最终，天书祥瑞运动得以推动并持续多年，朝堂虽然深受影响，却并未走向极端。王旦因此稳居相位，直到病死于任上，并以厚重沉稳著称于史，也被宋人视为一代名臣。

然而，王旦不能阻挡皇帝与政客的投机造神活动，还是成为他的最大污点，他对此也心知肚明。据记载，他多次欲向皇帝劝谏，甚至想到辞职，又感到深受厚待，不忍离去。其实，他大概

[1] 《宋史》卷282《李沆传》，第9538—9541页；《闻见近录》，第22页。

[2] 《宋史》卷269则称王祐，第9242页。

也舍不得真正放弃名利地位，唯有勉力尽责，故常常陷于烦恼之中。每遇神道礼仪场合，王旦都要担任其中最隆重的大礼使等职务，他总是手捧“天书”却流露出“悒悒不乐”的神情。最终，他晚年移情于佛教，以寻求解脱。天禧元年（1017年），王旦弥留之际竟留下遗言，让家人在他死后一切从简，并为自己削发，以和尚装束火葬。当然，家属与皇帝都不会接受如此反常的要求，仍按传统礼仪将他隆重下葬。[1]王旦这一举动很可能与他追悔自责有关。当年，有位名叫魏野的处士曾给王旦赠诗：“太平宰相年年出，君在中书十四秋。西祀东封俱已毕，可能来伴赤松游。”[2]其实暗含嘲讽之意。

王旦在生活上颇为散淡，无意奢侈享乐，亦无心经营田地、住宅之类的产业。宋真宗要替他修建府邸，却被他婉言谢绝。他最为宋人津津乐道的，还是为人宽厚，气量过人。某年冬日，宋真宗即兴赋《喜雪》一诗，赐给近臣。王旦发现其中有一字用韵不当，打算告诉皇帝。枢密使王钦若则说，天子的诗，岂能按科场的要求更改！王旦遂作罢。不曾想王钦若却私下报告给皇帝。宋真宗素来重视文翰，便马上予以修改，并传谕二府大臣，称若非王钦若发现问题，他几遭人耻笑。王旦只能默不作声，还是枢密副使、武臣马知节说出了真相。[3]据说，在东封泰山期间，宋真宗与随行官员照例一律素食。典礼结束后，宋真宗向王旦以下臣僚表示慰问，称各位久吃蔬食，实在不易。大臣们拜谢一番，谁知耿直的马知节却不顾众人体面，对宋真宗说其实只有皇上一人吃素，包括王旦在内的众大臣无不私下食肉。王旦只得承认：

[1] 《涑水记闻》卷7，第143页；《续资治通鉴长编》卷90，天禧元年九月己酉，第2080—2081页。

[2] 《青箱杂记》卷1，第3页。

[3] 《宋史》卷282《王旦传》，第9545—9546页；《续资治通鉴长编》卷82，大中祥符七年六月乙亥，第1882页。

“诚如知节之言。”[1]王旦这种宽厚的举止，反倒得到宋真宗的欣赏，认为他无欺君之心，而且气量大。他对家仆亦宽容相待。王旦的子弟曾诉说吃不饱肉，皆因厨子私吞，请求他惩治厨人。他听罢诉苦，问晚辈每人想吃多少肉才够。子弟们答称需要一斤，但每日实际只有一半，另一半已落入庖人之手。于是，王旦吩附以后按每人一斤半的肉量做饭。[2]

王旦对仆人尚且包容，自然更不会计较同僚的长短，最典型的例子莫过于对待寇准。据记载，寇准在复出任枢密使期间，曾数度向宋真宗揭王旦的短处，王旦则只说寇准的好处。两相比较，宋真宗更认为王旦贤厚。等到寇准遭受罢免，离朝前托人私下找王旦请求使相之位，王旦没有答应，寇准遂衔恨在心。随后，宋真宗询问如何安排寇准，还是王旦为他说情，认为寇准不到30岁就进入二府，深蒙器重，且素有才能威望，授予使相之衔为妥，以此出守地方，亦可光耀朝廷。当接到使相委任诏书后，寇准感动得向宋真宗涕泣道：非陛下知遇，为臣何能获此殊荣！宋真宗告诉实情，寇准才恍然大悟，不由得感叹道：“王同年器识，非准所可测也？”[3]

其实，王旦的宽厚气度是一种高明的处世方式，所谓以柔克刚，通常情况下不仅能赢得君臣的赞誉，也使工于心计的政敌难以寻觅下手的机会。

3. 王钦若与丁谓的投机与企图

宋真宗朝最善于投机取巧的政客，大概非王钦若、丁谓两人

[1] 《涑水记闻》卷7，第144页。

[2] 《梦溪笔谈》卷9《人事一》，第67页。

[3] 《宋史》卷282《王旦传》，第9547页；《续资治通鉴长编》卷84，大中祥符八年四月壬戌，第1922—1924页。

莫属。王钦若、丁谓在科考之前，都以聪明过人出名：前者18岁时曾赶往河东太原，向亲征灭汉的宋太宗献上《平晋赋论》；后者的文采与才子孙何齐名，被当时的士林领袖王禹偁赞誉为当世的韩愈、柳宗元，故有“孙、丁”之称。两人还先后以甲科成绩进士及第，步入仕途。[1]然而，王钦若、丁谓的个人抱负固然有施展才能的一面，但更有贪图权势富贵的另一面。他们为谋求权力地位不择手段，尤其是通过逢迎方式取悦皇帝，以达到个人企图。

王钦若在宋太宗朝后期从地方幕职州县官起步，到宋真宗即位后进入中央财经机构三司。他在早年当官时，已经表现出投机取巧的特点。一次，度支判官毋宾古对同僚说，五代以来的赋税，百姓不堪重负，他要奏请皇帝予以蠲免。王钦若听到后，立即安排吏人连夜整理出材料，第二天上朝时便呈递给宋真宗。宋真宗震惊，问先帝是否知道此事。他巧妙回答说，先帝当然知悉，不过是留给当朝皇帝以“收人心尔”。宋真宗就此免除欠赋，同时对王钦若留下深刻印象。王钦若此举显然是一种投机行为，却因此博得声誉。不久，他便被提拔为右正言、知制诰，再获任翰林学士的要职，成为皇帝的近臣。在此期间，王钦若还暴露出一些受贿、弄权的特点。他在任考官时，曾接受某举子数百两白银，将其录取。当事情被揭发出来，他又运用权谋与权势巧妙地嫁祸于人，使自己安然脱身。事实上，宋真宗因为赏识王钦若，亦有意庇护。咸平四年（1001年），王旦从同知枢密院事转任参知政事的一个月后，王钦若也升任参知政事。[2]

王钦若饱受诟病之处，莫过于他是伪造天书活动的始作俑者。景德元年（1004年），在辽军大举南下之际，围绕如何应对

---

[1] 《宋史》卷283《王钦若传》《丁谓传》，第9559、9566页。

[2] 《宋史》卷283《王钦若传》，第9559—9560页。

危局，朝堂出现了争议。当寇准力主皇帝亲征的建议得到首相毕士安等人的支持，宋真宗犹豫不决时，王钦若竟秘密求见皇帝，建议巡幸金陵（今江苏省南京市）。他之所以如此，显然是投君主所好，给胆怯的宋真宗提供出逃的理由。可宋真宗迫于压力，不敢采纳他的献策，而是出京亲征，最终取得澶渊之盟的结果。如此一来，他投机不成，反被寇准借机打发出朝，与寇准结下怨恨。[1]随后，在寇准的提议下，他被罢免参知政事一职，仅保留刑部侍郎和资政殿学士的官衔，赋闲一年多时间，唯有借主编《册府元龟》之类事情聊以自慰。王钦若自命不凡，工于心计，当然不甘心被投闲置散。他摸透宋真宗的心态与性格，施展手腕算计粗疏的寇准，以便重回朝堂。如前所述，王钦若私下向宋真宗反映澶渊之盟的耻辱，攻击寇准将皇帝当作“孤注”的赌博行为，挑起宋真宗对寇准的怨气，终于扳倒了政敌，自己也升任枢密院首脑。他又献计通过制造“天书”降临的方式，开展神道祥瑞活动，以抬高皇帝的神圣地位，并转移朝野对耻辱和议的注意力。宋真宗全盘接受他的提议，开始了持续多年的神道运动，故史称：“天书之诬造端于钦若。”[2]

其实，王钦若的投机还远不止于此。据记载，他“智数过人”，“又性倾巧，敢为矫诞”，即说他本性倾险，善弄权术，敢于造假骗人。凡朝廷遇有大事，他都先揣摩帝王的意思，然后提出自己的主张，以讨君王的欢心。当年，武官出身的枢密院同僚马知节性格直率，因看不惯他的做派，就在皇帝面前揭露过他的欺妄行为。[3]王钦若在政治上投机弄权的目的，还是为自己谋取荣华富贵。

---

［1］《续资治通鉴长编》卷57，景德元年闰九月，第1267页。

［2］《宋史》卷283“论曰”，第9578页。

［3］《宋史》卷283《王钦若传》，第9564页。

王钦若长期投机，给朝臣留下了不良的印象，口碑欠佳，由此难免要付出代价。宋真宗虽然欣赏他善于体察上意，能满足自己的许多特殊需要，但也深知其品性上的缺陷，认为他属于传统观念中的“小人”一类人物，故接受了王旦的提醒，不断给他加官晋爵，却长期不给他当宰相的机会。当王旦晚年体力不支时，需要补充一位宰臣，资历足够的王钦若仍无法如愿，老臣向敏中越过他当选。王旦临终前，推荐寇准为继任者，依旧试图阻挡王钦若主掌中书。直到王旦病故以后，他才终于当上宰相。然而，天禧三年（1019年），也就是时隔不足两年，寇准被召回京师，恢复了相位，王钦若又被贬出朝。直到宋仁宗天圣元年（1023年），年过六旬的王钦若才被召回朝，二度出任宰相。不过，在最后的两年多时光里，他虽位居首相，却难以得到同僚的尊重，处境不免尴尬。每每他有所裁断，便遭到其他宰执大臣的反驳。最终，他在郁郁寡欢中死于任上。王钦若亡故后，倒是享受到优厚的待遇，被追赠太师、中书令，他的亲属被录用做官者有20余人，史称：“国朝以来宰相恤恩，未有钦若比者。”[1]

丁谓与王钦若近乎同类，而在精明程度上又更胜一筹。他在中举后仕途顺畅，不到十年便从州通判升任福建等路转运使，跻身地方大员，接着进入中央三司机构。丁谓不仅文采出众，而且精明干练，擅长理财，能力远超出一般书生出身的文臣，因此博得能吏的名声。当年，三司使寇准对丁谓便颇为赏识，曾屡次向宰相李沆推荐。但善于识人的李沆却不予重用，并对寇准说，观其为人，不能将他放在人上。但寇准答道，像丁谓这样的人，终究不会甘于人下。[2]从李沆与寇准之间的对话，可以看出两人对

---

[1]《续资治通鉴长编》卷101、卷103，天圣元年九月丙寅、天圣三年十一月庚子，第2333、2393页；《宋史》卷283《王钦若传》，第9563页。

[2]《宋史》卷283《丁谓传》、卷282《李沆传》，第9566、9539—9540页。

丁谓认识的差别：李沆一心想抑制精于算计的丁谓，寇准则只想到他的长处。澶渊之盟结束后，丁谓被提拔为权三司使，成为最高财政长官。在主掌三司期间，他发挥精于理财的专长，编订了详尽的《会计录》，作为当时赋税收入和以后调整财政收支的依据，解决了长期混乱不堪的朝廷账务问题，并清理出许多隐瞒的耕地与民户，因此得到宋真宗的嘉奖。客观地说，丁谓在仕宦生涯的前期，表现出了超常的才干，尚无明显的投机行为，这在很大程度上与当时正常的朝政格局有关。然而，随着对辽议和后内外形势的缓和，宋真宗逐渐发生了转型，开始追求帝王权威的感受，开启神化皇权的运动。庙堂氛围随之变化，为投机政客提供了机会，精明过人的丁谓自然不会无动于衷，遂积极投身其间。

当屡次伪造“天书”降临活动完成之后，宋真宗又筹划赴泰山举行封禅大典，但因为耗资极为巨大，朝堂上一时议而未决，大概遭到宰臣王旦等人的非议。宋真宗于是就财力问题找丁谓询问，丁谓毫不犹豫地说国家财计充裕有余，就此打消了宋真宗的顾虑，促成东封之行。在这场声势浩大的封禅活动中，丁谓出任随扈计度使，负责经费、物资调度安排，保障了此次行动的顺利完成。随后，在宋真宗亲赴亳州（今安徽省亳州市）拜谒太清宫、到汾河之阴祭祀后土的活动中，丁谓继续承担组织供应的重要角色。后来，宋真宗想在京城修建玉清昭应宫，又担心受到劳民伤财的批评，玷污自己的圣名，于是再度召见丁谓咨询。如前所述，他出谋划策寻找借口，尤其是以祈祷早生皇子的理由封堵了反对者之口。丁谓受命负责营建玉清昭应宫时，为了取悦皇帝，他一再修改原来的方案，使建筑规模不断扩大，又督促工匠日夜施工，于大中祥符七年（1014年）提前竣工。在修筑会灵观时，他继续总领其事，也同样是不计工本。于是，通过一系列的逢迎投机举动，丁谓赢得宋真宗的赏识和欢心，也得到仕途丰厚的回报。他先由代理三司使转正，在大中祥符五年（1012年）升任参知政事，官阶也先后获迁给事中，礼部、户部侍郎，工部、刑部、兵部尚书，成为红极一时的执政大臣。可以说，丁谓从大中祥符元年（1008年）前夕投身造神活动以后，通过各种投机取巧行为，从积极参与者进而成为主导者，其大胆迎合的举动已经无人可比，就连王钦若都显得略逊一筹。后世史家即指出：伪造“天书”始于王钦若，“封禅之议成于（丁）谓”。[1]

丁谓确实聪明，史家评说他“机敏有智谋，憸狡过人”，诗赋、书画、博弈、音律等“无不洞晓”。几千字的文书，他一览就能全部说出；三司积压的烦琐案牍，连吏人都搞不清楚，他则一言便能切中要害。[2]当他将聪明才智转到政治投机上，当然就令常人望尘莫及。丁谓擅长施展手腕，不会放过任何有利可图的机会。当东封泰山典礼结束时，宋真宗奖赏八位随行大臣每人一条玉带，但手头只有七条，宋真宗便将一条价值数百万的御用玉带拿出来凑数。丁谓想获取此玉带，却明白自己因排序最末而无缘。他于是略施小计，向皇帝表示自己的小衣带可用，回京后再赏赐也不晚。果然不出其所料，宋真宗看到七位大臣都佩戴上体面的玉带，唯独丁谓的衣带十分寒碜，遂将那条御带赐给他。[3]仅这一件小事，就反映了丁谓工于心计的特点。

不过，丁谓深得宋真宗宠信久了，难免引起其他宰执大臣的不满。这其中既有忌妒成分，也有反感他行为过分的因素。宰相王旦和枢密使寇准对他不抱好感自不用说，王钦若之流也对这位后起之秀心存妒意。当年，资深朝臣张咏临死前还给皇帝留下奏言，认为朝廷不该竭四海民力修造宫观，此皆为奸臣丁谓蛊惑所

[1]《宋史》卷283“论曰”，第9578页。

[2]《宋史》卷283《丁谓传》，第9570页。

[3]《梦溪笔谈》卷22《谬误》，第163页。

致，乞求皇上斩丁谓之头，悬挂国门以谢天下，再斩自己的头，悬于丁氏家门以谢丁谓。[1]大中祥符九年（1016年），丁谓只得暂时离朝，躲避风头并替皇帝背上骂名。当然，宋真宗不会亏待他，授予他节度使的优渥头衔，让他到昇州（今江苏省南京市）做长官。不到三年，宰相王钦若被贬，寇准最后一次复出为相，他则同时回朝任参知政事。寇准试图压制丁谓，但这位精通庙堂门道的顶级高手早已羽翼丰满，除了仰仗皇帝的眷顾外，又与刘皇后结盟，故半年后先转升枢密使，随后于天禧四年（1020年）对政敌发难，将寇准贬官流放，自己取而代之。他又巧妙而专横地将另一位新任宰相李迪驱逐出朝，安排老官僚冯拯接替其位。至此，54岁的他实现了仕途追求的最高目标。

宋仁宗即位之初，刘太后临朝问政，凡军国大事几乎都由丁谓做主，其他大臣都很难过问。丁谓的官爵也不断晋升，先后获得尚书左仆射、门下侍郎、太子少师、司空、司徒及侍中等显赫官衔，并获封晋国公，一时可谓风光无限。正所谓“聪明一世，糊涂一时”。丁谓不择手段登顶之后，仍不知满足，利令智昏之下竟陶醉于独揽大权。结果，他不仅引起同僚的普遍怨愤，刘太后对他也不免产生反感。于是，乾兴元年（1022年）六月，丁谓因包庇宦官雷允恭处置宋真宗陵寝不当之事，遭到参知政事王曾的密奏，刘太后借机将其贬官流放，他最终落得身败名裂的下场。多年以后，他才获得宽恕，死时保留秘书监的空头官衔。[2]还值得一提的是，丁谓被贬后，他的豪华府邸也被没收，转为外戚杨景宗所有。[3]

---

[1]《续资治通鉴长编》卷85，大中祥符八年八月癸未，第1944页。

[2]《宋史》卷283《丁谓传》，第9568—9570页。

[3]《石林燕语》卷10，第153页。

4. 吕夷简与陈尧佐兄弟的仕途表现

北宋中叶以后，内部统治秩序虽然稳定，但各种积弊也日益暴露，社会矛盾突出。加上因元昊称帝而出现的剧烈宋夏战争，这些都给宋廷带来严峻的挑战。与此同时，士大夫已洗脱了五代遗风，在政治上完全成熟，担负起治国理政的重任。在这样的朝政环境下，当政大臣的从政表现，既折射出仕宦追求的不同取向，也体现出时代的特征。其中吕夷简、陈尧佐兄弟的仕途行为，可谓当年主流官僚的代表。

吕夷简是状元宰相吕蒙正的堂侄，在宋真宗朝初期由进士及第入仕。大概受益于家族背景的影响，加上本人沉稳的性格与超凡的才能，他的仕途一路通畅，从幕职州县官起步，通过改官，先后升任通判、知州、提点刑狱、侍御史知杂事等，至宋真宗末年已官居权知开封府。在政坛充斥投机之风的形势下，吕夷简保持清醒，没有跟风，还关心民瘼。如在他的建议下，宋廷废除了沿袭已久的农具税，他由此获得好评。宋仁宗即位之初，吕夷简配合王曾打倒专权已久的丁谓。随后，王曾拜相，时年43岁的吕夷简也晋升参知政事。吕夷简在追求仕途显达的同时，也心怀治世抱负，并敢于承担责任。他支持王曾的提议，将伪造的各种“天书”随宋真宗下葬，以终结荒诞的神道活动；在与参知政事鲁宗道、枢密副使张士逊共同主持茶法改革时，因出现问题引起追究，张士逊只顾逃避责任，矢口否认支持变法，吕夷简则坦然承担责任，最终受到罚俸的处分。[1]

然而，庙堂上错综复杂的关系与利益纠葛，却在不断教训着包括吕夷简在内的官僚。天圣六年（1028年），次相张知白病

[1] 《宋史》卷311《吕夷简传》，第10206—10207页；《续资治通鉴长编》卷104，天圣四年三月甲辰，第2404页。

死，首相王曾推荐吕夷简接替，枢密使曹利用则推荐平庸的张士逊。刘太后以张士逊官阶高于吕夷简为由，不接受王曾的苦劝，吕夷简只得主动退让。次年初，曹利用因与刘太后发生矛盾，遭到贬逐，张士逊受到牵连一并被贬，吕夷简才得以升任次相。仅时隔四个月，尽心尽责的首相王曾也被贬出朝，缘由在于他抵制刘太后的僭越礼仪要求，又抑制了太后家族的一些过分索取，被刘太后抛弃。[1]这无疑给吕夷简敲了警钟。当看清各种权力转换背后的真相，尤其是领教了刘太后宫闱政治的狭隘、无常以后，吕夷简转而潜心于权谋，以深结人主和应对朝政。

吕夷简清醒地意识到，刘太后是当前最高主宰，宋仁宗则是未来长久的君主，因此必须拿捏好分寸，妥善处理与两者的关系。他为此绞尽脑汁，费尽了心机。在刘太后寿辰之日，他作为唯一的宰相，不顾范仲淹等人的激烈反对，与宋仁宗率群臣赴皇帝专享的天安殿朝贺，满足了刘太后的虚荣心。年迈的刘太后想破格穿戴皇帝的衮冕服饰拜谒太庙，参知政事薛奎提出异议，但吕夷简却遂了太后的心愿。[2]另外，对外戚封官加爵以及袒护违法之类的事，他也尽量回避。刘太后的侄子刘从德死去，他超规格追赠其节度使、荣国公等官衔，并将其家属、门客及仆从数十人录用为官。当四位御史接连上奏批评此举败坏规矩时，吕夷简听从太后的旨意，将他们予以贬谪。[3]通过类似的举动，他获得刘太后的欢心和信赖。不过，他可以给太后超常的虚荣与家族优待，但对触及赵宋社稷底线的事，则不予响应。如当年有人在宦官的教唆下，上书建议仿照唐朝武则天故事，为刘氏立宗庙；御

[1] 《宋史》卷310《王曾传》，第10185页；《续资治通鉴长编》卷108，天圣七年六月甲寅，第2517—2518页。

[2] 《续资治通鉴长编》卷108，天圣七年十一月癸亥，第2526—2527页；《宋史》卷286《薛奎传》，第9631页。

[3] 《续资治通鉴长编》卷110，天圣九年十一月乙未，第2571页。

史中丞程琳为邀功取宠，竟向内宫密献《武后临朝图》，暗含劝刘太后效法武则天之意。[1]吕夷简对此都不予支持，刘太后当然也就不敢迈出这一步。

在关系到宋仁宗切身利益的问题上，吕夷简也运用权谋据理力争。刘太后曾以宋真宗早夭长子托梦为由，将宋真宗异母兄弟之子赵允初养于身边，这对尚未亲政的宋仁宗构成潜在的威胁。赵允初到了出阁的年龄，仍居住在皇宫内，吕夷简遂坚请刘太后将其打发出宫，以消除宋仁宗帝位上的隐患。明道元年（1032年），宋仁宗的亲生母亲李氏病死宫中，刘太后打算以普通宫女的规矩隐秘下葬。获悉消息后，吕夷简冒险入宫劝谏，刘太后对此极为生气，指责他离间自己与皇帝的母子关系。他委婉地表示，宋仁宗生母的秘密不可能长久，若眼下不顾皇帝的亲情，刘氏家族将来必受其祸。刘太后终于接受了他的劝说，使李氏得以依礼下葬。此举既为赢得以后宋仁宗的信赖立下了一块重要基石，又为太后家族长远利益考虑，同样获得了刘太后的好感。另外，明道元年（1032年）皇宫发生大火后，宫门紧闭，在宰辅大臣的要求下，宋仁宗登上拱宸门帘内，群臣皆拜于楼下，吕夷简疑心有变，唯独不拜，要求亲眼见到皇帝。宋仁宗举帘露出身影时，他才下拜。[2]这一忠心之举，无疑给宋仁宗留下了深刻的印象。吕夷简在此期间精心运用权谋的结果，对消弭两宫之间的矛盾及稳定政局发挥了重要的作用，既博得两宫的一致好感，也巩固了自己的地位。

宋仁宗亲政以后，吕夷简虽两度短暂罢相，却长期保持首相身份，成为皇帝最倚重的股肱辅臣，其他宰执大臣都难以望其项

[1]《龙川别志》卷上，第78页；《宋史》卷288《程琳传》，第9677页。

[2]《宋史》卷311《吕夷简传》，第10207—10208页；《续资治通鉴长编》卷112，明道二年四月己未，第2612页；《龙川别志》卷上，第78—79页；《邵氏闻见录》卷8，第76—77页。

背，史书即称：“夷简当国柄最久，虽数为言者所诋，帝眷倚不衰。”[1]之所以如此，除了他以往的贡献为宋仁宗念念不忘之外，还由于他继续通过高超的手腕取信于宋仁宗。在此仅举一件小事为例，便可看出吕夷简对帝王用尽心机，不敢稍有懈怠。某日，他的夫人奉命入宫，宋仁宗的皇后对她说，皇上喜欢吃糟“淮白鱼”，因祖宗旧训不许随意征调，所以宫中缺乏此物，吕相公老家在淮河边，当有此物吧！他夫人回家后，马上收拾了十筐箩的淮白鱼，准备送进宫。他看到后说送两筐箩即可。夫人不解，他不得不提醒道：皇宫都缺的东西，人臣家怎能有如此之多？难怪宋人对此感叹道：吕公者，其智超绝于人。[2]

吕夷简与同僚下属相处，同样深具城府。但对政敌，他毫不留情，施展起手腕来可谓老谋深算，无所不用其极。曾被丁谓排挤出朝的宰相李迪，于明道二年（1033年）再任次相，与首相吕夷简同主中书。宋人对两人的特点评价为：“李公直而疏，吕公巧而密。”也就是说李迪直率而粗疏，吕夷简机巧而周密。李迪因积极主动问政，引起吕夷简的不快，被吕夷简视为政敌。据说，吕夷简发现为李迪出谋划策者为其子李柬之，就采取了“欲取姑与”之术，荐举李柬之为两浙提点刑狱的高官。李氏父子不明就里，“皆喜受命”，结果正中其计。[3]身边缺少有力襄助后，李迪思虑问题不免疏忽，就此陷于被动。吕夷简又将被贬在外的王曾援引入朝，推荐为枢密使，以壮大自己的声势。然后，他利用惩治李迪姻亲狱案的机会打击对手。最后，李迪被逐出朝。[4]

吕夷简曾对推荐自己为次相的首相王曾甚为恭谨。王曾接替

[1]《宋史》卷311《吕夷简传》，第10210页。并参见《试论吕夷简的政治“操术”》。

[2]《邵氏闻见录》卷8，第78页。

[3]《龙川别志》卷上，第80页。

[4]《宋史》卷310《李迪传》，第10174—10175页；《续资治通鉴长编》卷116，景祐二年二月丁卯、戊辰，第2721—2722页。

李迪出任次相后，继续保持直言敢为的风格，吕夷简感到自己的权势受到威胁，于是对过去的恩公不予相容，史称“吕公专决，事不少让”。王曾不堪忍受，便与他发生争执、冲突，“势同水火”。景祐四年（1037年），王曾根据传闻向皇帝控告吕夷简“招权市恩”，却因证据不足，引起宋仁宗的不快，王曾只得自请罢相。[1]为了消除君王的猜忌，吕夷简也采取退让之策，主动辞职。不过在离任前，他推荐王随、陈尧佐两位庸官接替宰相，意在为自己复出铺垫道路。果不其然，王随和陈尧佐年老多病，又庸碌无才，时隔不到一年，他俩就在朝臣的一片指责声中下台。[2]但继任首相的张士逊同样昏聩，据说又是吕夷简密荐的结果。张士逊为政不力，在谏官的抨击下不得不上奏请老。[3]康定元年（1040年），吕夷简第三度入主中书。

吕夷简第三次任首相后，同僚大都畏惧其权势，只是在公文后署名而已，唯有状元出身的参知政事宋庠自恃皇帝“厚遇”，常与他争辩。吕夷简虽厌恶宋庠，却苦于找不到机会。庆历元年（1041年），知延州范仲淹从策略上考虑，一度与西夏元昊互通书信。此事传到朝廷后，吕夷简借此巧设陷阱，以引诱对手。吕夷简故意对宋庠说：“人臣无外交，希文（范仲淹字）何敢如此？”宋庠于是在上朝时请斩范仲淹，枢密副使杜衍坚决反对。宋庠以为吕夷简会支持自己，吕夷简却说杜衍所言为是，只需“薄责而已”，宋仁宗遂采纳了他的意见。结果，宋庠仓皇失措，受到舆论的指责，“然不知实为夷简所卖也”。最终，宋庠在一

---

[1]《续资治通鉴长编》卷120，景祐四年四月甲子，第2826—2827页；《龙川别志》卷上，第80—81页；《东轩笔录》卷7，第83页。

[2]《续资治通鉴长编》卷121，宝元元年三月戊戌，第2864—2866页。

[3]《续资治通鉴长编》卷127，康定元年五月丁巳，第3010页。

片非议声中被逐出朝。[1]

庆历初的枢密副使任布，能力平常，但好言事，多次与吕夷简发生争执。为了将任布逐出朝，吕夷简利用其长子任逊“素狂愚”、喜议朝政的特点，以谏官为诱饵，教唆任逊上书言事。任逊不知有诈，便准备上书抨击执政大臣，包括指责自己的父亲“不才”。任布发现此事，便将奏书藏匿。吕夷简再唆使任逊上书，并揭露父亲藏匿奏书之事。于是，任布遭到了宋仁宗的责问，又遭到御史的弹劾，就此被贬外地。可悲的是，其不肖之子仍留在京师等候谏官之位，却被吕夷简借他事一同驱逐出京。[2]

由上可见，吕夷简善于用权术取信于帝王和对付政敌，确非耿直大臣，但也非王钦若、丁谓之流一味投机的佞臣，毕竟他在大政方向上还遵循传统规矩，没有诱导帝王走向荒诞之路。清人王夫之指出：“（吕）夷简固以讪之不怒、逐之不耻、为上下交顺之术，而其心之不可问者多矣。”王船山以理解的口吻看待能屈能伸的吕夷简，认为他玩弄权术的背后有着难言之隐，就连以后正派的大臣文彦博亦效仿其术。[3]然而，吕夷简最终仍不脱政客追逐名利的流俗，视宰臣权势为仕宦成功的标志，为此不惜打压对手，抑制不同声音，因此加剧了朝政的僵化保守，从而受到改革派官员的抨击。

北宋中叶的陈尧叟、陈尧佐和陈尧咨三兄弟，可算是当时官场中的名门，他们的仕宦经历可以反映多数官僚的追求与结果。陈家三兄弟的父亲陈省华，原是后蜀的一个县尉，到宋太宗朝才

---

[1] 《续资治通鉴长编》卷132，庆历元年五月辛未，第3127—3128页；《涑水记闻》卷8，第162页。

[2] 《宋史》卷288《任布传》，第9684页；《续资治通鉴长编》卷137，庆历二年七月丙午，第3282页。

[3] 《宋论》卷4《仁宗》，第87页。

熬到知县。不过，这位平庸的小官却养育出三个有出息的儿子。淳化元年（990年），陈尧叟、陈尧佐同时科场得意，一位博得状元头衔，一位也名列甲科，两人从此入仕。十年后，陈尧咨再度摘取状元桂冠，也步入仕途。三兄弟科考的巨大成功，又出了两位状元，在当年几乎成为传奇，一时传为士林佳话，连困顿的父亲也因此受益。

陈尧佐做官仅一年，就与父亲同时迁官，陈尧叟为此写诗庆贺："蟾桂骊珠，连岁有弟兄之美；鱼章象简，同时联父子之荣。"[1]文辞雅致含蓄，工整对仗，流露出的却是炫耀和自得。此后，陈家满门富贵，陈尧佐官至宰相，陈尧叟官居枢密使，陈尧咨也最终获得节度使的高位，就连陈省华都做到知开封府。陈省华死后，被追赠太子少师，其妻冯氏生前封藤国太夫人。陈氏三兄弟的夫人也都受封诰命夫人，而儿孙们受益做官者多达十数人。[2]据说，陈省华夫妇晚年十分惬意，家中聚会待客时，三个位居高官的儿子侍立旁边，来客一见都感到惶恐不安，请求告退。陈省华却满不在意地说，他们不过是晚辈，这样做本是常礼。此事传出去，士大夫都以陈门为荣。[3]由此可见，原本并不显赫的陈家，正是因为有兄弟三人的官场地位，才光宗耀祖，门楣大放异彩，成为世人艳羡的对象，还为后世流传几百年的戏曲故事所津津乐道。然而，陈门三兄弟在仕途表现上，着实无显著贡献可言，所擅长的不过是当官与诗赋而已。

陈尧佐在三兄弟中地位最为显赫，但仍属平庸之辈。他在相位上不仅无突出政绩可谈，还拖沓误事，曾多次受到言官的抨击，被指斥为中书内的庸人。[4]然而，他临死前为自己写的墓志

[1] 张世南：《游宦纪闻》卷2，中华书局1981年版，第17页。

[2] 《宋史》卷284《陈尧叟传》，第9587—9588页。

[3] 《渑水燕谈录》卷2《名臣》，第12页。

[4] 《续资治通鉴长编》卷121，宝元元年三月戊戌，第2864—2865页。

铭却充满自豪：“寿八十二不为夭，官一品不为贱，使相纳禄不为辱，三者粗可归息于父母栖神之域矣。”[1]宋人另外的笔记记载版本与此相似，而且在文末又加了一句“吾何恨哉？”[2]墓志是古人为死者一生写的总结性文字，反映墓主的生平与事迹。陈尧佐懂得客套，所以在语气上谦逊，可骨子里透出的却是极度的自鸣得意：自己活到82岁，属于绝对的高寿；官居一品，是位极人臣的高官；拿着宰相外加节度使的俸禄，更是最高的收入；取得如此成就，自可心安理得到地下陪伴先人，哪里还有什么遗憾？这段话品位实在不高，道出的却是当年仕途成功者的真实心态，折射的是官场乃至于世俗社会流行的价值观。

5. 范仲淹、王安石的抱负与操守

宋朝历史上积极有为的改革派代表人物，无疑以北宋的范仲淹、王安石最为著名。他们不仅勇于担负时代使命，致力于朝政建设，以解决重大现实问题，同时注重为官操守，以超脱的心态对待仕途得失，因此成为宋朝文官士大夫的杰出典范。

出生于苏州孤寒之家的范仲淹，一生秉持报效国家的信念，从政后积极作为，并以学养深厚名重一时，是宋朝著名的政治家。从他早期的仕宦经历看，他在进士及第后先做州级幕职官，然后依照规矩一步步获得提升，历任州通判、右司谏、知苏州及权知开封府等职，都属于正常的仕途发展。就履职而言，他表现相当突出，尤其是以为政清廉、兴利除弊及直言敢谏而出名。他在右司谏任内，曾上奏反对刘太后僭越礼法的举动，并奏请刘太后还政于宋仁宗，因此遭到当权者的不满；在开封府任上，他

---

[1] 《宋史》卷284《陈尧佐传》，第9584页。

[2] 《渑水燕谈录》卷2《名臣》，第14页。

抨击过宰相吕夷简的专权行为，结果被以“朋党”的罪名贬到外地。[1]由此看来，他显然将个人得失置于朝廷安危之后，所谓“宁鸣而死，不默而生”。范仲淹还积极呼吁办学，引起各地效仿，对推动宋代教育的勃兴功不可没。特别是他身体力行，倡导士人声名节操，对士风的改良产生颇大的影响，史称“一时士大夫矫厉尚风节，自仲淹倡之”。[2]宋夏战争爆发后的宝元二年（1039年），范仲淹受命以陕西都转运使兼陕西经略安抚副使的身份，来到对夏前线。在边防形势异常严峻的状况下，他又主动接替了怯懦的张存，出任知延州兼鄜延路经略安抚使，在随后的几年间还转战西北多地，以一介书生投身激烈的御夏战争。肩负一路统帅职责的范仲淹，针对敌我双方以及地理形势的特点，以积极防御的策略应战，从而改善了被动挨打的战局，巩固了防线，遂与另一位文官统帅韩琦齐名于西北，被世人称为“韩、范”。

庆历三年（1043年），他与韩琦同时升任枢密副使，不久转任参知政事。在当时社会危机不断加剧的背景下，范仲淹奉命主持改革，力图对官员管理、农业生产、百姓徭役、军备建设及政令执行等方面存在的弊端进行全面的清理和变革，史称“庆历新政”。他锐意改革的举动，体现出“以天下为己任”的抱负，却触及既得利益集团的痛处。特别是整顿吏治方面的举措，遭致大批受到抑制的庸官怨恨，一时流言四起，优柔寡断的宋仁宗遂很快叫停变法。范仲淹只得主动离朝，赴西北前线巡视，随后主动请辞执政官位，转任多处地方官。皇祐四年（1052年），他病死外地，时年64岁。

范仲淹心系国家命运，其“先天下之忧而忧，后天下之乐而

[1]《续资治通鉴长编》卷108，天圣七年十一月癸亥，第2526—2527页；《宋史》卷314《范仲淹传》，第10268—10269页。

[2]《宋史》卷314《范仲淹传》，第10267—10268页。

乐"的名句已广为人知，反映的是传统爱国士人"天下兴亡，匹夫有责"的信念。他还有"公罪不可无,私罪不可有"[1]的名言，则是对为官操守提出的警示，其实也甚为难得。官场上，官员为谋私而犯法的现象历来普遍，因惧怕担责而不敢作为的情形同样常见。按照范仲淹的理解，一个官员由于坚守原则得罪上司，抑或一位臣僚为民请命冒犯帝王，因此遭受贬谪之罪，这都属于公罪，从政者若从未有过这样的"罪过"，即说明没有尽责，或者便是要滑头。事实上，大多数官员宁肯为自己获利受罚，也不愿为公罪受过。据记载，天圣七年（1029年），范仲淹上奏批评刘太后僭越礼法，刑部侍郎晏殊听说后大惊失色，因为他是范仲淹进入馆阁的推荐人，担心触怒太后使自己受到牵连，就责怪范仲淹行事莽撞。范仲淹则严肃地答道，他任职以来，每每忧虑不能尽职，让知己者蒙羞，不曾想却因"忠直"得罪晏殊。看到晏殊依旧不肯原谅自己，他只得再致信说明理由，晏殊才感到愧疚。[2]范仲淹在仕宦生涯中坚守秉公任事的理念，无惧打击报复，不追逐名利与权势，其境界高于王钦若、丁谓之流投机政客自不用说，赵普、王旦、吕夷简一类大臣也不可与他相提并论，甚至像寇准那样的政治家亦相形见绌。此外，范仲淹在生活上也相当简朴，又乐于助人。他在家乡专门购买田地，设置义庄，以此收入照顾族人生活并资助子弟读书。因此，他不仅以高风亮节赢得当世人的赞颂，也得以名垂青史。

不过，范仲淹也有未能免俗之处，即珍视自己文臣的身份，不愿转任武官。如他以左司郎中、龙图阁直学士的文职官衔主持环庆路防区期间，宋廷不知何故突然下令，将他与另外三位文官统帅同时改为武职性质的观察使。他接到这一任命后，上奏坚

---

[1] 晁说之：《晁氏客语》，《全宋笔记》，大象出版社2003年版，第105页。

[2] 《续资治通鉴长编》卷108，天圣七年十一月癸亥，第2526—2527页。

辞。他向皇帝解释称，观察使排位在龙图阁待制（地位低于龙图阁直学士）之下，他守边数年，被边民呼为“龙图老子”，若今退而与观察使、武将王兴和朱观为伍，恐遭致敌方轻视。[1]继他之后，其他两位也先后上表婉拒，此事最终不了了之。说起来，观察使为高级武将头衔，俸禄甚至优于参知政事，但在崇文抑武的朝政氛围下，武将深受歧视，范仲淹自然也不愿跻身行伍之列。

王安石以主持熙宁年间的变法闻名于史，他改革的深度与广度又为宋太宗朝以来所未有。[2]就从政追求的目标与看待名利的态度而言，王安石也远远超越了官场上的流俗观念，更令宋人肃然起敬。在早年读书时代，王安石就不同于一般汲汲于科举做官的学子，而是怀有探索治国之道的抱负。据记载，庆历二年（1042年），22岁的王安石参加进士科考试，殿试成绩原本排名第一，宋仁宗仅因不喜欢他诗赋中的一句话，遂将枢密使晏殊的亲属杨寘改为第一名，而将王安石降为第四名。王安石以后从不提及“曾考中状元”之事，宋人对此感慨道：“其气量高大，视科第为何等事而增重耶？”[3]王安石入仕为签书淮南判官，按照规矩，像他这样进士甲科出身者任期届满后，可以通过进献文辞的方式参加中央馆阁选试，然而他却放弃这一机会，改官做知县。在知县、通判任内，他尝试改革，兴利除弊，深得民心。宰相文彦博认为他居官“恬退”，特推荐他进入馆阁，参知政事欧阳修又推举他为谏官，都被他谢绝。由此可见，王安石不在意仕途功名高下，更关注民生现实，所以长期做地方官。

王安石在嘉祐三年（1058年）升任三司度支判官，后再任

[1] 《宋史》卷314《范仲淹传》，第10271页；《续资治通鉴长编》卷136，庆历二年五月癸亥，第3266页。

[2] 参见漆侠：《王安石变法》，上海人民出版社1979年版。

[3] 《默记》卷下，第38—39页。

知制诰，还曾出使过辽朝。面对备受瞩目的馆阁之职，别的文臣求之不得，他却依旧保持恬淡的心境，多次加以推辞，以至“朝廷每欲畀以美官”，就怕他不愿接受。[1]在宋仁宗朝末年，他总结多年的从政实践与思考，向皇帝上了著名的万言书，指出朝政积弊丛生、效率低下，边防脆弱不堪，就此提出各项改革主张。[2]万言书虽然没有得到回音，却受到世人的关注，他一时成为改革派的代表人物。随后，他因母丧卸去官职，埋头著述讲学，终宋英宗一朝都谢绝了朝廷的召命。

宋神宗即位后，因久慕王安石盛名，当即任命他为知江宁府（今江苏省南京市），随后任他为翰林学士兼侍讲。他们君臣彼此深入相交与讨论后，很快达成改革的共识。熙宁二年（1069年），王安石升为参知政事，受命主持变法。仅时隔一年半，他又官拜次相。在前后六年左右的时间里，王安石对财政与赋役、军队与边防、教育与选官以及吏治等方面的积弊，推出一系列改革举措，王朝中央受益良多，却触犯上层既得利益，自然引起激烈的反对，尤其是一批元老重臣几乎都站在对立面。宋神宗深知延续保守路线只能日益窘困，唯有走改革之路才有望实现富国强兵的目标，于是坚定地支持变法。王安石因此深得信赖，获得了施展抱负与治国才能的良机，当时人即认为：“上与安石如一人，此乃天也。”[3]不过，随着变法的深入,君臣在某些问题上亦暴露出分歧。王安石对权位原本就不眷恋，加之性格倔强，于是在朝堂上常常坚持己见，一旦受阻便主动请辞，宋神宗不得不一再慰留。熙宁七年（1074年），当宋神宗在两宫太后巨大压力下要求裁减措施时，王安石遂不顾皇帝的多次挽留，坚决辞去宰相之

[1] 《宋史》卷327《王安石传》，第10541—10542页。

[2] 《王文公文集》卷1《上皇帝万言书》，第1—16页。

[3] 《续资治通鉴长编》卷215，熙宁三年九月甲子，第5238页。

[宋] 佚名 《十八学士图卷》 台北故宫博物院藏

位。宋神宗只得授予他吏部尚书、观文殿大学士的官衔，安排他为知江宁府。[1]王安石原来的阶官为礼部侍郎，由此需九次迁转才能到吏部尚书，观文殿大学士则是极高的学衔。显然，宋神宗打破惯例优待王安石，完全是出自感激的缘由。

王安石倒是想淡出庙堂，可君王却离不开他。不到一年，宋神宗又将他召回京师，委以首相重任。在变法遭受越来越多指责的情况下，宋神宗的态度开始转向犹豫，王安石便屡次递交辞呈。御史中丞邓绾为了讨好王安石，就采取官场中惯用的做法，一方面上奏抨击背叛王安石的大臣吕惠卿，另一方面向皇帝建议录用王安石独子王雱为高官，再赐给京师府邸。宋神宗采纳其建议，并告诉了王安石。没想到王安石最反感以权谋私，当即要求将邓绾贬谪出朝，又回家斥责儿子。[2]不久，王雱愤懑疽发而死，王安石悲痛之余不免心灰意冷，几个月后就辞职离朝，仍回江宁衙门赋闲。朝廷给予他使相的礼遇，还封以舒国公的爵位，后又改封荆国公，他却多次奏请卸去使相官位。第二年，56岁的他干脆将判江宁府的官职也辞去，就此彻底退出政界。十年后的元祐元年（1086年），王安石病逝于金陵城郊，时年66岁，宋廷特追赠太师。以后，在宋哲宗朝，王安石获得配享宋神宗庙的地位。宋徽宗朝，他又被追封舒王，牌位还一度进入孔庙。到宋高宗朝，他才被削去王爵，并被撤销配享宋神宗庙的位置。[3]

从王安石的一生来看，他与古代包括范仲淹在内的许多仁人志士相同的地方颇多，诸如才学出众，人品高尚，生活俭朴，为官不仅不徇私情，而且志向远大，一心追求报效国家。他自身还有更多的特点，其中淡泊名利之心最为世人津津乐道，就连他

[1] 《续资治通鉴长编》卷252，熙宁七年四月丙戌，第6168—6170页；《宋史》卷327《王安石传》，第10547—10548页。

[2] 《宋史》卷327《王安石传》，第10549—10550页；《东轩笔录》卷6，第69—70页。

[3] 《宋史》卷327《王安石传》，第10550页。

的反对派也为之钦佩。同时，他性格之刚强不屈，对生活细节之不关注，甚至到近乎有悖人情的地步，宋人对此亦有相当多的记载。如王安石与司马光同在群牧司任判官期间，某日，群牧使包拯召集属下饮酒赏花。司马光素来不喜饮酒，但在长官的劝酒下也勉强喝了几口，但王安石自始至终滴酒未沾，“包公不能强也”。司马光事后说，他以此知道王安石刚直不屈。[1]另外，王安石历来对穿戴不加修饰，即使衣裳脏了也顾不上换。据记载，他在参知政事任上时，突然有传言称他爱吃獐脯肉。他的夫人吴氏听说后不解，因为他平日对饭食从不挑剔，不知为何有此嗜好，于是便询问他身边的随从如何发现这一嗜好的。随从回答说，这是因为大人每次就餐都不顾其他饭菜，只将獐脯肉吃尽。吴夫人又问吃饭时獐子肉摆在什么地方，随从说摆放在筷勺近旁。吴夫人便告诉随从，次日可换别的菜放在筷勺边。果然，王安石第二天又将筷勺边的菜肴吃光，而獐脯肉却一点未碰。于是，大家这才明白他吃饭只图方便，并不在意滋味。[2]王安石归隐江宁城外蒋山下后，居所颇为简陋，号“半山园”，出行仅骑一瘦驴，随从不过一个老兵。[3]他晚年修佛参禅，常与僧人交游，最后将半山园也捐出，以供修建寺庙。[4]诸如此类的事还有许多，故元人修《宋史》时说他“性不好华腴，自奉至俭，或衣垢不浣，面垢不洗”。[5]其实，王安石还以诗文名重于史，是著名的唐宋八大家之一，其名句“不畏浮云遮望眼，自缘身在最高层”，正道出了为官做人的至高境界。

---

[1] 《邵氏闻见录》卷10，第108页。

[2] 《曲洧旧闻》卷10，第231页。

[3] 《闻见近录·佚文》，第32页。

[4] 《邵氏闻见录》卷11，第121页。

[5] 《宋史》卷327《王安石传》，第10550页。

6. 蔡京、王黼与史弥远的权势欲及行为

宋朝统治混乱时期，特别是在两宋末年与南宋的特殊岁月，或因帝王荒于国政，只顾随心所欲享乐，或因秩序日渐衰败，君主无力掌控大局，官僚政客的权势欲过度膨胀，以至失去节制。那些进士出身的高官显贵，早已背离了传统道德和士大夫的追求理念，往往无视基本操守，而以追逐权力与享受富贵为仕宦的最高目标。他们为此不惜谄媚迎合，投机弄权，甚至到了丧失颜面的下作地步。追名逐利的官场通病遂泛滥成灾。蔡京父子、王黼及史弥远等人的行为，便集中暴露了此类官僚的从政特点。

蔡京颇具文辞和艺术修养，特别是工于书画，但为人善变，喜弄权，就连他的儿子也承认他一贯“有手段”。[1]从熙宁初科举入仕后，他就紧跟形势，迎合政治风向的变化。在宋神宗朝，他因追随、参与变法活动受到重用，从幕职州县官一路做到知开封府。元祐初，保守派当政，他又转身积极配合废除新法。据记载，宰相司马光要求在五天之内恢复旧的差役法，大多数官员都认为时间仓促，只有蔡京在管辖的开封府内如期完成。事后，蔡京赶往中书报功，司马光很高兴，说若人人能像他如此奉法的话，何事不能办成！不过，蔡京的投机行为还是引起许多人的不满，他在元祐年间几度遭到弹劾，被贬到地方。宋哲宗亲政后，蔡京再度返回变法阵营，回朝任权户部尚书等要职。宋徽宗称帝初，向太后垂帘听政，蔡京在多位御史的交章弹劾下，被打发到杭州赋闲。就在他政治上穷途末路之日，宋徽宗派亲信宦官童贯到苏杭一带搜寻“书画奇巧”，善于逢迎又嗅觉敏锐的蔡京抓住这一机会，使尽浑身解数结交童贯，通过这位内侍的关系，一方面献上自己的书画作品，另一方面向皇帝表达自己的忠心及主

---

[1] 《铁围山丛谈》卷6，第107页。

张。此外，他还借助道士及宫女为自己说情，终于引起了宋徽宗的注意。[1]崇宁元年（1102年）初，蔡京先从地方调入京师，不久迁为尚书左丞。随后，韩忠彦、曾布先后罢相离朝，蔡京则官拜宰相，并且独主中书。从以上经历来看，蔡京属于典型的投机政客，为了个人的利益不惜践踏原则。在汲取以往屡次遭贬的教训后，他更注意靠拢君主，以取悦皇帝、巩固权位为自己行动的最高目标。之所以如此，说穿了就是过度的权势欲作祟。

蔡京为了长期高居庙堂，对宋徽宗极尽逢迎之能事，因此得以四度为相，前后近20年。在此期间，他的官爵也不断迁转，官阶从尚书左丞、右仆射、左仆射、司空、使相、太尉直到最高的太师，并先后获封魏国公、鲁国公，可以说将当时最显赫的官衔、爵位都收于囊中，实为官场罕见。但即使如此，蔡京仍不知足，始终不愿放弃权位，每当听说宋徽宗有意让他退休时，他就立即入宫苦苦哀求，甚至匍匐磕头，可谓斯文扫地，“无复廉耻”。据记载，他在当政的后期，年岁已过七旬，“目昏眊不能事事”，也就是因老眼昏花无法理事，只得依靠幼子蔡絛帮忙处理政务。直到宋钦宗登基后，他才被贬官流放，最终死于潭州（今湖南省长沙市）。[2]

蔡京长期当权，他的家族满门富贵，三个儿子及一个孙子皆获得大学士头衔，地位与执政大臣相等，还有一子做了宋徽宗的驸马。其中，长子蔡攸虽无科举背景，不学无术，却因蔡京的缘故被特赐予进士出身，在仕途上飞黄腾达，历任枢密直学士、宣和殿大学士、节度使、少保、少傅、少师等头衔，领枢密院事，获封英国公，是宋徽宗身边的宠臣。蔡攸除了百般奉承皇帝外，还积极替君王营造道教神仙场所，又经常在宫中身穿窄衣小袄，

[1]《宋史》卷472《奸臣·蔡京传》，第13721—13723页。

[2]《宋史》卷472《奸臣·蔡京传》，第13727—13728页。

［宋］陆信忠 《十王图》（局部） 日本奈良国立博物馆藏

“涂抹青红”，扮作“倡优侏儒”，口出市井淫秽浪语，以博得宋徽宗欢心。这种下作的举动，已丧尽了文官大臣的脸面。有意思的是，为了争宠，他甚至与蔡京相互倾轧，“父子各立门户，遂为仇敌”。据说，蔡攸某日去其父府邸，正在会客的蔡京只得屏退宾客，单独出来应酬。两人一见面，蔡攸就握住父亲的手腕号脉，说蔡京脉势舒缓，问他身体是否不适。蔡京忙答称没事。蔡攸便说宫中有公事，随即告辞。来客偷窥到此景，询问其故，蔡京答称，这是他儿子想以他有病而奏请罢免他。果然，几天后，蔡京便被罢相。蔡攸还与幼弟蔡绦争斗，甚至企图鼓动宋徽宗害死蔡绦。[1] 正所谓有其父必有其子，为了荣华富贵连人伦亲情也弃之不顾，实在是末世官场的极端表现。靖康年间，蔡攸才被宋钦宗贬谪流放，最终还被赐死。

进士出身的王黼，学养虽不足，但长相秀美，“目睛如金”，又有口才，尤其在与人交往上精明过人。他在宋徽宗朝初年入仕后，从州衙选人起步，因结交宰相何执中之子，进入秘书省为校书郎。从此，他将聪明才智充分运用于投机之上，很快获得谏官之位。当窥视到宋徽宗不满当时的宰相张商英，打算重新起用蔡京后，他立即上奏赞扬蔡京，并抨击张商英。蔡京第二度出任宰臣后，自然对王黼颇有好感，很快将其提拔为左谏议大夫、给事中，委以御史中丞要职。此时距他进入秘书省仅仅才两年时间。王黼在投机上大有斩获，于是进一步玩弄手腕，以谋取更高的权位。他先是为了靠拢蔡京，上奏弹劾曾经有恩于他的宰相何执中，罗织20项罪责，虽然没有打倒对方，却得以升任翰林学士兼侍读，成为皇帝身边的近臣。此后，他又首鼠两端，私下结交与蔡京不和的新任宰相郑居中，因此遭到蔡京的报复，一度遭到压制。后来，他改走帝王宠信宦官梁师成的门路，不惜放下文

[1] 《宋史》卷472《奸臣·蔡京传附蔡攸》，第13731页。

官朝臣的身段，以弟子之礼称梁师成为“恩府先生”，从而打通了宫廷门路，在宣和元年（1119年）连升官阶八级，出任宰相。从此，王黼成为宋徽宗的宠臣，独主中书三年有余，并迫使蔡京退休。[1]

王黼当政后，出于投机的动机，曾对政敌蔡京主导的一些弊政予以废除，以赢取名声。然而，他更关注的还是如何巩固自己的权贵地位，为此不遗余力取宠帝王。他亲自主持应逢局，征调四方珍奇异宝，以供应宫廷并粉饰太平。他又赞助童贯促成联金灭辽的“海上之盟”，以满足宋徽宗好大喜功的虚荣心。最令人想不到的是，他还不顾宰臣体统，以各种滑稽作乐方式取悦宋徽宗。例如，在宫廷后苑宴会中，他亲自扮演俳优角色，“以献笑取悦”。其下作手法，与蔡攸如出一辙。如此一来，王黼长期出任首相，官阶也升迁至太傅，受封楚国公。不过，他与宦官梁师成密切交往的事最终被宋徽宗发现，于是在宣和六年（1124年）被勒令致仕。靖康之难中，王黼遭到贬官流放及抄家的惩处，后来被仇家杀死于路途。[2]

宋徽宗带头追求奢靡享乐，当权官僚也一边贪污腐化，一边及时行乐，醉心于荣华富贵的感觉。蔡京长期当政，躁进求官的人齐聚于其家门，或奉献钱财珍宝，或输送童仆丫鬟。[3]蔡府豪华壮观，其中的六鹤堂极为高大，由上观看，下面的行人渺小得宛若蝼蚁。[4]据说，他一次罢相后，皇帝赐予他一大片与他家相邻的土地，他拆毁这里的数百间民居，新修了西园，与原来东边的花园相望。某日游园时，他问一位随行者西园与东园两边的景致如何，对方答称东园嘉木繁茂成荫，望之如云；西园人民

[1] 《宋史》卷470《佞幸·王黼传》，第13681—13682页。

[2] 《宋史》卷470《佞幸·王黼传》，第13683—13684页。

[3] 《宋史》卷472《奸臣·蔡京传》，第13728页。

[4] 《老学庵笔记》卷5，第63页。

搬离，泪如雨下，可谓“东园如云，西园如雨”也。[1]蔡京喜好交际，经常宴请宾客，“终日酬酢不倦”。[2]其食不厌精、奢侈排场，可通过一则记载侧面得到印证。南宋初，有位士人买到一妾，自称是蔡太师府中厨人。一天，主人让她做包子，她说不会，称她只是包子厨中切葱丝的。[3]由此可见蔡府厨房规模之大与分工之细。靖康之难期间，蔡京及家人被流放南方，占据开封的金军点名索要蔡京的宠妾慕容、邢、武三氏。垂老的蔡京只得拱手交出，临别时还赋诗相送：“为爱桃花三树红，年年岁岁惹东风。如今去逐它人手，谁复尊前念老翁。”[4]蔡京身边姬妾之美，竟能引起外敌的关注，亦足以说明他奢靡生活的程度。还有南宋人记载称蔡京在杭州修建了一处“雄丽”的豪宅，晚年将平生积蓄的财产用大船运抵杭城，藏于此院之内。到他被贬官、流放和抄家后，杭州地方长官恰好是他昔日的门客，就暗中协助他隐瞒了大半。他还将40余担金银宝物寄存于海盐县族人家，后蔡京父子因性命堪忧，无暇取回，族人于是占为己有，“至今海盐蔡氏，富冠浙右”。[5]

王黼当政后，同样贪得无厌，在征调各地奇珍异宝供应宫廷的同时，乘机贪污无数。他在生活上被称为“穷极富贵”。他寝室内的屏风全用黄金和玉石打造而成，帐幔则以极精美的“翠绮”制作，卧榻周围又布置有许多小榻。王黼在此常拥多位美姬享乐，称之为“拥帐”。[6]他家拥有的钱财珍宝不计其数，据宋人记载，仅仓库内堆积的稀有黄雀鲊（一种特别腌制的黄雀肉

---

[1] 《清波杂志校注》卷6《东西园》，第278页。

[2] 《石林燕语》卷10，第155页。

[3] 《鹤林玉露》丙编卷6，第337页。

[4] 《挥麈录》“后录”卷8，第145页。

[5] 《挥麈录》“余话”卷2，第236页。

[6] 《清波别志》卷下，第178页。

干），竟有三间之多。[1]诸如此类，不一而足。

史弥远为宋孝宗朝初期宰相史浩之子，以荫补入仕，之后又通过科考获得进士出身。在宋孝宗、宋光宗两朝及宋宁宗朝前期的30年间，他从低级地方官逐渐升迁至礼部侍郎，并兼任皇子赵曮的教官。开禧三年（1207年），北伐失败之际，他联手杨皇后杀死主政的权臣韩侂胄，随即升任同知枢密院事，不久便出任宰相，从此专权达26年之久。他之所以能如此，一方面是因为前有弱智的宋宁宗，后有他一手扶立起来的宋理宗，也就是说当时的帝王已成为弱势君主，丧失了驾驭朝堂的能力；另一方面，则是经历秦桧长期主政以后，朝政秩序日渐衰败，制衡机制难以发挥应有的效用，就此为权臣提供了环境，韩侂胄此前便已开创了先例。于是，史弥远长期独任宰相兼枢密使，掌控了军政大权。

史弥远主政期间，除了维持既有统治局面与主和路线外，更关注的还是自己的权势地位，为此耗费了无穷的心机。他出入官场多年，深知要想巩固自己的权位，必须得到最高统治者的信任。然而宋宁宗却是个昏弱之主，内廷由杨皇后做主，因此他转而靠拢这位皇后。说起来，杨皇后经历颇为复杂，她出身卑微，年少入宫时竟连姓氏都不记得。她为了给自己撑脸面，便认宫中供职的同乡杨次山为兄，遂以杨氏为姓。杨皇后姿色出众，为人更极有心计，因此很快受到宠幸。庆元六年（1200年），她刚做贵妃不久，韩皇后（韩侂胄族孙女）病死，她竟能排除权臣韩侂胄的异议，成功晋升为皇后，从此专宠后宫。[2]于是，史弥远竭力奉承杨皇后，甚至经常私下出入深宫，以至引起外界议论。

[1] 《齐东野语》卷16，第297页。

[2] 《宋史》卷243《后妃下·杨皇后传》，第8656—8658页。

有人写诗讥讽道："往来与月为俦侣，舒卷和天也蔽蒙。"[1]同时，他又不遗余力拉拢杨次山，不断给他封官加爵。当加封杨次山为少保、永阳郡王时，因不合规矩遭到吏部侍郎许奕的异议，史弥远立即将许奕贬到外地。[2]杨次山的两个儿子杨谷、杨石，也受到特殊礼遇，分别被封为郡王，并最终获得太傅的高官头衔。杨家其他亲属也享受到高官厚禄。[3]史弥远就此取得宫廷的完全信赖，得以独主庙堂，并废黜了对他心怀怨恨的皇储赵竑，改立原本毫无资格的宋理宗继承皇位。

在宋理宗朝前期，史弥远的权势早已根深蒂固，所以不必取宠于一手扶持的孺子皇帝，而是将注意力更多地放在控制臣僚方面。他在朝中安插更多的亲信、党羽，对持反对、批评意见者则一律排挤，从而形成唯自己马首是瞻的局面。南宋人对此感慨道，当朝宰相在位时间长者，王旦有12年，蔡京、秦桧皆为十八九年，只有史弥远达到26年之久，"古今所无"。[4]史弥远遍历高官显爵，官阶至太师，爵位至鲁国公。绍定六年（1233年），年过七旬的他病死任上，临终前又受封郡王，加官两镇节度使，死后还被追封为卫王，[5]实为宋朝官场所罕见。需要说明的是，宋理宗亲政后，虽然对史弥远的追随者予以打压，却不允许非议史弥远及其家族，原因即在于宋理宗能挤占原定皇储赵竑之位而称帝，乃是由史弥远一手促成，若否定了史弥远，自己继位就不合法。因此，无论是出于感恩还是彼此利益一致的缘故，宋理宗都要保全史氏一门。史弥远因此避免了权臣死后通常遭到严厉追

[1] 刘一清：《钱塘遗事》卷2《史弥远》，上海古籍出版社1985年版，第57页。

[2] 《宋史》卷406《许奕传》，第12269页。

[3] 《宋史》卷465《外戚下·杨谷传》《外戚下·杨石传》、卷243《后妃下·杨皇后传》，第13595—13597、8658页。

[4] 《鹤林玉露》乙编卷3，第169页。

[5] 《宋史》卷414《史弥远传》，第12418页。

究的下场，他的侄子史嵩之以后也做了宰相，他的儿子史宅之则官居签书枢密院事（副长官）。

史弥远生前权势熏天，自然便享受起无上的荣华富贵生活。绍定四年（1231年），临安城发生大火，就连太庙也未能幸免，唯独史弥远府邸安然无恙，毫无疑问是保护有力的结果。于是有人赋诗嘲讽道：“殿前将军猛如虎，救得汾阳令公府。祖宗神灵飞上天，可怜九庙成焦土。”[1]他妻妾成群，晚年仍沉溺于女色。据说他的一个宠妾顾氏因为有绝色之美，在他死后竟被侄子史嵩之占为己有，其子史宅之为此曾上奏皇帝要求归还。[2]

若以成败而论，史弥远的仕宦生涯确实达到了极致的地步，在宋代历史上罕有匹敌者。他身后虽然受到不少非议，却没有像蔡京、秦桧、韩侂胄及贾似道等权臣那样被视为奸臣，最终也没有被纳入《宋史》“奸臣传”，于其家族可谓万幸！然而历史是无情的，史弥远虽显赫无比，呼风唤雨一时，不过是特殊时代“时势造英雄”下的宠儿，其所作所为终究不能逃脱后世的审判。

[1] 《鹤林玉露》丙编卷2，第265页。

[2] 《癸辛杂识》别集下《史嵩之始末》，第288—289页。

第五章

风尚与交游——宋代官场的婚姻、情趣与交际

当年的宋朝，官僚士大夫出自不同家世，又各自成家立业，其中婚姻则是组成家庭的关键环节。他们在公务之余，大都有着自己的嗜好，还免不了各种交际应酬，在主流崇文风气的熏染下，形成了特有的生活情趣及生活方式，或引领潮流，或附庸风雅，或如鱼得水，或弄巧成拙。这些生活方面的内容，既丰富、琐屑，也充满人情味，是观察宋朝官场与社会的一个重要窗口。

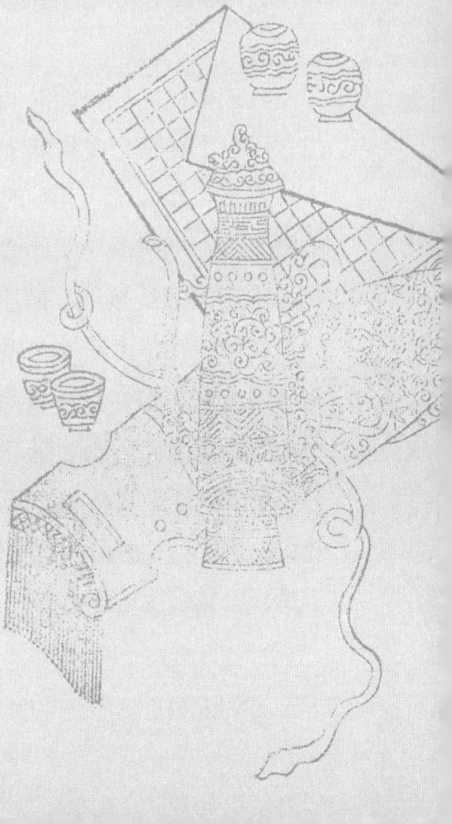

一 上层社会的婚姻与风尚

宋朝官僚士大夫在婚姻选择上既保持着传统社会的主要特点，如门当户对、郎才女貌等观念依旧根深蒂固，对配偶条件的理解也出现了与以往不同的认识。其中进士出身往往被视为才能与成功的标志，因此成为择偶的最佳对象，“洞房花烛夜，金榜题名时”两者相联，已为人生得意的重要代名词之一。这种认识不仅在宋代广为流行，还对后世产生了深远的影响。

1. 宋代士大夫的择偶风尚及影响

在宋代以前很长的时间里，由于贵族、士族高居政坛垄断地位，所以上层社会在婚姻上最重家族门第出身，对其他条件并不十分看重。如魏晋南北朝时期，门阀士族择偶一般都限定在自己的圈子内，通常不与庶族通婚，平民纵使在政坛发展起来，也很难为士族婚姻所接纳。隋唐时代，这一风气仍然有很大的影响，门第家世往往是上流社会婚配时考虑的主要条件。史称唐朝“民间修昏（婚）姻，不计官品而上阀阅”，也就是说不在意官位大小，而看重士族门阀背景。就连帝王之家也不能免俗，唐文宗在为两个公主寻觅驸马时，曾不服气地说：“我家二百年天子，顾不及崔、卢耶？”所谓崔、卢两姓，就是当年的两大著名门阀士族。于是，唐文宗挑选了另外两姓世家子弟为东床快婿。[1] 唐文宗是

[1] 《新唐书》卷172《杜兼传附杜中立传》，第5206页。

唐朝后期的皇帝，还在忌妒崔、卢等名门大姓，即说明门第在婚姻上深受世人追捧的事实。到了唐末五代时期，随着士族的衰亡，这种观念才逐渐淡薄，正如沈括所说："其俗至唐末方渐衰息。"[1]

唐末五代军阀混战之后，处于新旧交替时期的宋初，实用主义充斥政界，朝野最重视实力与地位，对出身已经不十分讲求，因此宋太祖与多位出身卑微的功臣大将联姻，就此开创了皇室与武将通婚的传统。当年，许多文武大臣也依照门当户对的观念，彼此结为亲家。如宰相赵普就不顾文武大臣应忌讳关系过于密切的问题，为其子迎娶了枢密使李崇矩之女，这段姻缘引起宋太祖的猜忌，成为罢免赵普的重要原因。[2]赵普另外一子还娶了枢密副使李处耘之女。[3]随着宋太宗崇文抑武方针与文治路线的确立，科举选官制度日益受到重视，由此入仕的官僚逐渐崛起为政界的中坚力量。由于科举考试的基本原则是不问出身，以成绩分高下，低级官吏以及寻常人家的子弟也可因中举而获得跻身上层的机会。宋孝宗就坦承："朝廷用人，别无他路，止有科举。"[4]如此一来，科举制度改变了关于门当户对的僵化理解，这也是实用主义下世风转向的重要体现。于是，科举背景特别是进士出身的人成为世人择偶的首选对象，甚至一些具备中举潜力的读书人也得到了垂青。从宋代历史来看，这一现象非常普遍。

宋太宗朝，王旦以进士初入仕途，上司、荆湖转运使赵昌言一见到他就极为欣赏，当即将其招为女婿。[5]马亮在福州任知州期间，看到还是一介书生的小官之子吕夷简，便认为吕夷简前途

[1] 《梦溪笔谈》卷24《杂志一》，第177页。

[2] 《宋史》卷256《赵普传》，第8933页。

[3] 《石林燕语》卷4，第59页。

[4] 《贵耳集》卷下，第334页。

[5] 《宋史》卷282《王旦传》，第9543页。

远大，遂不顾夫人的阻拦将女儿许配给他。[1]宋真宗朝初期，平民子弟王曾在本州和中央礼部的考试中连续获得第一，他最后参加殿试的成绩尚未分晓，就已引起吕蒙正、李沆两位宰相的极大关注，两位宰臣都想将他招为女婿。李沆对夫人表示，此人即使这次落榜，日后也能为宰辅。王曾听说后，深感李沆知己，遂选择了李家。随后，王曾果然博得状元殊荣。[2]宋仁宗朝，冯京也是州试、省试、殿试三级科考的头名，被称为“冯三元”，达官贵人皆想与他结亲。高官张尧佐自恃为张贵妃的堂伯，于是一方面动用宫廷的影响力拉拢，另一方面又以财富劝诱，希望冯京做自家的女婿。但冯京不为所动，最后选择当朝宰相富弼为岳丈。[3]大臣薛奎更是叫绝，将同一进士榜中的状元王拱辰和欧阳修都招为女婿。王拱辰夫人死后，薛家又将小女儿嫁给他，欧阳修遂戏称道:“旧女婿为新女婿，大姨夫作小姨夫。”[4]宋神宗朝，蔡卞登科进士，宰相王安石立即以女儿相许。[5]类似的记载颇多，都意在说明一些高官善于识人，为自家女儿挑选了佳婿，这些佳婿日后都跻身为宰辅大臣。

彼时，既有亲自出面择婿者，也有托人帮助寻觅的。如宋仁宗朝的宰相晏殊，曾托范仲淹为女儿物色女婿，范仲淹于是推荐富弼、张安道两位进士及第的文官。晏殊询问两人谁更优秀，范仲淹表示富弼的器识更大，于是富弼成为晏府的乘龙快婿。[6]还有连续嫁女给一人的情形。刘烨在科考之前已娶尚书赵晁的长

---

[1] 《宋史》卷298《马亮传》，第9917页；孙升:《孙公谈圃》，《丁晋公谈录（外三种）》，第150—151页。

[2] 《石林燕语》卷9，第139页。

[3] 《宋史》卷317《冯京传》，第10338—10339页。

[4] 《邵氏闻见录》卷8，第80—81页。

[5] 《宋史》卷472《奸臣·蔡京传附蔡卞》，第13728页。

[6] 《石林燕语》卷9，第139页。

女，这位夫人不幸早逝。刘烨进士科中第后，排行第七、第九的两个小姨子尚待字闺中，岳母又想将七姨妹嫁给他，他却看中了后者。岳母对他不满地说，谚语说“薄饼从上揭”，刘郎才及第，岂能挑拣人家女儿？刘烨以命相不合为由相告，终于又娶了赵府小女。[1]不过，也有看走眼的时候。高清在景德年间考取进士，宰相寇准便将侄女介绍给他为妻。寇女因病死后，已故宰相李沆家又把高清招为女婿。寇、李两家都欣赏高清，无非是看中其进士出身，对品行反倒没注意，结果高清居官贪污受贿，到头落得被免官流放的下场。[2]即使是朝政腐朽、混乱的年代，权贵也深受此风的影响。宋徽宗朝，洪皓科场折桂，正得势的宰相王黼和宠臣朱勔都力图将他招为女婿，却遭到洪皓的拒绝。[3]宋高宗朝，郭知运进士及第之际，秦桧当即将孙女许配给他。[4]

由上可见，宋朝上层社会往往在科场中选择通婚对象，以科举背景为主体的官僚，不仅自己占据政坛的主导位置，又通过与新科士人的不断联姻，巩固和壮大这一阶层的势力。因此，宋朝凡有影响的政治家族，几乎都有子嗣、女婿由进士做官，所以能在官场上延续政治生命力，并光大了家世门楣。宋人津津乐道的开国以来重要的仕宦大族，即王旦家族（三槐王氏）、吕蒙正与吕夷简家族（东莱吕氏）、韩亿家族（真定韩氏）、曾公亮家族（江南曾氏）及史浩家族（四明史氏）等，便都是因此而鼎盛。

宋真宗朝宰相王旦有三子。长子王雍的第一任妻子为大理寺卿李湘之女，李氏亡故后，王雍再娶宰相吕夷简之女；次子王冲娶光禄寺少卿沈继宗之女为妻；三子王素先后娶过三位夫

[1] 《青箱杂记》卷4，第42页。
[2] 《续资治通鉴长编》卷86，大中祥符九年三月乙丑，第1980—1981页。
[3] 《宋史》卷373《洪皓传》，第11557页。
[4] 赵彦卫：《云麓漫钞》卷10，《全宋笔记》，大象出版社2013年版，第218页。

人：礼部尚书李维之女、给事中滕涉之女、宰相张士逊之女。王旦三子中，王素以进士出身入仕，成就最大，曾任知开封府，官至工部尚书。王旦又有四个女儿，分别嫁给进士及第的官员韩亿、苏耆、范令孙、吕公弼。其中，韩亿、吕公弼位至宰辅大臣；苏耆是已故参知政事苏易简之子；范令孙则有进士甲科出身的荣光，还是宋初宰相范质的孙子。王旦的几个侄女也大都成为科举出身的官员的妻子，包括宰相李迪之子的妻子。从王旦孙子辈以后，王旦家族虽然没有出现著名的高官显宦，但仍然大都从政，并与官僚之家互相联姻，所以王旦家族的影响一直绵延到南宋以后。其中王素的长子王厚有进士功名，娶大臣张方平的侄女；王素的长女嫁给将作监丞李祥，次女嫁给宰相文彦博之子文居中。王旦家族的后裔中，有娶宰相贾昌朝之孙女者；还有一位是宋徽宗的王皇后；王伦则三次奉命出使金朝议和，因功升迁至同签书枢密院事，最终被金朝杀害。[1]

吕氏一门更为显赫。吕蒙正是状元出身的两朝宰相，子孙从政不说，他的五个女儿也都嫁给科举出身的官员，其中包括官居参知政事的赵安仁、尚书右丞丁度。[2]吕蒙正的侄子吕夷简为宋仁宗朝宰臣，有子四人，其中三子吕公著进士及第，在宋哲宗朝做过宰相，影响最大；次子吕公弼是进士出身，官至枢密副使；幼子吕公孺也有进士出身，曾任知开封府，官至户部尚书；唯有长子吕公绰以荫补入仕，不过亦仕途顺畅，历任权知开封府、翰林侍读学士等。[3]他们又皆娶了进士出身的官僚家的女子，如上述吕公弼成为王旦的东床快婿，吕公绰娶兵部员外郎上官佖之

[1] 参见李贵录：《北宋三槐王氏家族研究》，齐鲁书社2004年版。

[2] 杜大珪：《名臣碑传琬琰之集》上卷15《吕文穆公蒙正神道碑》，影印文渊阁《四库全书》本，第450册，第133页。

[3] 《宋史》卷311《吕夷简传附吕公绰、吕公弼、吕公孺》、卷336《吕公著传》，第10210—10216、10772—10777页。

女，[1]吕公孺娶了宰相张士逊家的姑娘。[2]吕夷简家族的女性后嗣，同样大都嫁给科举出身的官员，如吕公绰的两个女儿分别嫁给了进士李中师、程嗣恭。[3]

韩亿在宋真宗朝由进士入仕，成为宰相王旦的长女婿，到宋仁宗时代官居枢密院首脑。韩亿有子八人，都步入政界，其中三子韩绛为进士甲科出身，在宋神宗朝跻身宰相之位；五子韩维通过了礼部科考，因回避当政的父亲而放弃殿试，遂改以荫补做官，在宋哲宗时期曾任门下侍郎（副宰相）；六子韩缜考取进士后，历任要职，是宋神宗朝的枢密院长官和宋哲宗朝的宰相。韩亿父子四人，两位官居宰相，一个做了枢密院首脑，还有一位是执政大臣，前后跨宋仁宗、宋英宗、宋神宗、宋哲宗四朝，可谓盛极一时。[4]韩亿家族又与科举出身的高官联姻，如韩亿的长女嫁与韩亿的同窗、参知政事李若谷之子李淑，李淑为童子科中举，官至翰林学士、户部侍郎；[5]韩维则娶李若谷之女，故宋人称韩、李两家"世为婚姻不绝"；[6]韩绛之女则嫁与进士出身的文官范绅。[7]

宋代士大夫择偶风尚如此，自然带动了世人的追随，那些富有的财主、商贾也对科举出身趋之若鹜，社会上遂盛行"榜下捉婿"之风。[8]王安石脍炙人口的诗句"却忆金明池上路，红裙争看绿衣郎"，就反映了与此有关的场景：开封皇宫门外的金明大道上，走出了披着绿衣的新科举子，身穿红裙的姑娘们争相观

---

[1] 《名臣碑传琬琰之集》中卷15《吕谏议公绰墓志铭》，第450册，第327页。

[2] 《名臣碑传琬琰之集》上卷4《张文懿公士逊旧德之碑》，第450册，第36页。

[3] 《名臣碑传琬琰之集》中卷15《吕谏议公绰墓志铭》，第450册，第328页。

[4] 《宋史》卷315《韩亿传附韩绛、韩维、韩缜》，第10297—10312页。

[5] 《宋史》卷291《李若谷传附李淑》，第9740—9741页。

[6] 《邵氏闻见录》卷8，第79页。

[7] 《名臣碑传琬琰之集》上卷10《韩献肃公绛忠弼之碑》，第450册，第87页。

[8] 参见张邦炜：《宋代的"榜下择婿"之风》，张邦炜：《宋代婚姻家族史论》，人民出版社2003年版，第62—90页。

看。王安石没有挑明的是，姑娘们之所以如此，自然是想从中挑选如意郎君。两宋之际的朱彧对此则有透彻的记载，根据他的说法，宋朝富贵人家通常于科考之年选女婿，凡通过省试的考生，不管“阴阳吉凶及其家世”，都可作为目标，被称为“榜下捉婿”。他还指出，当时的富商也追随此风，以丰厚嫁妆引诱士人，动辄花费千余缗（贯）钱。[1]宋太宗朝，白稹在中举之际即与京城富室之女完婚，[2]可谓典型例证。宋代笔记小说中，还有许多类似的描写，如南宋高宗朝，涂四友考取功名后，与本乡财主杜氏的闺女成婚。[3]当然，也有一些富户具有远见，提前就选定有潜力的穷书生为婿，避免了日后榜下的争抢。宋仁宗朝的宰相杜衍，少年时家道中落，母亲改嫁，他只得靠贩书为生。济源（今河南省济源市）财主相里氏见到落魄的杜衍后，便一眼相中，将女儿嫁给他。杜衍从此得到有力资助，终于科场中第。[4]杜衍功成名就后，自然有条件在科场中第者间挑选佳婿，分别将三个女儿许配给苏舜钦等进士出身的文臣。[5]颇为讽刺的是，有一位福建籍的老儒生历经坎坷才科考中举，马上就有人找上门来议婚。这位老者倒是幽默，用一首绝句答复了对方的问询：“读尽文书一百担，老来方得一青衫。媒人却问余年纪，四十年前三十三！”[6]

在宋代历史上，还出现了许多有关书生与女子在科举前后发生的故事，令人回味无穷。宋哲宗朝宰相吕大防的父亲吕蕡，在读书期间与本乡一家闺女约定了婚事，聘礼虽已下过，但未正式举办婚礼。等到吕蕡取得进士功名时，却发生意外状况：未婚妻

[1] 朱彧：《萍洲可谈》卷1，《后山谈丛·萍洲可谈》，中华书局2007年版，第127页。
[2] 文莹：《湘山野录》卷下，中华书局1984年版，第45页。
[3] 《夷坚志》支乙卷2《涂文伯》，第810页。
[4] 《涑水记闻》卷10，第184页。
[5] 《名臣碑传琬琰之集》中卷4《杜祁公衍墓志铭》，第450册，第247页。
[6] 《清波杂志校注》卷7，第286页。

突然双目失明，成了盲人。女方家如实相告，表示愿意退婚。像这种情况下退婚，本属人之常情，然而吕蕡告诉对方，既然是下聘后才变瞽，就不算欺骗，他不会毁约。于是，吕蕡如约迎娶了盲女为妻。[1]而反面的情形同样存在，后世演绎的“铡美案”中的负心汉陈世美，其实绝非个案。如宋人记载，开封富家杨氏之女，与一个书生相爱已久，双方约定在登第后成婚。不料想男方中举后竟然以女子不贞为由毁约，而另娶他人。杨氏女因此郁闷成疾，临终前写下了绝笔：“黄叶无风自落，彩云不雨空归。”[2]

宋代上层社会婚俗中推崇科举士人（尤其是进士）的主流风尚，显然与以往重视家族门第的观念存在差异，这其实是时代变化的结果。说穿了，还是看重未来的前途，认为这样的出身能够带来实际利益，诸如封妻荫子之类。当然，有些士大夫在婚姻上也看重钱财，北宋中叶人就指出，进士登科后，“娶妻论财”，有索取丰厚彩礼的陋俗。[3]甚至连个别当朝大臣亦不避嫌。宋真宗朝初期，已故宰相薛居正的寡居儿媳柴氏因为拥有大量财产，前任宰相张齐贤、时任宰相向敏中都想娶其为妻，两人因此发生争执，以至对簿公堂。此事一时闹得沸沸扬扬，又牵扯出向敏中已约定迎娶驸马王承衍（已故开国功臣大将王审琦之子）胞妹的事。最终，张、向两位大臣同时遭到处罚，一个被贬官，一个被罢相。[4]还有贪图对方权势地位者。宋初归顺的吴越王钱俶之子

[1] 陈师道：《后山谈丛》卷6，《后山谈丛·萍洲可谈》，第81页。吕大防父亲为吕蕡，见《宋史》卷340《吕大防传》，第10839页。

[2] 吴曾：《能改斋漫录》卷16《乐府·馆客弃密约之好》，上海古籍出版社1984年版，第475页。

[3] 丁骘：《请禁绝登科进士论财娶妻》，吕祖谦：《宋文鉴》卷61，中华书局1992年版，第905页。

[4] 《宋史》卷265《张齐贤传》、卷282《向敏中传》，第9156—9157、9555页；《续资治通鉴长编》卷53，咸平五年十月癸未，第1157—1158页。据说，柴氏最后还是嫁给张齐贤，见《青箱杂记》卷2，第17页。

钱惟演，历仕宋真宗、宋仁宗两朝高官，仍一心想与权贵联姻。宋真宗晚年，刘皇后掌握深宫权力，钱惟演便将胞妹嫁给刘皇后的兄长刘美。到宋仁宗朝，他又为一个儿子娶了郭皇后的妹妹，另一个儿子则做了驸马。他到此还不满足，仍试图与宋仁宗已故生母家族结亲，于是引起御史的弹劾。[1]宋高宗时期，秦桧为了获得后宫的支持，将自己的孙女嫁给吴皇后胞弟、武官吴益。[2]诸如此类的现象，还有一些见诸史籍记载。不过，这些都属于非主流的风气，因此也往往受到士人的嘲讽。

2. 宋代官员的纳妾之风

在宋朝，官员中也流行纳妾。尤其是在一些达官显贵之家，纳妾更为风行，以至妻妾成群。正如当时人所言，士大夫都想永保富贵，故禁忌颇多，尤其是忌讳提到"死"字，却唯独"溺于声色"，对此无所顾忌。一听到谁府上有漂亮家姬出卖，就千方百计罗织到手。[3]据南宋初人记载，昔日开封城买一妾花费五贯钱，漂亮者需三五十贯，近来"贵人，务以声色为得意"，买一位妾已涨价到五千贯。[4]其缘由或在于享受女色，所谓"士大夫肆情昵爱"，[5]或为了延续香火。当年，除了臭名昭著的官僚之外，像寇准、王旦、宋祁、苏轼、李纲、辛弃疾、陆游等名公名士亦是如此。有关这方面的例子，可谓屡见不鲜，既有广为流传的风流韵事，也不乏因此产生的纠纷。

宋初宰相沈义伦早年所娶的妻子又老又丑，因此他在富贵

[1] 《宋史》卷317《钱惟演传》，第10341—10343页。

[2] 《宋史》卷465《外戚下·吴益传》，第13591页。

[3] 《清波杂志校注》卷3，第101—102页。

[4] 《萍洲可谈》卷1，第127页。

[5] 《清波杂志校注》卷5，第212页。

后便纳妾田氏。他不仅宠爱田氏，还将原配夫人安置到别处居住。[1]寇准性情刚直而豪放，颇受宋人及后世赞誉，有记载称他纵然大贵，却无后房之宠。[2]不过，也有笔记反映，寇准有个叫“蒨桃”的妾，颇有赋诗的才能。[3]根据寇准为人与当时的风气来看，这大概比较可信。以厚重著称的宰相王旦，最初没有养妾，宋真宗因为对他特别眷顾，于是赐银3 000两，责令他买了两位小妾。据说，王旦从此身体渐衰，几年后就去世。[4]宋代的名相如此，其他的官僚更不用多说，即使到了垂暮之年也依然如故。宋哲宗朝宰相章惇，暮年还迷恋宠妾蒨英，不料年轻的蒨英与一位和尚私通，被发现后自尽。[5]另外一位执政大臣李清臣，晚年已经体力不支，却仍养了多个侍妾，并为其中两位取名“玉梳”“金篦”。有人问他取名何意，他坦然笑称，这就像俗话说的和尚买梳篦。韩琦曾在与他的通信中调侃，说玉梳、金篦陪侍“白发翁”，几乎要闲淡而死。李清臣竟回信说，已请老艺人每日教授这五六位小妾弹唱，希望有机会为韩公表演助兴。他在给韩琦的另一封信中还自嘲，原来的梳、篦都无恙，又添了两三位，更似和尚置办的束发带子。[6]北宋著名词人张先，在85岁时还娶妾，苏轼曾写诗调侃，其中有“锦里先生自笑狂，莫欺九尺鬓毛苍”之语。[7]还有那些贪图富贵的权臣高官，府中美妾如云的情况就更为突出。如前述蔡京晚年被流放时，身边的三个艳妾还被金朝索取。王黼的侧室同样众多，据记载，他在翰林学士

[1]《续资治通鉴长编》卷23，太平兴国七年四月己卯，第518页。

[2]《后山谈丛》卷4，第57页。

[3]《能改斋漫录》卷8，第240页。

[4]《龙川别志》卷上，第74页。

[5]《默记》卷下，第47页。

[6]《墨庄漫录》卷7，第207页。

[7]赵令畤:《侯鲭录》卷7，《侯鲭录·墨客挥犀·续墨客挥犀》，中华书局2002年版，第178页。

任上曾一度病危，名叫艳娥、素娥的二妾在病榻前服侍，一个假哭，一个真悲。[1]他还有一位姓田的小妾，艳丽无比，被称为“真国色也”。[2]两宋之际的名臣李纲，据说生活也相当奢靡，喜欢养“侍妾、歌童”。南宋初年的宰相吕颐浩“喜酒色”，家有侍妾十余位。户部侍郎韩梠“家畜三妾”，皆以美艳出名。韩梠死后，许多将帅都想重金求购这三位美妾，吕颐浩也竭力争抢，终于以数千缗钱的代价得到其中一人，起名“三孺人”，对她倍加宠爱，而当时的吕颐浩已67岁。[3]史弥远及贾似道等权臣，亦大同小异。

官宦之家妻妾成群，自然少不了争风吃醋的纠纷，甚至引发家门不幸的后果。宋太宗、宋真宗两朝的宰相吕蒙正，其父亲官位不高，却有多个爱妾，其母虽为正房，倒受到冷遇，结果他在少年时代便与母亲被驱逐出门。[4]翰林学士王逵的妻子则经常遭到宠妾的凌辱，有失士大夫家庭体面，王逵不得不将此妾逐出府邸。[5]宋仁宗朝，宰相陈执中的宠妾张氏将婢女迎儿打死，开封府要依法严惩，御史们也群起弹劾。他虽因皇帝袒护未受到深究，最终也只得罢相。陈执中死后，礼官评议其谥号时便说：“闺门之内，礼分不明，夫人正室疏薄自绌，庶妾贱人悍逸不制，其治家无足言者。”[6]秦桧娶了宰相王珪的孙女，养成惧内积习。王氏不能生育，收养本家后人为子嗣，即秦熺。秦桧一妾怀孕后，当

[1] 《老学庵笔记》卷6，第76页。

[2] 《墨庄漫录》卷4，第125页。

[3] 熊克：《中兴小纪》卷18，绍兴五年三月乙酉，引朱胜非《闲居录》，福建人民出版社1985年版，第225页。

[4] 《宋史》卷265《吕蒙正传》，第9146页。

[5] 《后山谈丛》卷5，第64—65页。

[6] 《宋史》卷285《陈执中传》，第9604页；《续资治通鉴长编》卷178、卷179，至和二年二月庚子、至和二年五月庚寅，第4310、4338—4339页；《东轩笔录》卷10，第116—117页。

即被王氏逐出，遂改嫁给林姓人家，生下林一飞。秦桧明知有亲生之子林一飞，也无法公开相认，只好暗中关照。[1]

宋代也有不少官员与姬妾的浪漫故事。北宋中叶著名文士宋祁，喜欢美女，家中姬妾颇多，所谓“多内宠”。据宋人笔记记载，他在成都做官期间，每每夜宴结束，就在侍女的服侍下修订《唐书》，外人老远瞧见窗内的身影，都觉得恍若神仙一般。宋祁倒是怜香惜玉，一次在江边宴饮时受到风寒，他唤一人过来搀扶，姬妾们都跑来。他望着眼前十余只粉臂，茫然不知所措，为究竟该扶哪一个而犯难，唯恐有厚薄之嫌，最后只好自己起来。[2]说到宋祁的风流，还有一个故事。一天，宋祁途经开封热闹的繁台街，碰巧有一群宫女乘车经过，其中一位宫娥挑起帘子瞧见他，脱口叫了声“小宋也”。回到家中，他心潮荡漾，信手填写了《鹧鸪天》一词：“画毂雕鞍狭路逢，一声肠断绣帘中。身无彩凤双飞翼，心有灵犀一点通。金作屋，玉为笼，车如流水马游龙。刘郎已恨蓬山远，更隔蓬山几万重。”这首词写得叫绝，很快便传遍都城上下，并飘入深宫。宋仁宗读了也深为所动，召来宫女们询问是谁叫的小宋，那位深锁宫中的多情女只得承认。不曾想，皇帝竟将宋祁唤进皇宫询问，惊得宋祁魂不附体。宋仁宗成人之美，笑着对宋学士说蓬山不远，当即将那位宫女赏赐给他。[3]此为小说家言，固然不可全信，却也从侧面折射出当年的风尚。

北宋后期名士秦观，深得苏轼赏识，他与苏小妹喜结姻缘的故事虽是后世虚构，但他与爱妾的风流韵事倒有明确记载。宋人笔记称，秦少游有侍儿名叫朝华，后纳她为妾。他曾为时年19岁的朝华写诗道：“天风吹月入栏杆，乌鹊无声子夜阑。织女星明来

[1] 《齐东野语》卷11，第198页。

[2] 《东轩笔录》卷15，第171页。

[3] 张思岩辑：《词林纪事》卷3《宋祁》，古典文学出版社1957年版，第85页。

枕上，了知身不在人间。”三年之后，他因想修道而了断尘缘，于是将爱妾送归她的父母，并赠以金帛为嫁妆。朝华临别前，“泣不已”，他赋诗相送：“月雾茫茫晓柝悲，玉人挥手断肠时。不须重向灯前泣，百岁终当一别离。”女子与他分别二十天后，派父亲回来相告，称她不愿嫁与他人，请求再回来。秦少游不忍心，遂与佳人重聚。又过了一年，他出游杭州，途经淮河期间与道友相见，叙谈中感叹时光荏苒，又动了修道的意念。他便对朝华说，若她不离开，他无法修真，并当即将她送回京城父母家。告别之际，他再写诗云：“玉人前去却重来，此度分携更不回。肠断龟山离别处，夕阳孤塔自崔巍。”两人就此相别，从此不再聚首。[1]

当然，也有因其他原因不愿蓄妾者。王安石只有一子，他在当知制诰时，夫人吴氏大概是为了给王家添丁的缘故，便私下为丈夫买了一妾。王安石见到新人后询问来历，女子答称自己是一个押运漕粮的军将之妻，因丈夫押送的漕船倾覆，家产不够赔偿，所以只得将自己卖掉。王安石听罢深为同情，遂放弃了已付的90万钱，令其夫妇团聚。司马光任太原府通判期间，尚未有子，长官庞籍的夫人以此为由替他买一妾，司马光却总是不予理睬。宋人感叹王安石、司马光不好声色，不贪钱财官爵，[2]故无后房之宠。而王钦若因为惧内，虽贵为一品高官，却“不置姬侍”。他的府邸后堂取名“三畏堂”，有名士戏称可改为“四畏”。他问其故，对方回答:“兼畏夫人。”[3]据说，沈括晚年所娶之妻张氏，极为悍妒，甚至时常打骂丈夫，[4]沈括大概因此也无法在家中养妾。

---

[1] 《墨庄漫录》卷3，第89页。

[2] 《邵氏闻见录》卷11，第121—122页。

[3] 祝穆:《古今事文类聚后集》卷15，引赵槩《闻见录》，影印文渊阁《四库全书》本，第926册，第233页。

[4] 《萍洲可谈》卷3，第168页。

二　宋代士大夫的修养与情趣

在宋朝长期实施文治路线的背景下，士大夫生逢其时，他们长期居于政坛的主导位置，其修养与情趣也成为世人倾慕的风尚。他们特有的文学修养、琴棋书画以及收藏之类的喜好，既是其风度的重要标识，亦受到民间社会的追捧。

1. 宋代士人的文学修养

宋朝文官大都以读书科举起家，诗赋文章为其所长，也是他们文学修养的主要标志。当年，拥有突出文化素养的士人，不仅在官场中受到尊敬，还得到各界的推崇，由此而产生广泛的社会影响。

所谓“风起于青蘋之末”，宋朝对士人素养的推崇，可以追溯到开国之初。早在宋太祖在位期间，因基于对武夫悍将祸乱教训的总结，已开始起用文官治国，文化知识于是逐渐受到重视。如前所述，宋太祖除了自己留心书籍外，还开始在朝堂倡导读书风气，并曾点名要三家村先生出身的重臣赵普读书，甚至对武将也提出了类似的要求。于是，尚文之风在政坛兴起，就连一些武臣也受到感染，故作姿态，甚至还闹出笑话。如目不识丁的大将党进，为了表示自己读了书，某次觐见皇帝前精心准备措辞，但说出来的话却词不达意。在尴尬之余，他只得辩解道：“我尝见措大（即书生）们爱掉书袋，我亦掉一两句，也要官家知道我读书来。”[1]经过宋太宗的大力推动及带头表率，特别是科举选官制度的大兴，官场的崇文取向已蔚然成风。从宋真宗朝以降，读书求学进而成为朝野的主流风尚。据说，宋真宗还写下了著名的《劝学诗》：

富家不用买良田，书中自有千钟粟。
安居不用架高堂，书中自有黄金屋。
出门莫恨无人随，书中车马多如簇。
娶妻莫恨无良媒，书中自有颜如玉。
男儿若遂平生志，六经勤向窗前读。

于是，文化修养深受社会崇尚，而军功意识则逐渐消退。当年，钱惟演、夏竦两人原本属于武臣，因自恃有诗文功底，遂不甘心于武官序列，竭力转换为文官，后终于跻身高位。[2]正因为如此，文臣自然以能诗善文或精通经史自负，其中的著名文士也因此成为世人瞩目的对象。后世总结的唐宋散文八大家中的欧阳修、王安石、苏洵、苏轼、苏辙和曾巩等六位宋人，宋代诗词名家王禹偁、晏殊、范仲淹、柳永、蔡襄、黄庭坚、周邦彦、李清照、杨万里、范成大、陆游、辛弃疾及文天祥等人，以及胡瑗、石介、孙复、宋祁、周敦颐、司马光、沈括、范祖禹、二程兄弟、张载、邵雍、吕祖谦、叶适、朱熹、陆九渊及真德秀等著名学者，不仅都是当年士林中的翘楚，也是享誉中国文化史的杰出人物。他们中的很多人还有兼通之才，对经史、诗词及散文都有造诣，典型者如欧阳修、宋祁、司马光、苏轼、朱熹等人。王安石长期坚持读书，史称他“性酷嗜书，虽寝食

[1] 《玉壶清话》卷8，第76页。

[2] 《宋史》卷317《钱惟演传》，第10340—10341页；《东轩笔录》卷2，第20页。

[宋] 张先 《十咏图卷》(局部) 故宫博物院藏

间手不释卷”。[1]他的文学修养之深，苏轼也为之敬佩，[2]就连其政治上的反对派亦少有微词。与以往不同的是，宋代有名的文豪学人，大都出入政界，而且身居高位者不在少数。此外，还有众多的文官士大夫拥有较深的学养，如两宋大多数宰执大臣便是如此，即使被视为奸臣的王钦若、丁谓、蔡确、章惇、蔡京、李邦彦、秦桧及史弥远之流，在文学素养上也非平庸之辈。于是，文化修养及情趣成为宋朝士大夫身上的突出标识，由此还衍生出无数的故事，其中与文学艺术有关的人与事最为典型，也常常成为宋人津津乐道的话题。

宋代文臣在任期间，多以文笔抒发自己的感怀，许多名垂青史的政治人物更留下了无数的名篇绝句。范仲淹于仕宦生涯中题写了大量诗文，著名的《渔家傲·秋思》就是在对夏前线所写：

> 塞下秋来风景异，衡阳雁去无留意。四面边声连角起。千嶂里，长烟落日孤城闭。浊酒一杯家万里，燕然未勒归无计。羌管悠悠霜满地。人不寐，将军白发征夫泪。

这首词意境开阔苍凉，慷慨悲壮，不仅展现了出征将士的英雄气概与艰苦生活，也委婉地反映了战争对国家及个人命运的深刻影响。范仲淹在岳州写的《岳阳楼记》，则表达了济世情怀和乐观精神，“先天下之忧而忧，后天下之乐而乐”“不以物喜，不以己悲”的名句，同样脍炙人口。范仲淹还常借诗词倾吐个人情感，如他感恩晏殊曾推荐过自己，对晏殊始终执弟子之礼，某次拜访晏家，临别赋诗一首，有“曾入黄扉陪国论，却来绛帐就师资”

[1] 《墨客挥犀》卷4，第318页。

[2] 《侯鲭录》卷1，第50页。

之语以示敬意。[1]一代政治家王安石，早年做地方官时已写出许多立意报国的诗文，其中《登飞来峰》云："飞来山上千寻塔，闻说鸡鸣见日升。不畏浮云遮望眼，自缘身在最高层。"此诗表现了追求远大理想的精神境界。他在《雨霖铃》一词中，又以"浮名浮利何济，堪留恋处，轮回仓猝"之句，点出名利虚荣的短暂无情。南宋末年状元出身的丞相文天祥，在抗元斗争中写出了许多慷慨悲壮的作品，《过零丁洋》中"人生自古谁无死，留取丹心照汗青"的绝句，是舍生取义的最好注释。

值得一提的是，宋朝翰林学士一般由进士科中的佼佼者担任，其文学素养当然更为突出。杨亿、晏殊、欧阳修、宋祁、王安石、苏轼、梅询、真德秀等著名文士都出任过此职，他们的才华表露得最为明显。杨亿以才思敏捷著称，其作文赋诗往往一挥而就。据记载，他常在与宾客开怀畅饮、投壶博弈之间写作，一边在小纸片上书写，一边穿插饮酒作乐，每写完一张，即交给门生抄写，抄录者"疲于应命"，数千字的文章却随即完成。就连大文人欧阳修也佩服杨亿"语笑喧哗，而不妨构思"的能力，由衷地赞叹道："真一代之文豪也！"[2]当年，学士院墙壁上有人题写了一句上联："李阳生指李树为姓，生而知之。"下联却一直无人能对。杨亿当学士后看到，当即提笔写上"马援死以马革裹尸，死而后已"一句，堪称巧对。[3]翰林学士有值宿规定，在夜晚值班期间，面对青灯孤影的寂寞，他们多以写诗赋词寄情排遣，就此产生了诸多佳作。当时的翰林学士因为近帝王，常常成为高升的重要途径，因此还牵扯出不少故事，典型的例子莫过于二宋兄弟。

[1]《石林燕语》卷9，第135页。

[2]《归田录》卷1，第16页。

[3]《侯鲭录》卷4，第100—101页。

北宋中叶的宋庠、宋祁兄弟都有任翰林学士的经历。宋庠从翰林学士晋升为参知政事，后官至枢密使、宰相高位；宋祁却因受到兄长官位的制约，始终徘徊在宰执大臣门外。两人仕途相差，在诗文中就流露出不同的气息。宋庠历练得沉稳，其作品自然成熟工整，然而缺乏灵动之气，如其《残春夜雨》云："春色无情老，宵云有恨低。轻寒借鸿驶，早暝入乌啼。晦烛风生幔，漂花溜涨溪。滴阶兼被草，聊此况凄迷。"而自视甚高的宋祁虽仕途不得意，诗赋却风格鲜明，名篇迭出。[1]他的许多作品就表达了郁闷的心迹，如《浪淘沙》道出了他对人生的感受：

少年不管。流光如箭。因循不觉韶光换。至如今，始惜月满、花满、酒满。扁舟欲解垂杨岸。尚同欢宴。日斜歌阕将分散。倚兰桡，望水远、天远、人远。

据记载，当时翰林学士出身者基本都晋升到两府大臣，只有宋祁和包拯名望虽高，却未能如愿，京师遂出现这样的谚语："拨队为参政，成群作副枢。亏他包省主，闷杀宋尚书。"后来，包拯也被提拔为枢密副使，唯独宋祁又被任命到翰林学士的旧位，他于是寄诗当朝丞相抱怨，其中有"梁园赋罢相如至，宣室鳌残贾谊归"之句。[2]宋祁最终只能陶醉于风流享乐的生活，其《玉楼春》一诗正是最好的写照：

东城渐觉风光好，縠皱波纹迎客棹。
绿杨烟外晓寒轻，红杏枝头春意闹。

[1] 陈峰：《生逢宋代：北宋士林将坛说》"宋庠、宋祁兄弟"，生活·读书·新知三联书店2013年版，第180—196页。

[2] 《东轩笔录》卷11，第126页。

［宋］马远　《西园雅集图》（局部）　美国纳尔逊·艾金斯博博物院藏

浮生长恨欢娱少，肯爱千金轻一笑。
为君持酒劝斜阳，且向花间留晚照。

“三苏”父子都是宋代的著名文人，其中苏轼又是旷世奇才，毕生以文墨自娱。他曾说自己平生无快意事，唯作文章，意之所到，则笔力曲折，无不尽意，“世间乐事无逾此者”![1]他的许多作品无论是诗词还是文章都堪称绝代之笔，深受当世人的敬重。苏轼游庐山时所写的《题西林壁》云：

横看成岭侧成峰，远近高低各不同。
不识庐山真面目，只缘身在此山中。

这首名诗不仅精妙地描写了庐山的特点，也透出彻悟人生的真谛。可以说，苏轼此诗与王安石的《登飞来峰》诗，笔法不同，但意境皆超凡脱俗，有异曲同工之妙。苏轼文学修养之深自不用多说，他的故事也多与其才情有关。他在杭州任职期间，某日与友人游览西湖，忽然一叶小舟翩然而至，驾船的乃是一美貌女子。女子对苏轼表白说，她自小仰慕苏公大名，却无缘相见，如今她已嫁为人妻，得知苏轼今日游西湖，不惧非议也想见一面。她善弹筝，愿献一曲，但恳求赏给她一小词，以获终身之荣。浪漫的苏东坡当即填词一首，赠予仰慕者。[2]苏轼在任知徐州时，有个叫马盼的营妓颇为聪慧秀丽，善于模仿他的笔迹。一日，苏轼所写《黄楼赋》尚未完毕，她仿效主人笔法写出“山川开合”四字，苏轼看到后大喜，略加润色而就。后来，《黄楼赋》

[1] 何薳:《春渚纪闻》卷6，中华书局1983年版，第84页。

[2] 袁文:《瓮牖闲评》卷5，《全宋笔记》，大象出版社2008年版，第182页。

刻石立碑，其中的四字即为营妓马盼所书。[1]当年，即使高官大臣也多为之倾倒，如他的父亲苏洵去世后，宰臣韩琦与参知政事欧阳修分别私人馈赠300两、200两白银。[2]据说，宋仁宗及曹皇后也对苏轼兄弟甚为赏识。[3]苏轼既浪漫又幽默，有时还以诗词应对尴尬局面。他本人记载，某次途经洛阳拜访前辈时，老者告诉他当年宋真宗东封泰山期间，寻访天下隐士，找到杞县（今河南省杞县）人杨朴。宋真宗召见杨朴时询问他临行前是否有人赠诗。杨朴答称他的妻子送了一首，写的是："更休落魄耽杯酒，且莫猖狂爱咏诗。今日捉将官里去，这回断送老头皮。"宋真宗听了大笑，遂将杨朴放回。苏轼后来在湖州（今浙江省湖州市）因诗作有诽谤皇帝之嫌，遭到逮捕。临行前，妻儿哭作一团，他无法安慰，便对妻子说，难道就不能像杨处士妻子那样写诗送我吗？妻子听了"不觉失笑"，于是他才放心出门。[4]不过，苏东坡将杨朴之事的时间搞错了，此应为宋太宗朝时之事。[5]

辛弃疾不仅是著名的爱国志士，也是南宋的大词人，以词风豪放享誉当世。他早年生活在金朝统治下，靠自学积累了相当深厚的文学素养，归宋后仍力学不辍，对琢磨词句甚至到了痴迷的境地。岳飞的孙子岳珂记载，辛弃疾晚年任地方官时，因多病谢客，岳珂曾慕名拜访。辛弃疾对大英雄的后人自然刮目相看，遂破例热情款待。据岳珂亲眼所见，辛弃疾在宴席中命歌妓吟唱其词作，又特别喜欢《贺新郎》一词，他自己还随声唱出其中的佳句："我见青山多妩媚，料青山见我应如是。""不恨古人吾不见，恨古人不见吾狂耳。"每到此时，他便得意地拍腿笑出声来。辛

[1]《墨庄漫录》卷3，第92页。

[2]《皇朝编年纲目备要》卷18，第436页。

[3] 方勺：《泊宅编》卷1，中华书局1983年版，第2页。

[4]《东坡志林》卷2《隐逸》，第32页。

[5] 事见《续资治通鉴长编》卷35，淳化五年正月甲寅，第765页。

弃疾在作《永遇乐·京口北固亭怀古》一词时，特意设酒召几位友人，一边让歌妓吟诵，一边自己击拍，然后请来宾指摘瑕疵，就连年少的岳珂亦一再被问到。这首词在当天字斟句酌了十余次不说，后竟然累月修改仍意犹未尽，辛稼轩的精益求精精神令岳珂不得不钦佩。[1]于是，有了这一千古绝唱，其“金戈铁马，气吞万里如虎”的气势遂在词坛留下浓重的一笔。

陆游虽在仕途中不算显达，但始终力主抗金，并以饱满的爱国热情赢得世人的敬重。他一生笔耕不辍，诗词文章俱有极高造诣，其中尤以诗歌成就最大，共写了1万首诗，传世也有9 300多首，从而成为中国历史上的大诗人。陆游临终之际，留下的绝笔《示儿》更是感人至深：“死去元知万事空，但悲不见九州同。王师北定中原日，家祭无忘告乃翁。”他还有《钗头凤·红酥手》一词，据说是为被迫离异的原配妻子唐氏所写，[2]艺术地反映出他细腻的情感世界：

红酥手，黄縢酒，满城春色宫墙柳。东风恶，欢情薄。一怀愁绪，几年离索。错！错！错！

春如旧，人空瘦，泪痕红浥鲛绡透。桃花落，闲池阁。山盟虽在，锦书难托。莫！莫！莫！

当在仕途遭受打击乃至于被贬官流放时，诗文往往成为宋代士人自我慰藉的重要寄托。典型者如苏轼，一生数次被贬、流放，其大量作品就是在如此逆境中完成。他在被贬谪黄州（今湖北省黄冈市）时，曾对月独饮，追忆与友人交往情景，不觉随手写道：“去年花落在徐州，对月酣歌美清夜。今日黄州见花

[1] 《桯史》卷3《稼轩论词》，第38页。

[2] 《齐东野语》卷1，第17页。

［宋］赵昌　《南唐文会图》（局部）　故宫博物院藏

发，小院闭门风露下。”[1]黄庭坚在仕宦之途屡遭磨难，自被流放西南边地以后，诗词“句法尤高，笔势放纵”，即便苏东坡亦为之肃然起敬。如其《题竹石牧牛图》：“野次小峥嵘，幽篁相依绿。阿童三尺箠，御此老觳觫。石吾甚爱之，勿遣牛砺角。牛砺角尚可，牛斗残我竹。”[2]还有更可悲的情形，如南宋高宗朝，胡铨因得罪秦桧被贬谪岭南海岛，姓张的当地长官对他管制极为暴虐。在生死堪忧的情况下，胡铨发挥自己的长项，在对方过寿时以50首诗相贺，又应本地黎族酋长之邀，为其子弟授课，由此化解了危局。[3]据洪皓之子记载，他的父亲被金朝拘留在燕京期间，曾赴金朝高官宴会，席间看到侍酒的一女子颇为可怜，询问后得知是宋徽宗的小宫娥。同在席间的文人吴激遂赋长短句一首：“南朝千古伤心地，还唱《后庭花》。旧时王、谢，堂前燕子，飞向谁家？恍然相遇，仙姿胜雪，宫髻堆鸦。江州司马，青衫湿泪，同是天涯。”闻听此词，座客多伤感流涕。[4]

宋朝士大夫到垂暮之年大都仍保持着吟诗弄赋的传统，并以此抒发感受。名相文彦博晚年致仕退居洛阳，他在78岁高龄时，邀请了另外三位同龄的退休官员聚会，提笔写下《同甲会诗》一首：“四人三百十二岁，况是同生丙午年。招得梁园为赋日，合成商岭采芝仙。清谈亹亹风盈席，素发飘飘雪满肩。此会从来诚未有，洛中应作画图传。”[5]王安石晚年隐居金陵蒋山下，早已看淡了仕宦荣辱，作品中便尽显闲适放达的心境。如《菩萨蛮》所云：“数间茅屋闲临水，窄衫短帽垂杨里。花似去年红，吹开一

[1] 《东坡志林》卷1《忆王子立》，第5页。

[2] 厉鹗：《宋诗纪事》卷33《黄庭坚》，上海古籍出版社1983年版，第812—813页。

[3] 《容斋随笔》“三笔”卷1，第436页。

[4] 《容斋随笔》卷13，第168页。

[5] 《宋诗纪事》卷12《文彦博》，第311页。

夜风。柳梢新月偃，午醉醒来晚。何物最关情？黄鹂三两声。”[1]

饱受诟病的宋代投机政客中，蔡京的书法造诣、诗文功底最为突出，这大概也是他赢得宋徽宗欣赏的长处之一。蔡京在官场上处处显露自己的学养，甚至以此为手段处理棘手问题。宣和初，他一度赋闲，新贵王黼、梁师成及道士林灵素得宠，与他关系紧张的范致虚也回朝任执政大臣。蔡京想化解与宿敌的矛盾，遂耗费心机拉拢范致虚。一日，他在府邸后园宴请范致虚，席间赋诗一首相赠：“一日趋朝四日闲，荒园薄酒愿交欢。三峰崛起无平地，二派争流有激湍。极目榛芜惟野蔓，忘情鱼鸟自波澜。满船载得圭璋重，更掬珠玑洗眼看。”诗中的“三峰”“二派”都是园中景物，却成为蔡京暗喻范致虚防范的对象。[2]蔡京在当政期间，经常随意授人官职，偶尔难以定夺时，也以诗赋裁判。一次，两个官员向蔡京求堂除肥缺，因他们都有荐举文书，条件相当，蔡京一时无所适从，于是就问两人谁能朗诵唐代卢仝的《月蚀》诗。其中那位老者随口朗朗诵出全诗，蔡京大喜，当即将美差授予此人。[3]

2. 宋代官场士人的情趣

琴棋书画以及收藏之类的嗜好，本属典型的文人雅趣，或因擅长操弄，或因精于鉴赏，或因寄托情愫。宋朝开国时代结束以后的大多数皇帝，都已成为兼具文人心态的君主，自然对此也有着相当浓厚的兴趣，宋徽宗更到了几乎痴迷的地步。于是，宋代士大夫的这些雅趣在官场广为流行，受到社会的追捧，留下很多

---

[1] 《能改斋漫录》卷17，第491页。

[2] 《墨庄漫录》卷2，第73—74页。

[3] 陈善：《扪虱新话》卷4，《全宋笔记》，大象出版社2012年版，第38页。

逸闻趣事。

在宋代，士人一般都懂书画，其中造诣深厚者不乏其人。如蔡襄、苏轼书法成就非凡；王安石的书法也自成一家，被称为“清劲峭拔，飘飘不凡，世谓之横风疾雨”。[1]黄庭坚、范宽、文同、米芾与米友仁父子及李公麟等人，于书画皆为精通。宋人以诗意入画、以画境构诗的意识，对中国绘画产生了深远的影响。如黄庭坚借前人名句为画作所写的《题画睡鸭》——“山鸡照影空自爱，孤鸾舞镜不作双。天下真成长会合，两凫相倚睡秋江。”——被宋人评为神来之笔。[2]

宋代的书画名家在保持鲜明创作个性的同时，也有着各自的行为特点。据欧阳修记载，著名书法家蔡襄深受当世人的倾慕，但他极为珍惜自己的笔墨，不轻易给人写字。蔡襄在任翰林学士期间，宋仁宗十分欣赏他的文笔与书法，除了安排公务外，还经常私下请他写一些东西。宋仁宗在舅父亡故后，亲笔撰写出碑文内容，再请蔡襄书写出来。后来，宋仁宗又请他给被追封为皇后的已故张贵妃写碑文。大概是这位贵妃因生前专宠而引起议论的缘故，蔡襄婉拒了此事，理由是翰林院有专门的书法待诏可用。此事最终还被记录在官方国史的蔡襄传中，传为士林佳话。蔡襄还告诉欧阳修，他经常奉诏写御制碑文、寺庙道观匾额之类，以至达官贵人动辄奏请皇帝给自己摊派任务，他于是不得不经常推辞。[3]苏轼不仅诗词文章名满天下，其笔墨也备受世人珍爱。与蔡襄有别的是，性情潇洒豪放的苏轼常常为人落笔题字。如他在被贬黄州期间，每次朋友聚会，他都乘醉提笔写诗，并随手赠人，甚至连陪酒的歌姬亦可在扇面上获赠书画。有个叫李琪的歌

---

[1] 《墨庄漫录》卷1，第34页。

[2] 《容斋随笔》卷1，第4页。

[3] 《容斋随笔》“三笔”卷16，第621—622页。

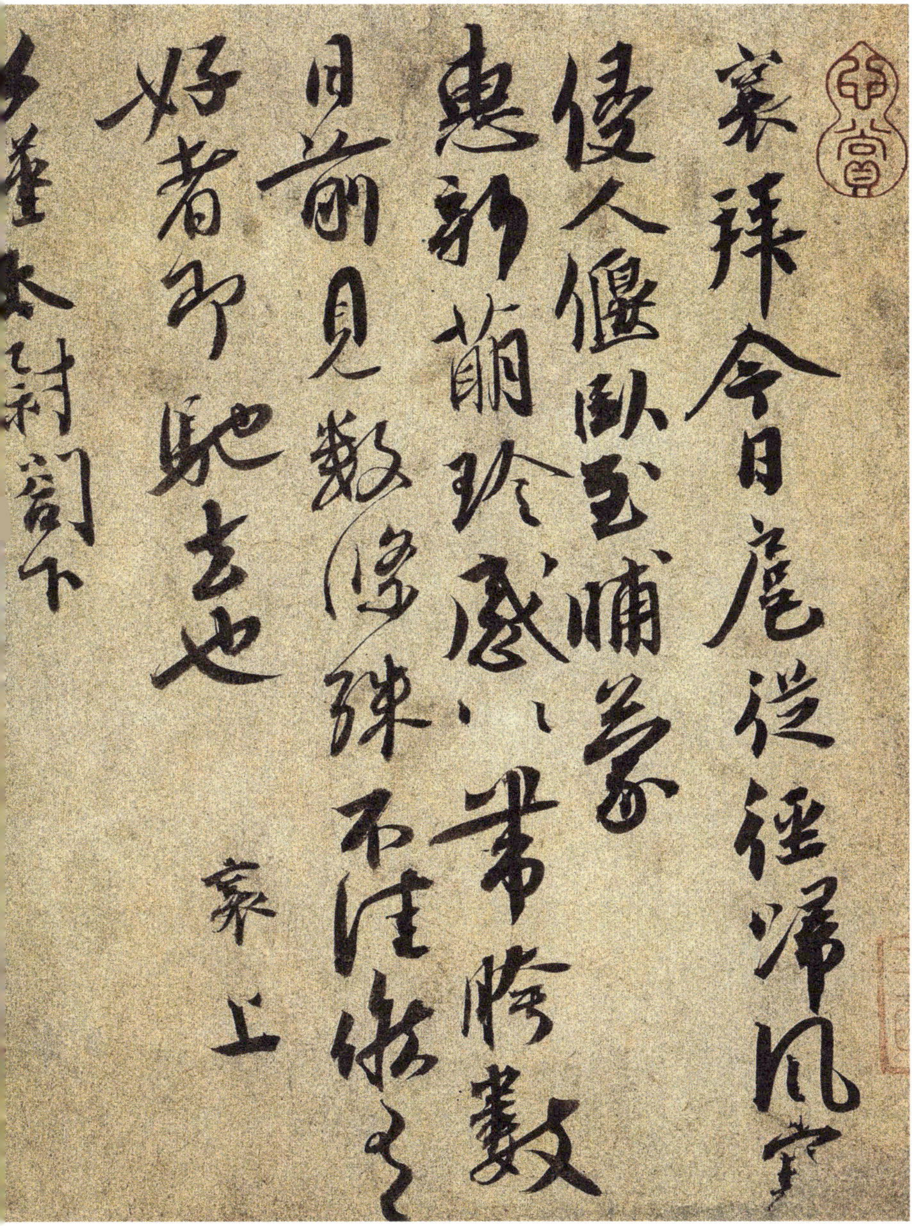

［宋］蔡襄 《扈从帖》 故宫博物院藏

女，聪慧知书，颇得苏东坡的喜爱，却始终没能获得题字。到苏轼即将离开之际，她借着劝酒的机会请求苏轼在领巾上题写。苏东坡遂浓墨落笔道：“东坡七岁黄州往，何事无言及李琪。”写罢即掷笔袖手，与宾客笑谈。宾客们不解，认为语言似乎平常，又好像没有写完。宴席结束时，李琪再次恳求，苏轼才大笑称差点忘了，于是接着写道：“恰似西川杜工部，海棠虽好不留诗。”满座看了击掌叫好，“尽醉而散”。[1]

性情古怪的米芾，大概是最能反映宋朝文人趣味的代表人物。米芾字元章，又称“米襄阳”“米南宫”，是生活在北宋后期的大书画家。他不仅能诗文，其书法造诣更为精绝，宋人即评价称，当朝善于书法者，世人都推蔡襄，然而“得古人玄妙”者，还属米元章，其专论书法的《论书》《杂书》等著述还广为流传。米芾在书艺上极为自负，宋徽宗曾问他对当朝书法名家的评价，他评说道：“蔡京不得笔，蔡卞得笔而乏逸韵，蔡襄勒字，沈辽排字，黄庭坚描字，苏轼画字。”宋徽宗接着问米芾认为他自己的字如何，他答称“刷字”。[2]言下之意，众人皆不在话下。他还工于绘画，尤其是山水画自成一体，被后世称为“米点山水”，具有开一代文人画风的重要影响。因此，米芾在仕途上地位虽不显赫，却名重朝野，不仅前辈名家苏轼等人对他颇为赏识，就连帝王、权贵也乐于与其交往，甚至不惜折腰相待。然而，痴迷于艺术却不谙人情世故的米芾，行为举止原本已与常人有别，又生活在北宋末朝政腐朽的年代，与同时代的士人一样都受到巨大的心灵压抑，于是奇才以个性怪异而出名，人称“米癫”。他举止癫狂的一个表现，便是后人熟知的每遇见怪石就称“兄”。另外，米芾洁癖到不可理喻的地步。宋人还记载他经常

[1] 《春渚纪闻》卷6，第90页。

[2] 《墨庄漫录》卷6，第163、169页。

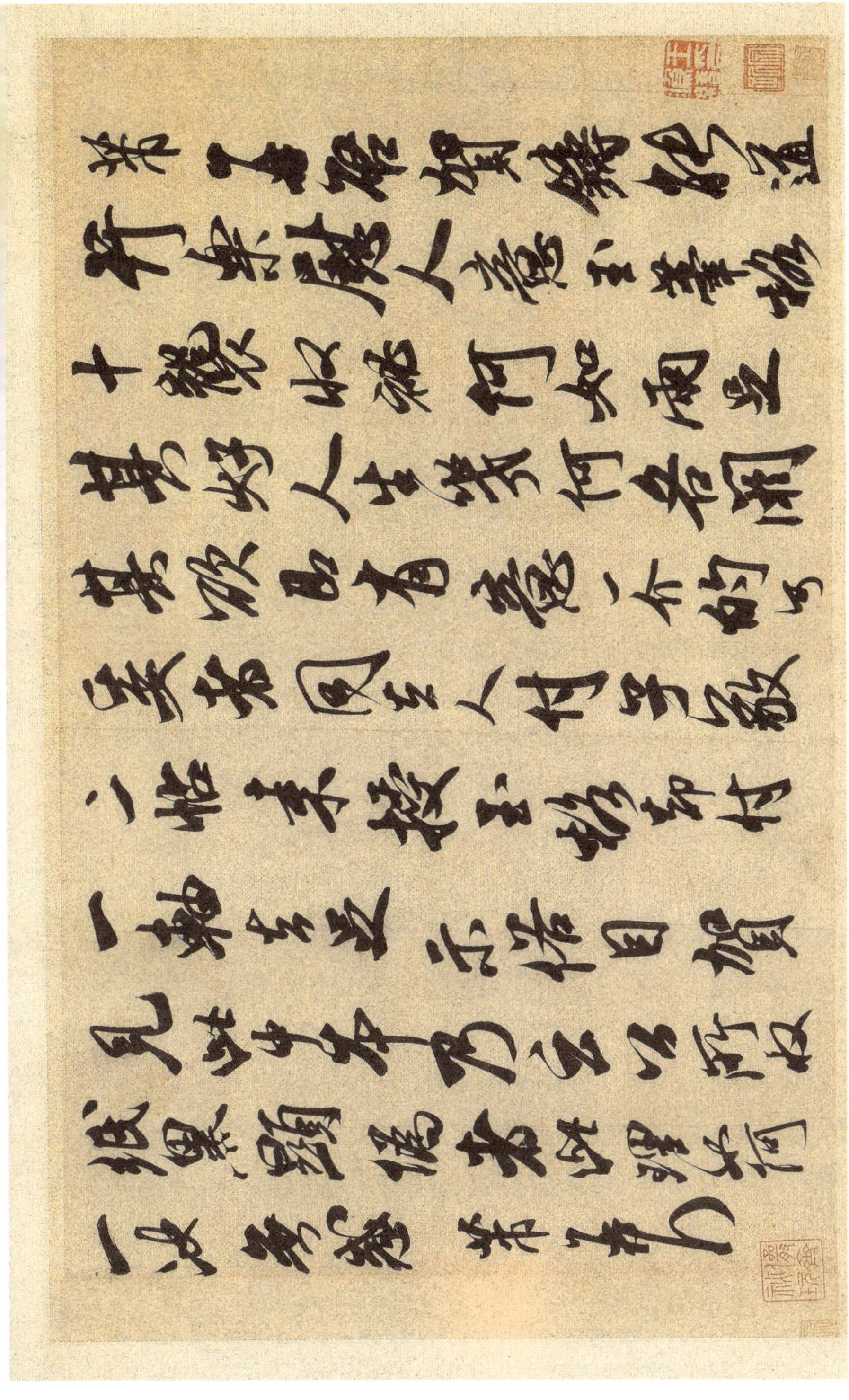

［宋］米芾 《贺铸帖》 台北故宫博物院藏

穿戴古怪，所以出门就有人围观，他却神情自若，发声响亮。[1]为了实现艺术追求以及获取更多的资助，米芾在不知不觉中与当权者交往，甚至为人利用，或许还夹杂有玩世不恭的心态，任人评说。

米芾以书艺盖世深得宋徽宗的青睐，因此收益颇丰，如他一次书写御用四扇屏风后，便收到900两白银的酬谢。[2]有关他与宋徽宗之间的故事，多见诸宋朝笔记小说。宋徽宗当初听说米芾大名后，在宫中一殿内铺开两丈见方的绢面，再提供玛瑙砚、李廷珪墨、牙管笔、金砚匣及玉镇纸之类的稀有文具，然后召他前来挥毫，宋徽宗则隐身帘后观赏。米芾提笔便写，并不时在绢上来回跳跃，“落笔如云，龙蛇飞动”。得知君王在身后帘内时，他回头大叫道：“奇绝，陛下。”宋徽宗大喜，当即将那些价值不菲的笔墨用具赏赐给他，随后又委任他为书学博士。据说，有一次他上殿议事完毕，宋徽宗看到他手里写着文字的札子，令他留在椅子上。他猜到皇帝想要，却不愿放手，就故意对宦官称皇帝叫内侍拿唾盂来。他说此话的意思，听起来是皇上不必用自己的纸札接痰，暗含的则是舍不得自己的笔墨。侍从的官员眼见如此，马上要弹劾，宋徽宗只得说才俊不可用常人礼法管束。[3]宋徽宗一日游览后苑，突然召他前来，要求他在卷轴上书写。米芾当即挽袖舐笔，大书20个字：“目眩九光开，云蒸步起雷。不知天近远，亲见玉皇来。”宋徽宗大喜，又赏赐甚厚。又一日，宋徽宗与蔡京谈论书道，再召米芾，令他在一面大屏风上题写。米芾写完后对用过的端砚爱不释手，于是捧砚跪请，称此砚经他手濡染，不堪为皇帝再用，请求赐给他。皇帝听罢大笑，答应了他

[1] 《挥麈录》“后录”卷7，第134—135页。

[2] 张知甫：《可书》，《墨庄漫录·过庭录·可书》，第432页。

[3] 钱世昭：《钱氏私志》，《全宋笔记》，大象出版社2006年版，第69页。

的要求。于是，米芾拜谢后喜笑颜开地抱着端砚就走，全然不顾墨汁洒满袖袍。宋徽宗于是对蔡京说，看来米芾癫名不虚。蔡京随即也加以赞叹。[1]

米芾与当年权势熏天的宰相蔡京一家也有交情。据蔡京之子蔡絛记载，米芾好古博雅，世人皆认为其癫狂不羁，蔡京则极为喜爱。米芾升迁为礼部员外郎后，因举止癫狂被弹劾出京，他在途中给蔡京写信诉说流落之苦，信中提到举家20余口到运河码头，只找到一叶小舟，还在信中画出小船模样。蔡京看了这封信，笑称要将此帖收藏起来。后来，米芾又给蔡京及其他大臣投书，诉说自己在京师与外地做官，荐举的朝官不下数十人，从无人称自己“癫”。这些书信内容传出去后，被世人称为“辩癫帖”。[2]据说，蔡京长子、宠臣蔡攸乘船途经真州（今江苏省仪征市）时，米芾前往拜访。蔡攸给他炫耀王羲之的《王略帖》，他一见就为之惊叹，于是恳求以自己收藏的其他名帖交换，但遭到拒绝。他眼看要与此帖失之交臂，遂说若不答应他的话，他也不想复生，就此投江死掉算了，随即大呼着跑到船舷就要跳下。蔡攸一看如此，只得同意出手《王略帖》。[3]由此可见，米芾书画才艺集中体现了士大夫的雅趣，因此深得上层的欣赏。与此同时，他也以此自矜，混迹于权贵圈子，以至不能自拔。

如果说米芾与宫廷、宠臣的来往有不得已之处，并以癫狂举止掩饰自己复杂内心的话，那么为了占有他人的藏品，他也做过不光彩的事。据记载，他曾借别人的古画临摹，因为他的画技实在高超，他的摹本竟然与真作难以区分，于是他将原作与自己的摹本一并拿给主人，主人取回的往往是其中的赝品。通过这一偷

---

[1]《春渚纪闻》卷7，第108—109页。

[2]《铁围山丛谈》卷4，第61页。

[3] 宋人对此已有考证。据米芾记录，《王略帖》乃是他用15万钱所购，《谢安帖》则是从蔡攸手中所得。见《石林燕语》卷10，第155页。

天换日的手段，他攫取了不少古书画。[1]不过，米芾仍有率真坦诚的一面，特别是对知己朋友更是如此。据说，苏轼曾怀疑米芾收藏的前代书帖真伪参半，一次与友人去他家，米芾展示出王羲之、王献之父子及怀素等人的名帖十余幅，苏轼才明白他平常拿出的赝品是应付俗人之用。[2]苏轼在扬州任内，某日邀请十余位名士聚会，酒过半场时，在座的米芾忽然站起来说，世人皆以为他癫，愿闻苏公的看法。苏轼听了笑称他和大家看法一样。[3]一位与他交往过的文臣的后代记载，当年他的曾祖父因与米芾私交甚好，凡有书画，随他挑选拿走。某日，米芾请来访的这位文臣欣赏一方世间罕见的砚台。来者却称米芾藏品真假各半，不过是善于吹嘘罢了。米芾一听立即去取，来客也站起故意索要擦手巾，做出一副恭敬的样子。米芾得意地捧出名砚，访客一面大加赞赏，一面要求研墨测试。水还没送到，来客竟将唾沫吐在砚台里当水磨墨，米芾一看大惊，称此砚已被玷污，不能用了，便送给了这位客人。访客这才明白测试主人洁癖的玩笑开过头了。[4]

宋代士大夫既读书，一般也有藏书的习惯，他们以家中的书香气为荣，不少人还嗜书成癖，因此出现了一大批藏书家。南宋末年人周密所罗列的著名藏书家有：北宋时期，南都戚氏、历阳沈氏、庐山李氏、九江陈氏、番易吴氏、王文康、李文正、宋宣献、晁以道、刘壮舆等人，“皆号藏书之富”。邯郸李淑家中蓄书23 180余卷，田镐藏书3万卷，昭德晁氏藏书24 500卷，南都王仲家里藏书更达到43 000余卷，曾南丰及李氏山房，也有一二万卷。南宋前期，石林叶氏、贺氏，“皆号藏书之多，至

[1] 《清波杂志校注》卷5，第227—228页。

[2] 此事见于影印文渊阁《四库全书》本《东坡志林》卷8（第863册，第74页），前引中华书局点校本《东坡志林》未收。

[3] 《侯鲭录》卷7，第181页。

[4] 《清波杂志校注》卷5，第229页。

十万卷”。齐斋倪氏、月河莫氏、竹斋沈氏、程氏、贺氏，“皆号藏书之富，各不下数万余卷”。之后，直斋陈氏家中书最多，集郑氏、方氏、林氏、吴氏诸家旧书，“至五万一千一百八十余卷”。此外如秀喦、东窗、凤山三李，高氏，牟氏，“号为史家，所藏僻书尤多”。其中的石林叶氏即叶梦得，藏书达到十万卷，堪称宋代藏书家之首。周密自叙本家经过三世积累，甚至出卖田产购书，“凡有书四万二千余卷，及三代以来金石之刻一千五百余种”。[1]除了周密所谈的这些名家外，还有很多著名士人有藏书癖好，如欧阳修、宋敏求及陆游等人，藏书也过万卷。[2]陆游自嘲道：“人生百病有已时，独有书癖不可医。”可谓将书癖讲到极致。

当年的士人对收藏古董也同样钟情，当时人即说：“三代彝器，其存至今者，人皆宝为奇玩。”[3]如官僚夏竦，“好古器珍玩”，每次宴请宾客时都拿出珍藏的古器，陈列在青毡上，他则倚着牙床与众人欣赏终日。他的这一举动，每月总有数次。[4]宋人记载，润州（今江苏省镇江市）有位苏姓士大夫家，收藏了很多前代著名的书画，书法作品包括东晋王羲之与王献之父子的墨迹、唐代褚遂良与颜真卿的墨宝以及宋太宗赐予臣僚的笔墨，名画则有东晋顾恺之的《雪霁图》、唐代阎立本的《醉道士图》、吴道子的《六甲神》、韩干的《御马》、王维的《卧雪图》及宋初李成的山水画等。此外，还有唐玄宗赐给大臣的玉印、陈后主宫娥的七宝腰带、珊瑚笔架以及名人石砚之类古董。[5]为了获得珍品，许多官员、士人可谓耗尽脑筋，既有重金求购者，也

[1] 《齐东野语》卷12，第217—218页。

[2] 潘美月：《宋代藏书家考》，（台北）学海出版社1980年版。

[3] 《容斋随笔》卷10，第129—130页。

[4] 《能改斋漫录》卷12，第348页。

[5] 《墨庄漫录》卷1，第47—48页。

有托关系索取者，还有通过其他方式获得者。北宋中叶翰林学士王珪，在为故相庞籍写神道碑时，就要求对方家人以古董代替酬金，于是收获古书名画30种，包括唐代杜荀鹤进士考试的试卷。[1]南宋初年，文臣出身的外戚孟忠厚“酷嗜法书名画”，并且善于鉴别真伪。他在镇守建康府（今江苏省南京市）期间，听说苏轼族人后裔家中有东坡用过的砚台，就托熟人求取，却未能如愿。后来，他从黄庭坚的外甥手里得到一幅名画，上面有李公麟等名人题款。[2]

当年最有名的收藏故事，当属王羲之《兰亭集序》石刻的辗转过程。据记载，《兰亭集序》的善本石刻——定武本，在后晋末年战乱中被契丹掠去，契丹皇帝耶律德光北撤至真定（今河北省正定县）时死去，加上刘知远起兵进攻，契丹人遂将此石弃于当地。庆历年间，当地李姓书生得到此物，秘不示人。韩琦到此做官，李生才以拓本献上。韩琦一心想要石刻原物，李生乃将原物埋藏地下，另外仿刻一石上交。等到这位视此物如命的李生死后，其子便随意出售原刻拓本，每份可卖一贯钱，有好事者争相购买。之后，李氏后代欠下官府债务，时任当地长官的宋祁便以公帑收购此石刻，然后深藏库中，非深交故旧不得一睹。宋神宗朝，薛向来此镇守，其子私下以赝品偷换原物，将真品带回长安。大观年间，宋徽宗下诏将原物调到皇宫，安置于宣和殿内，外人依旧难得一见。及至靖康之难发生，金军占据开封后又将此物带回北方。最终，南宋人也不知其踪。[3]

宋朝官宦士人对古董珍品趋之若鹜，正与上层趣味指向相吻合。除了名人字画、古书以及青铜古器外，士大夫喜欢收藏的品

[1]《石林燕语》卷10，第152页。

[2]《清波杂志校注》卷2，第68页。

[3]《春渚纪闻》卷5，第74页。

种还相当广泛，包括前代墓葬中死尸佩戴过的古玉。[1]对于这种收藏热，只有明智的人才能保持理性的态度，南宋有人就感叹道："聚而必散，物理之常。"这句话点出了藏品聚散无常的道理，可谓深刻。他又进一步指出，长辈藏书，唯恐子弟不读书，但即使读无所成，仍胜过腐朽虫蠹。昔日，陈亚藏书千卷、名画千余轴，晚年写诗告诫子孙道："满室图书杂典坟，华亭仙客岱云根。他年若不和根卖，便是吾家好子孙。"陈亚死后，收藏果然悉数落入外人之手。[2]

一般的官员陶醉于古物意在玩赏，而一些饱学之士则不满足于此，而是着手加以探究。欧阳修嗜书，自称藏书万卷，同时也对古物兴趣盎然。他以史家的独特眼光看待藏品，留心其间蕴含的学术价值，于是对搜集的大量先秦以来历代金石拓片整理著录，最终编纂为千卷本的《集古录》。如今，仍可看到他撰写的传世《集古录跋尾》十卷。欧阳修的这一嗜好，不经意间竟开文物研究风气之先。后来，赵明诚与夫人李清照同样热衷此道，搜集、寻访历代钟鼎彝器铭文款识和碑志石刻文字，逐一著录考订，并加以跋语评论，遂有《金石录》三十卷传世。此外，还有刘敞的《先秦古器图碑》、吕大临的《考古图》以及洪遵的《泉志》等类似著述问世。宋徽宗朝，宠臣王黼也附庸风雅，主持编纂了《博古图》(《宣和博古图录》)。正是在宋代士人雅趣的引领下，金石学这门中国学问得以诞生。[3]

说到宋代士大夫圈子流行的情趣，不能不提到琴、棋这两项。因为在中国古代，琴、棋不仅是技艺，历来还被视为修身养性之物，尤其受到文人的喜好。欧阳修晚年自称"六一居士"，

[1] 《清波杂志校注》卷3，第102页。

[2] 《清波杂志校注》卷4，第136页。

[3] 宋代开创金石学的问题，学界早有定论。参见朱剑心：《金石学》，浙江人民美术出版社2015年版。

他解释这一别号时说："吾家藏书一万卷，集录三代以来金石遗文一千卷，有琴一张，有棋一局，而常置酒一壶。"加上自己一个老翁，享受以上五物，故名"六一居士"。[1]欧阳修的话，可以说将当时文人士大夫的雅趣总结得相当到位。

遵循"君子之座，必左琴右书"的传统说法，宋代士人一般都通晓音律，作词吟唱时需要琴声陪伴，抒发内心感受时可借助琴音表达，于是琴往往成为家中的重要摆设之一。当年，很多士大夫都喜欢抚琴，如崔遵度、范仲淹、欧阳修、韩琦、赵抃、苏轼、朱长文、朱熹、楼钥及真德秀等名士皆与琴结下深厚情缘。[2]其中宋太宗、宋真宗朝的文臣崔遵度，"善鼓琴"，并深得其趣。据记载，他家中有一小阁，周边种有竹子数株，他在公务之余常常默坐于阁中，一边自斟自饮，一边抚琴弹奏，所谓"弹琴独酌，悠然自适"。[3]宋人又评价崔遵度"琴德尤高"，往往通宵鸣琴，家人也很少能见其面。他还著有《琴笺》一书，总结自己的心得。[4]北宋中叶的赵抃同样醉心操琴，他在就任成都府长官时，随身携带了一把琴与一只鹤，一时传为美谈，宋神宗也曾对此加以赞叹。[5]宋人又记载，赵抃在成都任内每次出外视察，只携一琴一龟，"坐则看龟鼓琴"。一次雪天经过青城山，他留宿驿站，旅客们不知其身份，有人竟开他的玩笑，他却不闻不问，只顾自己弹琴。[6]南宋初文臣叶梦得还有过这样的自述，称他自己素来不善于奏琴，但内心始终喜好，年轻时曾受过道士吴自然教授的指法，"亦能为一两弄"，终因懈怠而放弃。

[1] 欧阳修：《欧阳修全集》卷44《六一居士传》，中华书局2001年版，第634—635页。

[2] 章华英：《宋代古琴音乐研究》，中华书局2013年版。

[3] 《宋史》卷441《文苑三·崔遵度传》，第13063页。

[4] 《渑水燕谈录》卷2，第19页。

[5] 《宋史》卷316《赵抃传》，第10323页。

[6] 《梦溪笔谈》卷9《人事一》，第71页。

［宋］马远（传）《雕台望云图》 美国波士顿美术馆藏

不过，从此他每听到名家弹琴，虽然不能尽解其意，却“未尝不喜”。[1]

宋代士人喜好古琴，为此谱曲甚至研究者不乏其人。苏轼精通琴曲，曾认为与《瑶池燕》琴曲相配的词不妥，遂重新填词一首。[2]北宋后期的士人朱长文，不仅善于抚琴，更撰写了《琴史》。在这本流传至今的书中，他先寻根溯源，点评历代有名琴家，继而纵论古琴声乐，本书由此成为后世研究琴史的经典之作。[3]南宋大儒朱熹也是一位操琴名家，他在《琴律说》一文中还首次提出“琴律”的概念，[4]影响深远。欧阳修写过多首与琴有关的诗文，其中的《夜坐弹琴有感二首呈圣俞》之一云：

钟子忽已死，伯牙其已乎。
绝弦谢世人，知音从此无。
瓠巴鱼自跃，此事见于书。
师旷尝一鼓，群鹤舞空虚。
吾恐二三说，其言皆过欤。
不然古今人，愚智邈已殊。
奈何人有耳，不及鸟与鱼。[5]

这首诗是欧阳修在夜晚弹琴后所写，由琴而发思古之幽情，感叹人生寂寥、知己难求。其实，就连皇帝也深受琴音感染。自恃多才多艺的宋徽宗，亲笔画出了《听琴图》，在画中将自己描绘为

[1] 《避暑录话》卷下，第294页。
[2] 《侯鲭录》卷3，第89页。
[3] 朱长文：《琴史》，中华书局2010年版。
[4] 朱熹：《晦庵集》卷66《杂著·琴律说》，影印文渊阁《四库全书》本，第1145册，第298—306页。
[5] 《欧阳修全集》卷8《古诗》，第129页。

危坐弹琴的主角，一副沉静而若有所思的模样，三位听众及一个蓬头童子则陶醉在曲中，正反映出作者对古琴的喜爱。即使在南宋长期紧张的岁月里，宋高宗还保持赏琴的习惯，如当时著名琴师黄振便以精湛技艺得到厚赏，每日可得黄金一两。[1]

弈棋，是古人的闲趣之一，通常是消遣取乐，有时也借以排遣空虚。唐代人李远的诗句“人事三杯酒，流年一局棋”[2]，将棋与酒并列对仗，可见棋受欢迎的程度。两宋时期，弈棋在士人圈中颇为流行，有关的记载可谓不胜枚举。宋太宗朝参知政事郭贽的后裔追忆，郭贽为布衣时，曾寄居开封城内的一处寺庙读书。一日，他正在与僧人对弈，忽然南衙大王[3]来到，郭贽只得退下，和尚仓促之间忘了收起棋局。宋太宗看见棋盘，便询问对弈者何人，僧人如实回答，宋太宗当即召见郭贽。宋太宗见他举止儒雅，就接着索要其诗赋来看，首篇即甚合心意，于是将其带回王府。郭贽因此科举中第，不久宋太宗登基称帝，他遂以藩邸随龙背景入仕。此事虽在细节上略有偏差，不过以弈棋机缘进入宋太宗藩邸的情况，大致可信。[4]宋仁宗朝初年，红极一时的宰相丁谓被贬官流放到今天的海南岛，在门可罗雀的环境中，下棋成为他消磨时光的重要寄托。据记载，一日，他正在与人下棋，其子突然哭着进来说，听闻朝廷派使者渡海，马上就要来了。当时，丁谓遭到君臣的唾弃，家人都忧虑有杀身之祸，故他的儿子一听到京师的专使到来，便惊慌失措。老道的丁谓深谙朝政规矩，便笑称这是王钦若派人来吓唬他。果然，使者抵达后并无加

[1]《四朝闻见录》乙集，第81—82页。

[2] 孙光宪:《北梦琐言》卷6，中华书局2002年版，第134页。

[3] 即指时为晋王、开封尹的宋太宗。

[4]《春渚纪闻》卷7，第107页。郭贽确实为宋太宗藩邸旧人，但科考中举在宋太祖朝，见《宋史》卷266《郭贽传》，第9174页。

害的圣旨，不过是例行公事而已。[1]

王安石素来勤于政务，但闲暇之余也与友人手谈几局。一次，王安石与薛昂下棋时约定败者罚作梅花诗一首。第一局，王安石输给对手，随即咏诗一首。薛昂在第二局输了，却一时不能赋诗，王安石只得代他作了一首。之后，薛昂去江南做官，有人写诗讽刺道："好笑当年薛乞儿，荆公座上赌梅诗。而今又向江东去，奉劝先生莫下棋。"此事一时传为笑谈。[2]北宋中叶的文臣朱临，早年在校学习期间已养成下棋的嗜好，到中年淡出仕途后，仍常以棋局自娱。朱临的儿子受到熏染，也好此道，即使在参加科考的紧张日子依旧不能罢手。长子朱行中在科考完等候成绩时，"日与同舍围棋"。得知中举佳音时，正在博弈的他捏着棋子，激动得"手颤不能自持"。[3]朱行中算是对弈棋着迷的代表，但还谈不上高手，祝不疑才是"近世士大夫"棋坛的奇才。在宋哲宗朝，祝不疑曾在赴京赶考期间与国手、宫廷棋待诏刘仲甫对阵，引得众人围观，最终迫使刘仲甫中盘告退。[4]苏轼还结识过一位名叫李岩老的怪人，此人好睡，每当众人饭后下棋时，他总在旁边打瞌睡，数局已过，他才转身问下了几局。苏轼说他常用四脚棋盘，只摆出一色黑子，故输赢早已定局，其实并无结果。[5]也就是说，此人视棋只在于自得其乐。诸如此类的故事，在两宋史乘小说之中四处可见。

当年，大多数人不过是以棋会友，在闲适中获得乐趣。如欧阳修对棋饶有兴趣，闲暇时常与友人在棋局上博弈。他曾专门写了一首诗，约好友前来下棋，此即《新开棋轩呈元珍表臣》：

---

[1] 《孔氏谈苑》卷3，第233页。

[2] 《能改斋漫录》"逸文"，第563页。

[3] 《泊宅编》卷4，第24—25页。

[4] 《春渚纪闻》卷2，第26—28页。

[5] 《东坡志林》卷1，第20页。

"竹树日已滋，轩窗渐幽兴。人闲与世远，鸟语知境静。春光霭欲布，山色寒尚映。独收万虑心，于此一枰竞。"[1]他还有一首诗《梦中作》，也与棋局有关："夜凉吹笛千山月，路暗迷人百种花。棋罢不知人换世，酒阑无奈客思家。"[2]王安石也写过多首以棋为题的诗作，如《棋》云："莫将戏事扰真情，且可随缘道我赢。战罢两奁收黑白，一枰何处有亏成。"[3]苏轼曾作《观棋》诗一首，其中有"纹枰坐对，谁究此味。空钩意钓，岂在鲂鲤""胜固欣然，败亦可喜。优哉游哉，聊复尔耳"之句。[4]朱熹有《游烂柯山》一诗道："局上闲争战，人间任是非。空叫（教）采樵客，柯烂不知归。"[5]宋代文人笔下的这些诗句，既道出了闲暇时品茶下棋的乐趣，也是从棋局中感悟出的人生哲理：胜败乃人间常态，自应以平常心看待，又何必在意一时之得失？相比超然于博弈之上的心态，有人却沉溺其间，甚至不能自拔。王安石就将棋盘称为"木野狐"，意指其如狐妖一样媚惑人心，影响正业。如一位叫叶涛的士人，"好弈棋"，大概因此耽误事业，王安石曾写诗规劝他，但他终究不能听从。[6]说起来，宋代不少皇帝同样喜好下棋，其中最突出的是宋太宗。据记载，宋太宗对弈棋的兴趣很大，时常与陪侍的棋待诏切磋棋技，一位棋待诏贾玄便经常献上新局绝招。有谏臣认为贾玄"悦惑明主"，影响了理政，长时间下棋也有害君王身体健康，因此上奏要求将其流放岭南。宋太宗只得辩解说，这不过是他以此躲避后宫女色的

[1]《欧阳修全集》卷52《古诗》，第736页。

[2]《欧阳修全集》卷12《律诗》，第193页。

[3]《王文公文集》卷76，《棋》，第819页。

[4] 苏轼：《苏轼诗集》卷42《观棋》，中华书局1982年版，第2311页。

[5]《全宋诗》卷2393《朱熹一一》，北京大学出版社1998年版，第44册，第27669页。

[6]《萍洲可谈》卷2，第146页。

[宋]马麟 《秉烛夜游图》 台北故宫博物院藏

诱惑罢了。[1]

宋代文臣士大夫的情趣还有不少，除了诸如玩赏奇石、栽种花木等外，也有显得另类的嗜好。如贾似道当政期间，就与一些追随者沉迷于斗蟋蟀。[2]类似的爱好皆属民间市井之乐，被上层主流意识视为低级趣味，难登大雅之堂，因而受到冷嘲热讽，仅限于少数人之中。

[1] 《湘山野录》卷中，第39页。

[2] 《宋史》卷474《奸臣四·贾似道传》，第13784页。

三 宋代士人的宴饮交游

宋朝文官士大夫因公要参加各种集体活动，闲暇时又少不了私人交游，聚会的情况在所难免，宴饮往往是其中不可或缺的环节。正如唐人诗句所说“人事三杯酒”，无论是官方还是私人性质的宴会，美酒佳酿是必不可少的要角。观察宋代士人在宴饮中的活动表现，尤其是饮酒时呈现的多样举止，既能加深对他们生活及情趣的了解，也可进一步认识当时官场生态与社会风情的特点。

其实，在中国传统文化与习俗中，酒历来是不可或缺之物，故“宴”与“饮”密不可分。《诗经》中有“以御宾客，且以酌醴”的诗句，说的就是接待宾客时，应以美酒款待。曹操的名言“何以解忧，唯有杜康”，陶渊明说的“平生不止酒，止酒情无喜”，则道出了佳酿有忘忧与生情之效。李白以嗜酒著称，豪饮之下才情愈加喷涌，故杜甫赞叹说：“李白斗酒诗百篇，长安市上酒家眠。天子呼来不上船，自称臣是酒中仙。”就连遁入空门的和尚也称酒为“般若汤”。[1]在宋朝历史上，酿酒工艺显著进步，加之社会经济水平提高，使得酒香飘散的范围更广，小说《水浒传》反映的英雄好汉豪饮的情形固然令人印象深刻，而士人与酒宴的故事同样丰富多彩。

[1] 《墨庄漫录》卷5，第143页。

1. 君臣宴饮活动

宋朝官方的宴饮活动众多，上至宫廷下到地方衙门，经常有各式各样的这类活动。由官方出资举办的这些宴饮活动中，规格有高低之别，范围有大小差异，目的也不尽相同，其中帝王出席的各种宴会最为醒目，令参加的士大夫倍感荣幸，不过也难免让人有五味杂陈之感。

依照宋朝规矩，每逢春秋两季之末、帝王生日、重要节庆日以及君主巡幸返京时，皇帝都要亲自出席隆重的“大宴”，唯有发生大灾大难或举行祭祀大礼时，才暂时停止。此外，有专门的迎送外国使臣的招待宴会，有沿袭以往传统的赐天下父老的赐酺宴，还有皇帝特别安排的曲宴。[1]这些官方宴会都有相应的礼仪规定，参加的官员皆须严格遵守。其中大宴最为隆重，动辄数百上千人与会，包括宰执大臣、皇亲国戚、文武朝官及侍卫官等人，他们依照规矩各就各位，不得随意说话走动，还有专职的官员来回巡查监督，程序实在烦琐而冗长。[2]因此，大宴体现的主要是礼仪形式，再丰富的美酒佳肴也不免枯燥无味，实在谈不上乐趣。赐酺宴的规模更为庞大，一连多日，帝王与所有文武官员都要出席，而京师、地方参加的父老何止成千上万，其目的不过是表现君王与民同乐的意义，其繁文缛节不仅让士大夫感到索然无味，连皇帝也无可奈何。

于是，有了多种名目的小型宴会，可统称为“曲宴”，如暮春时节的后苑赏花、钓鱼宴，皇帝游赏、游猎时所设的宴会，以及君王随兴安排的宴席之类。这类宴会的范围要小得多，通常只

---

[1] 《宋史》卷113《礼十六·嘉礼四》、卷114《礼十七·嘉礼五》，第2683—2701、2711—2712页。

[2] 大宴仪式之烦琐，可以宋徽宗大观三年（1109年）所定春秋大宴仪为代表，见《宋史》卷113《礼十六·嘉礼四》，第2688—2690页。

有宰辅、近臣及在京的馆阁学士参加，史称“曲宴，凡幸苑囿、池籞，观稼、畋猎，所至设宴，惟从官预”。[1]曲宴颇有私宴的味道，省略不少环节，君臣之间自然少了一些拘束。值得一提的是，以曲宴为主的小型宴会的座次，前后还发生了明显的变化。宋太祖在位期间，受邀的主角往往是宿将大帅与宰辅大臣，尤其在出征之前、班师回朝时都要宴请将帅，文官却并不显眼。这显然与开国皇帝的武夫出身、性情，以及当初南征北战的局势有关。从宋太宗朝开始，随着文治路线的逐渐确立，文官士大夫才活跃于各种政治场合之中，在皇家宴席上便成为上宾。有关这方面宴饮的情形，在文献中有大量清晰的记载。

淳化三年（992年）九月，宋太宗出宫来到京师的旧居，目睹昔日府邸园池，追忆当年在此时常痛饮的情景，不觉感叹时光流逝之快，遂举杯与随行官员一饮而尽，结果“群臣尽醉”。[2]当年，日渐受到推崇的文臣士人，在各种曲宴中借机献赋吟诗，尽显才华，从而博得帝王的欢心。太平兴国九年（984年）三月中、雍熙二年（985年）四月初及翌年十二月初，宋太宗分别在春光明媚时节与冬季雪天里于宫内设曲宴，或赏花钓鱼，或观赏瑞雪，一边劝酒，一边令臣僚赋诗。宋太宗还特别表示要与群臣“同醉”。[3]宋太宗亲征北汉期间，途经翰林学士李昉的故乡，竟不顾紧张的军务，特意驻跸下来，大宴七日，款待李昉的亲朋及当地父老，给足了李昉面子，史称“人以为荣”。[4]寇准为参知政事时，曾参加宫廷宴会，宋太宗特意赐给他新奇的花朵，并说：“寇准年少，正是戴花吃酒时。”与会的臣僚都颇为

[1]《宋史》卷113《礼十六·嘉礼四》，第2691页。

[2]《宋史》卷113《礼十六·嘉礼四》，第2696页。

[3]《宋史》卷113《礼十六·嘉礼四》，第2691—2692页。

[4]《宋史》卷265《李昉传》，第9136页。

羡慕。[1]宋太宗往往通过类似的方式，笼络身边的近臣。

宋真宗、宋仁宗时期，宫廷举行的曲宴之类活动更为频繁，君臣畅饮时，气氛愈加融洽。文官近臣纷纷献诗不说，帝王也往往即兴唱和，如宋真宗有《中春赏花钓鱼诗》等，宋仁宗有“观书诗”等。据宋代笔记小说反映，宋真宗酒量无敌，近臣之中无人可比。有位叫李仲容的文臣也以豪饮闻名，号称“李万回”，宋真宗听闻后便想与李仲容比试酒量。一日晚上，宋真宗将他召入宫中，以“巨觥”（特大的酒杯）盛满酒对饮，李仲容连喝数杯后酩酊大醉，只得请求撤换大杯。宋真宗趁着醉意问他为何天子被称为“官家”。他引经据典解释道，三皇官天下，五帝家天下，兼有三皇五帝之德，故称“官家”。宋真宗听了甚喜，遂又畅饮数杯。[2]某次，宋真宗在太清楼与群臣宴饮时，突然来了兴致，问街市酒家中是否有佳酿。一个宦官回答说，只有“南仁和”家的酒最好。于是他马上派人去这家酒楼买了一批，赐给陪侍的众臣。宋真宗又问唐朝一升酒的价钱多少，近臣一时都无法回答，唯有丁谓答称30钱。宋真宗询问依据何在，学养出众的丁谓回答称，杜甫诗中有“速来相就饮一斗，恰有三百青铜钱”，以此推算出每升价钱。当朝皇帝听罢大喜，认为言之有理。[3]进士出身的才子洪湛，仪表堂堂，颇得宋真宗欣赏。他曾在参加后苑曲宴时，很快就吟唱出赏花诗，赢得皇帝的褒赏。[4]为了尽兴，宋真宗有时甚至在宴饮之日停止全天公事，如天禧元年（1017年）十一月间，他下诏在曲宴之日“辍后殿视事”。[5]

---

[1]《能改斋漫录》卷13，第395页。

[2]《湘山野录》卷下，第45页。

[3] 阮阅编：《诗话总龟》卷30《故事门》，人民文学出版社1987年版，第305—306页。

[4]《宋史》卷441《文苑三·洪湛传》，第13058页。

[5]《宋史》卷8《真宗纪三》，第163页。

宋仁宗也好杯中之物，并时常在曲宴中表示要与臣僚尽兴。嘉祐末年，宋仁宗曾在一次宴席中对众臣说，天下久无事态变故，今日之乐，要与各位共享，诸位应该皆醉，不必推辞。散席以后，臣僚莫不带有醉意，携带着获赐的宫苑名花、香药而归。[1]身边的近臣离任之际，他有时还会专门设宴相送。天圣九年（1031年）冬闰月间，翰林侍读学士孙奭请老后外任地方，临行前，宋仁宗特意在太清楼设曲宴送行。[2]之后，翰林学士吕臻离朝，以侍读学士头衔外任，宋仁宗也专门赐酒宴相送，并规定以后凡是由经筵出身外任者皆可享受这一礼遇。[3]即便到了晚年多病之时，他依然常与近臣宴饮。据欧阳修亲眼所见，在嘉祐八年（1063年）的上元节清晨，宋仁宗率臣僚出宫，游京城寺庙道观，并赐酒宴饮，直到黄昏才返回皇宫。接着他又登上城楼，与近臣一边观灯，一边继续饮酒，直至酒过五巡才最终散席。宋仁宗虽然因此身体不适，但还在次日晚间出游两寺，又与臣僚畅饮，就此加重了病情。过了十天左右，宋仁宗便病死宫中。其死因当与饮酒过度有关，[4]可谓乐极生悲。

在此后的皇帝私宴中，文臣士人同样是帝王身边的主要陪伴者。在沉溺享乐的宋徽宗时代，君臣经常陶醉于宴饮之中，像宴请蔡京等人于太清楼的情况就不少见。每当这种场合，饮酒与赋诗相映成趣，如翰林学士李邴在参加曲宴时即奉命赋诗。[5]而善于逢迎的官僚更是如鱼得水，常常博得帝王欢笑。蔡京父子深受宠信，宰相蔡京兼有太师高官头衔，被称为“公相”，其子蔡攸也以节度使身份兼有宰相权力。于是宋徽宗在一次曲宴中对蔡

[1] 《宋史》卷113《礼十六·嘉礼四》，第2692—2693页。

[2] 《宋史》卷9《仁宗纪一》，第190页。

[3] 《宋史》卷320《吕溱传》，第10401页。

[4] 《欧阳修全集》卷119《奏事录·又三事》，第1840—1841页。

[5] 《宋史》卷375《李邴传》，第11606页。

攸说："相公公相子。"蔡攸随即回答道："人主主人翁。"[1]他回答的话既对仗又诙谐，自然博得君王的欢心。更有甚者，某些得宠的文官大臣不顾体面地竭力表现，以供皇帝取乐，如王黼、蔡攸等人扮演成倡优侏儒，以市井浪语取悦宋徽宗。[2]一次，蔡攸在曲宴中陪酒，宋徽宗频频用大杯相劝，他因喝得过多而无法站立，只得连连乞求告饶。宋徽宗却仍不依不饶，并笑称，即便灌死了，也不过又失去一个司马光。[3]在此需要说明，司马光作为反对变法派的领袖虽然早已亡故，然而从宋哲宗亲政以来却一直受到讨伐，故宋徽宗不惜以借死去的司马光为由戏谑宠臣。有道是没有不散的欢宴，到宋徽宗退为太上皇后，昔日群臣欢歌奉承的局面已不复存在。宋徽宗在自己的生日寿宴上，亲自斟满两杯酒，将其中一杯举给其子宋钦宗。真是一朝天子一朝臣，有大臣踩了一下新皇帝的脚，意在提醒防备酒中有毒，宋钦宗于是坚持不喝，并率众臣退席，搞得宋徽宗伤心痛哭。[4]

南宋时期，虽然对外战争形势持续紧张，大型隆重的大宴规模有所简化，[5]但各类小型的曲宴却依然如故。遗憾的是因资料匮乏，只能了解大概情况。绍兴十三年（1143年）十二月，宋高宗恢复了赏雪宴。[6]两年后，宰臣秦桧府邸中新建的高楼落成，宋高宗亲自书写了"一德格天之阁"的匾额，并在秦桧府中宴请群臣。绍兴二十三年（1153年）十一月，因经筵讲读告一段落，宋高宗在秘书省赐宴，与宰执大臣和讲读官等人聚饮。

[1]《老学庵笔记》卷10，第127页。

[2]《宋史》卷470《佞幸·王黼传》、卷472《奸臣二·蔡京传附蔡攸》，第13683、13731页。

[3]《鹤林玉露》丙编卷4，第298页。

[4]《三朝北盟会编》卷57，靖康元年十月壬寅，第426页。

[5]《宋史》卷113《礼十六·嘉礼四》，第2691页。

[6]《建炎以来系年要录》卷150，绍兴十三年十二月癸巳，第2839页。

秦桧死后不久，宋高宗下诏清理弊政，其中就有节制宴饮的内容。[1]宋孝宗在位期间，率群臣在玉津园宴饮、射箭的活动颇为频繁。[2]宋孝宗还曾在曲宴中与大臣讨论历代治乱兴衰的问题，右丞相兼枢密使叶衡侃侃而谈，指出了其中的教训。[3]宋光宗即位初，朝臣谢谔在所献的“十箴”书中，首先提到的便是节制宫廷宴饮活动。[4]宋宁宗嘉定七年（1214年），朝臣陈宓同样上奏批评“宫中宴饮或至无节”，一时惹得丞相史弥远不快。[5]当年，史弥远还利用曲宴的轻松气氛，向帝王提出了人事安排意见，有文臣便因此获得提拔。[6]

在相对轻松的曲宴中，还发生过一些文官士人的奇事或遭遇。据说王安石在当知制诰时，一次参加赏花钓鱼宴，宦官为每位官员提供了放有钓饵的金碟，王安石竟将钓鱼用的饵料吃完。次日，宋仁宗对宰辅说，王安石为人有诈，误食钓饵一粒就应该停止，他反倒全部吃尽，这不符合人之常情。因此，宋仁宗对王安石产生了反感。[7]此事已难辨真伪，或许与王安石素来在生活上粗枝大叶有关，或许为反对者编织的笑话。也有因诗赋得罪君主而倒霉者，如宋哲宗在位初期，翰林学士王观曾奉命写《清平乐》词，他以宫廷宴饮为内容写道：“黄金殿里，烛影双龙戏。劝得官家真个醉，进酒犹呼万岁。折旋舞彻伊州，君恩与整搔头。一夜御前宣住，六宫多少人愁。”临朝听政的高太后认为此诗亵渎了神宗皇帝，次日即罢免王观翰林学士一职。[8]

[1] 《宋史》卷30《高宗纪七》、卷31《高宗纪八》，第563、578、583页。

[2] 见《宋史》卷33—35《孝宗纪》，第618—691页。

[3] 《宋史》卷384《叶衡传》，第11824页。

[4] 《宋史》卷389《谢谔传》，第11931页。

[5] 《宋史》卷408《陈宓传》，第12310页。

[6] 如熊克即是在曲宴中被推荐提拔为校书郎，见《四朝闻见录》乙集，第67页。

[7] 《邵氏闻见录》卷3，第13—14页。

[8] 《能改斋漫录》卷17，第489页。

2. 士大夫的官方宴饮活动

曲宴虽然范围相对较小，但因为有皇帝参加，加上一些仪式的限制，参加者终究还是拘束不少。曲宴对大多数人来说主要是一种待遇，而难有真正的乐趣可言。因此，没有帝王出席的其他官方宴饮场合，就为文官士人提供了畅饮与交游的机会。

宋朝官方的宴会名目繁多，特地为科考中举者举办的“闻喜宴”即是其中之一，而更多的则是各级衙门的招待宴请。按照当时的规定，官员定期有“旬设宴”（每旬一次），官员往来有接待宴请，还有其他各种公务聚会等，费用一般由官方的“公使钱”承担。如韩琦、范仲淹曾说，国家设置公使钱，就是因为士大夫出入往来，有鞍马劳顿之苦，所以各地以此招待“酒食”，以体现“养贤之礼”。[1]新科中举者在闻喜宴上春风得意的情形不用多说，文官士人在平日公务宴饮中的故事也足够丰富多彩。宴会中有真情流露，有暗藏深机，有得意忘形之时，也有乐极生悲的结果。

当年，有宰相生日获得钱物赏赐的惯例，宰相还可在中书衙署设宴与同僚下属聚会。王旦在宋真宗朝长期深受眷顾，除了享受例行的待遇外，在大中祥符八年（1015年）他的寿辰到来之际，皇帝又特下旨，令有关机构为他在家举办寿宴，“赐羊酒米面”，开封府还提供了人员演奏乐曲。参加者包括亲友、同僚以及中高级朝臣。[2]这显然属于宰臣享受的特殊礼遇。南宋高宗时期，遇到宰相秦桧的生日，同样赐宴于其府邸，以示荣宠。[3]

---

［1］《续资治通鉴长编》卷141，庆历三年五月乙未，第3384页。

［2］《续资治通鉴长编》卷85，大中祥符八年十一月甲戌，第1958页。

［3］《建炎以来系年要录》卷147，绍兴十二年十二月癸未，第2788页。

［宋］佚名 《春宴图卷》（局部） 故宫博物院藏

地方官员聚会宴饮的情况同样普遍。杭州作为东南的中心都市，两浙路的监司机构多设置于此，故官员的应酬颇多，杭州通判一职的负担就相当繁重。苏轼在杭州通判任内，因久负盛名，于是各衙门官员朝夕聚会时都会请他，以至令他“不胜杯酌”，疲于应接，当时人便称杭州通判为“酒食地狱”。[1]当然，因有人态度不同，情况也会发生变化。据记载，宋仁宗朝的名相杜衍曾两次出任永兴军（今陕西省西安市）长官，他在第一次任期内颇为“清俭”，故宴饮比较简单，也不要官妓陪侍。到再次任职时，他的态度已发生转变，宴席甚至搞到半夜，歌姬自然也少不了，他还趁着酒兴吟唱起舞。当地父老看到后，认为他学会了变通，可以升至两府高位。后来，杜衍果然先后晋升为枢密使和宰相。[2]南宋时期，金陵地当东南要冲，驻有号称“六司”的许多重要军政机构，因此各类宴饮活动频繁，花费动以万计。司农卿商飞卿到此就任总领军马钱粮一职后，提倡节俭，就此节省了不少开支。[3]

在官员的宴饮活动中，也发生过不少故事。宋真宗亲征澶州期间，前任宰相向敏中奉命镇守关中。一次，获悉有军兵密谋化装为傩戏人作乱，他便在宴席中暗藏伏兵，然后召下属、宾客和领兵官赴宴。当戴着傩戏面具的叛乱者进入庭院后，他举起酒杯一挥，伏兵当即将他们擒下，当庭斩杀。向敏中命令拖出尸体，用沙土遮去血迹，然后开始举杯劝酒，宾客们吓得无不腿颤，地方倒因此安宁。史家对此评说道，以往故相出守地方，都不在意军事，寇准虽有威名，所到之处亦“终日游宴”。因此，宋真宗得知这一消息后，对他大加赞赏。[4]

[1] 《萍洲可谈》卷3，第166页。

[2] 《能改斋漫录》卷12，第359页。

[3] 《宋史》卷404《商飞卿传》，第12228—12229页。

[4] 《宋史》卷282《向敏中传》，第9555页。

筵席中的血腥味毕竟罕见，更多的还是欢歌笑语，寇准的宴会就最为典型。性格豪爽的寇准，以喜好畅饮闻名天下，其酒量也少有人能匹敌，因此有关他这方面的故事颇多。有记载称寇准在任期间经常设宴待客，又每每以柘枝舞助兴，当时人遂称他为“柘枝癫”。[1]柘枝舞是隋唐时期从西域传入的著名健舞，舞姿刚健明快，白居易《柘枝妓》中有“连击三声画鼓催”的描写。寇准自己喜爱柘枝舞，大概与他的性格有关，舞女欢快的歌舞更能激发畅饮的兴致。寇准不仅自己好酒，还要求他人多喝。据说，他罢相到永兴军做长官后，在酒宴上不论官品高低，只问酒量大小，以此排出座次。有一个下属经常陪酒，苦不堪言，即使生病也不能摆脱，最后小官的妻子只得当庭喊冤，他才得以幸免。[2]

人之性情不同，参加的场合有别，饮酒的兴致自然也存在差异。宋初翰林学士陶穀奉命出使南唐期间，受到对方优厚招待，南唐大臣韩熙载还派绝色歌女秦弱兰化装成驿吏之女，终日在驿馆陪伴。陶穀迷恋秦女美色，竟逗留半年之久。到了返行前夕，他还在南唐宫中被秦女灌醉，丑态百出，被人耻笑。他的《春光好》一词对这段过程有过记录：“好姻缘，恶姻缘，奈何天，只得邮亭一夜眠？别神仙，琵琶拨尽相思调，知音少，待得鸾胶续断弦，是何年？”[3]这也属于官方宴饮活动中的风流韵事。蔡京当年路过苏州，知州邀他参加宴会，官妓苏琼奉命即席填词吟唱。蔡京得知她排行第九，就以“九”字为韵出题，苏妓遂吟唱道：“韩愈文章盖世，谢安情性风流。良辰美景在西楼，敢劝一卮芳酒。记得南宫高选，弟兄争占鳌头。金炉玉殿瑞烟浮，高占

[1] 《梦溪笔谈》卷5《乐律一》，第32页。

[2] 《能改斋漫录》卷18，第512—513页。

[3] 《玉壶清话》卷4，第41—42页。

甲科第九。”蔡京当初进士考试的成绩是第九名，故苏妓先是将他与前代名士谢安、韩愈相提并论，最后巧妙地点出了他科考的名次，可谓尽显才情。[1]

酒桌上以诗会友的趣事还有不少。士人刘軨“性不饮酒”，一喝酒脸色就涨红。他早年在任丰城（今江西省丰城市）县尉时，州里的一位推官抵达本县，照例受到款待。在宴席上，这位推官喜好饮酒，对在场的刘軨戏说道：“小器易盈真县尉。”刘軨则巧妙对答说：“穷坑难满是推官。”两人的对话颇为风趣，前者意在挖苦后者酒量小，后者嘲弄前者欲壑难填，但都无伤大雅。当年，一些风流的僧人也参与这类宴饮活动。宋神宗朝，著名词人张诜任杭州知州，一日在西湖上宴请宾客时，当场出题要求众人填词。士人刘泾先吟唱一曲，和尚仲殊接着咏出一首。张诜又以梅花为题，请两人同咏，仲殊当即出口完成，令人叫绝，刘泾却无力应对。[2]

在宋人眼里，王安石性格刚强甚至不近人情，他的这一性情特点在酒宴中同样有所表露。王安石寡于言笑，酷好读书。他在常州（今江苏省常州市）任知州时，有一次官员们聚会宴饮，官妓照例表演歌舞助兴，唯独他沉默寡言。忽然，他大笑起来，部下都感到奇怪，以为是演艺者精彩，便给以厚赏。但有人对此表示怀疑，遂找机会询问，王安石告诉他，刚才思考读书中的一个问题，猛然间领悟其中奥妙，所以不觉失声发笑。[3]显然，王安石对酒席应酬一类的事并无多大兴趣。

当年，因官方宴请还惹出了一些财务纠纷。宋仁宗朝宰相杜衍的女婿、朝臣苏舜钦，以诗文享誉一时。他在主管各地上奏文

[1]《能改斋漫录》卷16，第476—477页。

[2]《能改斋漫录》“逸文”，第556页。

[3]《墨客挥犀》卷4，第318页。

书的进奏院期间，用卖废旧纸张的钱请客饮酒，被御史中丞王拱辰弹劾私用公帑，结果遭到贬谪，只得闲居苏州，他的岳父也受到牵连。对此，后人都以为他冤屈。[1]状元出身的同僚吕溱因参加了这次聚会，同样被贬出朝。[2]此事当然绝非用公款宴请那样简单，背后其实与党争存在关联。苏舜钦与参知政事范仲淹过从甚密，杜衍又支持范仲淹的庆历革新，守旧派的王拱辰便以此为口实报复政敌。心高气傲的苏舜钦经此打击后，最终抑郁而死。宋神宗朝，御史刘孝孙曾弹劾反对派的朝臣吕公著，揭露吕公著在任知颍州（今安徽省阜阳市）时“多饮宴”，其子弟还用官府器皿典当钱财，下属也胡作非为。此事后经查证并不属实，乃前任以公库的银器抵押换钱，以作宴饮费用，所谓违法者也只有幕僚一人。[3]由此可见，为了支撑官府宴席活动，官员们也是颇费周折。南宋人亦指出，有人认为州郡讲究宴会不妥，是不懂得祖宗优待官员的本意，但官吏若随心所欲使用公帑，也不可不痛加惩治。[4]

3. 朋友间的聚饮与交往

宋代官方的宴饮活动无疑为士大夫提供了畅饮、交际的机会，然而应酬的成分毕竟存在，加上官阶地位的差别，彼此熟悉的程度不同，都或多或少会影响气氛。最能尽兴的场合，大概应该是朋友之间的各种聚会，因为互为知己，没有各种约束，故在推杯换盏之下，既能将世间的无穷烦恼抛却脑后，又大可释放情感，放纵自我，获得“酒中仙”的感觉。

---

[1] 《后山谈丛》卷6，第80页；《家世旧闻》卷上，第184页。

[2] 《宋史》卷320《吕溱传》，第10401页。

[3] 《续资治通鉴长编》卷236，熙宁五年闰七月丙辰，第5731—5732页。

[4] 《挥麈录》“后录”卷1，第42页。

宋代士大夫之间的朋友聚饮交往，是当年士林中常见的现象，其间发生的故事也最为有趣。宋太宗朝，枢密副使赵昌言与盐铁副使陈象舆、董俨及知制诰胡旦为进士同年，加上旧日的同僚梁颢，五人关系密切，相互可称得上知己。他们经常晚间在枢密院内聚会，纵情饮酒，指点天下，每每乘醉夜归。碰到巡夜的金吾卫官兵，梁颢竟在马上挥鞭责打，真是酒醉不知有规矩，京城遂有“陈三更，董半夜”的民谣传唱。此事传得沸沸扬扬，大概因为有碍朝廷形象，赵昌言遭到贬官处理。后来，他复出为参知政事，宋太宗见到他笑着说，半夜之会不再有了。[1]

北宋中叶的名士宋祁，以“好客”著称。据说，他在晚间宴请友人时，为了能延长相聚的时间，竟在厅堂内设置重重帷幕，然后点起灯来。丰盛的酒肴加上歌舞相伴，使得宾客只顾畅饮取乐，不觉得夜晚漫长。等到撤去幕帘，已是次日白昼，于是宋府的宴席被称为“不晓天”。[2]无独有偶，宋真宗藩邸出身的武臣张耆发达后，曾打着临朝听政的刘太后的旗号，在府邸设宴招待诸位大臣。白日席间，场面之奢华、菜肴之丰盛自不必说，到了晚上还不尽兴，又撑起彩绸帷幔遮挡周遭，高燃红烛，恰如白昼一般，再令美女劝酒。时间久了，来客都惊讶夜色何以不尽，等到撤去帷幔，才发现已是次日。[3]不过，张耆此举意在炫耀与太后的特殊关系，并不被士大夫视为佳话。晏殊请客的情形颇为特别，与这些奢侈排场形成反差。据记载，晏殊生活简约，却喜欢宴请宾客，家中几乎天天有聚会。晏殊每次设宴时，家里都不备酒肴、杯盘，而是由外面店家提供，等客人来齐后，才逐一送上。[4]

---

[1] 《玉壶清话》卷5，第51—52页。

[2] 徐应秋：《玉芝堂谈荟》卷7《不晓天》，影印文渊阁《四库全书》本，第883册，第159页。

[3] 《挥麈录》“后录”卷5，第115页。

[4] 《避暑录话》卷上，第267页。

[宋] 佚名 《春宴图卷》(局部) 故宫博物院藏

宋初归降的吴越王之子钱惟演，属于出身豪门的公子，本人又是大富大贵且富有文采的官僚。他曾与杨亿、刘筠等几位同道互相唱和，他们的这些诗赋被称为“西昆体”，风行一时，其中不少作品便是在宴饮中产生。钱惟演晚年以使相身份留守洛阳时，属下官员谢绛、欧阳修、尹洙、梅尧臣，皆为当时的名士。钱惟演素以风雅自居，便经常设宴请他们饮酒、吟诗，“行乐无虚日”。某年冬季，欧阳修与谢绛结伴同游嵩山，忽然天降雪花，他俩登上石楼遥望西京城时，透过烟霭发现有数人策马渡伊水而来。等到来人抵达，才知道是上司钱惟演派人送来歌妓、酒食，给他们助兴。[1]正因为如此，口碑欠佳的钱惟演赢得了一些名声，还一时促成了以洛阳为中心的文坛盛事。

北宋中叶的文臣石延年，在诗文、书法上都造诣深厚，但最出名的还是喜好豪饮。宋人笔记称他每次与宾客痛饮时，都披发光足，甚至以各种方式放纵自己，包括戴着枷锁的“囚饮”，饮于木笼中的“巢饮”，还有“鳖饮”等，“其狂纵大率如此”。他的衙门后有一庵，他常卧于其间，名之“扪虱庵”，几乎无日不醉。他还留下一段著名的故事。他在任海州（今江苏省连云港市）通判时，他的布衣挚友刘潜来访，石延年带着朋友到水边“剧饮”。半夜时分，酒已所剩无几，他看到船中有一斗多的醋，于是倒入酒中充数，两人遂一直喝到来日，“酒醋俱尽”。据说，宋仁宗欣赏其才，曾让大臣劝他戒酒，他遂放下了这一嗜好，不曾想却因此染疾而亡。[2]《宋史》中石延年的本传也记载他“喜剧饮”，曾与刘潜到王家酒楼对饮，终日不交一语。酒楼主人对他俩的酒量感到惊讶，认为是非常之人，就愈发奉上美酒佳果，二人亦“饮唤自若”，至夜幕降临时方相揖而去，仍面无酒色。

[1] 《邵氏闻见录》卷8，第81—82页。

[2] 《梦溪笔谈》卷9《人事一》，第74页。

第二天，京城里都传王氏酒楼有二位仙人来饮，后来才知道是他们两位。史家评说道，石延年虽然酣放，看起来不理世务，其实他与人论天下事，是非曲折无不洞悉。[1]说起来，石延年自视甚高，仕途却不顺畅，他曾屡次进士科考不中，最终只能通过杂科入仕，后又因受到官场斗争牵连，被削夺馆阁职务，贬至海州，故一直有怀才不遇之感。因此，“何以解忧，唯有杜康”的诗句，大概是他与知己友人释放自我的写照。

官场中的失意文臣，在陶醉于杯盏之余，往往感慨赋诗，以排遣烦恼。宋仁宗朝高官范讽遭贬后，回到故乡济南，经常与亲朋故友聚饮。一位退休的官员在城西拥有绝佳园林，内有金线泉、真珠泉等名泉，曾邀请他宴饮于亭中。范讽趁着酒兴在墙壁上题诗道：“园林再到身犹健，官职全抛梦乍醒。惟有南山与君眼，相逢不改旧时青。”[2]此时，范讽的喜好与同乡石延年、刘潜相仿，引得不少后生也追随效仿。先贤颜回的47世孙颜太初认为他们“不循礼法”，便写《东州逸党诗》予以讽刺。[3]于是，范讽及与其交游的一批士人，遂被称为“东州逸党”。当然，并非只有失意者贪杯，像寇准之类的大臣也嗜好饮酒，还有如宋神宗朝位至宰相的韩缜，亦平生喜畅饮，其酒量可敌数人。[4]

豪放、洒脱的苏轼，本是性情中人，与友人饮酒赋诗乃其一大乐事。苏轼自称酒后乘兴写数十字，感觉酒气“拂拂”从十指流出，[5]大有“李白斗酒诗百篇”之风。于是，苏轼与朋友交往的诗词中时常透出酒的气息，如他寄友人陈述古的诗，描写了赏花饮酒后的感想：“仙花不用剪刀裁，国色初酣卯酒来。太守问

[1] 《宋史》卷442《文苑四·石延年传》，第13071页。

[2] 《能改斋漫录》卷15，第446页。

[3] 《宋史》卷442《文苑四·颜太初传》，第13087页。

[4] 《邵氏闻见后录》卷30，第238页。

[5] 《侯鲭录》卷4，第120、109页。

花花不语，为谁零落为谁开。”有一次，他收到友人章粢寄来的书信，信里提到馈赠美酒六瓶，结果酒却不见踪影，或许已被他人截留。苏轼遂写诗寄章粢，其中有“岂意青州六从事，化为乌有一先生”之语，被评为绝句。[1]他在元丰年间被贬谪时，唱和李邦直的诗云：“五斗尘劳尚足留，闭门却欲治幽忧。羞为毛遂囊中颖，未许朱云地下游。无事会须成好饮，思归时欲赋登楼。羡君幕府如僧舍，日向城西看浴鸥。”此诗写出了失意之下的心境，也道出酒可排忧的妙处，所谓“今朝有酒今朝醉，明日愁来明日愁”。[2]宋人还评说苏轼病中大雪诗中的“饮隽瓶屡卧”一句，与唐代诗人张籍的“酒尽卧空瓶”相类，无非是说他喜好畅饮的状态。[3]另有记载称，苏轼“性喜饮”，但酒量并不大，他曾自己酿造过蜜酒，并写了《蜜酒歌》。[4]苏轼既然如此，他的夫人也不能不加理解。如他在颍州做地方官时，赶上正月州衙堂前梅花盛开，夫人就鼓动他邀请朋友前来饮酒赏花，苏轼遂邀同道聚会。他在席间写出《减字木兰花》一词，抒发人生感怀，其词为：“春庭月午，影落春醪光欲舞。步转回廊，半落梅花婉娩香。轻风薄雾，都是少年行乐处。不似秋光，只共离人照断肠。”还有记载称苏轼与黄庭坚、徐俯两位名士交往密切，大约多聚会吟唱。他们曾以唐朝文人张志和的词为题，填了《浣溪纱》《鹧鸪天》。之后，好事者慕名模仿，其中有“钓罢高歌酒一杯，醉醒曾笑楚臣来，夕阳维缆碧江隈。蓑笠每因山雨戴，船窗多为水花开，安居流景任相催”“雨气兼香泛芰荷，回舟冒雨懒披蓑，夜阑风静水无波。白酒追欢常恨少，青山入望岂嫌多，人间荣辱

[1] 《能改斋漫录》卷10，第279页。

[2] 《能改斋漫录》卷11，第320、334页。

[3] 《能改斋漫录》卷7，第205页。

[4] 《墨庄漫录》卷5，第154页。

尽从他”等。[1]由此可见，纵是模仿词作，亦追慕其陶醉酒乡的风流状态。

宋人《避暑录话》记载了许多士大夫宴饮与交游的故事。朝臣范镇素不饮酒，又不信佛。他与日后贵为宰相的韩维、韩缜兄弟有交情，而韩氏兄弟恰好又喜好这两样。于是，每次聚会时，范镇都不得不“极饮尽欢”，稍有推托，韩氏兄弟必以“谈禅相勉”，令范镇甚感苦恼。韩维年老时在许州（今河南省许昌市）当地方官，几乎每天都在当地的西湖设宴，请人畅饮，即使是不相识的士人也受到邀请。有人不解，询问其故，他回答说年少人不懂，他已老迈，不知还能度过几春。此话大有及时行乐的意味。欧阳修在滁州（今安徽省滁州市）做长官时，通判杜彬善弹琵琶，欧阳修每次请客，都让杜彬演奏琵琶，以助酒兴。欧阳修为此还赋诗道：“坐中醉客谁最贤，杜彬琵琶皮作弦。”此诗传出后，搞得杜彬颇为尴尬，感觉自己形同地位低下的乐人，故请求改换诗中姓名。元祐年间，米芾任某地知县，老友苏轼返京途经此地，米芾设宴款待，并在桌案上放置精笔、佳墨与好纸。于是，两人一边饮酒，一边挥笔书写，直至暮色降临。曲终人散之际，他们互相交换作品，都认为是自己平生少有的佳作。[2]

朋友间聚饮，嬉笑戏谑，吟诗作赋，像杨亿、欧阳修、宋祁、苏轼、辛弃疾、陆游等文豪的许多作品，便是因此而诞生。在如此场合中，往往也少不了歌舞伎的陪伴。如前所述，很多名士在宴席间都有与妓女交往的故事，甚至连讲究修身养性的儒士也把持不住，一时陶醉于温柔之乡。宋代笔记反映，大儒二程的再传弟子罗从彦，曾感念小妓杨姝弹琴敬酒，赠《好事近》一词表达情意：“一弄醒心弦，情在两山斜叠。弹到古人愁处，

[1]《能改斋漫录》卷17，第498页。

[2]《避暑录话》卷下，第322页；卷上，第229、277页；卷下，第289页。

有真珠承睫。使君来去本无心，休泪界红颊。自恨老人愤酒，负十分金叶。”[1]这首词的原作者其实是黄庭坚，属于逢场作戏之作，将男女之情表达得颇为露骨。

当年士大夫年老退休后，不少人仍保持聚饮活动的传统。据记载，宋初宰臣张齐贤罢相归隐故乡洛阳，买下昔日唐朝名相裴度的午桥庄，每日与几位故旧携酒乘车出游，醉了就睡于树荫下，醒来便接着走。他有诗云：“午桥今得晋公庐，花竹烟云兴有余。师亮白头心已足，四登两府九尚书。”[2]还有人喜好诸老聚会，如宋太宗朝的宰相李昉卸任后，仿照唐代白居易的“九老会”，与宋琪等九位老臣聚会饮乐，一时传为佳话。[3]宋仁宗朝，宰相杜衍赋闲后，与四位退休的耆旧官僚有“五老会”，在宴饮过程中吟诗作赋，“吟醉相欢”。[4]宋神宗元丰年间，是宋朝的极盛时代，士林中的耆老聚会更为盛行。元丰五年（1082年），元老重臣文彦博以太尉身份出任西京留守，因羡慕白居易的“九老会”，遂发起“耆英会”，邀集定居洛阳的“公卿大夫年德高者”参加。北京（今河北省大名县）留守、宣徽使王拱辰听闻后，给文彦博写信表示想参会。司马光年纪尚未过70岁，但文彦博素来推崇其为人，力邀他入会。遵照当地尚年齿不尚官爵的风俗，排列顺序为：79岁的故相富弼，77岁的文彦博、前司封郎中席汝言，76岁的前朝议大夫王尚恭，75岁的前太常少卿赵丙、前秘书监刘几、防御使冯行己，72岁的前天章阁待制楚建中、前朝议大夫王慎言，71岁的王拱辰，70岁的前太中大夫张问、龙图阁直学士张焘，加上司马光，总共13人。文彦博还在寺庙资胜院中修筑了一间大厦，取名“耆英堂”，命画家为各

[1]《能改斋漫录》卷17，第487页。

[2]《玉壶清话》卷3，第24页。

[3]《容斋随笔》“四笔”卷12，第779页。

[4]《渑水燕谈录》卷4，第47—48页。

位绘像，悬挂其间。于是，文彦博作为发起人率领诸位，“携妓乐”到富弼府邸，开始第一次聚会。轮到富弼挑头的第二次聚会时，他馈送出“羊酒”，却未出席。其余各场，则按照顺序依次进行。史称“诸老须眉皓白，衣冠甚伟”，每次聚会，都会引来众人围观。文彦博还提议发起了“同甲会”，组织同龄人聚首宴饮。后来，司马光也与几位老友举办“真率会”，并事先约定：“酒不过五行，食不过五味”，唯有蔬菜不限。有一位增加了饮食数量，被认为违约，便加罚一次。[1]

宋代士人宴饮的故事还有很多，有时不免附会离奇。据说宣和年间，一群太学生在酒肆聚饮，忽有一女子前来，其妆饰古旧，肌肤雪白，但缺失左臂，便以右手执拍板，唱出一段词意深奥的歌曲。诸位感到奇怪，就询问其故，女子答称此词乃上清蔡真人所作，她本是唐人，遭逢五代之乱，左手被贼人所断，如今游人间，见诸公饮酒，想求一杯。太学生们遂递给她一杯酒，女子饮完离去，出门便杳无踪迹。[2]这显然属于神怪传闻，大可不必相信，不过其中的片段场景，倒也说明了士人在酒家聚饮的习惯。至于风流才子柳永，长期浪迹乐坊、青楼，词曲与饮酒活动不可简单归于士大夫之中。

宴饮中快乐的事居多，然而有时也不免发生令人不快的结果，有关这方面的例子同样不少。据记载，晏殊在任枢密使期间，曾宴请欧阳修等人，当时宋朝对夏战争正当激烈，欧阳修在席间遂赋诗暗讽，两人由此结为冤家。以后，晏殊曾指着人品欠佳的唐代韩愈的画像对宾客说，此人相貌很像欧阳修，哪知欧阳修不是韩愈的后裔？晏殊还说他重欧阳修文章，但不重其为人。欧阳修也经常对人说，晏公小词最佳，诗次之，文章又次于诗，

---

[1] 《邵氏闻见录》卷10，第104—105页。

[2] 《能改斋漫录》“逸文”，第559页。

［宋］佚名　《春游晚归图》　台北故宫博物院藏

其为人又次于文章。两人可谓互相攻讦，难怪宋人对此评说是“文人相轻”，[1] 岂不知竟是在酒场上所引起。

也有因酒误事的时候。宋太宗藩邸出身的郭贽，在参知政事任上，一次因上朝议事时醉酒未醒，结果被贬。[2] 宋仁宗朝，在一次朝廷举行的某项隆重礼仪活动期间，宰相张士逊路过枢密使杨崇勋家，竟糊涂地进去喝酒。一个是宰相，一个是枢密使，宾主俩只顾推杯换盏，竟将大事抛到脑后，喝到中午还没散去。百官们等不到他们，御史中丞范讽即刻弹劾两人有失体统。于是，张士逊和杨崇勋都遭到罢官处分。[3]

还有些人因宴饮而倒霉。宋英宗朝，以观文殿学士、户部侍郎身份出任环庆路经略安抚使的孙沔，颇有才干，但“喜燕游、女色”，曾经因此被贬官。[4] 宣和年间，文臣崔鶠虽然有进士出身背景，但性情散淡，故仕途不畅。他在任西京洛阳稻田监官期间，有个容姓宦官也在此管理行宫，别人都争相巴结，他却从不登门，因此引起那位宦官记恨。一日，正是梅花行将衰败时节，崔鶠为来访的客人送行，便在当地的会节园梅树下饮酒话别。宦官听说后，就上奏将会节园收归御用。来年暮春之际，崔鶠不知这一变故，又骑马来故地游赏，容姓宦官得知后，立即上奏弹劾他私闯御花园，致使他遭到罢官惩处。[5]

南宋高宗时期，权中书舍人程敦厚已任职数年，多次请求转正，权臣秦桧已考虑答应其要求。不久，秦桧获悉他屡次出入大将家门，另外韩世忠的妾周氏、陈氏与张俊的妾章氏、杨氏在受封郡夫人时，程敦厚为她们所写的诏书词语“极其称美”。这就

[1] 《东轩笔录》卷11，第126—127页；“佚文”，第180页。

[2] 《宋史》卷266《郭贽传》，第9174页；《玉壶清话》卷5，第46页。

[3] 《宋史》卷290《杨崇勋传》，第9714页。

[4] 《续资治通鉴长编》卷208，治平三年四月甲申，第5048页。

[5] 《墨庄漫录》卷3，第92—93页。

引起秦桧的不满。某日，程敦厚参加韩世忠府里的宴席，结束后竟将酒器揣回家。秦桧听到后，立即指使御史弹劾，揭露其“丑德秽行”，最终将程敦厚贬降为知县。[1]根据秦桧当权期间随意迫害异己的情况来看，他捏造罪名的事司空见惯，此事或许与猜忌程敦厚结交将帅有关，可能亦属冤案，不过说它是因宴饮惹火烧身的结局，大概无误。当时只要属于秦桧党羽，饮酒犯忌的问题却也可以化解。如有位录事参军周某，因与秦桧关系密切，遂恣肆放纵，曾在国忌之日招妓饮酒。朝官汪应辰原打算弹劾，中途大概因忌惮秦桧又放了下来。周某对此怀恨在心，就派人给秦桧送信，诬告汪应辰与秦桧的政敌往来。幸亏送信的人受到过汪应辰的帮助，就用计替换了书信，才使汪应辰幸免于难。[2]

4. 士人的自饮

宋代士人除了喜好聚饮交游外，也有居家或外出自饮的习惯，因为毕竟聚会的日子有限，又有不便与人应酬的时候。每当兴致所至，他们或在家浅酌，或携酒出游，甚至在酒肆中买醉，因此留下许多故事。

宋太宗端拱元年（988年），有位叫翟马周的人击鼓投诉，指责宰相李昉身居要位，在契丹军队入寇之时，却不尽心尽职，而是“赋诗饮酒”，还以女乐助兴。不久，李昉就因此被罢相。[3]李昉喜好宴请宾客，但在边防危机之际仍不收敛，在家中饮乐，不想却被政敌抓住，落人口实。如前所述，宋真宗朝初期的宰臣

[1] 《建炎以来系年要录》卷149，绍兴十三年六月丙戌，第2814页。

[2] 《建炎以来系年要录》卷167，绍兴二十四年十二月丙戌，第3179页。

[3] 《续资治通鉴长编》卷29，端拱元年二月乙未，第647页。

李沆，为人持重谨慎，生活上也不好排场，故很少聚众宴饮。然而，他有时倒是与自己的兄弟在家饮酒，如与其弟李维在假日“相对宴饮清言”，话题不过是清谈一类，不涉及政事及家事。[1]李沆的这一特点，也成为君臣敬重他的缘由之一。

大中祥符年间，某次日本遣使来贡，宋真宗为其一处佛寺赐名“神光”，日本使臣辞行时请求再赐予题记。由于当值的翰林学士文笔欠佳，宋真宗考虑让博雅的张君房执笔，就派人找正在轮休的张君房。不料张君房在京城著名酒家樊楼喝酒，醉饮不起。官吏遍寻他不得，日本使臣只能在殿门外久等，宋真宗为此窘困不堪。随后，有学士对此事幽默调侃道：“世上何人号最忙，紫薇（即指皇帝）失却张君房。”一时传为笑谈。[2]“善饮酒”又精通音律的刘几在京师时，白天穿着朝服入衙署，晚间则时常着便装出入街市，甚至到倡优场所，宋神宗却并不怪罪。大概饮酒买欢的事，只要不出大格，都属士人风雅之事。他在致仕退居洛阳后，常常携几个“女奴”与酒水，独自往来于嵩山、少室山之间，赋诗饮酒，并与女奴吟唱，以至长醉不醒。[3]

欧阳修自称“醉翁”，他在脍炙人口的《醉翁亭记》中，有“醉翁之意不在酒，在乎山水之间也”的名言，已将自己饮酒的喜好表露无遗。他晚年又自号“六一居士”，其中家里“常置酒一壶”的解释，更是对他时常自斟自饮习惯的最好写照。据记载，他退居亳州后，经常以“闲适饮酒为乐”，在给门人的赠诗中说“醉翁今已作仙翁”。[4]苏轼的名句“明月几时有，把酒问青天”，出自《水调歌头·中秋》一词。这首词前有段小序：“丙辰中秋，欢饮达旦，大醉，作此篇，兼怀子由。”由此透露出

[1] 《宋史》卷282《李沆传》，第9541页。

[2] 《湘山野录》卷上，第6页。

[3] 《石林燕语》卷10，第146—147页。

[4] 《避暑录话》卷上，第230—231页。

的信息是，熙宁九年（1076年）中秋之夜，他一边赏月一边饮酒，直到天亮，大醉之下填写了此词，并想念胞弟苏辙。依照一般序言习惯，如果有友人在场，苏轼会点到他们，而此序中不见其名，推断这应该是他与家人自饮后的作品。

宋代士林中的酒徒颇多，既有如前述石延年、刘潜以及“东州逸党”之类聚会畅饮者，也不乏独自放纵酒海之中者。宋人笔记记载，杭州士人颜几，“俊伟不羁”，又性喜嗜酒，几乎无日不饮。苏轼到杭州做知州时，适逢本地秋季科考，颜几为一个富家子弟替考，取得头名成绩。结果事情败露，引起举子的投诉，颜几被捕入狱。他在狱中喝不到酒，就私下托狱吏给外面的酒友传诗，诉说苦恼，狱吏却把诗呈给苏轼。诗文内容是：“龟不灵兮祸有胎，刀从林甫笑中来。忧惶囚系二十日，辜负醺酣三百杯。病鹤虽甘低羽翼，罪龙尤欲望风雷。诸豪俱是知心友，谁遣尊罍向北开。”苏轼大概欣赏其才，遂将案子压下。之后，碰上大赦的机会，颜几获得赦免。数年后的一天，颜几又醉卧于西湖一座寺中，并在墙壁上题诗，其中有“白日尊中短，青山枕上高”之句，不久死去。[1]这位嗜酒如命的士子，可谓贪杯到无法自拔，替考可能也是为了酒钱，却终于酿成悲剧。还有更离奇的事，据说有个叫周贯的山东士人，善于文章，自称“木雁子”。他常游于洪州（今江西省南昌市）西山，嗜酒而放荡不羁，唯衣衫尚全。若有人给钱，他就马上跑到酒家买醉，剩余的钱则抛撒不顾。当地有人见他往来50余年，却面色如故，于是询问其养生之术。他每听到这样的话，必以恶声相答，使人无法接近。熙宁元年（1068年），周贯在市中遇见故人张生，便寄宿在对方的旅舍之中，张生还为他提供了酒食。半夜时，张生听到窗外有车马声，起来观望却不见动静，只有周贯的房

[1]《春渚纪闻》卷7，第108页。

间门户大开，人却已死。次日，县衙来人勘验后将他下葬。张生回家后，他的弟弟一见他就说凌晨见过周公，已去双岭了。大家遂认为周贯“尸解升仙”了。周贯著有《华阳》三篇，坐卧不离，有人在他离开尘世后得到此书，读罢赋诗道：“八十西山作酒仙，麻鞋孔断布衣穿。形骸一脱尘缘尽，太极光阴不计年。”[1]

与那些不计场面的酒徒相比，高官大臣的家宴就讲究得多。南宋初年的宰相吕颐浩，生活奢靡，尤其喜好“酒色”，每夜都在府中由侍妾陪着纵饮。[2]还有工于心计的权臣，在宴饮过程中仍不脱本性。每当秦桧的生日，且不说四方竞相献上珍奇异宝，其生日家宴也是异常奢侈。在某次生日宴上，伶人演出杂剧，秦桧之子秦熺笑声稍微大了些，秦桧看见后一言不发。随后，他起来更衣，许久都未回到桌上。秦桧的夫人王氏派人探视，发现他独自在一室中默坐。原来，秦桧是感叹其子秦熺轻浮，不足以托付大业。[3]

值得一提的是，士大夫因饮酒影响公务活动者，依照规则都要予以惩处，如上述多位官员即因此被贬。不过，也有一些皇帝对此持宽容态度，大概认为这属文人通病，所以一般不愿深究。宋英宗对饮酒后上朝失态者就不予怪罪。一次某朝官入宫后“醉饱失容”，结果被御史弹劾。宰相韩琦要求依规处理，宋英宗却不答应，并表示宁肯以其他事情问罪，也不愿因此惩处此官。[4]

宋代士大夫在各种宴饮场合中的表现，既是其性情与特点的生动体现，也反映了他们交游的一个侧面。在各类官方礼仪活动

---

[1] 《能改斋漫录》卷18，第507页。

[2] 《中兴小纪》卷18，绍兴五年三月乙酉，引朱胜非《闲居录》，第225页。

[3] 《建炎以来系年要录》卷150，绍兴十三年十二月乙巳，第2840页。

[4] 《后山谈丛》卷4，第52页。

[宋] 刘履中（传）《田畯醉归图卷》（局部） 故宫博物院藏

中，应酬的成分较多；在同僚聚会，特别是私人相聚时，真情往往流露，所谓“酒逢知己千杯少，话不投机半句多”。于是，宴饮成为宋代士大夫交游的重要媒介，从而演绎出无数的鲜活故事，成为窥视宋朝历史上精英阶层活动的重要窗口。

作为领风气之先的宋代士人，他们盛行不绝的宴饮活动，对民间社会也产生了很强的示范效应，很多人追随效仿。与此同时，也带动了商业、服务业的兴旺，都市中酒家餐馆遍布，尤其是两宋的京城开封、临安更为繁盛。于是，充满人性与生活气息的都市、城镇，更展现出勃勃的生机，为那个时代平添了许多动人的色彩。

第六章

从都城到行在——运河辉映下的宋代都市印象

宋朝在统治历程中走过的文治之路，确已在历史上留下了独特而鲜明的印记。内敛型文官士大夫政治的格局，固然使得宋朝在对外上不免长期被动挨打，但维稳导向下的实用主义宽松政策，也促成了那个时代经济、文教的空前昌盛，社会生活亦日益呈现多元化的趋势。若从当年的运河一路走过，不仅可以感受到宋代城市的繁华景象，也能从中浮光掠影般地看到芸芸众生之相。

一 宋代水路交通与运河的状态

交通无异于人之周身血脉，是机体输送养分的管道，也是沟通联系的纽带，其运行是否通畅直接关乎社会的发展程度。交通在今天意义非凡，在古代又何尝不是如此？宋代的交通，尤其是水路交通，就发挥了非凡的作用。

1. 古代运河交通的意义

遥想漫长的古代社会，交通运输无非水路、陆路两种选择，其中陆路通行存在很大的局限与困难。因为除了大都市之外，一般的道路基本是沙土铺就，雨天泥泞不堪，及至天晴又是坑坑洼洼，且不说徒步长途跋涉异常艰难，即使行车也是件极为颠簸坎坷的事情。像秦末戍卒陈胜、吴广就因为道路遭洪水冲毁，无法按期抵达目的地，于是因惧怕严刑揭竿而起。如此这般，远途出行便常常令人望而却步，这就难怪人们“安土重迁”，又有“千里不馈粮”的经典说法。先秦著名的政治家管子说道：“粟行于三百里，则国毋一年之积；粟行于四百里，则国毋二年之积；粟行于五百里，则众有饥色。”[1]秦汉之际，名将李左车指出：“千里馈粮，士有饥色。”[2]因为无论是车载还是

[1] 管仲：《管子·八观》，黎翔凤撰，梁运华整理：《管子校注》卷5，中华书局2004年版，第260页。

[2] 《史记》卷92《淮阴侯列传》，第2615页。

人背，若要行走千里，成本就难以承受，纵然是朝廷有心征调也得不偿失。

与陆路相比，水路交通无疑具有巨大的优势，船只不仅运载量大，无须耗费众多人力和畜力，更兼行走平稳，甚至食宿都不必下船。早在春秋时期，吴王夫差为了北上争霸，就开挖了运输军队及粮秣的邗沟运河，遂成就一时霸业。秦统一后，历代中央王朝多次投入巨大的人力物力兴修运河，沟通重要水系之间的联系，以满足水上交通的需求。隋炀帝为修运河还付出了高昂的代价，但留下了丰厚的遗产。唐代诗人皮日休在《汴河怀古》一诗中感叹道:“尽道隋亡为此河，至今千里赖通波。”[1]显而易见，水路交通的发展大大便利了人员和货物往来。李白的名句“朝辞白帝彩云间，千里江陵一日还。两岸猿声啼不住，轻舟已过万重山”，描写了长江上通航的便捷，运河通行就更为平稳便利。宝历二年（826年），白居易从苏州卸任回朝，便携家人、仆从乘船沿运河北上。白乐天有诗写道：“自喜天教我少缘，家徒行计两翩翩。身兼妻子都三口，鹤与琴书共一船。”[2]若非有行舟之便，他一家怎么可能悠闲到携带大量书籍与琴、鹤同行，又如何谈得上翩翩自喜？还是宋人诗句说得更透彻：“设无通舟航，百货当陆驰;人肩牛骡驴，定应无完皮。”[3]此诗实在精辟，将水陆交通的优与劣概括无遗：如果完全以人力和牲畜走陆路运输百货，个个必将肩烂皮破，更不用说效率了。另据沈括记载，每斤盐陆运百里的运费为4文钱，水运则为1文钱，“以此为率”。[4]其他货物也与此大致相类，可见两者的成本相差巨大。

在秦、汉、隋、唐等王朝，除了自然江河提供的通航条件

[1] 皮日休:《汴河怀古》，彭定求等编:《全唐诗》卷615，中华书局1960年版，第7099页。

[2] 白居易:《白居易集》卷24《自喜》诗，中华书局1979年版，第551页。

[3] 梅尧臣:《宛陵集》卷35《汴渠》诗，影印文渊阁《四库全书》本，第1099册，第260页。

[4] 《梦溪笔谈》卷11《官政一》，第88页。

外，政府关注的重点主要是满足国都需求的水运问题，尤其是运河的安危，逐渐形成了以今天陕西关中腹地的都城为终点，通过渭河、黄河、济河及沟通淮河、长江的运河等水路，大致呈扫帚状东西向运行的布局。

2. 宋代的运河交通线及保障措施

宋朝建立后，因都城位置的东移，水运与漕运的传统格局发生重大变化，形成以都城开封（今河南省开封市）为中心的发达水运网，并获得前所未有的优越条件。为保障运河的通畅，官方采取了一系列的措施，并长期贯彻实施。

北宋以运河为干线的水运网，以开封为中心，呈放射状，辐射到全国主要区域。其中汴河、淮南运河和江南运河沟通了开封与东南广大区域的联系；广济河（又称“五丈河”）、济河连接了开封东北方向的京东地区；惠民河和蔡河贯通了开封以南的京西南地区；黄河、渭河及汾水保持着都城与西部的河东、陕西等地的联系；御河则沟通了开封与河北的水路交通；等等。如此一来，北宋国都与各地之间形成了发达的水路交通，正所谓“有惠民、金水、五丈、汴水等四渠，派引脉分，咸会天邑”。[1]

南宋时期建都临安（今浙江省杭州市），虽丧失了淮河以北的水路，但仍保留淮南运河、江南运河、浙东运河及其他南方河道的交通，就其境内的水路交通而言，依然通畅发达。其中江南运河最为重要，如南宋人所说：“仰惟国家中兴，驻跸东南具（且）百年矣，处浙水之右，据吴会之雄。自临安至于京口，千里而远，舟车之轻（经）从，邮递之络绎，漕运之转输，军期之

---

[1] 《宋史》卷93《河渠志》，第2321页。

传送，未有不由此途者。”[1]

宋代水运网由自然河流与运河组成。黄河、渭河、汾河、洛河、济河、淮河、泗河、长江、汉江、嘉陵江、湘江、赣江及珠江等天然水系皆可通航，自不用说。而运河乃人工开凿，水位通常也需要人力保障。为了保持运河的畅通，宋朝政府投入大量的成本加以维护和改造。

运河主干——汴河，从河阴（今河南省郑州市西北）北接黄河，向东南流至泗河、淮河。汴河的主要水源取自黄河，泥沙沉积问题严重，故在每年农历二月下旬至十月中旬通航期之外的时间里，宋廷经常调发沿线民夫清理河道中淤积的泥沙，形成了定期疏浚的制度。当年确定的水位标准是六尺，以满足载重船只通行，史称“以通行重载为准”，由都水监负责监管。[2]

淮河以南的运河同样存在着影响通航的问题。其中，淮河至长江之间的淮南运河，因地势起伏的缘故，多段河道水量不稳。宋朝充分吸取了前代的经验，在地势高而缺水的河段上建设了许多堰埭，拦截水流，以保持各段河道的水位稳定，使载重船只得以通过。宋代堰埭作为通航设施，在前代的基础上已发展得相当成熟。为了方便船只通过，堰埭常常设计成斜坡形，并在堰体两侧表面铺设草皮，以减轻拖拽船只对船底的磨损。为节省人力、畜力，又在堰体顶部安置辘轳（即早期的机械绞盘），用牲畜拉转辘轳拖拽舟船过堰。江南的运河受江湖起落的影响，同样存在水位不稳的问题，宋廷也设置水塘加以调节，这种水塘又称“塘陂”“水柜”。如丹阳县（今江苏省丹阳市）城以西的练湖，临近江南运河，两宋官方对练湖多次疏浚，从而在旱季对运河发挥了很大的补给功能，当时即有“决水一寸，为漕渠一尺”的说

[1]《宋会要辑稿》方域10“道路”，第9467页。

[2]《宋史》卷93《河渠志》，第2316—2317页。

法。盗取湖水，“罪比杀人”。[1]宋神宗熙宁五年（1072年），日本僧人成寻乘船从明州（今浙江省宁波市）入境，先搭船到杭州，然后沿运河北上到开封。他详细记述了沿途见闻，其中就有令他惊诧的船只过堰的情景。据他记载，从浙东运河北上，沿途堰埭众多，船只过堰时，皆以人力和畜力拖拽舟船。如过萧山（今浙江省杭州市萧山区）境内的钱清堰时，八头水牛拉动辘轳，拖拽大船翻越堰体。这种带屋的大船长十丈，高八尺，宽一丈二尺。常州（今江苏省常州市）的奔牛堰有专供拖船的辘轳五具、水牛16头，而长江北口的瓜洲堰规模更大，有牛22头，还有许多兵夫。[2]

固定的堰埭毕竟影响行船直接通过，因此北宋前期已尝试以闸代堰。宋真宗时，淮南运河上的堰埭逐渐被船闸取代。到宋神宗以后，江南运河上也陆续改设船闸。[3]不过，堰埭并没有完全消失，在某些特殊河段，堰埭常常与船闸并用，舟船既可穿闸通行，也可爬堰而过。船闸的广泛应用，是宋代航运工程的一项重大成就，在当时的世界上也首屈一指。

宋代船闸既有单级，也有复式、多级，可以调节上下水位落差，使船只顺利通过。这既免去了拖船过堰的麻烦，也避免了船底磨损、船物因过堰而造成损失，通航能力大为提高。北宋苏辙有诗描写过船闸的情景：“画舫连樯住，清流泛闸平。忽看银汉落，仍听夏雷惊。正椎迟迥久，开头取次轻。滞留初一快，奔驰忽如倾。不识风涛恐，聊同枕席行。”“玉山纷破碎，陈马急侵陵。挟版千钧重,浮舟万斛升。”[4]日本和尚成寻也记录了船只通

[1] 《欧阳修全集》卷32《尚书工部郎中充天章阁待制许公墓志铭》，第476页。

[2] ［日］成寻:《参天台五台山记》,《新校参天台五台山记》，上海古籍出版社2009年版，第169、223、231页。

[3] 《梦溪笔谈》卷12《官政二》，第91页。

[4] 苏辙:《栾城集》卷9《放闸》诗,《苏辙集》，中华书局1990年版，第171页。

过盐官县（今浙江省海宁市境内）长安船闸的情形：先开两处水门，船只进入，然后关闭木制闸门；再打开第三道水门，行船最终通过。前后河面原本相差五尺多，当船闸开启后，高位河水降落，使水位与前行河道持平，船只于是顺利通行。[1]南宋诗人杨万里在经过常州奔牛闸时，也触景生情写道："众船遏水水不去，船底怒涛跳出来。下河半篙水欲满，上河雨平势差缓。一行二十四楼船，相随过闸如鱼贯。"[2]这些诗文都形象地写出了船闸的巨大优势，不仅万斛大船能如"枕席行"般通过落差悬殊的河段，而且一次可以通行20多艘，较之于以往翻越堰体无疑是大为方便了。

两宋时期，运河高度发达，并呈满负荷运行状态。如此通畅的水路交通，不仅极大地增强了各地区的联系，而且推动了区域经济的相互渗透，尤其使运河沿线的都市受益匪浅，从而构成中国历史上前所未有的绚丽画卷。

3. 运河交通与宋人生活

在宋代，沟通四方的运河及其辐射水路系统已经形成，无论是运输还是出行，搭乘船只都成为士庶、商旅的首选。北宋著名词人梅尧臣曾写诗回忆与友人辞别船头的情景："念昔西归时，晚泊吴江口。回堤溯清风，淡月生古柳。夕鸟独远来，渔舟犹在后。当时谁与同？涕忆泉下妇。"[3]宋代骚客周邦彦对浪迹船上的活动最熟悉不过，他曾提笔写道："隋堤路，渐日晚、密霭生深

[1] 《参天台五台山记》，第202页。

[2] 杨万里著，辛更儒笺校：《杨万里集笺校》卷29《过奔牛闸》诗，中华书局2007年版，第1501页。

[3] 梅尧臣：《忆吴松江晚泊》，范成大：《吴郡志》卷18《川》，江苏古籍出版社1999年版，第257页。

树。阴阴淡月笼沙，还宿河桥深处。无情画舸，都不管，烟波隔南浦。等行人、醉拥重衾，载将离恨归去。”[1]诗词中的矫情意味暂且不提，乘船的便捷与舒适，却是一目了然。

宋人旅行，与水路关系甚为密切。宋诗云“波间交语船上下，码头一别人南北”，描写了人们乘船远行的景象。北宋前期，因官方拥有的船只有限，除了高官可以乘坐官船外，一般官员通常只能自己雇船，所谓“国初，官舟数少，非达官贵人不可得乘”。如官员李迪被贬官至衡州（今湖南省衡阳市），便只能在淮南友人的相助下，租船南行。以榜眼身份入仕的朱严，也“赁舟赴任”。[2]此后，随着官方船舶的增多，官员搭乘官船的机会多了，甚至还有权臣动用众多船只出行，极尽排场。宋徽宗朝宠臣王黼，回乡祭祖时，“画舫数十，沿路作乐”。南宋权臣秦桧之子秦熺到金陵祭祖，动用临安以及转运司的数百艘舟舫，大肆装饰，“皆穷极丹雘之饰”。[3]不过，当时官员租船的情况依然普遍。宋神宗朝对此还有明文规定，凡通航的地方，官员雇船的费用由政府用“役钱”支付。[4]于是，宋朝官宦乘船出行成为寻常事，也流传了一些故事。

宋神宗时期，王安石屡请罢相未果后，在未得皇帝批准的情况下，就携全家从开封东水门登船离京。上船之际，一个洗脸瓦盆被碰碎，王安石马上叫他的儿子去市场再买一个，“其父子无嗜欲，自奉质素如此”。当宦官奉命赶来挽留时，王安石全家早已一路飘然南下。[5]与王安石的清廉形成对比的是贪得无厌的宠

---

[1] 周邦彦著，罗忼烈笺注：《清真集笺注》上编《尉迟杯·隋堤路》，上海古籍出版社2008年版，第284页。

[2] 《东轩笔录》卷13，第150页。

[3] 《老学庵笔记》卷5，第63页。

[4] 《宋会要辑稿》方域10“递铺一”，第9475页。

[5] 《铁围山丛谈》卷3，第49页。

臣蔡京，年过六旬仍贪恋权位。宋徽宗大观三年（1109年），蔡京终因受到御史、谏官的交章弹劾而罢相。翌年，他又遭到多位御史的弹劾，被贬至杭州赋闲。据其子记载，蔡京一家乘船南下，途经一处湖泊，看到渔夫们打鱼，便召唤一艘过来，将船中大小20尾鱼全部买下，仅花费30文钱。不久，那艘小船又疾驰赶来，蔡京父子本以为对方新获大鱼来售，不料渔夫却说刚才多收了1文钱，故前来退回。富贵至极的蔡京当然瞧不上1文钱，于是一再表示不收，但诚实的渔夫还是执意退还。蔡京之子感到疑惑，以为遇见隐士高人，蔡京却不以为然。[1]这件事并未唤醒蔡京的良知，他最终因贪欲无度而被贬至死。

据苏轼追忆，熙宁年间，他由杭州通判转任知密州（今山东省诸城市），乘船从杭州北上，几位友人随同而行。途经湖州（今浙江省湖州市）期间，他们拜访了当地士人，再一同结伴乘船到苏州以南的松江。夜半月出之时，苏东坡与诸友弃船登岸，在一座亭中饮酒赋诗，已85岁的著名词人张先脱口而出《定风波》，其中有“见说贤人聚吴分，试问，也应傍有老人星”之句，众人相聚甚欢，以至“有醉倒者”。[2]陆游在其名篇《入蜀记》里，还详细地记述了他乘船赴任夔州（今重庆市奉节县）的经过。宋孝宗乾道六年（1170年）闰五月，陆游从浙东萧山县起程，乘坐官船从运河北上。经行在临安，过清湖三座船闸时耗费了大半天时间。过秀州（今浙江省嘉兴市）后，遇风扬帆，船速加快。再经奔牛、吕城诸船闸，六月间至长江南岸的镇江府。渡江抵真州（今江苏省仪征市）后，沿江继续西行，至九月最终抵达任所。便利的水路交通，使陆放翁一路上悠然自得，游览了

[1]《铁围山丛谈》卷3，第53页。

[2]《东坡志林》卷1《记游松江》，第3页。

名山古刹，凭吊了前人遗迹，写下不少名篇绝句。[1]

航行中有佳话，也难免发生摩擦。据说宋仁宗时，陈执中与叶清臣两个官员，一个外放东南，一个从南方卸任回京，两人乘船途中相遇，为了争抢一处泊船锚地，竟然发生了冲突，“遂相忿詈”，从此结为官场上的冤家。[2]泊船锚地紧张，也说明运河繁忙，船只拥挤。

宋哲宗亲政后，苏轼在政坛上受挫，被贬官流放英州（今广东省英德市）。从他当时任职的河北定州（今河北省定州市）到岭南的英州，路途有数千里之遥。苏轼当时年近六旬，体弱多病，又恰逢酷暑时节，因此对南行充满了忧虑。最后，苏东坡不得不给君王上了一道《赴英州乞舟行状》，希望皇帝念及师生之情，赐给舟船，让自己从水路南下，以免“陆行毙于中道”。[3]从苏东坡凄惨恳求的言词，不难看出乘船已成为他此行的唯一生路，否则只有命归黄泉。

走水路，官员可搭乘官船，也可用官钱租船，而寻常商旅、百姓只有租用民船，有实力的人则可自己备船。如从运河出入杭州，民间都乘坐“落脚头船”。史称这种船“为载往来士贾诸色等人”，即服务于读书人、商贾及百姓。士庶若去苏、湖、常、秀诸州，以及长江沿线或江北远方，则多雇大船，如“舫船”“航船”“飞篷船”等。大户府第之家，“亦自创造船只，从便撑驾往来”。地方政府用船，也需要花钱去雇，“若州县欲差船只，多给官钱和雇，以应用度”。[4]据日本僧人成寻记载，他因得到宋朝地方衙门的资助，在浙东运河独自租用一艘船航行多

[1]　陆游:《渭南文集》卷43—48《入蜀记》,《陆游集》，中华书局1976年版，第2406—2459页。

[2]　《涑水记闻》卷4，第69页。

[3]　苏轼:《苏轼文集》卷37《赴英州乞舟行状》，中华书局1986年版，第1042—1043页。

[4]　吴自牧:《梦粱录》卷12《河舟》,《东京梦华录（外四种）》，上海古典文学出版社1956年版，第236—237页。

日，花费两贯钱。[1]各地水道航线上，舟船往来不绝，码头上旅客川流不息，已成为那个时代司空见惯的场景。像杭州城外钱塘江岸边的码头，停泊船只密布，有所谓“海舶、大舰、网艇、大小船只、公私浙江渔浦等渡船、买卖客船”。之所以如此，宋人解释道：杭州是座巨大的城市，商贩最多，加上仕宦往来，所以船只“皆聚于此”。[2]其实，运河沿线及长江沿岸的很多城市，其景象都或多或少与杭州类似。北宋末靖康之难发生时，不仅北方士宦纷纷乘船南奔，民间百姓也尽量寻找舟船逃难。陆游当时尚为幼童，也随全家坐船南下，“渡河沿汴，涉淮绝江，间关兵间以归”。[3]遗憾的是，虽然宋代官员、士人留下了许多记载他们沿途见闻的资料，但民间商旅、百姓因文化水平不高，对自己的行踪则少有记录，从而使当年芸芸大众穿行航道的细节湮没于历史的长河之中。

4. 官方漕运及运输队伍

宋代的货物运输，特别是大宗物流与长途运输，与水路的关系更为密切。在种类繁多的货物运输中，规模最大的是政府的漕运，其运输人员的数量也极为庞大。从这种声势浩大的官方漕运中，可以观察当年航运与政府运行的密切关系。

北宋时期，运河上最繁忙的航线是汴河及其以南各段运河，因为供应的对象是国都开封。据记载，汴河“岁漕江、淮、湖、浙米数百万，及至东南之产，百物众宝，不可胜计”，又承运来自西北的薪炭与粮食，并支持河北所需，内外依赖，“故于诸水，

---

[1] 《参天台五台山记》，第37页。

[2] 《梦粱录》卷12《江海船舰》，第236页。

[3] 《渭南文集》卷20《诸暨县主簿厅记》，《陆游集》，第2161页。

莫此为重”。[1]宋代骚客在赞美汴京的诗赋中称，汴京兵甲之士所需，赏赐颁发之用，宗庙百神祭祀之费，天子奉养与群臣俸禄，以至五谷六牲、鱼鳖鸟兽，无不供应充足。[2]其实，这正是因为有漕运的有力保障。

漕运又以粮食为最大宗。宋太祖时，每年通过黄河、惠民河和广济河供应开封的漕粮有百余万石，通过汴河漕运的淮南米也有数十万石。宋太宗统一江南后，东南地区漕运上供的米达到400万石。太平兴国六年（981年），宋朝对全国漕粮的年运量确定了标准：“汴河岁运江淮秔米三百万石、豆百万石；黄河粟五十万石、豆三十万石；惠民河粟四十万石、豆二十万石；广济河粟十二万石，凡五百五十万石。”[3]但这一定额很快就被日渐扩大的东南漕运突破，漕粮年运输量已超过600万石。宋真宗景德四年（1007年），东南漕运上供米的运量标准被提高到600万石，若再加上北方其他地区的漕粮，漕运粮食总量则在800万石以上。[4]按照宋代每石约合今天120斤的标准计算，800多万石相当于9.6亿多斤。或许，这一数字在如今算不得惊人，可在古代社会却绝对是巨大，不仅大大超过了以往历代，并且为当时世界所仅见。故宋代文人得意地唱道：“千箱所运，亿廪所露，邑（入）既夥而委积，食不给而红腐。如坻如京，如岗如阜。”前代的一切富庶，在此都受到蔑视和嘲笑。[5]年复一年，装载近10亿斤粮食的漕船穿梭于运河线上，其场面实在是蔚为壮观。

现代学者研究认为，按宋代一般说法，成年人每人每日消费的粮食至少两升，未成年人则每日一升，成年人与未成年人全年

---

[1] 《宋史》卷93《河渠志》，第2316—2317页。

[2] 《清真集笺注》中编《汴都赋》，第463—464页。

[3] 《宋会要辑稿》食货46“水运一”，第7029页。

[4] 陈峰：《略论北宋的漕粮》，《学术界》1997年第1期。

[5] 《清真集笺注》中编《汴都赋》，第460页。

口粮分别为7.2石和3.6石。[1]如以五口之家中成年人占三口、未成年人占两口为标准，每年东南漕运的600万石粮食，可以满足百万人口的消费。不过，这仅是百万人口消费的最低标准。开封约有150万人口，加上其他方面如酿酒、酿醋、副食加工、牲畜用料之类的粮食消耗，东南供应开封的漕粮尚无法满足需求，即使算上北方的漕粮也并不富裕。事实上，当年漕粮供应的主要对象，首先是京师内的宫廷皇室和百官及其家属，他们食不厌精，消费的粮食要远远超过平均水平。其次，真正的用粮大户乃是十几万的京畿驻军及数量更多的家属，所谓“国依兵而立，兵以食为命，食以漕运为本”。[2]宋人甚至不无夸张地说：“所费广者，全在用兵，所谓漕运全视兵多少。”[3]北宋时，为了保证河北沿边驻军有充足的粮饷，还经常利用黄河和御河向前线转运江淮漕粮。[4]据记载，南宋中期，临安城宫廷、官员与军队每年所需之米，大约有150万石，其中80万石来自两浙税粮，其余70万石要靠和籴（政府采购）外地市场解决。[5]因此，虽然有时官方漕粮会向市场投入一部分，但普通士庶百姓仍要依赖市场粮商的供应，尤其是南宋临安对外地粮商的依赖程度更为明显。于是，运河上除了官府的庞大漕运船队外，还有数不清的运粮商船。

大宗漕粮之外，宋代漕运的重要货物还有绢帛、盐、茶、木材、金属以及上供的地方特产等。如北宋时，中央明确规定四川等不纳漕粮的地区，上供便以布帛为主，凡通水路的地方都通过漕运输送。北宋初，每年四川地区征调漕运的布帛达数百万匹，

[1] 漆侠：《宋代地租形态及其演变》，《求实集》，天津人民出版社1982年版，第230页。
[2] 张方平：《张方平集》卷27《论汴河利害事》，中州古籍出版社2000年版，第419页。
[3] 吕祖谦：《历代制度详说》卷4《漕运》，影印文渊阁《四库全书》本，第923册，第936页。
[4] 《宋史》卷86《地理志》，第2130页；卷93《河渠志》，第2317、2356页。
[5] 《宋会要辑稿》食货40“市籴粮草三”，第6898页。

后来才降为每年66万匹。[1]当时，实行禁榷专卖制度，食盐的生产与销售基本都由宋朝政府监管，其长途运输当然也尽可能通过水运。各地出产的海盐同样是漕船运载的大宗货物，其中仅北宋淮南海盐每年就有165万多石，两浙海盐每年也有50多万石。明道二年（1033年），有官员反映因运河水位连年下降，漕运受阻，致使淮南积压食盐1500万石。[2]由此可见食盐在漕运中的数量之巨。汴京城所需的木材、薪炭，则由陕西、河东一带水运而至。海外的香药、珍奇异宝进入广州后，先通过陆路北运至虔州（今江西省赣州市），再转入赣江北行，涉江后进入运河，最后运达开封。宋真宗时，从岭南地区上供的香药珠宝，每年就有27万多斤。[3]至于其他物品，诸如肉禽、果蔬及日用百货，亦有类似之处。如北宋开封、南宋临安两城，宫廷与官方需要的许多外地物品，可通水路的皆由船只运输。据南宋人记载，临安所需柴炭、木料、柑橘、“干湿果子”等物，多产于周边地区，明州、越州（今浙江省绍兴市）、温州（今浙江省温州市）、台州（今浙江省临海市）出产的“海鲜、鱼蟹、鲞腊等货”，都是通过船运抵达。[4]北宋时，江西盛产金橘，结满果实的橘树连同泥土一并用船运到开封，可以保持橘子的新鲜。[5]还有特殊的漕运情况存在，如元符三年（1100年），宋哲宗去世，政府便调集了1 800多艘汴河漕船，运送建造陵寝所用的物资。[6]宋徽宗时代，从东南搜集大量奇花异石到京城，为此征用大量的漕船与运卒，耗费无数，此即臭名昭著的“花石纲”。

---

[1] 马端临：《文献通考》卷25《国用三》，中华书局1986年版，第244页。

[2] 《宋史》卷182《食货下四》，第4434—4440页。

[3] 《宋史》卷175《食货上三》，第4251—4252页。

[4] 《梦粱录》卷12《江海船舰》，第236页。

[5] 《游宦纪闻》卷2，第11页。

[6] 《宋会要辑稿》职官42“发运使”，第4086页。

宋朝漕运的运输队伍，前后有过一些变化。宋初沿袭旧制，无偿征发民夫承担运送任务，对民间骚扰很大。乾德六年（968年），宋廷改为实行雇募之法。[1] 随着宋太宗对南方的统一，漕运中一度实行招募船夫制度，依照舟车与人力的成本，拨付资金给管理运输的吏人，由他们雇募船只和船夫。[2] 然而，伴随东南漕运规模的不断扩大，每年仅漕粮就达到600多万石，再加上其他各项物资，漕运的浩繁程度远远超过以往历代，这就对运输队伍的规模及管理提出了更高的要求。于是，曾经行之有效的雇用船夫的制度也难以适应，因为雇夫人数不够稳定，人员又有相当大的流动性，所以很快退居次要位置。专业漕卒应运而生，成为漕运队伍的主力，至于应募的水手则主要承担一部分技术性较强的工种。史籍中对漕卒与雇夫的总人数没有明确记载，但爬梳散见史料后仍可揣测出大概情况。苏轼的一份奏折中提到，东南六路有漕卒数万、雇用梢工数千。[3] 同时，若按每船30人的惯常标准计算，汴河上运行的6 000艘漕船应有18万人之众。再算上北方其他次要河道上的人员，最保守估计，总数也应有二十几万人。

宋代的漕卒，又称“运卒”或“运军”，本是厢军中的一种，而厢军又是一支以劳役为主的职业雇佣大军。他们大都属于破产农民，由于没有更好的出路，只得自愿应募从军。漕卒实际上是受雇于政府的船夫，不过是披有军装而已。他们以微薄的兵饷为生，生活极为凄苦。据苏轼的上奏所称，漕卒举家贫困交加，尤其在隆冬时节，漕卒手脚冻烂了也无人替代。上视民如土芥，则民视官如寇仇。漕卒水手常常偷盗船上的粮物，一旦事情

---

[1] 《文献通考》卷25《国用三》，第244页；《宋史》卷175《食货上三》，第4250页。

[2] 《续资治通鉴长编》卷24，太平兴国八年九月癸丑，第551页。

[3] 《苏轼文集》卷34《论仓法札子》，第973页。

败露便跳船逃亡。这样一来，押运就不可或缺。但对庞大、流动的船队与人员，监管起来实属不易。宋初承袭五代，以差使民户服役的方式解决押运问题，此即“衙前”役。按规定，押送官物若出现损失，由衙前役人赔偿。因此，衙前被民间视为畏途，甚至还出现了为逃避衙前役而改嫁寡母、抛弃田产的情况。到宋太宗朝，遂改派牙将押送。牙将又称“军将”，听起来威武，其实属于低级武吏。北宋全国漕运中押纲者的总数缺乏明确记载，依照汴河有漕船200纲，每纲以3人计算，则押运人员有600人左右。东南六路押纲的人数，据苏轼元祐（1086—1094年）年间的奏折记载，也有数百人，[1]应不少于汴河人数。其余北方诸河的押运者则相对较少。[2]估计全国押运者总数应在2 000人左右。宋代军将以从事押纲为生，领取俸饷，并可谋求向上升迁的机会。然而，在这一高风险的业界中，因赔偿损失而倾家荡产者也不少见。[3]

到南宋时期，漕运规模大为缩小。其原因主要有三：其一，都城临安居江南富饶之区，以往漫长的航线就此大为缩短，所需组织与人员随之锐减；其二，因长期抗战，大军云集于长江以北沿线，各地粮草必须就近供应军队，故输送临安城的数量减少；[4]其三，由于市场经济更为成熟，宋廷通过市场可以更容易地获取粮食，也减少了官方对远地的征调。这便是《宋史》等史籍文献记载漕运时，详北宋而略南宋的原因。不过，虽然航线缩短，规模变小，但漕运并未中断，漕卒、水手与押运者依然存在，以往存在的积弊也同样未能消失。至于漕运中的押运职责，改为以在任普通官吏为主，不足部分选用待阙（候补）

[1] 《苏轼文集》卷34《论仓法札子》，第973页。

[2] 如广济河有纲官典吏33人、使臣11人，见《宋会要辑稿》食货43“漕运二”，第6963页。

[3] 《宋代的军将和军大将》。

[4] 《宋史》卷175《食货上三》，第4260—4261页。

与闲散居家的官员补充。但是，这项职责毕竟极为繁难，损失在所难免，故官员皆视之为苦差，“人以为惮”。有鉴于此，南宋政府只得不断降低惩罚力度，并时常予以蠲免。[1]

漕卒、船工收入极为低下，为了生存便不得不寻求其他门径。他们除了时常偷盗一些漕运货物之外，也从长期的运输工作中熟悉了各地商品的差价，为长途贩运贸易产生的利润所吸引。于是，在商品经济的刺激下，他们利用职业的便利条件，将贩运私货视为改善经济状况的重要途径。据记载，宋初恢复东南漕运不久，汴河上便出现运卒、梢工利用漕船贩运私货，或替商人搭载货物的现象。这不仅是搭顺风车，而且逃避了官府的商税，从法规来说本属违禁活动。然而，宋太宗却对大臣表示：“倖门如鼠穴，何可塞之！”只要不太过分，能确保到京的官物不损失，就不必计较。宰相吕蒙正也附和说道：“水至清则无鱼，人至察则无徒。”[2]这段对话颇耐人寻味，宋太宗君臣显然是从维持新兴漕运局面的大局考虑，抓大放小，以现实主义的态度应对漕运中的走私漏税行为，默认了这种贩运活动，因此形成了不成文的规矩。宋人即承认，对这种行为虽然并无明确规定允许，却也不明文禁止，“而有意于兼容”。[3]宋神宗朝，有关运河管理组织也说：“汴河纲船久例附载商货入京。”[4]需要指出的是，庞大的漕船队伍接踵而行，若每逢税务关卡检查，势必影响航行速度，但夹带私货过多又会损失大笔商税，于是官方不同机构对此态度不一，时常产生矛盾。

此后，宋朝政府多次下令，禁止沿河税务机构拦截检查漕船。到宋神宗元丰年间，有关机构为了扩大商税收入，便视以往

---

[1] 《宋史》卷175《食货上三》，第4260—4261页。

[2] 《续资治通鉴长编》卷35，淳化五年二月己酉，第774页。

[3] 李廌：《师友谈记》，《全宋笔记》，大象出版社2006年版，第45—46页。

[4] 《续资治通鉴长编》卷300，元丰二年十月已亥，第7307页。

的习惯为税收漏洞，于是严查过往漕船，对运载的私货征收“过税”。宋哲宗元祐七年（1092年），苏轼在知扬州（今江苏省扬州市）任内上奏皇帝，激烈地批评盘检漕船，要求恢复旧制。苏轼任职的扬州，地当漕运中转枢纽，所以对漕船通行遭遇的问题比京城里的财政官更熟悉。他又是富有人情味的士人，非常同情漕卒、水手，自然反对一味刻薄的做法。苏轼指出，在漕运通畅无阻的情况下，运河沿线官府虽损失一些商税，“而京师坐获富庶”。一旦对漕船严行盘查，便会出现“商贾全然不行，京师坐至枯涸”的后果。[1]宋廷权衡利弊后，最终采纳了苏轼的建议，但对漕船所带私货的数量明确加以限制，限定每船携带一分私货，也就是允许每船私货为运量的10%。如此一来，运输者利用漕船运销私货的行为得到了公开认可。

到北宋末年，随着朝政秩序的混乱，漕运的运量出现下滑，严重影响到京师的供应。统治者为了调动运输队伍的积极性，不得不进一步放宽了限制，将每艘漕船私货的限额增加到二分。[2]不过，南宋时期官方对漕船承载私货的态度又出现了反复，如南宋中叶文臣杨万里上奏反映，原来漕船免检，漕卒、船夫可以夹带少量商贩货物获利，所谓“税不检，则商贩之微者可附。虽无明条，许其商贩，而法意则稍许之矣”，于公于私，皆有利可图。后来沿途税务场所刻意盘查，“秋毫必征”，影响漕船通行，危害颇大。因而，杨万里同样要求废除盘检制度。[3]可见，宽容的举措因为与实际利益存在冲突，故难以长期坚持下去，其结果是时而松弛时而从严，更多的时候只能是以灰色形式隐藏于漕运之中。

[1] 《苏轼文集》卷34《论纲梢欠折利害状》，第974—978页。有关宋代漕运私货贩运的研究，参见陈峰：《简论宋明清时期漕运中私货贩运及贸易》，《中国经济史研究》1996年第1期。

[2] 《宋会要辑稿》食货43“漕运二”，第6979页。

[3] 《杨万里集笺校》卷69《得临漳陛辞第二札子》，第2917—2918页。

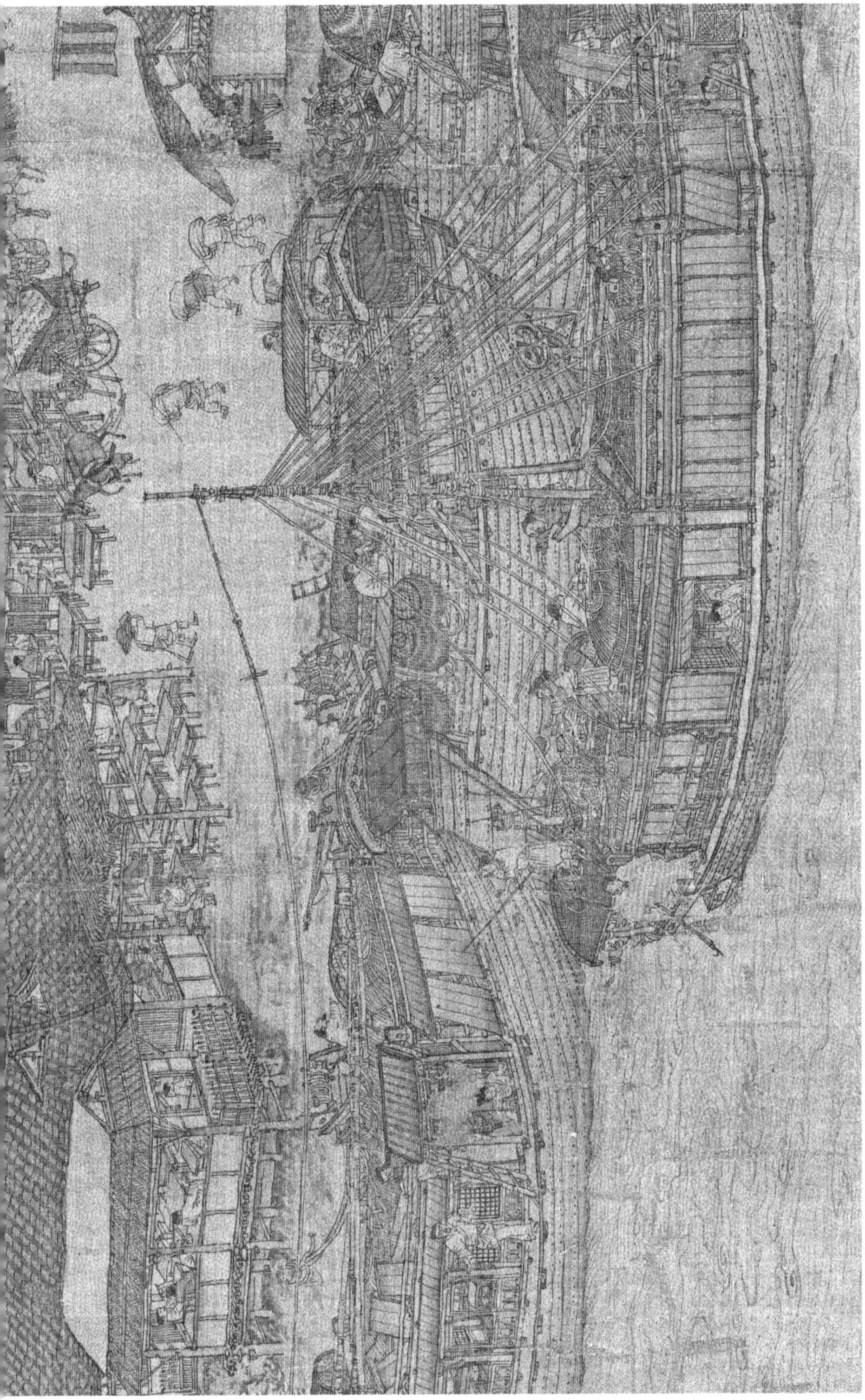

［宋］张择端 《清明上河图》（局部） 故宫博物院藏

5. 民间航运与从业者

两宋时期，因水运费用低廉，故船运需求巨大。除了官府漕运外，民间航运也兴盛发达，形成了一大批以此为业的人员。

在宋代运河与各地河道上，民间运输的货物种类比官府漕运更为繁多，大到粮食、木材、薪炭、砖石，小到日用百货，可谓无奇不有。富商大贾可以动用众多舟船，贩运大批商品，以获取巨额利润；小商小贩、失业农民，甚至潦倒文人书生，也能利用运河交通从事贩运营利活动。如供应南宋临安城的客商米粮，都有固定的船家承运，“船只各有受载舟户，虽米市搬运混杂，皆无争差”。[1]又据南宋中叶人记载，建康府（今江苏南京市）虽然繁盛，但民生艰难，每日所需食粮，都依赖商贩，米船一日不来，米价即成倍上涨。[2]像食盐以及砖瓦、泥灰等重物，船只装运最有优势，临安城内外就有专门运送此类货物的船只。[3]北宋时，士人穆修因性情耿介，曾四处遭到冷遇，后流落江南，贫困潦倒。他为了谋生，便刻印了数百套柳宗元的文集，乘船携往开封，每日在相国寺叫卖。[4]甚至一些人客死他乡，也只能借助于水运，才能把亡灵棺木送回故乡。如苏轼遭贬后，乘舟经过淮河时，与同乡、广陵王府教授任伯雨相遇。任伯雨当时正乘船扶送亡母灵柩，南返归葬于四川。[5]从北方运棺木回四川，如不乘船，几乎不可成行。因为陆路漫长，重山万水阻隔，天气莫测，运费高昂，重重困难足以使孝子望而却步。

---

[1] 《梦粱录》卷16《米铺》，第269页。

[2] 周应合:《景定建康志》卷23《诸仓》,《宋元方志丛刊》，第1686页。

[3] 《梦粱录》卷12《河舟》，第237页。

[4] 《宋朝事实类苑》卷74《穆修》，第985页。

[5] 《东坡志林》卷1，第19页。

南宋人记载，许多寺庙道观也有自己的船只，“大小船只往来河中，搬运斋粮柴薪”。还有专门运载都市垃圾粪土的货船，“成群搬运而去”。[1]宋高宗退为太上皇后，居于德寿宫，身边人继续仗势牟利，民间甚至有人在运送粪肥的船只上打出德寿宫的旗号，以逃避拦截征税。[2]此事虽令人发笑，却说明舟船运输货物之广泛。

从有限而模糊的记载中，可以看到宋代民间船家繁忙活动的身影。毫无疑问，凡是通水路的地方，商旅、百姓外出或贩运货物，多选择舟船。于是，大批船家就此出现。如南宋临安西湖上的大小数百艘画舫游船，“无论四时，常有游玩人赁假”。这些船家大都有实力，大船长达20余丈，可容纳百余游客，中等的也有十几丈长，能乘坐三五十人，小的亦可容二三十人。游船建造精巧，“雕栏画栱”，装备齐全，游人上午登舟出游，暮色降临而返，吃喝皆可在船上解决，“惟支费钱耳”。由于游客众多，西湖上又有许多小船家借此谋生，有卖羹汤、酒水、鲜花、鲜果的，有卖茶点、各色小吃的。人们对这些船的称呼也很多，如“婆嫂船”“拨水棍小船”“瓜皮船”等。此外，还有“小脚船”，专搭载妓女招揽生意，客人可享受吃喝游玩之乐，但花费亦不小，以“不被哂笑”。[3]

西湖这样的绝佳旅游景区，可以滋养许多游船之家及船夫，但这仅仅是特殊情况，大多数的船户还要从事日常的运输劳作来维持生计。如杭城一带的各种客船、货船，承接各种长短途生意，“其老小悉居船中，往来兴贩耳”。[4]宋元之际文人方回有诗

[1] 《梦粱录》卷12《河舟》，第237页。

[2] 《朱子语类》卷111《论民》，第2714页。

[3] 《梦粱录》卷12《湖船》，第234—235页。《都城纪胜》“舟”，记载类似，但船体尺寸夸张，见《东京梦华录（外四种）》，第99页。

[4] 《梦粱录》卷12《河舟》，第236—237页。

记录了船家所唱的船歌，反映了下层船户生活的状况，其中有“莫笑船家生事微，新红米饭绿蓑衣”“家住斜塘大户边，时荒米贵欠他钱。从此驾船归不得，无钱且驾小航船”“南到杭州北楚州，三江八堰水通流。牵板船篙为饭碗，不能辛苦把锄头。雇载钱轻载不轻，阿郎拽牵阿奴撑。五千斤蜡三千漆，宁馨时年欲夜行。南姚村打北姚村，鬼哭谁怜枉死魂。争似梢工留口吃，秀州城外鸭馄饨”等句。[1]这些船家唱的歌词，多年流传下来，未必句句当真，却能反映其生存状态：在常年南来北往的操船过程中，虽然也有吃到红米饭、身披绿蓑衣时的一时满足，但更多的还是生活的困苦与劳作的艰辛。有人因背负债务而有家不能回，有人因失去土地而投身船上混口饭；丈夫在前面拉纤，妻子在船尾撑篙；装载“五千斤蜡三千漆”的船，夜晚穿过鬼哭魂嚎的坟地，似乎也要与梢工争口饭吃……真是生动而又凄苦不堪。

宋朝历史上，物流滚滚、人流不息的场景，反映出当时物资与人员的流动达到空前的地步，这对扩大社会的交往联系无疑贡献良多。官宦、商旅与百姓乘船出行，安稳便捷，使得长途旅行不再艰辛。同时，人员往来频繁，其所见所闻又汇集为丰富的信息量向四方广为传播，各种经验、知识及技术随之流播远方。而巨量的物流景象，不仅体现在官方的供应领域，即以满足都城消费为主的庞大的常年漕运，同时也表现在民间运输之中，即以满足各地商品流通为目的的商业性水运。事实上，漕运中隐藏的私货贸易活动，是挣脱官方束缚的私人经济行为，在一定程度上也扩大了商品的流通量。官方运卒梢工、民间船夫们常年劳作，既是他们自身谋生的过程，也为宋代经济的兴旺发挥了作用。统治

[1] 方回：《桐江续集》卷13《听航船歌十首》，影印文渊阁《四库全书》本，第1193册，第381—382页。

者不管是被动还是宽容，“水至清则无鱼”态度的流露，已昭示宋朝当局治理方式的某种转变。这正是历史洪流激荡出的启示：市场规律与人性的力量，终究会触动当政者作出顺应时代潮流的抉择，进而助推社会的进步。

二 帝都开封的气象

北宋年间，开封城作为王朝的首都，日益呈现出鼎盛之势，主宰天下超过一个半世纪。其政治中心的地位无可替代，而愈益浓厚的工商业气息，与丰富的世俗生活味道，一并构成了当年开封的独特气象。

1. 北宋定都开封的背景

北宋京城开封，是一座因运河交通而兴盛的城市。其更早的历史暂且不提，唐朝时为汴州，是当时都城长安与江淮之间运河和漕运的枢纽。这座城市因而得以发达，成为东部重镇。

唐朝开元年间，汴州已人口众多，经济发达，史称“舟车辐辏，人庶浩繁”，属于中原的大郡。[1]后来，唐王朝为保护漕运安全，在此屯驻重兵。当时的文臣韩愈称道：“今天下之镇，陈留（汴州别称）为大，屯兵十万，连地四州。”[2]在漕运与运河交通的带动下，汴州成为重要的官方物资往来和民间商业贸易的中转站，城里商家店铺稠密，服务业兴隆，各地商旅往来不绝。唐人写汴州城的诗不少，其中有诗句生动地描写道：“水门向晚茶

[1] 《旧唐书》卷190中《文苑中·齐澣传》，第5037页。

[2] 韩愈：《韩昌黎文集》外集卷上《送汴州监军俱文珍序》，马其昶校注：《韩昌黎文集校注》，上海古籍出版社1986年版，第674页。

商闹，桥市通宵酒客行。”[1]诗中提到的水门，即指可以通行船只的城门。运河穿城而过，街市中桥梁也不少，诗中描写的客商与酒肆的通宵活动场景，恰流露出浓厚的商业气息。藩镇割据局面加剧时，这座城市便成为一些军阀觊觎的对象，数度遭遇抢掠。唐朝末年，造反起家的朱温占据汴州，凭借这里雄厚的经济实力崛起，终于击败了竞争对手，称帝建国。

从朱温建立后梁政权开始，汴州改名为“开封府”，又称“汴京”“汴梁”，成为五代时期除后唐之外其余四个王朝的都城。开封城从此成为200余年间中原的政治中心，中国古代都城从关中东迁的趋势也至此结束。

开封位于黄淮大平原上，居天下之中，水陆交通极为便利，这当然是其优势。但说起来，在古代冷兵器时代，历来认为都城的选址需要考虑在地形上占据天险。都城通常须依托山川形胜，以增强城池的外围防御能力，所谓“建邦设都，皆冯险阻。山川者，天之险阻也。城池者，人之险阻也。城池必依山川以为固”。[2]与长安城（今陕西省西安市）有典型的披山带河和四关之险相比，开封四周却是一马平川，无高山阻隔，一旦遭到进攻，防守上处于极为不利的境地。特别是在丧失幽云十六州长城防线的形势下，这种弱点就显得更为突出。宋人曾指出：“燕蓟以南，平壤千里，无名山大川之阻，蕃汉共之。”[3]因此，开封“常有戎马在郊之忧”。[4]

其实，宋初曾就都城的选址发生过争议。据记载，宋太祖曾有意迁都于有险可依的洛阳（今河南省洛阳市），但遭到皇弟、

---

[1] 王建：《寄汴州令狐相公》，李濂：《汴京遗迹志》卷23《艺文十》，中华书局1999年版，第446页。

[2] 郑樵：《通志二十略》“都邑略”，中华书局1995年版，第561页。

[3] 《续资治通鉴长编》卷30，端拱二年正月乙未，第667页。

[4] 《水心别集》卷10《取燕三》，《叶适集》，第763页。

晋王赵光义及以下王公大臣的一致反对。将领李怀忠劝谏：东京有汴河通漕之便，坐拥江淮粟米四五十万石，可以赡养百万大军，陛下若居洛阳，将怎么获取？而军府重兵留在开封，陛下又如何与其相处？宋太祖最终只得作罢。[1]若干年以后，宋真宗也对臣僚说，洛阳宫阙壮丽，但城北地势狭隘，穀水、洛河浅滞，漕运困难，实非久居之所。[2]因此，北宋继续定都于开封。究其根源，除了看中开封居天下之中的位置外，主要还是考虑它有优越的运河交通条件，尤其是开封处于联系东南的汴河之上，既缩短了东南漕运的距离，又避开了西面三门峡等黄河险阻。宋人也承认"国家建都于汴，实就漕挽东南之利"，[3]还说开封适宜建都立社，"均天下之漕运，便万国之享献"。[4]由此看来，这座宋代都市从一开始就凸显出强烈的经济基因。

2. 帝都开封的规模与工商业气息

北宋开封，其壮观程度也许不及唐代长安，因为长安城历经隋唐两代规划与设计建造而成，在各方面都力求宏大、规整。当年的长安城，周长约36.7公里，面积达84平方公里。[5]而开封城则是在五代旧城的基础上改造而成。有研究者指出，基于现实经济因素的考虑，开封终究"屈从于形成城市空间的构造"。[6]宋太宗时，曾一度打算扩建宫城，也因为居民多不愿搬迁，只得

---

[1] 《涑水记闻》卷1，第7页。

[2] 《续资治通鉴长编》卷75，大中祥符四年三月庚辰，第1715页。

[3] 《范太史集》卷20《封还臣僚论浙西赈济事状》，影印文渊阁《四库全书》本，第1100册，第257页。

[4] 欧阳忞：《舆地广记》卷1《禹贡九州》，四川大学出版社2003年版，第5页。参见陈峰：《北宋定都开封的背景及原因》，《历史教学》1996年第8期。

[5] 张永禄：《唐都长安》，西北大学出版社1987年版，第22页。

[6] 参见［日］久保田和男：《宋代开封研究》，上海古籍出版社2010年版，第126页。

作罢。直到宋神宗朝，才终于对外城略加扩建。开封城周长50里又165步，[1]现代实测周长29 120米，[2]面积大约50平方公里，规模自然不及长安城气派。不过，北宋开封城却独具特色，可以说风流无限，大概是那个时代世界上最富有也最富魅力的城市。

鸟瞰全城，宋都开封的空间布局依旧保持中国传统国都的特征，设有三重城垣，由内及外依次为皇宫、内城、外城。在外城周围还有城池环绕，宽十余丈，称"护龙河"。由高大的三道城墙和一圈宽广的护城河组成的城防工事，有力地捍卫着国都的安全。然而与以往不同的是，因为运河的缘故，开封在城市交通设计上已发生变化。汴京外城除了设有12座城门以满足陆路通行外，还专门建造7座水门。[3]水门以铁制栅栏开启，既可发挥阻挡的功能，又能使蔡河、汴河、五丈河及金水河由此穿城而过，为来自四方的船只出入提供方便，给这座北方城市带来了浓郁的港口气息。与此相辅相成，城内河道上建有许多桥梁，其中尤以正对皇宫南面御街的"州桥"著名，建造壮观，镌刻精美，宋代文臣墨客对此写有不少诗赋。城内州桥以东沿河两岸，旅舍客店林立，是进京的官员、商旅的下榻场所。[4]运河流淌，波光辉映，实在是为这座都市注入了灵动之气。

更重要的是，随着时代的变迁，宋代开封城在制度上已悄然发生变化，告别了堡垒式界限严格又不免僵化的格局。往昔，都城中除了皇宫与官署衙门外，其余地方设置为坊市布局，坊即官民居住区，市为商业区。如隋唐长安城中有东市、西市，商贸活

---

[1] 《宋史》卷85《地理志》，第2102页。

[2] 参见刘春迎：《揭秘开封城下城》，科学出版社2009年版，第92页。

[3] 《宋史》卷85《地理志》，第2102—2103页。

[4] 孟元老：《东京梦华录》卷3《大内前州桥东街巷》，邓之诚注：《东京梦华录注》，中华书局1982年版，第87页。

［宋］张择端 《清明上河图》（局部） 故宫博物院藏

动严格限定于此，面积相当狭小。同时，居民出行与市场活动的时间通常也限定在白天，每天黄昏至次日早晨实行禁闭。这虽然有利于政府的管控与安保，却在很大程度上限制了市民的自由活动和市场的发展空间。宋代的汴京等城市，坊市界限的桎梏已逐渐消失，有实力的工商业者可临街开店，小商小贩则在路旁摆摊或沿街叫卖。至于夜晚限制营业的规定，在宋太祖于乾德三年（965年）下诏后，也逐渐废弛，“京城夜市至三鼓已来，不得禁止”。[1]北宋中叶以后，晚间有所谓夜市、鬼市，凌晨则有晓市，市场活动可谓通宵达旦。加之水运发达，海内外的各种货物源源不断流入开封市场，使得这座都市获得极大的活力，尤其是工商业的能量得到巨大释放。

从宋代文献可以窥见彼时开封的大致风貌。皇宫作为帝王居所，依旧巍峨壮丽，除正殿大庆殿外，还有紫宸殿、垂拱殿、文德殿、集英殿等诸殿，以及后宫里的亭台、楼阁、园池等。[2]皇宫别称“大内”，禁卫森严，普通官吏和百姓只能仰观。但步入皇宫外的内城，景象顿时发生变化。这里虽然分布着众多官方机构衙门，但市场、民居随处可见，到处都是市民、商贾、雇工以及寺观僧道的身影。皇宫东面的东华门外，因为有皇家的需求，故“市井最盛”，时令水果、水产、野味、腊肉、金玉、珍玩及服饰等，应有尽有，史称“无非天下之奇”。[3]其中的许多南货，就应当是通过运河从南方运送而来。皇宫正南的宣德门外，沿京城中轴线的御街至州桥一带，商业极其繁盛，既有广厦巨店，也有窄铺小摊。位于皇宫东南的潘楼街，富商大贾云集，交易贵重的金银、彩缎，交易“动即千万，骇人闻见”。[4]就连内城中香

[1] 《宋会要辑稿》食货67“置市”，第7941页。

[2] 《宋史》卷85《地理一》，第2098—2101页。

[3] 《东京梦华录》卷1《大内》，第31—32页。

[4] 《东京梦华录》卷2《东角楼街巷》，第66页。

火最旺的皇家寺院——大相国寺，也未能免俗。大相国寺内僧房散布，中庭两庑间可容纳万人，这里的庙会集市之盛名闻天下，“凡商旅交易，皆萃其中，四方趋京师以货物求售转售他物者，必由于此”。[1]到北宋后期，这里更是异常喧嚣，《东京梦华录》有《相国寺内万姓交易》[2]的篇目，留下了如下详尽的记录。

相国寺每月开放五次交易，大三门内尽是飞禽猫犬、珍禽奇兽；第二、三道门内为杂物交易场所，叫卖蒲团席子、屏风帷幔、洗漱用品、牲口鞍辔、诸种工具以及时令鲜果、腊脯之类；靠近佛殿的地方，有孟家道院王道人的“蜜煎”（当为今日的蜜饯）、赵文秀家的笔和潘谷家的墨；在大殿两廊，来自各寺庙的尼姑售卖各色丝绣、花朵、头面、幞头、帽子及线绳之类；大殿后面至资圣门前，皆是书籍、玩好、图画及各地来京官员带的土产、香药之类；后院的廊内，则尽为算命、卜卦的摊子。

由上观之，大相国寺充满了世俗的商业气息。在每月开放的五次集市中，日用百货、服饰丝绣、飞禽走兽、土特产品、古玩字画，不胜枚举，甚至于落魄书生也在此寻觅出路。如前所述，北宋士人穆修因恃才傲物遭遇贬官，流落江南后，为了谋生，他刻印了数百套柳宗元的文集，运到相国寺叫卖。由于这里汇集了大量的书画、笔墨、古玩，还引来文人雅士徜徉徘徊。大相国寺内因此名人题刻颇多，苏轼、苏辙兄弟与秦观等文豪曾一同在此题字留念，落款日期是宋哲宗“元祐三年八月五日”。[3]李清照年轻时与丈夫赵明诚在每月的初一与十五两天，都要取衣裳典当半贯钱，来游相国寺，买些碑文、果实。回家后，两人一边吃着东西，一边相对玩赏碑文。[4]

---

[1] 《燕翼诒谋录》卷2，第20页。

[2] 《东京梦华录》卷3《相国寺内万姓交易》，第88—89页。

[3] 《癸辛杂识》别集上，第219页。

[4] 赵明诚撰，金文明校证：《金石录校证》后序，广西师范大学出版社2005年版，第531页。

[宋] 张择端 《清明上河图》(局部) 故宫博物院藏

开封的外城，主要由居民区和工商业区构成，楼宇屋舍林立，商家鳞次栉比，河道沿岸邸店客栈密布，街边路旁摊点众多。娱乐性的勾栏瓦舍以及各种店家招牌、酒幡，引人注目；各种车船以及人力轿子、鞍马坐驴，可谓川流不息；官绅、仕女、商旅、贩夫走卒、僧道，以及卖艺的、乞讨的等形形色色人物，摩肩接踵，聚散无常。

商业、服务业也延伸到汴京城外，特别是运河两岸，邸店（客栈）、货栈最为集中，南方各地的客商与货物多在此驻留。东水门外著名的虹桥两侧，店铺密布，人流如织。其实，虹桥之所以设计成大跨度无柱拱桥，“宛如飞虹”，就是为了方便来自东南地区的大舸巨舰通过。从《清明上河图》画卷展现的场景中，似乎还可以听到叫卖声、喝彩声、喧嚣声，散发出浓重的商业化、世俗化气息。

北宋开封又是一座拥有雄厚手工业生产能力的城市，尤以官营工场规模最大，包括组织丝织品生产、染色和加工的菱锦院、文绣院、染院、裁造院，酿酒的内酒坊、都曲院，榨油的官油坊，制作金银、玉器等精美宝物的文思院，生产文具的书艺局，八作司、修内司主管的官方建筑业作坊，东西作坊管理的军工工场等。其中，东西作坊下辖51作（部门），包括木作、杖鼓作、锁子作、漆作、马甲作、大弩作、大绳作、蜡烛作、铁甲作、磨剑作、枪作等，有工匠7 931人，[1]分别打造不同的兵器或部件，其分工之细，令人叹为观止。再如文思院下的各种作坊，匠人各有专长，分别制作诸如镀金器、玉器、玳瑁、扇子、木雕、珍珠、犀角、象牙、琥珀等贵重器物。不过，这些组织及作坊主要服务于宫廷和官方，与市场联系较少。规模大小不等的民间作坊，以营利为目的，面向市场，举凡生活所需几乎无不涉及，诸

[1]《宋会要辑稿》方域3“东西作坊”，第9326页。

如食品加工、服饰鞋帽、木器制作、铁器加工、书铺印刷、陶瓷烧制、车马器具等。经史典籍、诗赋作品、大臣奏议等，都可成为畅销书籍。特别是科举范文，更是读书人追逐的对象，因此私家书铺大量刊印出售。如宋人指出："书肆私购程文，镂板市利。"[1]甚至连涉及边防机要的奏议，也敢公开印刷发售，屡禁不止。[2]私营作坊往往以前店后厂的方式经营，这在《清明上河图》中也可寻觅到一鳞半爪的踪迹。

3. 汴梁的餐饮、娱乐业

北宋开封商业、服务业之昌盛，不用多说，其中的餐饮业及娱乐业受益于巨大消费市场的推动，呈空前鼎盛之势，最为当世与后人津津乐道。

据记载，开封城内酒肆茶楼、饮食摊点比比皆是，仅知名"正店"就有72家，如"仁和店""刘楼""乳酪张家""八仙楼""李七家正店""长庆楼"等高档酒楼，另外名号的"不能遍数"，其余小馆子则被称为"脚店"。某日，宋真宗大宴群臣，吃喝到高兴之处，皇帝忽然问在座大臣何处有美酒，有个宦官立刻答道"有南仁和者"，说的就是仁和家的佳酿。于是，宋真宗马上派人去买，然后"遍赐宴席"，并赞不绝口。[3]开封城的夜市同样热闹。自州桥向南，通过内城南面的朱雀门，直至蔡河上的龙津桥沿线，夜市异常活跃，其饮食摊点各具特色，诸如"鹅鸭鸡兔、肚肺鳝鱼、包子鸡皮、腰肾鸡（杂）碎"等风味，每份不过15文钱，"直至三更"才打烊收摊。[4]碰上节庆之日，更是

[1] 《宋会要辑稿》刑法2"禁约二"，第8320页。

[2] 《宋会要辑稿》刑法2"禁约三"，第8353页。

[3] 《玉壶清话》卷1，第1页。

[4] 《东京梦华录》卷2《州桥夜市》，第64—65页。

“夜市骈阗，至于通晓”。[1]再加上喧闹的娱乐演出，使开封的夜晚热闹非凡。

财大气粗的食客固然可以出入大酒楼，一掷千金，普通市民也可品尝小吃。尤为令人关注的是，那些市井间以经纪为生的人，往往家里不备食物，而在就近的餐馆解决口腹之需。[2]酒楼饭店内，除了专门跑堂的茶博士、酒博士之类服务人员外，还聚集了一批以帮闲卖艺为生的人。其中，有街坊妇人“绾危髻”，腰系青花布手巾，往来于食客酒徒之间，替人换汤斟酒，讨取赏钱，被称为“焌糟”；又有一些“闲汉”，见有少年子弟饮酒，便上前小心听候指派，或替人买物，或替人召唤妓女，或替人取钱送物等；有上前换汤斟酒歌唱者、献水果香药者，等客人吃完后，索取赏钱，他们被称为“厮波”；有下等妓女，不点自唱；有卖药果子者，“不问酒客买与不买”，散给客人，以讨赏钱；等等。[3]旺盛的餐饮业催生出形形色色的谋生者、寄生者，如此场面，实在是浓缩了人间百态，令人感叹。

开封的娱乐演出业相当兴旺，演出场所被称为“瓦舍”（或称“瓦子”）、“勾栏”。据《东京梦华录》记载，开封城内遍布瓦子。出名的有“街南桑家瓦子，近北则中瓦，次里瓦”，其中大小勾栏50余座，大的瓦舍可容数千人。另外还有新门瓦子、朱家桥瓦子、州西瓦子、州北瓦子等。[4]说到开封的娱乐业，不得不提及一批有名气的艺人。据记载，北宋末年在京城瓦舍中表演的知名艺人有：执板吟唱慢曲的李师师、徐婆惜、封宜奴等，嘌唱的张七七、王京奴、安娘、毛团等，演杂剧、傀儡（木偶）

[1]《东京梦华录》卷8《中秋》，第215页。

[2]《东京梦华录》卷3《马行街铺席》，第112页。

[3]《东京梦华录》卷2《饮食果子》，第73—74页。

[4]《东京梦华录》卷2《东角楼街巷》《朱雀门外街巷》《潘楼东街巷》、卷3《大内西右掖门外街巷》《马行街铺席》，第66、59、70、83、111页。

戏的任小三、张金线、李外宁、张臻妙、温奴哥，杂耍小刀的浑身眼、李宗正、张哥，表演踢球技艺的孙宽、孙十五、曾无党、高恕，专门说历史故事的李慥、杨中立、张十一、徐明、贾九，说唱小说故事的王颜喜、盖中宝、刘名广，散乐艺人张真奴，跳旋舞的杨望京，演相扑杂剧的董十五、赵七、曹保义、朱婆儿、没困驼、风僧哥、俎六姐，演影戏（皮影戏之类）的丁仪，说诨话（类似近代以来的相声小品）的张山人，猜谜语的霍伯丑，模仿叫卖声的文八娘以及逗弄小动物的行家等。这些人个个技艺精湛，都是那个年代受到追捧的明星，不管风雨寒暑，每天都有人挤在棚子里观看他们的演出。[1]

北宋末年，朝政日趋腐朽，仍刻意营造歌舞升平气象。宋徽宗为了装点皇家园林，不惜兴师动众搜集东南地区的奇花异石，专门组织漕船运送到京师。其中有一块高数丈、重几十吨的太湖石，以巨舟装载，动用了上千名船夫，历时数月才抵达开封，被徽宗皇帝赐名“昭功敷庆神运石”，安置于城内艮岳之中。[2]正是“上有所好，下必甚焉”，遂自上而下带动起不尽的奢靡享乐之风。当时有官员反映，京师无论士庶，奢靡之风不减，“金珠奇巧之相胜”，富人炫耀自夸，连贫者都耻于人后。[3]流风所及，京城色情生活也畸形膨胀，“花阵酒池，香山药海。别有幽坊小巷，燕馆歌楼，举之万数”。[4]尤其是到了晚间，一些大酒楼“灯烛荧煌”，数百个浓妆艳抹的妓女聚集于各家门前廊下，“望之宛若神仙”，等候酒徒狎客召唤。至于城内各处，妓馆、青楼遍布，红男绿女出没，可谓莺歌燕舞，纸醉金迷。宋徽宗私下幽会名妓李师师的传闻，还被后世编入《水

[1]《东京梦华录》卷5《京瓦伎艺》，第132—133页。

[2]《宋史》卷85《地理一》，第2102页。

[3]《宋会要辑稿》刑法2“禁约一”，第8312页。

[4]《东京梦华录》卷5《民俗》，第131页。

浒传》之中。

4. 开封城的居民及居住掠影

北宋年间，开封城人口稠密，人员构成也相当复杂。他们因地位、收入不同，生存方式千差万别。居民所住房屋既有私宅，也有租赁。即使在官员之中，租住的方式亦相当普遍。这些都成为当年汴京社会生活中不容忽视的一面。

宋人说，开封“比汉、唐京邑，民庶十倍”，[1]虽不免有些言过其实，但生齿之繁胜于汉唐，当毫无疑问。宋太宗曾说在开封居住的人有百万之众。[2]这一数字似含糊说法，不过之后人口日益增加，超过百万应无异议。有学者经过统计，认为开封居民加上驻军，人口最多时约为150万。[3]因为居民数量过于浩大，宋人感叹再添十数万众不会感到多，减同样人数也不觉得少。[4]可以说，北宋开封城市人口的规模超过以往历代京城，并居于同时代世界大城市之首。

开封有如此众多的城市人口，势必要依赖各地的供应才能维持生存，而市场繁荣同样需要四方商品的输入，发达的运河交通于是发挥了重要的支撑作用。以开封城内外官私无休止的建筑工程为例，所需的木材便主要采自西部秦陇一带，通过渭河、黄河、运河一路运达。当然最重要的仍然是粮食，官方供应京师的漕运就起到了重要的作用。早在宋初，就有官员指出，朝廷耗资维持漕运，使京师米价低廉，“此工贾之利而军农之不利

[1] 《宋史》卷93《河渠三》，第2321页。

[2] 《续资治通鉴长编》卷32，淳化二年六月乙酉，第716页。

[3] 关于北宋开封的人口数字，学界多有探究，认识也存在差异。在此以周宝珠的研究为准，参见周宝珠：《宋代东京研究》，河南大学出版社1992年版，第322—324页。

[4] 《东京梦华录》卷5《民俗》，第131页。

也。……游手之民，资以给食”。[1]此外，还有商人通过运河提供了大量商品粮，满足了市民与百业所需。

从北宋开封的人口结构来看，皇室、贵族、官吏、军兵及其家属、仆从固然人数众多，但普通居民、富商大贾、工匠、小贩、学徒、帮工、牙侩（经纪人）、外来旅客、僧道以及游民的人数，也不在少数。这便较以往以皇室、官员、军人及其家属居多的情况，发生较大的变化。北宋开封城内工商业者的人数，没有详细的记录，但据宋神宗时记载，开封城有6 400多家各种行会的行户。[2]如果以一家6口计算，[3]这些加入行会的较大工商业者家庭的人数，就有近4万人，而不在行会的小商小贩及其家属的人数就更多了。至于散工游民与各种外来流动人员，人数便更难统计，仅北宋初年妓女就有万人，到末年更多达数万。[4]从宋代官私记载来看，京师游食者、外来者人数众多，既有临时务工者、求学者、旅游者、游方僧，也有卖艺者、算命卜卦者、妓女、流浪乞讨者，还有形形色色的闲人、破落户，可谓三教九流，无奇不有。

在开封城居民中，皇亲国戚、官宦、军人及官营作坊中的工匠等群体，其生活不管有多大差异，都依靠政府供养；大小工商业者人群的生活，依赖各种经营活动；拥有房产的富有市民，可以凭借房租生活；寺庙道观中人，拥有香火钱与自有产业；演艺从业人员的生计，通过表演收入解决；下层贫民以出卖体力求生。至于妓女与形形色色的流民，则以寄生的方式混迹于繁华的

[1] 《续资治通鉴长编》卷30，端拱二年四月，第679页。

[2] 《续资治通鉴长编》卷359，元丰八年九月乙未，第8592页。

[3] 由于缺乏明确的记录，学界对古代乡村每户人口的数量通常以平均5口计算。但宋代城市富裕的工商业者家庭，平均人口应该超过乡村户不少，在此仅以保守的6口统计。

[4] 陶谷:《清异录》卷上《蜂窠巷陌》,《全宋笔记》，大象出版社2003年版，第22页。并参见《宋代东京研究》，第323页。

都市之中。据《东京梦华录》记载，在京师谋生者不计其数。若有人家要养马，每日须雇2人切草；养犬，有人专门供应狗食；养猫，也有人提供“猫食并小鱼”；箍桶的人，顺手做其他修理活计；掌鞋的人，顺便修补帽子、幞头；打制供佛香印纸符的人，依照时节定期送到各家；挑水的苦力，都有各自的坊巷地盘和用户。有刷漆补漆的人，有扛着斧头砍柴兼换扇子骨的人，有在夏天洗毡、淘井的人。还有军营裁汰下来的乐手，在街巷里演奏，一边招引小儿、妇人围观，一边散卖糖果子，被称为“卖梅子”。至于每日宅院、官衙及寺观门前，都有售卖各种小吃、日用百货的商贩，诸如此类，难以细数。[1]到北宋中后期，涌入京师的外来人口更不断增多。《水浒传》从侧面间接地描写了这些人的活动，如藏身寺庙的鲁智深和一帮泼皮间的悲喜剧，当地破落户牛二与外来好汉杨志的冲突，还有宋徽宗与名妓李师师及混迹京城的浪子燕青之间的交集，等等。服务行业的从业人员众多，仅以出行为例，既有抬轿的轿夫，赶车拉车的车夫，还有牵马的马夫。宋人记载，京师人多租马出行，马夫先谈价格，同时询问是单程还是往返，若是往返的话，则是单程价钱的2倍。[2]

衣食住行非一言两语能说清楚，不妨以官员居住为例，来反映宋都居民的生活片段。北宋开封城人烟过度稠密，对住宅一直保持旺盛需求，导致地皮、房屋供求关系紧张。在宋真宗时，城中已是房屋密集，“甲第星罗，比屋鳞次，坊无广巷，市不通骑”。[3]到宋徽宗时，这种局面更为严重，当时有官僚指出：“京师户口日滋，栋宇密接，略无容隙。”[4]也就是说，城中房屋、楼宇密集，几乎难见空隙之地。当年，在京师拥有房产的达官贵人

[1] 《东京梦华录》卷3《诸色杂卖》，第119页。

[2] 《东轩笔录》卷9，第100页。

[3] 杨侃：《皇畿赋》，《宋文鉴》卷2，第19页。

[4] 《宋会要辑稿》方域4“第宅”，第9342页。

颇多，并且房产价值不菲。如宋初重臣赵普在京师建造的府邸极其讲究，仅抹墙的“麻擣”就花费了1 200贯钱。[1]宋初大将李谦溥在京城修筑的宅第，也拥有壮观的花石园林。[2]宋真宗朝初年，宰相向敏中从故相薛居正后人手里购买了其宅院，支付了500万钱。[3]帝王还赐予一些特殊人物宅第，如宋初被灭亡的诸国君王，都在开封获得定居的府邸；守边有功的名将郭进，也先后得到宋太祖、宋太宗赐给宅院的奖赏。[4]值得注意的是，这些考究的宅第随着主人的辞世与家道衰落，往往被后人转手出卖。如宋太宗、宋真宗两朝宰相吕端亡故以后，其诸子因不能继承家业，只得将宅第典押给人。大中祥符三年（1010年），宋真宗得知情况后，出于对昔日有恩于自己的故相的感激，特下诏赐内库钱500万，赎回了吕端故居。事后，他还对宰臣王旦表示，这样做既能令吕端后代团聚，又可让他们出租房舍，每日得千钱，照顾他们的生活。[5]到北宋后期，由于开封城地皮已异常紧张，房地产价格飞涨，即使有人得到皇帝几十万贯的赏赐钱，也不足以营造高宅大院。[6]

由于开封城住宅价格不菲，不仅寻常外来人口通常租房，就连在任的很多官员也不得不选择租赁的方式安居。如宋初文臣李昉、吕端曾同在馆阁任职，后来都做到宰相。吕端在赠李昉的诗中就言及彼此曾租住京城的情景：“忆昔僦居明德坊，官资俱是校书郎。”[7]宋真宗朝的宰相寇准，虽然富贵数十年，却不置产

[1]《梦溪笔谈》卷24《杂志一》，第173页。
[2]《渑水燕谈录》卷8《事志》，第103页。
[3]《续资治通鉴长编》卷53，咸平五年十月癸未，第1157页。
[4]《宋史》卷273《郭进传》，第9336页。
[5]《续资治通鉴长编》卷73，大中祥符三年四月乙亥，第1668页。
[6]《宋史》卷179《食货下一》，第4359—4360页。
[7]《青箱杂记》卷5，第51页。

业，一直租住民宅。[1]宋仁宗朝的御史中丞孔道辅，为了迎接父亲来京居住，特地租下了一处宅院。[2]据宋人记载，京师原无臣僚居住的公廨（公屋），即使宰辅大臣也租住民宅，以至遇到紧急公文需要处理，吏人只能手持文书到各家私第去签押，既耽误时间，又容易泄露机密。直到宋神宗朝，才为这些大臣提供了官邸。[3]但大多数官员无资格享受这一待遇，租赁居住的情况仍然非常普遍。如当时的翰林学士范镇，全家及十余位门客便租住在小巷中的院落。[4]蔡京大概在最初到宋徽宗身边任职时，为了方便入宫谒见帝王，就在靠近皇宫的地方租赁一处宅第。[5]

宋人还记载了这样一则故事。宋仁宗朝后期，两位士人从外地赴开封参加科举考试，在大相国寺遇见一个"风骨竦秀"的少年，寒暄后得知是王安石之子王雱。当时王安石已经有名于士林，但屡次谢绝了调任中央的美差。一位士人遂询问缘故，王雱答称父亲主要是因为久病，但最近考虑到朝廷的盛意，父亲不久将要赴京。王雱称这次来不仅是参加科考，也奉父命"先遣来京寻宅子"。那位士子接着说，有谁不愿出租房宅给王家，又何必预先寻找。王雱答道，他父亲的意思是居住地须与司马光家相近，以便儿孙效法司马光居家之法。[6]这段记载，或许有美化司马光之嫌，却从侧面说明了京城官员租住民宅的情况。

这种情况的存在，便催生出一大批专以出租房屋为生的业主。据现代学者研究，当年开封的房价与租价持续上涨，有些不

[1]　《湘山野录》卷下，第44页。

[2]　《续资治通鉴长编》卷124，宝元二年九月甲午，第2924页。

[3]　叶梦得著，逯铭昕校注：《石林诗话校注》卷中，人民文学出版社2011年版，第147—148页。

[4]　苏轼：《范景仁墓志铭》，范镇：《东斋记事》附录二，中华书局1980年版，第70页。

[5]　《铁围山丛谈》卷4，第65页。

[6]　《默记》卷下，第45页。

［宋］张择端　《清明上河图》（局部）　故宫博物院藏

良房东还动辄以“翻修为名”提高租金。[1]其实，宋朝官方也经营出租住宅事项，以获取经济收入。如宋真宗时期，就出现开封居民租住官屋已久，后因房价上涨而被驱逐的情况，宋真宗曾为此特别下令禁止。[2]熙宁十年（1077年），开封官方的左右厢店宅务出租房屋14 626间，空地654段，宅院164所，年收入21.6万多贯。[3]世风日下之际，包括京师在内的一些寺庙道观也向官员租赁住房，或出租仓储场地，以至房客比邻神像，设厨屠宰，亵渎神灵。[4]时空穿越，京城住房紧张的老话题至今依旧。

北宋帝都开封城的风貌的确不同以往，少了许多秦、汉、隋、唐时代的森严霸气，平添了更多的世俗味道和商业气息。这既是历史演进的结果，也是现实主义与理性主义成长的产物。然而，曾几何时的辉煌，随着靖康之难的发生而烟消云散。金军占领开封后，宋室南渡，漕运中断，以京师为中心的运河网也迅速荒废，盛极一时的汴京随之衰落，无比繁华的街市如过眼云烟。到了元代，更是荒凉惨淡。当时人傅与砺的《汴梁怀古》云：“汴上荒城绕故宫，山头危石堕秋风。……欲登高处肠先断，满目闲愁赋未工。”[5]

---

[1] 程民生:《宋代物价研究》，人民出版社2008年版，第39—55页。

[2] 《续资治通鉴长编》卷65，景德四年四月甲午，第1454页。

[3] 《泊宅编》卷10，第57页。

[4] 《宋会要辑稿》刑法2“禁约一”，第8311页。

[5] 《汴京遗迹志》卷23《艺文十》，第458页。

三 运河线上的都市风貌

北宋时期，因为有四通八达的水运交通网的存在，京师受益最大自不用说，航路辐射沿线地区同样获益匪浅。特别是汴河、淮南运河和江南运河贯通的区域，城市无不因此兴旺，从而形成了运河沿线工商业城镇相对集中的都市格局。道理很简单，正如欧阳修所称："览人物之盛丽，夸都邑之雄富者，必据乎四达之冲、舟车之会而后足焉。"[1]这种景象，其实从一个侧面彰显着历史的进程：在经济力量的渗透影响下，传统城市日益变得更加多样和富有人情味。

1. 运河线上的重要城市

若论宋代规格最高的城市，当然要数北宋的四京及南宋的行在，即东京开封府、西京河南府（今河南省洛阳市）、南京应天府（今河南省商丘市）、北京大名府（今河北省大名县），以及行在（又称"行都"）临安府（今浙江省杭州市）。其中，开封又是北宋的都城和南宋名义上的京师所在。北宋时期，就水路交通而言，除了京师最为发达也最为繁盛外，其余三座陪都也有洛河、汴河和御河提供的舟楫之便。但两宋时期发展最显著的都市，还是那些贯通东南地区的运河沿线城市。

从应天府沿着汴河向东南行船，到达的第一座重要城市就

[1] 《欧阳修全集》卷40《有美堂记》，第585页。

是宿州（今安徽省宿州市）。再接着行进，便到了汴河与淮河交汇处的泗州（今江苏省盱眙县）。继续航行，抵达淮河与淮南运河衔接地的楚州（今江苏省淮安市）。从楚州南下，先后途经淮南运河岸边的高邮军（今江苏省高邮市）、扬州（今江苏省扬州市）、真州（今江苏省仪征市）。从真州渡过长江，南岸是润州（今江苏省镇江市）。若由润州向东南方向走江南运河，即可经过常州（今江苏省常州市）、苏州（今江苏省苏州市）、秀州（今浙江省嘉兴市）等都市，最终抵达大运河的终点——杭州城（今浙江省杭州市）。从杭州还可以通过大运河的延伸——浙东运河继续行船，经过越州（今浙江省绍兴市），最远到达海港城市明州（今浙江省宁波市），从而又与海外航路相连接。而从真州、润州向西，又可以通过长江航道的辐射，连接昇州（后改名江宁府、建康府，今江苏省南京市）、江州（今江西省九江市）、洪州（今江西省南昌市）、鄂州（今湖北省武汉市）、江陵府（今湖北省荆州市）等地及以西的长江沿线大中城市。

想当年，以上运河线上的都邑都是经济发达的大中城市，其规模与经济影响力皆足称道。遗憾的是，传世的文献资料既有限又不平衡。除了北宋开封与南宋临安因为是都城而有较为丰富的记录外，其他城市的资料都不够完整，甚至相当匮乏。另外，宋朝江南个别地区有方志文献传世，对研究某些都市提供了一定的依据。而涉及上述江北的州郡，却无方志流传，因此若要揭示其稍微细致的内容，特别是量化指标，就无可征引，遂不免于蜻蜓点水式的描述。

据日本学者的研究，在宋代以关中为主的华北（实际应称为北方）、除江西外的华中（主要指江淮下游的东南地区）与岭南的华南三大区域内，按照当时上位治所（国都、路级机构治所）、中位治所（府州军监级机构治所）、下位治所（县级机构治所）三级城市标准，列出了较为详尽的城郭规模一览表。

在比对三大区域的各三级城郭周长数与平均数后发现，东南地区城市城郭的平均周长数，与北方、岭南地区同类城市的周长数分别为：上位城市27.7里、24.2里、20.1里，中位城市13.2里、4.6里、8里。同时，东南城市城郭也大于江西地区的同类城市。[1]另外，表中的北方城郭周长超过10里的城市有2座，即太原府和秦州（今甘肃省天水市），外城周长分别为10.8里和11.4里；福建地区城郭超过10里的城市有2座，即福州（今福建省福州市）和泉州（今福建省泉州市），外城周长分别为20里和23.8里；两广地区城郭超过10里的城市有3座，即广州（今广东省广州市）、桂州（今广西壮族自治区桂林市）和容州（今广西壮族自治区容县），外城周长分别为15.3里、25里和13.9里。而包括江西在内的江淮地区，同类城市则多达24座，其中又以运河沿线最集中，规模也更大。如苏州外城周长42里，常州外城周长27.1里，润州外城周长26.1里，越州外城周长24.7里，扬州城周长17.5里，明州城周长14里，泗州城周长13.3里，秀州城周长12里，等等，其中苏州城郭的规模仅次于两宋的国都开封与临安。[2]数字尽管是枯燥的，也并非全面和精确，但从宏观上仍可看出一个基本事实，就是宋代运河沿线大中城市数量超过其他地区。

这些运河滋养的城市，不仅是所在地区的政治中心，还因为交通上的独特地位而承担集散、转口的角色，故而具有吸纳与辐射经济资源的优势，因此，无论对宋代政府还是民间都有重要意义。也就是说，每年数以万计的漕船和无数的商船在此往来停靠，人员、货物的流动必然超过其他地区，自然带动了各种消费，刺激了转口贸易、商业及服务业快速发展。如内陆腹地的泗

[1]〔日〕斯波义信著，方健、何忠礼译：《宋代江南经济史研究》，江苏人民出版社2001年版，第306—310页。

[2]《宋代江南经济史研究》，第293—305页。

州城，因运河交通而成为典型的航运中转性的城市，被宋人称为“当淮汴之口，天下舟航漕运鳞萃之所”。[1]因此，巨量的物流服务成为该城市的重要功能。位于淮河与淮南运河交汇之处的楚州，自隋代运河挖通后，便拥有了重要的地位。唐代诗人卢纶有诗写道：“年来倦萧索，但说淮南乐。并楫湖上游，连樯月中泊。沿溜入阊门，千灯夜市喧。”[2]可见，此地当年市场已十分活跃。到了北宋，楚州因为上接龟山运河连通汴河，下接淮南运河直达长江，成为南北水路的重要枢纽，不仅大批官方漕运物资在此中转，南北客商和货物也汇集于此。宋代诗人洪炎（黄庭坚外甥）诗云：“凿渠而漕，首淮江尾。舳舻岢峨，连樯千里。青雀翩翩，彩虹嶷嶷。”[3]当时漕运盛况可见一斑，当地的商业、服务业随之发展。南宋以后，楚州成为两淮前线，漕运中断，其交通优势也随之丧失，变为单纯军事要地。再如真州，同样具有淮南运河通达长江口的优势，“当东南之水会”，“天下之冲也”。北宋时江淮发运使驻节于此，负责调度东南漕运，[4]故此地漕运粮仓盐场、官私货栈林立，所谓“敖仓、舟楫之所凑者，于东南为盛”，[5]由此也刺激了商贸发展。到南宋时期，因其枢纽地位未变，所以市场仍旧繁华。南宋人刘宰有诗句写道：“沙头缥缈千家市，舻尾连翩万斛舟。”[6]诗中展现的城内街市商家数以千计、城边船只往来不绝的景象，正是城市繁荣的缩影。还有润州，地当长江连接

[1] 《挥麈录》“后录”卷6，第123页。

[2] 卢纶：《送吉中孚校书归楚州旧山》，《全唐诗》卷276，第3124—3125页。

[3] 洪炎：《西渡集》卷下《楚州阻水涨怀汪信民吕居仁二十四言》，影印文渊阁《四库全书》本，第1127册，第366页。

[4] 《欧阳修全集》卷40《真州东园记》，第581—582页。

[5] 沈括：《长兴集》卷13《开封府推官金部员外郎刘（黄中）志铭》，影印文渊阁《四库全书》本，第1117册，第323页。

[6] 刘宰：《漫塘刘先生文集》前集卷2《送邵监酒兼柬仪真赵法曹呈潘使君》二首之一，《宋集珍本丛刊》第71册，线装书局2004年版，第447页。

江南运河的咽喉，如沈括诗句“楼台两岸水相连，江北江南镜里天”[1]的描写，后改名并升格为镇江府，是南北漕运与商贸往来的要冲，商业、服务业较为发达。南宋时，镇江因处于水路交通枢纽的要害位置，也成为江防重地，沿江安抚大使驻节于此，并有政府三大榷货务（专卖交易机构）之一，茶、盐、香药专卖产品等都在此兑换交易。[2]

至于常州、秀州（南宋改名“嘉兴府”），得益于运河交通对经济的推动，成为宋代发展更迅速的城市。这两座城市人口之众、经济之发达、工商业之兴旺，自不待言，其文教之昌盛则更引人注目。北宋年间，两地官办州县学校、民间学堂已颇具规模。南宋时，常州涌现龟山书院、城南书院，嘉兴也出现宣公书院、燕居书院，进一步提升了本地的学术影响力。受益于此，两地在科举考试中大有收获。常州在两宋时期进士中举的人数超过800人，高居全国前茅，于是有“素号多士”的美誉；嘉兴在同期进士中举的人数也有442人，远高于全国平均水平，被称为“文贤人物之盛，前后相望”。在常州、嘉兴浓郁的文化氛围下，不仅民间读书风气盛行，士林中也出现了藏书风尚。[3]这些成就的取得，显然与两城优越的经济条件分不开。

古称“会稽”的越州，历来是两浙重镇名城，时光流转到宋朝，虽政治地位已不及以前，不过城市的经济发展程度却大大超越了往昔。越州在宋代有浙东运河交通的便利，足以吸纳周边的资源，自然成为浙东的中心。越州城郭的规模在全国属于中等偏上，人口也相当稠密，大致有几十万城市居民，如宋人诗句称：

---

[1] 沈括：《夜登金山》，陈思编，陈世隆补：《两宋名贤小集》卷126，影印文渊阁《四库全书》本，第1363册，第197页。

[2] 参见漆侠：《宋代经济史》（下），《漆侠全集》第四卷，河北大学出版社2009年版，第924页。

[3] 虞云国：《宋代太湖地区的人文风气与教育事业》，《安徽师范大学学报》（人文社会科学版）2003年第4期。

"城中十万家，烟云隐飞甍。"[1]据记载，越州城内除了居住区的诸坊外，还有十几处专门的市场区，[2]至于零星的店铺、摊贩，就散布各处。越州作为经济发达的城市，到南宋以后工商业进一步繁荣，也升格改名为"绍兴府"。还值得一提的是，当地各种定期举办的集贸市场极为活跃，如每逢正月元宵节，城外开元寺的灯会集市吸引了包括海外在内的各地客商前来，所谓"傍十数郡及海外商估皆集"，交易的商品种类繁多，也不乏珍奇异宝，诸如玉帛、珠犀、名香、珍药、组绣、髹藤，"山积云委，眩耀人目"，还有书法、名画、钟鼎、彝器、玩好及奇物之类。[3]越州的手工业生产同样发达，甚至寺院亦参与其间，如本地尼姑纺织的"寺绫"，便是有名的商品。[4]

两宋时期运河交通线上最具情调且繁华的大都市，除以后成为南宋都城的杭州之外，还是以扬州、苏州两城更负盛名。

2. 扬州城的盛名

扬州本为南方要区，不过它真正的勃兴还是受惠于水路交通的发达。自隋炀帝大兴运河后，扬州成为从长江通往北上运河的咽喉，地位陡然上升。唐朝时，官方每年组织的大规模江淮漕运，包括漕粮和东南、川蜀及岭南各地的大批上供物资，大都汇集于扬州，然后经运河转运京师长安，因此扬州成为漕运物资调度、集散的中心。中唐以后，扬州更成为王朝中央经济生命线上的关键环节，地位非同寻常。与此同时，南方各地的商旅、货

---

[1] 程俱:《北山小集》卷5《越州置酒暮夜乃归作诗一首》，四部丛刊续编本，第12页。

[2] 《嘉泰会稽志》卷2《市》,《宝庆会稽续志》卷1《坊巷》,《宋元方志丛刊》，第6781、7095—7096页。

[3] 《嘉泰会稽志》卷7《寺院》,《宋元方志丛刊》，第6822页。

[4] 《宋代经济史》(下)，第620页。

物也在此中转，扬州也成为南北交通和经济的交会之区，工商业、服务业因此空前繁荣起来。史称："城郭由是舟车辐辏，廛闬嗔咽，商贾毕集，而江都雄盛遂甲于天下。"[1]当时，不仅国内四方客商云集于扬州城，海外使者、商人也频繁出入于此，甚至长期定居下来。据记载，唐肃宗时，在一次平定扬州叛乱的行动中，死于战乱的"胡商"达数千人之多，[2]由此可见扬州外国商人数量之众。在唐代，扬州的商业街市长达十里，商铺酒家密布，行商坐贾云集，唐人有诗云"十里长街市井连，月明桥上看神仙"，[3]生动地反映了扬州繁盛热闹的场面。由于扬州拥有如此区位优势，当地居民的从业取向深受影响，所谓"俗喜商贾，不事农"。[4]此外，唐朝扬州的手工业也很发达，纺织、铜器加工等行业名闻天下，著名产品有铜器皿、青铜镜、番客袍锦、被锦、半臂锦、独窠绫、殿额莞席及水兕甲等，都是独特的上供佳品。[5]到唐代中叶，扬州已发展成最大的工商业城市，当时人评说全国最繁华的大都市，即认为扬州排名第一，成都居其次，所谓"扬州富庶甲天下"，"时人称扬一、益二"。[6]

到了宋代，东南经济整体发展，特别是真州取代了扬州的部分运河中转地位，扬州因此已不及唐代那样显赫。不过，由于扬州仍是水路传统重要口岸，所以依然是江淮之间首屈一指的大都市。宋初人说"广陵，东南一都会，凡百颇类京师，号'节木汴州'"，[7]即是将扬州与京城类比。北宋中叶，据沈括估算，自淮

[1] 刘綦：《壮观亭记》，（嘉靖）《惟扬志》卷33《诗文志》，《天一阁藏明代方志选刊》，上海古籍书店1963年版，第26页。

[2] 《新唐书》卷144《田神功传》，第4702页。

[3] 张祜：《纵游淮南》，《全唐诗》卷511，第5846页。

[4] 《新唐书》卷91《李袭誉传》，第3790—3791页。

[5] 《新唐书》卷41《地理志》，第1051页。

[6] 司马光：《资治通鉴》卷259，唐纪七十五，中华书局1987年版，第8430页。

[7] 《清异录》卷上《节木汴州》，第17页。

南以西、大江以东，直到岭南，各地长途贸易的商人，往来皆途经此地，“舟车南北日夜灌输京师者，居天下十之七”。[1]也就是说，从长江中下游到岭南两广的广大地区，凡北上往返贸易，都要经停扬州，其物资、商品流通量占到各地供应京城总量的七成。宋人还有赋云：“五都十郡，千豪万商，趋床头之冗会，定万货之低昂。”[2]作品描写了扬州城万商云集、往来交易的热闹场景。尤其是在实行禁榷（专卖）制度后，位居宋代全国产量首位的淮东海盐，须先汇集到扬州，然后分销到各地。因此，一批腰缠万贯的盐商麇居于此，以其富可敌国而名闻天下，这也成为扬州城的名片之一。

值得注意的是，宋代扬州本地上供产品种类明显少于唐代，这说明扬州在口岸特点的影响下，商业和服务业更趋发达，而生产加工领域被忽视。于是，城内商业和服务行业从业者众多，民风中遂飘荡着浓厚的重商气息。元代史家修《宋史》时评说道，扬州“有茶、盐、丝、帛之利。人性轻扬，善商贾，鄽里饶富，多高赀之家”。[3]另外值得一提的是，自唐至宋，虽几经战火，但扬州以其区位优势仍能长期保持富庶，至明清更盛极一时。由此，不仅衍生出发达的服务业、娱乐业，诸如名扬天下的淮扬菜系、精美的园林以及独特的“扬州瘦马”之类风俗，同样也养育了文化的昌盛。在扬州城繁华的岁月，文人墨客出没，诗赋佳作、书画精品迭出，歌声舞影飘散，风流佳话不绝，令天下多少人向往，至今仍为世人津津乐道。苏东坡《江城子·墨云拖雨过西楼》中的名句“试问江南诸伴侣，谁似我，醉扬州”，秦少游《风流子·东风吹碧草》中“浑似梦里扬州”的感叹，已将扬州

[1] 《长兴集》卷9《扬州重修平山堂记》，第298页。

[2] 王观：《扬州赋》，（嘉庆）《重修扬州府志》卷63《艺文二》，《中国地方志集成·江苏府县志辑42》，江苏古籍出版社1991年版，第439页。

[3] 《宋史》卷88《地理志》，第2185页。

城在名士心中的特殊位置表露无遗。

3. 苏州城的繁荣

苏州自古就是东南名城，别称“姑苏”“吴中”，地处江南运河之上、太湖之滨，是典型的东方水城。唐朝时，以苏州为中心的太湖流域是著名的粮食高产区，也就成为漕粮的重要汇集点；三吴地区盛产蚕丝、茶叶等物产，苏州城又成为重要的手工业生产基地，其丝织品产量雄居全国之首，上供有丝葛、丝绵、八蚕丝、绯绫和布等纺织品。[1]与此同时，苏州的商业也相当兴旺，四方客商多来此购买手工业品与粮食、茶叶及各类果物等。不过，与都会扬州相比，当年苏州的商业繁荣还略逊一筹，主要还是以发达的手工业生产与粮食集散地出名，从而在唐朝的财赋供应中占据显著的位置，苏州也因此跻身当时大都市之列。白居易曾说：“当今国用多出江南，江南诸州，苏最为大，兵数不少，税额至多。”[2]白居易任职苏州时，曾对当时的盛况还有过这样的描写：“处处楼前飘管吹，家家门外泊舟航。”“人稠过扬府，坊闹半长安。”[3]通过白居易的诗句，后人可以看出当时苏州水路交通发达，城市规模巨大，人口众多堪比扬州，街市繁荣、热闹非凡。

北宋时，在全国经济重心南移的大背景下，苏州进一步发展。之后，苏州规格也升为府，改名“平江”，“风物雄丽，为东南之冠”。[4]从人口的密度看，苏州高居全国前列。据记载，

[1] 《新唐书》卷41《地理志》，第1058页。

[2] 《白居易集》卷68《苏州刺史谢上表》，第1434页。

[3] 《白居易集》卷24《登阊门闲望》《齐云楼晚望偶题十韵》，第533、550页。

[4] 龚明之：《中吴纪闻》卷6《苏民三百年不识兵》，《全宋笔记》，大象出版社2008年版，第280页。

北宋中期的元丰三年（1080年），苏州户数为19.9万户；北宋末年的宣和年间（1119—1125年），达到43万户，是全国人烟最稠密的地方。南宋初因战火浩劫，人口下降，到南宋中叶的淳熙十一年（1184年），增加为17.3万多户。[1]范仲淹有诗曰："吴都十万户，烟瓦亘西南。"[2]可见城市居民大约有10万户，人口应在50万左右。苏州地区农业高度发达，是鱼米之乡，物产丰富，不仅盛产普通稻米，还有特产红莲稻、高产的两季稻，故号称"苏湖熟，天下足"。[3]宋朝方志记载，松江鲈鱼、太湖白鱼、河豚鱼，以及蟹虾，都极富盛名。太湖洞庭山不仅拥有特产绿橘，还出产真柑，更是"芳香超胜，为天下第一"，一颗普通的真柑卖价百钱，稍大的则价钱翻倍。[4]宋人称，苏州城四郊无尺寸荒地，故居民无论贵贱，"往往皆有常产"，[5]反映出百姓的富裕程度超出一般地区。

更为突出的是，由于周边有常州、湖州、秀州等大中城市以及众多市镇形成的巨大市场需求的支撑，苏州的手工业和商业、服务业相当繁荣，城内各种作坊和商家店铺密集，以至拥挤不堪，史称"郛郭填溢，楼阁相望"，"井邑之富，过于唐世"，[6]于是有了"天上天堂，地下苏杭"[7]的美誉。苏州能工巧匠多，出产各类手工业产品，尤以丝织品最著名，行销海内外。再如所产高档纸张彩笺，不仅有各种色彩，还隐含罗纹、压花，精美异常，故名闻四方。宋徽宗时，为扩大对姑苏精美丝织品及其他珍

[1] 《吴郡志》卷1《户口税租》，第5—6页。

[2] 范仲淹著，李勇先、王蓉贵校点：《范仲淹全集》卷5《苏州十咏·虎丘山》，四川大学出版社2002年版，104页。

[3] 《吴郡志》卷50《杂志》，第669页。

[4] 《吴郡志》卷29《土物》，第425页；第435—445页。

[5] 《吴郡志》卷2《风俗》，第13页。

[6] 朱长文：《吴郡图经续记》卷上《城邑》，《宋元方志丛刊》，第6—7页。

[7] 《吴郡志》卷50《杂志》，第669页。

玩的掠夺，官方还特在当地设立应奉局等机构。由于客商流量大，餐饮业随之兴旺，且不说城内高档酒楼，单说苏州阊门外的张手美家餐馆，便是店堂宽敞，水陆出产、南北风味“随需而供”，即使十位食客分点不同的佳肴，也能唾手可得。[1]经历两宋之际短暂战乱之后，南宋时期的平江府继续繁荣，被世人称为“金扑满”。[2]所谓“金扑满”，是指古代装钱的一种器物，以此称呼苏州，足以说明其富饶的程度。

先秦著名思想家管子说过：“仓廪实则知礼节，衣食足则知荣辱。”[3]充裕的经济基础，岂止于表现在注重礼节、荣辱方面，也有益于文教事业的发展。两宋时期，苏州官私教育长期居全国前列。特别是景祐元年（1034年），范仲淹在主政苏州期间提倡设立州学，得到朝廷批准，遂聘请了大儒胡瑗治校，树立学规，领风气之先，还带动了各地官方学校教育的勃兴。[4]到南宋时，又先后涌现出和靖书院、学道书院、鹤山书院及文正书院，延聘名家教授，聚集四方学子，产生了巨大的学术影响。至于民间的私塾、义塾，更是遍布城乡。因此，苏州不仅由求学而科举入仕的士人很多，读书风气也非常浓厚。如北宋中叶，杜甫的文集深受欢迎，但苏州民间难见全本，知州王琪家的藏本校雠精当，于是他交由下属印刷了万部，每部售价一千钱，引得士人争相求购，竟有富家一次买下十多部。[5]这一记载原本说的是王琪以盈利替官府偿还欠债的事，但苏州的尚文风貌也可由此窥见一斑。

---

[1] （正德）《姑苏志》卷60《杂事》，《北京图书馆古籍珍本丛刊》第27册，书目文献出版社2000年版，第944页。

[2] 《建炎以来系年要录》卷22，建炎三年四月戊午，第550页。

[3] 《管子·牧民》，《管子校注》卷1，第2页。

[4] 《宋史》卷314《范仲淹传附范纯祐》，第10276页。

[5] 《吴郡志》卷6《官宇》，第51—52页。

宋代的苏州城，以其优越的物质条件、秀美的环境及发达的交通，吸引了众多文人士大夫定居，所谓“士大夫寓居者多”，[1]进而使文化气息愈发浓郁。当地名士朱长文，尚未成年就考取进士功名，但因足疾而未步入仕途。返乡后，他筑楼藏书，号“乐圃坊”，潜心读书，著书立说，于是名闻四方。士大夫凡经过苏州城者，竟以不到乐圃坊为耻，以至于朱长文“名动京师”。后来，他终因盛名被推荐做官。朱长文著述甚丰，写有《吴郡图经续记》《琴史》《乐圃余稿》等著作；他还喜好搜集古今图书，藏书有2万余卷，是当时著名的藏书家。[2]外来定居者如诗人贺铸，仕途失意之下，携家寓居苏州。人称“贺鬼头”的怪才贺铸，嗜书如命，藏书过万卷，校雠书中错讹为其一大乐趣。[3]在苏州期间，相濡以沫的妻子亡故，他写下《鹧鸪天·重过阊门万事非》一词：“重过阊门万事非。同来何事不同归。梧桐半死清霜后，头白鸳鸯失伴飞。原上草，露初晞。旧栖新垅两依依。空床卧听南窗雨，谁复挑灯夜补衣。”此词情真意切，感人至深，是古代著名的悼亡诗词。南宋人称，苏州全盛时，衣冠聚居，“士风笃厚，尊事耆老”，可谓知书达礼，以至于通衢大街都以旌表有名望的士大夫而命名。如宋仁宗朝的参知政事、文学家元绛居住过的地方，被命名为“衮绣坊”；秘书监富严两任苏州长官，颇得民心，所居巷子被命名为“德寿坊”。诸如此类，比比皆是。南宋时，苏州城还先后出了两位武举状元，城内遂有两处“武状元坊”。[4]这些坊名既庄重，又蕴含深意，透出的是浓厚的传统文化气息。

“吴中风物之美”名闻天下，遂引得骚人墨客流连忘返，赋

---

[1] 《宋朝事实类苑》卷54，第704页。

[2] 《宋史》卷444《朱长文传》，第13127页。

[3] 《宋史》卷443《贺铸传》，第13104页。

[4] 《吴郡志》卷2《风俗》、卷6《坊市》，第13、71—72页。

诗题咏层出不穷。如范仲淹游览当地名胜古迹，留下了赞美苏州的《苏州十咏》，有《泰伯庙》《木兰堂》《虎丘山》《阊门》《灵岩寺》《太湖》《伍相庙》《南园》《观风楼》《洞庭山》等十首。其中《洞庭山》云："吴山无此秀，乘暇一游之。万顷湖光里，千家橘熟时。平看月上早，远觉鸟归迟。近古谁真赏，白云应得知。"[1]此诗写情写景，还不忘告诉世人太湖洞庭山盛产橘子。浪漫的苏东坡，在观灯和雨中畅饮后，分别写下了"但逐东山携妓女，那知后阁走穷宾""唤船渡口迎秋女，驻马桥边问秦娘"之句，[2]真是才子爱佳人，风流映苏州。

有宋人称，苏州民风中有"俗多奢少俭"的特点，讲排场，喜攀比。这显然与富足经济及商业氛围有关，也带动了居民的消遣。以民间游览之风为例，可以说，苏州一年四季都有游赏活动，当地园林名胜中常常游人如织。特别是花木盛开时节，士民往往举家出游，其中尤以赏梅为盛。还值得一提的是，太湖石以其玲珑剔透的形态受到追捧，民间玩赏成风，史称"士大夫好石者多"，于是便有赝品迭出。宣和年间，太湖石名声大了，竟惊动了京城里的帝王，当地人朱勔遂以进献此物而发迹。[3]

不过，同样一座苏州城，居民收入有差距，贫富悬殊，民风只是一种倾向而已，底层大众并非总能充分享受到闲适的时光。城市居民的习俗也因受运河影响程度的不同，而呈现出相对的差异性，并对后世产生不小的影响。苏州是座水城，其中大运河由西北向东南流经城市，也就是绕过城西及城东南，故城西与运河的关系最为密切。于是，运河交通线上滚滚的人流、货物及其夹杂的四方气息，深深地影响着城西居民的生活，并渗透到他们的

[1]《范仲淹全集》卷5《苏州十咏·洞庭山》，第104页。

[2]《吴郡志》卷49《杂咏》，第644—645页。

[3]《吴郡志》卷2《风俗》、卷29《土物》，第13—14、425、435—445页。

习俗之中。明朝人在修苏州方志时指出，苏州人总的说来“尚文”，但若加细分，城西“过华”，城东“近质”，城郊山区“多俭，或失之固”，而沿河居民则“多智，或失之讦”。[1] 从明人的评论中可以看出，在紧挨运河的苏州西部城区，街市繁荣，民风浮华；城东则相对冷清，民风近于质朴；而远离运河的郊区，百姓则崇尚节俭，甚或失之于固执。要说运河边的百姓之所以多智，甚至不免奸猾，自然是与经多见广密不可分。如此光景，绝非一朝一夕而成，必由来已久，宋代大概已经定型。

[1]（正德）《姑苏志》卷13《风俗》，第227页。

四 行在临安的极盛

宋代运河一路流经江南，不仅养育了苏州的繁华，更造就了杭州城的极盛。诞生于当年的“天上天堂，地下苏杭”的民谣，至今仍为世人津津乐道，其中依稀可辨的，其实是名城的历史荣光。

杭州地处浙西、临海，自古有鱼米之饶，秦朝设钱塘县，故以后别称“钱塘”，又称“武林”“杭城”。杭州的昌盛，始于隋唐时代，还是与运河有关。它是江南大运河的起点，又沟通海路，故官方漕运粮物、民间百货聚集，工商业兴起，遂跻身为当时东南的名城。五代期间，北方战乱不已，杭州作为吴越国的都城，则相对安定，因此得以延续繁荣。到宋太宗朝，吴越主动臣服，遂平稳纳入宋朝版图。欧阳修在《有美堂记》里说：“独钱塘自五代时，知尊中国，效臣顺，及其亡也，顿首请命，不烦干戈，今其民幸富完安乐。又其俗习工巧，邑屋华丽，盖十余万家。环以湖山，左右映带，而闽海商贾，风帆浪舶，出入于江涛浩渺烟云杳霭之间，可谓盛矣！”[1]这里说的就是杭州从五代平安入宋的过程。

1. 临安城的布局与人口

北宋年间，杭州的城垣基本保持五代时吴越所营建的状态，

[1] 《欧阳修全集》卷40《有美堂记》，第585页。

呈南北狭长的长方形，南依凤凰山，西接西湖，北面平川，东临钱江与大海。杭州城周长达70里，[1]面积竟超过京城开封，不过因原内城被拆除，已失去三重城垣的都城格局。与开封相同的是，因有运河贯通，杭州的十几座城门中，也有多座通行船只的水门，城内外桥梁亦众多。南宋立国后，以杭州为行在，寓意天子临时驻跸之所，即临时的都城，故又称“行都”，更名“临安府”。从此，在钱塘旧城基础上陆续营建皇宫、内外城，以及各种殿阁、苑囿、官署，使这座城市具备了都城的面貌。南宋统治者虽表面仍遥尊汴梁为京城，事实上却已安居临安城，如当时人所讽刺的：“山外青山楼外楼，西湖歌舞几时休？暖风熏得游人醉，直把杭州作汴州。”[2]

北宋时，杭州已经人烟稠密，崇宁年间（1102—1106年），户数为22.3万多户，城市居民加上外来人口，应在40万人左右。南宋时，临安作为都城，不仅聚集皇室与庞大的宫廷人员、百官、驻军、工商业者、普通市民，还有大批北方流寓者、僧道、妓女等各种流动人员，故人口迅速膨胀。当时人称杭州“人烟稠密，户口浩繁”。南宋后期，官方统计的临安户数有39万多户，[3]其中城市人口有120万至130万人。[4]这一人口规模，仍属同期世界城市之最。

---

[1] 施谔：《淳祐临安志》卷5《城内》，《南宋临安两志》，浙江人民出版社1983年版，第83页；《梦粱录》卷7《杭州》，第183页。

[2] 林升：《题临安邸》，田汝成辑撰：《西湖游览志余》卷2，上海古籍出版社1980年版，第14页。

[3] 《梦粱录》卷18《户口》，第281—282页。

[4] 有关南宋临安的人口数，学界有不同的估算，最高的数额是500万，最低的数额是70多万。这里采纳吴松弟的研究成果，参见葛剑雄主编，吴松弟著：《中国人口史》第3卷，复旦大学出版社2000年版，第584页。

2. 临安的街区与商业

在两宋杭州城市发展的历程中，它最令人惊叹的不是规格的提升，也不是人口的膨胀，而是工商业、服务业、文化及娱乐业的持续发展与日益多样化。行都说到底不过是偏安一隅的朝廷中心，既无法望汉唐长安城之项背，也不能企及北宋汴京的地位。北宋时的杭州，居两浙都会之位，依托富饶的经济基础，尤其是发达的丝织业、造船业、印刷业、陶瓷业和酿酒业等产业优势，更凭借发达的运河交通，汇聚和集散官方物资、民间百货，街市繁荣，甚至超越东南另一都会——苏州。南宋时的临安不仅延续了开封的辉煌，而且在更广泛的经济领域已超越了昔日的帝都，造就出极盛的都市景象。有关临安的历史资料相当丰富，包括多种南宋所修的方志，还有诸如《都城纪胜》《梦粱录》《武林旧事》《西湖老人繁胜录》等专门的文献。透过这些文字，可以清晰地感受到当年临安城的街市场景与人物活动。

南宋行都出于管理的需要，在城内设有9厢85坊。除皇宫所在的宫城占据1厢外，其余8厢诸坊由官署、军营、居民区与街市构成。临安城延续着开封的城市风貌，官署、民居与市场交织混杂。在这8厢诸坊中，虽有功能相对集中的区块，不过即使在政府机构、军营相对集中的坊巷，也仍然存在工商业活动。居民区与市场聚集的厢坊，就更是充满浓烈的市井生活气息。左一北厢内的18坊中，吴山、太平、新街、市南、市西、后市、融合等坊，遍布官私商铺、酒肆茶楼以及珠宝、果蔬市场，特别是市西坊，聚集了众多商家和娱乐场所，是最繁华的闹市之一。左二厢的18坊中，修义、积善、秀义等坊也是闹市区，有各色商铺、花市与游乐处所，还有最大的肉市；而里仁、定民和保和等坊，则聚集了书铺与漆器、木雕等作坊。左三厢的8坊中，兴庆坊有全城最大的娱乐中心——北瓦子。右一厢的新开坊，是主要的布匹交易区。右二厢的17坊内，除了一般的商业活动之外，羲和坊有最大的药市，戒民坊则多百戏演出场所。右三厢的6坊中，东巷坊集中了丝绸商号，丰禾坊则多高档酒楼。[1]与此同时，在城外周边郊区也设4厢诸坊，除民居外，还有众多依附性市镇及草市。《梦粱录》记载有15个市镇，如城北北关门（即余杭门）外的北郭市、江涨东市、江涨西市、湖州市、半道红市，城南嘉会门外的浙江市，城东崇新门外的南土门市，东青门外的北土门市，等等，其工商服务业同样活跃。这些市镇显然是因为城区无力容纳更多的民居和市场，向城外延伸而成，是典型的溢出来的市区，故被认为"户口蕃盛，商贾买卖者十倍于昔，往来辐辏，非他郡比也"[2]。南宋官方对营业时间依旧没有限制，市场活动可以通宵达旦，史称"杭城大街，买卖昼夜不绝，夜交三四鼓，游人始稀；五鼓钟鸣，卖早市者又开店矣"。[3]

彼时的临安市场更为发达，城内外商家店铺鳞次栉比，尤其以沿街最为密集，少有闲置空间。宋人称："自大街及诸坊巷，大小铺席，连门俱是，即无虚空之屋。"其中交易金额大者如金银、食盐与钞引商号，多集中在五间楼北到官巷南街一带；自融合坊北至市南坊，是买卖"动以万数"的珠宝店聚集区。当然，金银、有价信用票据的盐钞、钞引与珠宝之类都非普通商品，属于实力雄厚的大商家经营。达官、富豪也热衷开设利润丰厚的质库（当铺），城内外不下数十家，"收解以千万计"。[4]百货商铺、沿街叫卖的摊贩，则遍及各处，在南北中轴的御街周边，还形成若干商业中心。值得注意的是，临安的专业性商品交易市场

[1] 《梦粱录》卷7《禁城九厢坊巷》，第189—191页。并参见陈国灿：《南宋城镇史》，人民出版社2009年版，第287—288页。

[2] 《梦粱录》卷13《两赤县市镇》，第238页。

[3] 《梦粱录》卷13《夜市》，第238—239页。

[4] 《梦粱录》卷13《铺席》，第239—241页。

比故都汴京更为发达，仅《武林旧事》便列举有17处，如米市、肉市、布市、菜市、鲜鱼行、鱼行、南猪行、北猪行、蟹行、花团、青果团、柑子团、鲞团、药市、花市、珠子市、书房（文具）等。[1]事实上，这些团、行、市的同业经营者往往组成行会，一方面承担官府的摊派，另一方面扮演协调纠纷的角色。就此而言，临安仍有更多的团行，如方梳行、姜行、销金行、冠子行、鸡鹅行、生帛行、糖蜜及荔枝行等，[2]还有象牙玳瑁市、金银市、故衣市、金漆桌凳行、纸扇行、丝锦行、麻线行、笋行等，举凡民生及奢侈领域，无不涉及。若加上手工业的行会，竟然多达414行，所谓“京都有四百十四行”。[3]遗憾的是，因临安没有留下类似《清明上河图》那样的画卷，后人已无法直观地看到其生动的景象。

3. 行在的手工业

说到杭州的手工业，官方继续维持庞大的生产，除了主要满足宫廷、官府、军工需要外，也有以营利为目的的食盐、酒醋、印刷、药材等生产加工行业。其中的印刷业，自北宋以来就一直享誉天下。当时人评价称，天下印书，以杭州为上，蜀本其次，福建最下，京城开封印量虽比肩杭州，但纸张却要逊色，所谓“京师比岁印板，殆不减杭州，但纸不佳”。[4]到南宋时，临安城的官方印刷更为讲究，尤其是国子监主持印制的书籍，即监本，刻印精美，装帧精致，最为世人珍重。再如修内司属下官窑烧制的瓷器，品质绝佳，至今依然令人叫绝。其他门类的官营生产，

[1] 周密:《武林旧事》卷6《诸市》,《东京梦华录（外四种）》，第440页。

[2] 《梦粱录》卷13《团行》，第238—239页。

[3] 西湖老人:《西湖老人繁胜录》“诸行市”,《东京梦华录（外四种）》，第125—126页。

[4] 《石林燕语》卷8，第116页。

也往往因不计工本，品质通常都属上乘。[1]

与社会联系最密切、广泛的还是当地的民营手工业，比之于北宋开封，同样更为昌盛。从《梦粱录》《武林旧事》等史籍中，就不难发现临安手工业的发达程度，但凡与衣食住行有关的需要，以及更高层面的文化、信仰、消遣和奢侈享乐领域的需求，作坊与工匠都设法满足。按照“京都有四百十四行”的说法，手工业应有一二百个行业，以行会划分被称为“作”或“行”。代表性的有油作、木作、泥水作、砖瓦作、石作、漆作、裁缝作、腰带作、篦刀作、竹作、修香浇烛作、裱褙作、碾玉作、金银作、打纸作、钻卷作、裹贴作、铺翠作、装銮作、钉铰作、箍桶作以及冥器作等。而钻珠子者“名曰散儿行”，做靴鞋者名“双线行”，诸如此类，不一而足。[2]从运营方式上看，除了专门的生产作坊外，一般的作坊常常也是前店后厂，既生产又销售，兼具工商双重身份。

若对临安手工业的特点加以概括，大致可总结为：从业人员庞大，产品种类繁多，分工更细，技术进步，紧贴市场，经营灵活。如丝织品是深受市场欢迎的商品，也是当地的著名特产，分为绫、罗、锦、纱、绢、绸、剋丝、鹿胎及纻丝等品种。[3]因特色各异，其种类还可进一步细分，如罗有结罗、博生罗、暗花罗、金蝉罗等。[4]其中的剋丝，是一种高档奢侈丝织品，工艺极为繁复，称得上精美绝伦。在杭州城内外，私营丝织作坊众多，聚集了大批工匠学徒，尤以北桥、菜市桥、忠清巷一带最为集中，产品行销海内外。杭州的文具制作由来已久，笔墨纸砚都极富盛名。纸张中，有名的如蠲纸，上至帝王下到士人，无不喜

[1] 有关南宋临安手工业表现，可参见徐吉军：《南宋临安工商业》，人民出版社2009年版。

[2] 《梦粱录》卷13《团行》，第239页。

[3] 《梦粱录》卷18《物产》，第282页。

[4] 《咸淳临安志》卷58《丝之品》，《宋元方志丛刊》，第3971页。

好。油纸、赤亭纸、谢公纸等，也相当有名。纸制品除用于书写、印刷外，也有广泛的生活用途，如窗纸、墙纸、纸灯、油伞、纸扇、纸衣、纸帐、冥币、风筝、玩具等，专业店铺繁多，还销往外地。市西坊南的舒家纸扎铺、徐家纸扎铺，李博士桥的汪家金纸铺等便是有名的制纸商铺。杭州城的制墨商铺，既有面对大众市场者，也有专供宫廷和士大夫者，还出现了许多制墨名家，如戴彦衡、叶世英、叶邦宪、徐知常、华邦宪等。出于名匠之手的产品，受到官宦、士人的追捧，可谓一墨难求。南宋年间，临安还延续了制笔的盛名，除寻常的笔工与作坊外，高手名店也不少见。如陆游笔下的南宋初年名匠屠希，技艺精湛，其所制之笔书写万字也不会坏，一支可卖千钱，“自天子、公卿、朝士、四方士大夫，皆贵（屠）希笔”。临安城内的文具店不少，店名往往很雅，像橘园亭文籍书房，还有专门的绘画颜料店，如戚百乙郎颜色铺。南方暑天炎热，扇子是人们必用之物，城内左三厢内便有闻扇子巷，应是闻氏制扇作坊所在及扇子店集中之地。另外，记载有名的字号还有中瓦子前的徐茂之家扇子铺、官巷内的周家折扇铺、陈家画团扇铺、炭桥河下的青篦扇子铺等。[1]

临安的达官贵人、富商及有钱人不少，私营作坊自然就乐于生产高档商品，诸如丝绸、金银器、髹漆器以及首饰、化妆品之类，以获取更高的收益。如官巷一带的花作，即首饰、奢侈品加工业，制作的七宝珠翠、首饰花朵、销金衣裙、描画领抹、冠梳及锦绣罗帛，极为精致，“前所罕有者悉皆有之”。[2]专营丝质面料鞋靴的，就有季家云梯丝鞋铺、李家丝鞋铺等铺面。富家女讲究妆扮，涂脂抹粉，遂有专业产品供应，如城内修义坊北的张古

[1] 《梦粱录》卷7《禁城九厢坊巷》，第190页；卷13《铺席》，第240—241页。

[2] 《梦粱录》卷13《团行》，第239页。

老胭脂铺、官巷北的染红王家胭脂铺之类。然而面对庞大的普通百姓的日常消费需求，大多数作坊还要走大众化路线，大到铁器、家具，小到针头线脑，都有生产加工。诸如市西坊北的张家铁器铺、水巷桥河下的针铺、水巷口的徐家绒线铺，当然还有众多的食品加工铺，都紧贴民生。疾病不分贵贱，人所难免，于是加工并出售药材的药铺遍及城内外。既有众多普通的生药铺、熟药铺，还有专科药铺，如针对眼疾的外沙皮巷口的双葫芦眼药铺、专对产妇的郭医产药铺等。为表示诚信，店铺招牌上就公开标榜，如修义坊内的三不欺药铺。尤为令人惊讶的是，临安城内竟有多家牙刷铺，如狮子巷口的凌家刷牙铺、金子巷口的傅官人刷牙铺、官巷内的飞家牙梳铺等，反映出八九百年前的中国，民众中已经有刷牙的卫生习惯。[1]

4. 武林城的服务及娱乐业

在150余年间，偌大一座临安城，生活着百余万人，官宦、富商、小民以及外来流动人口每日出没，消费需求不仅量大，而且类型繁多，服务业因此极其发达，尤以餐饮业之盛最为典型。城内外的各色点心店、果子铺、凉水（饮料）店、食店（饭馆）、大小酒肆、茶楼，比比皆是。点心店出售糕、饼、酥、元子、粽子、麻团、糍团、馒头、包子、油炸及千层儿之类，有荤有素，甜咸皆备，每类品种数十上百。如仅见诸记载的素点心店就售卖有26种食品，粉食店卖有15种，蒸作食店卖有52种。著名店家有市西坊的朱家馒头铺、南瓦子前的张家元子铺、朝天门里的朱家元子糖糕铺等。果子铺既有各种时令鲜果，也有各种腌制果脯，如蜜煎（蜜饯）有蜜金橘、蜜木瓜、蜜金桃、蜜李子、

---

[1] 《梦粱录》卷13《铺席》，第240—241页。

蜜橄榄等10多种，有名的店家有五间楼前的周五郎蜜煎铺、大瓦子的水果子、中瓦子前的钱家干果脯铺等。饮料店被称为“凉水店”，有甘豆汤、卤梅水、木瓜汁、荔枝膏、紫苏饮、梅花酒、绿豆水、姜蜜水等20多种饮品。至于遍布城内外的饭馆不计其数，包括分茶店、羊饭店、川饭店、南食店、面食店、素食店、菜羹店、䭔鲊店等类型，南北风味，大餐小吃，应有尽有。还有从汴京迁来的老店，如鱼羹宋五嫂、羊肉李七儿、奶房王家、血肚羹宋小巴等，[1]令多少南迁遗民回味无穷。据当时人说，早年北宋开封城开南食、川味饭店，是满足南方人的饮食习惯，到南渡时间久了，南北交融，“饮食混淆，无南北之分矣”。[2]

临安城的酒肆，大多延续了故都开封的模式，发达热闹的程度有过之而无不及。当时的酒家有官营、私营之分，其中官营酒楼往往规模壮观，著名的有和乐楼、和丰楼、中和楼、春风楼、太和楼、西楼、太平楼与丰乐楼等诸家，顾客以有头有脸的官宦士人为主。这些酒楼各自都拥有千两金银酒器，并有陪客的官妓数十人，但管理不善，不过是“聊以粉饰太平耳”。[3]私家大酒楼却是生意火爆，场面气派讲究，是有钱人的最爱。如城内中瓦子前武林园的三元楼，装饰沿袭汴京风格，在彩绘大门前设置红绿叉子，悬挂绯绿色帘子，庭院内栽种花木，高悬红纱灯笼。从大门到主廊，有一二十步之遥，两侧廊内是许多饮酒用餐的阁间，宋人用“酒座潇洒”一语来加以形容。夜晚是酒楼最热闹的时候，灯火辉煌，酒徒食客涌动，主廊屋檐下总聚集着数十位浓妆艳抹的妓女，“以待酒客呼唤”，南宋人还模仿《东京梦华

[1] 《都城纪胜》“食店”，第93—94页；《西湖老人繁胜录》“食店”，第115—116页；《梦粱录》卷16《分茶酒店》《面食店》《荤素从食店》，第264—269页；《武林旧事》卷6《市食》《果子》《䭔鲊》《凉水》《糕》《蒸作从食》，第445—449页。并参见《南宋临安工商业》。

[2] 《梦粱录》卷16《面食店》，第267页。

[3] 《武林旧事》卷6《酒楼》，第441页。

录》笔法，也称其“望之宛如神仙”。这家酒楼名气极大，在融合坊还开有嘉庆楼、聚景楼等分店。著名的酒楼还有熙春楼、花月楼、风月楼、赏新楼、日新楼等，经营方式与三元楼相似，都有妓女陪酒，“以待风流才子买笑追欢耳”。客人可随意索要酒菜，店家也备有食牌（菜单），以方便挑选。从昔日汴京迁来的杨楼、八仙楼等几家著名酒楼，生意依旧红火，其场面被用“富贵”二字形容，大约是店堂奢华讲究。本地出身的大酒楼同样追求排场，酒具竟全用银器，以显示档次。临安更多的还是中小酒店沽肆，如肥羊酒店、包子酒店，主打羊肉、各色包子，品种繁多，以供下酒。另有小酒店卖血脏（下水）、豆腐羹、螺蛳及蛤蜊之类，是“小辈”去的地方。这里所说的“小辈”，大约属于低收入的年轻人。

不过，商家良莠不齐，一些酒肆也存在店大欺客、故意宰客之类的不良现象。有人若买酒不多，就会被打发在楼下散坐，人称“门床马道”；有从外乡来的士人，不懂规矩，花了钱还遭到酒家哂笑。最下等的做法，是让妓女哄骗食客专点高价的酒菜，大发不义之财，只有经多见广者才不会上当。与旧日开封城相同的是，许多人混迹于临安酒肆酒楼谋生，有斟酒的量酒博士；有被称为“大伯”的跑堂小儿；有所谓的“闲汉”，专盯富家子弟，替他们买物、招妓；有人称“厮波”的人，或为食客斟酒换汤，或“歌唱献果”，或点燃“香药”；有贫贱女子不叫自到，上前侍奉，讨取些许赏钱，人称“打酒座”；还有卖果子、食药、香药者，“不问要与不要，散与坐客”，其手法被称为“撒暂”。[1]

适应杭州市场的旺盛需求，各种名酒迭出，仅见诸《武林旧事》记载的就有60多种，如本地出产的蔷薇露、流香、思堂春、

[1] 《梦粱录》卷16《酒肆》《分茶酒店》，第263—264页。

凤泉、真珠泉等，扬州的琼花露，苏州的双瑞，越州的蓬莱春，镇江的浮玉春，常州的金斗泉与建康的银光等。[1]

宋人饮茶积习已久，茶馆在城市中很常见。临安的茶馆，往往因袭老开封的风尚，四季插花，摆设奇松异柏盆景，挂名人字画，“所以勾引观者，留连食客”。茶馆也售卖多种饮品，如冬月里有盐豉汤，暑天有雪泡梅花酒、缩脾饮暑药之类。为了招揽生意，茶馆还“敲打响盏歌卖”。当时的茶馆，往往是聚会的地方。据记载，茶楼里常有富室子弟、结束公干的吏人聚会，喝茶之余，有的还学习演练乐器。时空穿越，古今倒是丝竹常与茶楼相伴。还是当时人看透玄机，指出：“人情茶肆，本非以点茶汤为业，但将此为由，多觅茶金耳。”也就是说，店主提供切磋演奏乐器技艺的场地，是为了赚取更多的茶水钱。还有一些行会里管事的人，常常在茶馆聚首议事，这被称为“市头”。文人士大夫同样喜欢在茶肆约会朋友，谈天说地，他们常去黄尖嘴蹴球茶坊、一窟鬼茶坊、大街车儿茶肆、蒋检阅茶肆这几家。此外，有的茶楼兼营妓院，名曰“花茶坊”，最出名的有5家：潘节干、俞七郎茶坊、朱骷髅茶坊、郭四郎茶坊、张七相干茶坊。它们因属嫖娼之地，难免经常发生吵闹，故被评为“非君子驻足之地”。至于提着茶瓶沿街叫卖的小贩就更多，还有许多寺庙、道观则先派人给各家送去茶水，随后再登门化缘，也算是一种以茶结缘的巧妙方式。[2]

说起来，临安城的酒楼、茶肆是最有故事的地方，文人雅士交游，豪门贵戚聚会，行会头面理论，抑或是沦落失意之人，都愿在酒席茶桌上尽兴、排解。于是乎，酒徒推杯换盏，茶客浅酌香茗，或悲喜交加，或演绎佳话，放荡形骸者有之，打情骂俏者

---

[1] 《武林旧事》卷6《诸色酒名》，第449—450页。

[2] 《梦粱录》卷16《茶肆》，第262页。

有之，一掷千金者亦有之。而在酒博士、茶博士忙碌穿梭的身影之间，亦有各色风尘女子、帮闲者出没，他们察言观色，卖力表现，无非以此讨取生活。杯盏之间，映射出人间百态。

当年的临安，服务业已拓展到更广泛的领域，吃喝之外，抬轿子、赶车、送货以及各种修补行当，一应俱全。如北宋神宗时，日本僧人成寻在杭州出行，就记录过乘坐轿子的感受。[1]若遇到人家红白喜事，有专门提供餐饮服务的茶酒厨子，并出租各种用品。城内还开设有专门的澡堂，这一行名字起得有意思，叫“香水行”。[2]平民之家因无便厕，都用马桶，每日自有“出粪人”收走粪便。粪便属于肥料，收粪者都划定了各自的地盘，所谓“各有主顾，不敢侵夺。或有侵夺，粪主必与之争”。每遇新春，官府还会雇用大批人力疏通渠道，清理道路污泥，用船只搬运出城。[3]

宋代杭州娱乐业之发达，早已超过往昔。据记载，临安城内外演艺场所众多，城中积善坊别称“上百戏巷”，秀义坊别称“下百戏巷”，[4]应是最为密集的地方。有名的瓦子勾栏有20多处，其中最大的是北瓦子，内设13座勾栏，可容纳上千名观众。在瓦子勾栏里，艺人表演杂剧、说书、唱腔、乐曲、杂技、木偶傀儡、相扑、武术、影戏、猜谜、说诨话、装神弄鬼等，门类繁多，留名史册的知名艺人远远超过故都汴京。当年有位说书艺人，一直在北瓦子的勾栏表演，“一世只在北瓦，占一座勾栏说话，不曾去别瓦作场，人叫做小张四郎”。[5]至于观众，各个阶层都有，广大市民因文化水平有限，对吟诵诗赋一类理解

[1] 《参天台五台山记》，第196页。

[2] 《武林旧事》卷6《赁物》，第443页；《梦粱录》卷13《团行》，第239页。

[3] 《梦粱录》卷13《诸色杂货》，第245页。

[4] 《梦粱录》卷7《禁城九厢坊巷》，第190页。

[5] 《西湖老人繁胜录》“瓦市”，第123—125页。

［宋］李嵩 《骷髅幻戏图》（绢本） 故宫博物院藏

力不足，还是更喜欢热闹直白的下里巴人式的表演，这正是宋代城市娱乐文化发达的根基。

说起来，常人来瓦子勾栏也就娱乐轻松一下，士大夫亦在此流连取乐，[1]而富家子弟往往沉溺不可自拔，花钱不菲。至于技艺次等的下层艺人，被称为“路歧”，因无力进入瓦子勾栏，只能在街头卖艺，人称“打野呵”，围观者也多是平民百姓。在正统观念看来，这些活动终究都非正业，年轻人迷恋于此，只能是游手好闲、浪费光阴。有人便不满地说，昔日京城开封的瓦子勾栏，乃士庶“放荡不羁之所”，“亦为子弟流连破坏之门”，“今贵家子弟郎君因此荡游，破坏尤甚于汴都也”。[2]其实，最放荡的地方乃是妓院，在城内外四处可见的娼馆中，等级高下有别，往往打出“歌馆”的招牌，“莫不靓妆迎门，争妍卖笑，朝歌暮弦，摇荡心目”。嫖客拈花惹草，朝秦暮楚，千金耗尽。娼妓卖笑献媚，无非图的是一个钱字，其中“色艺冠一时”的名妓，甚至生活“华侈”。[3]而一般的下等妓女，境况凄惨就毋须多言。

5. 杭城的风情与民俗

杭州湖光山色秀丽，名胜古迹众多，故士庶游览之风颇盛。唐朝时，白居易做过这里的长官，游赏之余，不仅题写了许多诗文，还疏浚了城内六井和城西的西湖，也给游人留下了逸闻故事。五代吴越在此定都，有关钱王的传闻就更多。两宋时期，不少著名文臣在此供职，交游雅士、僧道，观潮览山，荡舟西湖，

---

[1] 《贵耳集》卷下，第351页。

[2] 《梦粱录》卷19《瓦舍》，第298页；《武林旧事》卷6《瓦子勾栏》，第440—441页。

[3] 《武林旧事》卷6《歌馆》，第443页。

频传佳话。其中苏轼两任杭州知州，多有善政，特别是对淤积的西湖大加治理，造福一方。闲暇之际，浪漫的苏东坡遍游当地名胜，还与友人写下了很多传世名篇。到了南宋，君王驻跸于此，带头游山逛水，公卿大臣陪伴追随，尤其是喜欢在西湖上大发游兴，龙舟画舫相望，彩旗歌舞四起，笙箫歌声不绝。受此带动影响，民间游玩之风更甚。西湖天下美景，四季皆宜，“杭人亦无时而不游，而春游特盛焉”。[1]

在临安，由于有不同阶层人居住，一些人因兴趣相投，喜好聚集，于是结社盛行。如文人有“西湖诗社”，定期聚会，“寄兴适情赋咏”；习武者有“射弓踏弩社”，只有“能攀弓射弩，武艺精熟”的人，才有资格加入；又有喜好蹴鞠（踢球）、打球、射水弩者组织的社团，属于“富室郎君、风流子弟”与闲人所热衷；还有富家组织的道教、佛教诵经会，行会供奉祖师的同业会社，四川籍贯仕宦联谊的同乡会，各种民间祭拜组织以及奇巧饮食社、穷富赌钱社、清乐社、女童清音社等社团。[2]其中上层组织的诸多聚会，竞相攀比，力求富贵排场，如富家女子相聚诵经，却“俱带（戴）珠翠珍宝首饰赴会”，被视为“斗宝会”，[3]“然皆浮靡无用之物，不过资一玩耳”。[4]当年，临安民间消遣娱乐的方面还有很多，如纨绔子弟喜好架鹰走狗，而斗蟋蟀则在百姓中广受欢迎。据记载，一只斗赢两三回的蟋蟀，就可卖一两贯钱，若个头大而善斗，便能值一两白银，故当地乡民争相捕捉售卖，城中官巷南北天天都有几十伙同时开斗，“每日如此，九月尽，天寒方休”。[5]到南宋末年，权臣贾似道酷爱此道，

---

[1] 《武林旧事》卷3《西湖游幸》，第375—377页。

[2] 《梦粱录》卷19《社会》，第299—300页；《都城纪胜》“社会”，第98页。

[3] 《梦粱录》卷19《社会》，第300页。

[4] 《武林旧事》卷2《元夕》，第369—370页；卷3《社会》，第377页。

[5] 《西湖老人繁胜录》“促织盛出”，第120页。

竟常为此置朝政于不顾，还留下了《蟋蟀经》一部。

临安作为京城，聚集了天下的好处，故人人向往。官宦、士人、商贾不必提，下层百姓为了生计亦涌入这座都市，或出卖苦力，或沿街叫卖，最不济的还可乞讨度日。与此同时，还麕居着其他寄生的人群，包括破落的大户子弟、闲人以及妓女之流，混迹市井为生。人烟稠密之下，也不免出现一些不法之徒，所谓“浩穰之区，人物盛夥，游手奸黠，实繁有徒”。被称之为“游手”的闲汉，常常设骗局谋财。如美人局，以娼妓冒充自家的姬妾，勾引青少年上当，然后敲诈钱财；柜坊赌局，是合谋设赌局骗钱；水功德局最令人惊叹，若有人想求官、升迁，或者在打官司、买卖交易中占便宜，游手闲汉就“假借声势”，打着疏通关系的旗号，骗取钱物。诸如此类，不一而足。又有在买卖时以假乱真，如用铜铅冒充金银、以土木伪装香药之类手法，“变换如神，谓之‘白日贼’”。还有一些泼皮无赖，绰号“拦街虎”“九条龙”之类，干脆就公然抢占，“尤为市井之害”。[1]小说《水浒传》中描写的东京破落户泼皮牛二与杨志的冲突、独霸鱼市买卖的鱼牙主人张顺，看来并非无据可依。

以临安为中心的两浙地区的民风，用宋人的说法是“人性柔慧，尚浮屠之教。俗奢靡而无积聚，厚于滋味。善进取，急图利，而奇技之巧出焉”。[2]无非是说热衷经商务工，心灵手巧，喜好享乐，又崇尚佛教。其实，司马迁早已总结过：“夫用贫求富，农不如工，工不如商，刺绣文不如倚市门。”[3]这反映了一种既经典又传统的认识：农民辛劳一年，才有些收成，工匠制作器物，费时远少于种田，赚钱却要多些，唯有商人获利最快也

---

［1］《武林旧事》卷6《游手》，第444页。

［2］《宋史》卷88《地理志》，第2177页；周淙：《乾道临安志》卷2《风俗》，《南宋临安两志》，第18页。

［3］《史记》卷129《货殖列传》，第3274页。

最多。然而，在落后封闭的自然经济条件下，市场发育程度低下，工商服务业难以兴旺，从业者也无法生存壮大。杭城民风的特点，正与当地发达的市场经济紧密相关。人的天性本就有吃喝玩乐的欲望，一旦富裕便会得到释放。至于“尚浮屠之教”，大概也与物质条件优越存在一定的关联。北宋时，日本和尚成寻抵达本地，就提到当时的民谣：“杭州有三百六十寺，苏州有三百六十石桥。”[1]

从北宋杭州到南宋临安的历程中，这座城市的规模不断膨胀，南宋时期人口达100多万。于是，粮食、副食品、住房、交通、市场、供水、卫生、治安、消防等方面，都成为十分巨大而复杂的工程，无不需要加以解决。单就粮食消费而言，数量就极为浩大。工商服务业产生的货物流通量也非小数，这都需要有发达的交通运输保障才能维持，运河因此发挥了不可替代的关键作用。据记载，临安城需要的米粮，宫廷、达官贵人不用发愁，但普通官员家庭、富室、服役的各种吏人，加上外来人员与“细民所食”，每日不下一两千石，也就是大概20多万斤，则皆依赖民间米铺供应。这些米铺又要依靠苏州、湖州、常州、秀州以及两淮、广南等地的粮商提供，就此形成一整套供应链。其中大多数外地的米粮都从运河船运到城北，故北关外的湖州市的米市桥、黑桥一带，俱是米行，即批发粮商，还有许多小牙子（经纪人）从中牵线搭桥，再分销到城内外的大小米铺。如此一来，舟船不可或缺，当时人称：“杭城常愿米船纷纷而来，早夜不绝可也。”[2]宋人还指出：“行都左江右湖，河运通流，舟船最便。”[3]

---

［1］《参天台五台山记》，第194页。

［2］《梦粱录》卷16《米铺》，第269页。

［3］《都城纪胜》“舟”，第99页。

彼时，杭城所需百货多由水路输送，如柴炭、木料、柑橘、“干湿果子”等物，多产于严州（今浙江省建德市）、婺州（今浙江省金华市）、衢州（今浙江省衢州市）、徽州（今安徽省歙县）等地；明州、越州、温州、台州（今浙江省临海市）出产的“海鲜、鱼蟹、鲞腊等货”，皆通过船运抵达。[1]临安城还有“四门谣”，即“东门菜，西门水，南门柴，北门米”。[2]其中所说的“北门米”，已见上述米粮汇集于城北的情形，最终从北门输入城区；“南门柴”，说的是在城市西南富阳至严州一带山区采伐木材，然后放排水运到城南晒干，再作为劈柴从南门运进城里；“东门菜”，讲的是城东外面遍布菜田，出产的蔬菜从东门入城；而“西门水”，则指的是西边的西湖盛景，以及西湖为城市提供的水源。这段流传至今的南宋民谣，反映了当年这座盛极一时的城市对周边的依赖，而汩汩流淌的运河则扮演了大动脉的角色。

[1] 《梦粱录》卷12《江海船舰》，第236页。

[2] 周必大：《二老堂杂志》卷4《临安四门所出》，《全宋笔记》，大象出版社2012年版，第362页。

五　市场之手

从当年运河沿岸的都市一路看过之后，自然会感受到宋代城市的繁盛，也不由得惊叹千百年前街市中飘散的浓郁商业气息。的确，这许多景象前所未有，昭示中国历史已经走出中古时代。

当壁垒森严的城市结构消解后，宋代工商服务业快速扩张，商号作坊遍布，营业时间不受约束，消遣娱乐行业更令人眼花缭乱，而官方竟与之相安无事，甚至为之修订保护规章。从传统而又正统的观念来看，士农工商的排序与重本抑末的政策显然已在都市中遭到“铜臭”的侵蚀，士庶唯利是图、市井间伤风败俗的情形，已然司空见惯，官府亦随波逐流。其实，这正折射出城市中释放了更多的人性。外国学者因此认为宋朝步入近世社会，在社会与经济关系上都发生重大变化。[1]这一切，既与宋朝文治路线下的实用主义政策有关，也与无形的市场之手的推动密不可分。

第一，发达的运河交通运输网为两宋国都与辐射区域的城市发展，提供了强有力的保障，人员、商品流通量得以不断扩大，城市的规模随之扩张，呈现前所未有的昌盛之势。当城市空间难以容纳之时，人口与市场还向城外蔓延，形成附郭市镇，这就是所谓的“溢出去的城市”。宋代京城不说，两宋苏州、建康、常

---

［1］　日本学者内藤湖南、宫崎市定等人提出了这一观点，并产生很大的学术影响。参见李华瑞：《“唐宋变革”论的由来与发展》，天津古籍出版社2010年版，第11—17页。

州、湖州、秀州、越州及明州等城市，表现都颇为典型。西方学者也认为："中国首次出现了主要以商业，而不是以行政为中心的大城市。"[1]这又进一步带动周边区域的发展，形成众多的市镇，仅宋神宗时两浙路就有市镇400多个。特别是到南宋时期，市镇数量大幅增加，诸如江南的南浔镇、青龙镇、乌青镇、新市镇、清江镇、半山桥市、丁桥市等众多市镇，人烟稠密，商业呈现一派繁荣景象，并成为官府征收商税的重要对象，[2]其经济实力已超过了内地的一些县城。

第二，宋代城市人口的膨胀产生巨大的消费需求，从而造就庞大的市场。宋代都城人口达到一百几十万，其他航运口岸都市的人口也动辄10万以上，这些消费市场的存在，无疑拉动和刺激了商品经济的发展。许多地区的农副业受此驱动，逐渐从自然经济向市场经济转化，如粮食、果蔬、肉禽以及花木之类产品趋于商品化，源源不断供应城市。宋元之际的人方回依据亲眼所见记载，在嘉兴府乡村，佃户携带一斗或几升米到市镇交易，然后换购香烛、油盐佐料及药饵之类。因此，粮商每天可有几十石米入市，积累到100石时，再用船运至杭州、秀州、苏州等城市出卖。[3]连农村底层都卷入市场，其他层面可想而知。手工业也同样如此，在受到城市消费市场的引导后，走上更快的发展之路。临安城的"四门谣"所反映的便是突出的例证。

第三，两宋城市居民的多样性需求，尤其是富裕阶层在衣食住行以及消遣上的更高要求，带动了更多的产业出现。不仅商品种类日益丰富，各种服务行业以及娱乐消遣业也因此兴旺，反过

[1]　[美]斯塔夫里阿诺斯著，吴象婴、梁赤民译：《全球通史——1500年以前的世界》，上海社会科学院出版社1999年版，第438页。

[2]　《南宋城镇史》，第99—108页。

[3]　方回：《续古今考》卷18《附论班固计井田百亩岁入岁出》，影印文渊阁《四库全书》本，第853册，第368页。

来又对市场繁荣作出贡献。如前述大都市中，不仅有各类商铺销售日用百货、文化娱乐用品、奢侈品以及海外的珍奇异宝，还有各种服务业的店铺、娱乐业的瓦舍勾栏乃至于妓院歌馆之类存在，其中餐饮业之盛又最为典型。

第四，宋代城市的发展，为大量的人口提供了从业机会。工商业需要雇用大量人员自不用说，服务业、娱乐消遣业也吸纳了众多就业者。如餐饮业除了店主外，必须有掌勺的、烧火的、跑堂的、端茶斟酒的、洗餐具的人，大酒楼中还寄生着许多帮闲、卖艺者；旅舍及澡堂之类服务行业，其情形与酒肆茶楼相类。市场交易中，涌现出许多被称为“牙人”或“牙侩”的经纪人；瓦舍勾栏中则既有表演的艺人，也有许多服务人员。至于赶车、抬轿、撑船、挑水、搬运、送柴以及其他各种卖苦力的下层劳动者，还有沿街叫卖的众多小贩，更是数不胜数。史籍记载，东京开封、行在临安，大户人家如有所需，遂有各种人为之服务，[1]众多职业“小经纪”的存在，同样效力于居民的生活。[2]其实，这些现象在其他都市中亦不同程度地存在。此外，偌大的城市还催生出形形色色的谋生者、寄生者，有街头卖艺的、占卜卖卦的，有游方僧道，还有落魄流寓的、乞讨要饭的，当然也少不了妓女、“游手”闲汉。正是芸芸众生聚集，有钱人花钱，没钱人出力，奸徒行骗，娼妓卖笑，滚滚红尘，鱼龙混杂。如此场面的背后，实乃受到一只无形的市场之手的牵动。

第五，宋代城市深受市场牵动，京城中的帝王将相也遭遇商业气息的浸淫熏染，虽然依旧视传统农业为立国之本，却不能不对市场经济刮目相看，甚至在统治方式上不免受到一定的影

[1] 《东京梦华录》卷3《雇觅人力》《诸色杂卖》，第115、119页；《梦粱录》卷13《诸色杂货》、卷19《雇觅人力》，第244—245、301—302页。

[2] 《武林旧事》卷6《小经纪》，第450—453页。

响。宋王朝赖以存在的物质基础是赋税，工商业有巨大的产值收入，自然成为其征税的重要对象。总体而言，两宋时期，商税与专卖收入不断上升，在国家财政收入中的比重已超过了农业的田赋（两税）。其中全国城镇的商税收入逐年提高，宋太宗至道年间（995—997年），全国一年商税收入400万贯，宋真宗天禧（1017—1021年）末，已增加到一年1 204万贯。宋仁宗朝，一度为筹措对西夏用兵的军费大幅提高商税征收，于是在皇祐（1049—1054年）初，商税达到全年2 200万贯。以后，数额虽有所下降，如宋英宗治平（1064—1067年）中为846万多贯，但仍远远超过北宋前期。再从具体城市来看，如杭州的商税收入，熙宁十年（1077年）以前为每年120 303贯，熙宁十年增至183 824贯，到南宋升格为行在临安后，商税收入先增加到每年42万贯，后减为33万贯；建康府的商税收入，熙宁十年前为27 062贯，熙宁十年增至57 242贯，南宋时剧增到46万贯；越州（绍兴府）的商税，熙宁十年前为27 577贯，熙宁十年升至66 007贯，南宋时仍保持在62 256贯。另外，在有记录的北宋财政货币总收入中，商税也占有重要的比例，一般接近20%，最高时超过半数。[1]事实上，官方对城镇征收的税并不仅限于商税，还包括茶、盐、酒等专卖税，以及房产税等方面，其数额甚至高于商税的量级，而这些又同样属于商品性质的收入。

在巨大的市场收益面前，宋朝当政集团当然不会视而不见，不仅在常态下以各种税的名目加以征收，当财政收入紧缺之时甚至近乎横征暴敛。与此同时，官方也直接参与其间，投身经营牟利。最典型的便是开设官营酒坊、酒楼，与私营业主一样招揽生意，赚取利润。王安石变法中推行的市易法，即在京师与各地大中城市设置市易务及官职，由官员直接经营商业贸易。还值得一

[1] 有关数据参见《宋代经济史》（下），第988—990页。

提的是，北宋原本沿袭前代习惯，京城宫廷、官府所需货物，照例摊派给工商业行会，称为“科配”，贪官污吏往往借机勒索，遂成为行户一大负担。宋神宗朝，改革变法打动了开封的工商业者，以徐中正为首的肉行业者首先向朝廷请求缴纳“免行钱”，以取代摊派。宋廷接受了申请，随后下令对所有行会停止科配，一律按照行户收入多寡征缴免行钱。[1]这一政令的实行，对工商业者而言固然有“赎买”自由的意味，官方也有利可图，显然含有顺应市场规律的进步意义，反映宋统治者具有强烈的实用主义意识，愿意用理性的经济方式取代强硬的政治手段。其实，宋朝在很多领域都有类似的做法，与前代诸如汉武帝直接剥夺商人财富的方式相比已发生不小的变化。

第六，宋代城市与市场经济的快速发展，还深刻影响到城镇居民的观念意识与风尚民情，并进而流播到更多地区。在两宋都市中，出门所见是街头巷尾的商家店铺，早晚所闻是各种喧嚣的叫卖声，居民每日的生活与消费都离不开市场，大小交易在所难免，金钱遂显示出无穷的力量与魅力，正如俗话所说，有钱能使鬼推磨,无钱寸步也难行。“钱足以使鬼神”[2]一类的认识遂日益流行，并对正统观念与传统道德产生剧烈冲击。南宋时，有富翁竟赤裸裸地表达道：“大凡致富之道，当先去其五贼，五贼不除，富不可致。”所谓“五贼”，即“世之所谓仁、义、礼、智、信是也”。[3]这当然是极端化的说辞，但一些士人在思想意识上已对谋财取利的行为予以理解，甚至南宋事功学派还对传统的义利观提出质疑。如著名学者官员叶适指出：“‘仁人正谊不谋利，明

[1] 《宋会要辑稿》食货38“和市”，第6832页；《续资治通鉴长编》卷244，熙宁六年四月庚辰，第5935页。

[2] 《春渚纪闻》卷2《二富室疏财》，第16页。

[3] 《桯史》卷2《富翁五贼》，第16—17页。

［宋］李嵩 《货郎图》 故宫博物院藏

道不计功’，此语初看极好，细看全疏阔。”[1]于是，官宦庶民中经商牟利者大有人在，底层百姓更须赚钱谋生。日复一日之下，民风势必深受商业气息熏染，以至“重农抑商”观念逐渐淡化，拜金主义盛行。

宋代官僚参与经商的情况相当常见。北宋中叶时有朝臣指出，往昔仕宦经商，还要避人耳目，但时下却风气大变，贩运营利的官员四处可见，甚至贩卖茶、盐、香药等专卖产品，“动以舟车懋迁往来，日取富足”。[2]就连军界将帅亦不甘落后，像节度使杨崇勋就曾役使军人打造木偶戏人，运往都城出售获利。[3]宋廷不得不多次下令禁止官员私自经商，即使在最混乱的宋徽宗朝，也下诏禁止在任官员私开作坊，“织造匹帛”。[4]南宋前期，还专对三省、枢密院吏人开设邸店、经营酒肆的活动一再查禁，之后又对士大夫在长途贩运中偷逃商税的行为予以限制。[5]然而，此类现象却是屡禁不止，并几近成风，而这正是市场利益驱动的结果。当年，城市里富裕阶层的人不少，生活讲究排场，像达官贵人、富家子弟往往炫耀富贵，一掷千金，导致奢靡之风不绝，以至平民亦跟风仿效。如苏州的民风就被认为“俗多奢少俭”；[6]两宋的杭州城，民风是“厚于滋味，急于进取，善于图利”。[7]南宋中叶以后，临安城还有一批年轻后生，戴奇巾，穿异服，“三五为群，斗美夸丽”，这些炫耀夸富的习气，令传统派人士深感不快。[8]其实，都市居民经多见广，也有豁达的一

[1] 叶适：《习学记言序目》卷23《汉书》三，中华书局1977年版，第324页。

[2] 《蔡襄集》卷22《国论要目二》“废贪赃”，第380页。

[3] 《宋史》卷290《杨崇勋传》，第9714页。

[4] 《宋会要辑稿》刑法2“禁约一”，第8315页。

[5] 《宋会要辑稿》刑法2“禁约四”“禁约三”，第8376、8365页。

[6] 《吴郡志》卷2《风俗》，第13页。

[7] 《乾道临安志》卷2《风俗》，第18页。

[8] 《梦粱录》卷18《民俗》，第281页。

面。如两宋京城人被评为生活讲究体面，但“人情高谊”，若遇到外乡人受欺凌，必出手相助，甚至不惧官衙；有新搬来的邻居，则问寒问暖，并指点买卖需注意的事项。[1]

在宋代城市中，文人雅士聚集，倡导读书求学之风，又喜于应酬唱和，善于棋琴书画，总能提升当地的文化层次。而瓦舍勾栏的昌盛，是市民追求娱乐消遣的产物，通俗易懂的说唱，直观而形象的表演，又演化出不同于士大夫的市民文化。这些风尚日益流行并传播到四方，已成为两宋文化多样性发展的重要标志，并绵延不绝地影响到后世。

法国著名汉学家谢和耐在《南宋社会生活史》的序言中指出，南宋灭亡之前，“在人民日常生活方面，艺术、娱乐、制度、工艺技术各方面，中国是当时世界上首屈一指的国家，其自豪足以认为世界其他各地皆为化外之邦”。又有人认为：“那个时候，世界上吃得最好的人是宋朝人。”[2]这些看法代表了国外学界的主流认识，其实也是宋朝都市生活的集中体现。

---

[1] 《东京梦华录》卷5《民俗》，第131页；《梦粱录》卷18《民俗》，第281页。

[2] 《世界历史中的中国》，第127页。

参考文献

一、古籍

司马迁.史记［M］.北京：中华书局，1975.
班固.汉书［M］.北京：中华书局，1995.
范晔.后汉书［M］.北京：中华书局，1995.
陈寿.三国志［M］.北京：中华书局，1982.
刘昫.旧唐书［M］.北京：中华书局，1975.
欧阳修，宋祁.新唐书［M］.北京：中华书局，1987.
薛居正.旧五代史［M］.北京：中华书局，1987.
欧阳修.新五代史［M］.北京：中华书局，2007.
脱脱.宋史［M］.北京：中华书局，1977.
脱脱.辽史［M］.北京：中华书局，1974.
司马光.资治通鉴［M］.北京：中华书局，1987.
钱若水.宋太宗实录［M］.兰州：甘肃人民出版社，2005.
李焘.续资治通鉴长编［M］.北京：中华书局，2004.
王称.东都事略［M］.济南：齐鲁书社，2000.
李心传.建炎以来系年要录［M］.北京：中华书局，2013.
杨仲良.皇宋通鉴长编纪事本末［M］.南京：江苏古籍出版社，1988.
陈均.皇朝编年纲目备要［M］.北京：中华书局，2006.
熊克.中兴小纪［M］.福州：福建人民出版社，1985.
佚名.中兴两朝圣政［M］.北京：北京图书馆出版社，2007.
刘时举.续宋中兴编年资治通鉴［M］.北京：中华书局，2014.
佚名.续编两朝纲目备要［M］.北京：中华书局，1995.
佚名.宋季三朝政要笺证［M］.王瑞来，笺证.北京：中华书局，2010.
管仲.管子校注［M］.黎翔凤，撰.梁运华，整理.北京：中华书局，2004.

孙武.孙子［M］//林伊夫，等.武经七书新译.济南：齐鲁书社，1999.
马端临.文献通考［M］.北京：中华书局，1986.
郑樵.通志二十略［M］.北京：中华书局，1995.
徐松.宋会要辑稿［M］.上海：上海古籍出版社，2014.
窦仪.宋刑统［M］.北京：中华书局，1984.
宋大诏令集［M］.北京：中华书局，1962.
赵汝愚.宋朝诸臣奏议［M］.上海：上海古籍出版社，1999.
江少虞.宋朝事实类苑［M］.上海：上海古籍出版社，1981.
佚名.宋史全文［M］.哈尔滨：黑龙江人民出版社，2005.
李心传.建炎以来朝野杂记［M］.北京：中华书局，2000.
吕祖谦.历代制度详说［M］.影印文渊阁《四库全书》本.台北：商务印书馆，1986.
陈傅良.历代兵制［M］//张海鹏.墨海金壶：第21册，史部.影印版.上海：上海博古斋，1921.
范祖禹.帝学［M］.影印文渊阁《四库全书》本.
曾巩.隆平集校证［M］.王瑞来，校证.北京：中华书局，2012.
方回.续古今考［M］.影印文渊阁《四库全书》本.
吕中.类编皇朝大事记讲义［M］.上海：上海人民出版社，2014.
杜大珪.名臣碑传琬琰之集［M］.影印文渊阁《四库全书》本.
徐梦莘.三朝北盟会编［M］.上海：上海古籍出版社，2008.
陈骙.南宋馆阁录［M］.北京：中华书局，1998.
欧阳忞.舆地广记［M］.成都：四川大学出版社，2003.
朱长文.吴郡图经续记［M］//宋元方志丛刊.北京：中华书局，1990.
范成大.吴郡志［M］.南京：江苏古籍出版社，1999.
周淙.乾道临安志［M］//南宋临安两志.杭州：浙江人民出版社，1983.
施谔.淳祐临安志［M］//南宋临安两志.杭州：浙江人民出版社，1983.
施宿.嘉泰会稽志［M］//宋元方志丛刊.北京：中华书局，1990.
张淏.宝庆会稽续志［M］//宋元方志丛刊.北京：中华书局，1990.
周应合.景定建康志［M］//宋元方志丛刊.北京：中华书局，1990.
潜说友.咸淳临安志［M］//宋元方志丛刊.北京：中华书局，1990.
陈耆卿.赤城志［M］//宋元方志丛刊.北京：中华书局，1990.

孟元老.东京梦华录注［M］.邓之诚，注.北京：中华书局，1982.
耐得翁.都城纪胜［M］//东京梦华录：外四种.上海：上海古典文学出版社，1956.
吴自牧.梦粱录［M］//东京梦华录：外四种.上海：上海古典文学出版社，1956.
西湖老人.西湖老人繁胜录［M］//东京梦华录：外四种.上海：上海古典文学出版社，1956.
周密.武林旧事［M］//东京梦华录：外四种.上海：上海古典文学出版社，1956.
李濂.汴京遗迹志［M］.北京：中华书局，1999.
田汝成.西湖游览志余［M］.上海：上海古籍出版社，1980.
姑苏志［M］//北京图书馆古籍珍本丛刊.北京：书目文献出版社，2000.
惟扬志［M］//天一阁藏明代方志选刊.上海：上海古籍书店，1963.
重修扬州府志［M］//中国地方志集成.南京：江苏古籍出版社，1991.
刘肃.大唐新语［M］.北京：中华书局，1984.
陶谷.清异录［M］//全宋笔记.郑州：大象出版社，2003.
王素.文正王公遗事［M］//全宋笔记.郑州：大象出版社，2003.
潘汝士.丁晋公谈录［M］//丁晋公谈录：外三种.杨倩描，徐立群，点校.北京：中华书局，2012.
夷门君玉.国老谈苑［M］//丁晋公谈录：外三种.杨倩描，徐立群，点校.北京：中华书局，2012.
孔平仲.孔氏谈苑［M］//丁晋公谈录：外三种.杨倩描，徐立群，点校.北京：中华书局，2012.
孙升.孙公谈圃［M］//丁晋公谈录：外三种.杨倩描，徐立群，点校.北京：中华书局，2012.
王曾.王文正笔录［M］.影印文渊阁《四库全书》本.
孙光宪.北梦琐言［M］.北京：中华书局，2002.
欧阳修.归田录［M］.北京：中华书局，1981.
田况.儒林公议［M］//全宋笔记.郑州：大象出版社，2003.
司马光.涑水记闻［M］.北京：中华书局，1989.
范镇.东斋记事［M］.北京：中华书局，1980.

沈括.梦溪笔谈［M］.长沙：岳麓书社，2002.
苏轼.东坡志林［M］.北京：中华书局，1981.
苏辙.龙川别志［M］.北京：中华书局，1982.
魏泰.东轩笔录［M］.北京：中华书局，1983.
文莹.玉壶清话［M］.北京：中华书局，1984.
文莹.湘山野录［M］.北京：中华书局，1984.
成寻.新校参天台五台山记［M］.王丽萍，校点.上海：上海古籍出版社，2009.
王栐.燕翼诒谋录［M］.北京：中华书局，1981.
吴处厚.青箱杂记［M］.北京：中华书局，1985.
王辟之.渑水燕谈录［M］.北京：中华书局，1981.
邵伯温.邵氏闻见录［M］.北京：中华书局，1983.
邵博.邵氏闻见后录［M］.北京：中华书局，1983.
蔡绦.铁围山丛谈［M］.北京：中华书局，1983.
朱长文.琴史［M］.北京：中华书局，2010.
李廌.师友谈记［M］//全宋笔记.郑州：大象出版社，2006.
钱世昭.钱氏私志［M］//全宋笔记.郑州：大象出版社，2006.
确庵，耐庵.靖康稗史笺证［M］.崔文印，笺证.北京：中华书局，2010.
王铚.默记［M］.北京：中华书局，1981.
叶梦得.石林燕语［M］.北京：中华书局，1984.
叶梦得.避暑录话［M］//全宋笔记.郑州：大象出版社，2006.
叶梦得.石林诗话校注［M］.逯铭昕，校注.北京：人民文学出版社，2011.
张世南.游宦纪闻［M］.北京：中华书局，1981.
方勺.泊宅编［M］.北京：中华书局，1983.
庄绰.鸡肋编［M］.北京：中华书局，1983.
何薳.春渚纪闻［M］.北京：中华书局，1983.
王明清.挥麈录［M］.上海：上海书店出版社，2001.
王巩.闻见近录［M］//全宋笔记.郑州：大象出版社，2006.
陈善.扪虱新话［M］//全宋笔记.郑州：大象出版社，2012.
张邦基.墨庄漫录［M］//墨庄漫录；过庭录；可书.北京：中华书局，2002.
张知甫.可书［M］//墨庄漫录；过庭录；可书.北京：中华书局，2002.

陈师道.后山谈丛［M］//后山谈丛；萍洲可谈.北京：中华书局，2007.
朱彧.萍洲可谈［M］//后山谈丛；萍洲可谈.北京：中华书局，2007.
罗璧.识遗［M］.影印文渊阁《四库全书》本.
龚明之.中吴纪闻［M］//全宋笔记.郑州：大象出版社，2008.
陆游.老学庵笔记［M］.北京：中华书局，1979.
陆游.避暑漫抄［M］//陆楫.古今说海.上海：上海文艺出版社，1989.
陆游.家世旧闻［M］.北京：中华书局，1993.
洪迈.容斋随笔［M］.北京：中华书局，2005.
洪迈.夷坚志［M］.北京：中华书局，1981.
程俱.麟台故事校证［M］.张富祥，校证.北京：中华书局，2000.
赵彦卫.云麓漫钞［M］//全宋笔记.郑州：大象出版社，2013.
朱弁.曲洧旧闻［M］.北京：中华书局，2002.
赵令畤.侯鲭录［M］//侯鲭录；墨客挥犀；续墨客挥犀.北京：中华书局，2002.
晁说之.晁氏客语［M］//全宋笔记.郑州：大象出版社，2003.
吴曾.能改斋漫录［M］.上海：上海古籍出版社，1984.
岳珂.桯史［M］.北京：中华书局，1981.
周必大.二老堂杂志［M］//全宋笔记.郑州：大象出版社，2012.
叶绍翁.四朝闻见录［M］.北京：中华书局，1989.
周辉.清波杂志校注［M］.刘永翔，校注.北京：中华书局，1994.
周辉.清波别志［M］//全宋笔记.郑州：大象出版社，2012.
袁文.瓮牖闲评［M］//全宋笔记.郑州：大象出版社，2008.
高晦叟.珍席放谈［M］//全宋笔记.郑州：大象出版社，2008.
周密.癸辛杂识［M］.北京：中华书局，1988.
周密.齐东野语［M］.北京：中华书局，1983.
张端义.贵耳集［M］//全宋笔记.郑州：大象出版社，2013.
罗大经.鹤林玉露［M］.北京：中华书局，1983.
施德操.北窗炙輠录［M］//全宋笔记.郑州：大象出版社，2008.
吕乔年.丽泽论说集录［M］.影印文渊阁《四库全书》本.
黎靖德.朱子语类［M］.北京：中华书局，2004.
马永卿.元城语录［M］.影印文渊阁《四库全书》本.

黄淮，杨士奇.历代名臣奏议［M］.上海：上海古籍出版社，1989.
徐应秋.玉芝堂谈荟［M］.影印文渊阁《四库全书》本.
褚人获.坚瓠集［M］.杭州：浙江人民出版社，1986.
王夫之.读通鉴论［M］.北京：中华书局，1975.
王夫之.宋论［M］.北京：中华书局，1964.
赵翼.廿二史札记［M］.北京：中华书局，1984.
李白.李白全集［M］.上海：上海古籍出版社，1996.
韩愈.韩昌黎文集校注［M］.马其昶，校注.上海：上海古籍出版社，1986.
白居易.白居易集［M］.北京：中华书局，1979.
夏竦.文庄集［M］//宋集珍本丛刊.北京：线装书局，2004.
范仲淹.范仲淹全集［M］.李勇先，王蓉贵，校点.成都：四川大学出版社，2002.
韩琦.安阳集编年笺注［M］.李之亮，徐正英，笺注.重庆：巴蜀书社，2000.
梅尧臣.宛陵集［M］.影印文渊阁《四库全书》本.
张方平.张方平集［M］.郑州：中州古籍出版社，2000.
欧阳修.欧阳修全集［M］.北京：中华书局，2001.
蔡襄.蔡襄集［M］.上海：上海古籍出版社，1996.
苏洵.嘉祐集笺注［M］.曾枣庄，金成礼，笺注.上海：上海古籍出版社，2001.
王安石.王文公文集［M］.上海：上海人民出版社，1974.
苏颂.苏魏公文集［M］.北京：中华书局，1988.
释契嵩.镡津集［M］.影印文渊阁《四库全书》本.
沈括.长兴集［M］.影印文渊阁《四库全书》本.
苏轼.苏轼文集［M］.北京：中华书局，1986.
苏轼.苏轼诗集［M］.北京：中华书局，1982.
苏辙.苏辙集［M］.北京：中华书局，1990.
范祖禹.范太史集［M］.影印文渊阁《四库全书》本.
李觏.李觏集［M］.北京：中华书局，1981.
郑獬.郧溪集［M］.影印文渊阁《四库全书》本.
晁说之.景迂生集［M］.影印文渊阁《四库全书》本.
刘宰.漫塘刘先生文集［M］//宋集珍本丛刊.北京：线装书局，2004.

李纲.李纲全集［M］.王瑞明，点校.长沙：岳麓书社，2004.
洪炎.西渡集［M］.影印文渊阁《四库全书》本.
周邦彦.清真集笺注［M］.罗忼烈，笺注.上海：上海古籍出版社，2008.
范浚.香溪集［M］//丛书集成初编.上海：商务印书馆，1935.
杨万里.杨万里集笺校［M］.辛更儒，笺校.北京：中华书局，2007.
朱熹.晦庵集［M］.影印文渊阁《四库全书》本.
姜夔.姜白石词校注［M］.夏承焘，校.吴无闻，注释.广州：广东人民出版社，1983.
陆游.陆游集［M］.北京：中华书局，1976.
程俱.北山小集［M］.四部丛刊续编本.
叶适.叶适集［M］.北京：中华书局，1983.
叶适.习学记言序目［M］.北京：中华书局，1977.
方回.桐江续集［M］.影印文渊阁《四库全书》本.
赵明诚.金石录校证［M］.金文明，校证.桂林：广西师范大学出版社，2005.
阮阅.诗话总龟［M］.北京：人民文学出版社，1987.
陈思，陈世隆.两宋名贤小集［M］.影印文渊阁《四库全书》本.
吕祖谦.宋文鉴［M］.北京：中华书局，1992.
洪遵.翰苑群书［M］.影印文渊阁《四库全书》本.
王应麟.玉海［M］.南京：江苏古籍出版社，1987.
章如愚.群书考索［M］.影印文渊阁《四库全书》本.
祝穆.古今事文类聚［M］.影印文渊阁《四库全书》本.
张思岩.词林纪事［M］.上海：古典文学出版社，1957.
彭定求，等.全唐诗［M］.北京：中华书局，1960.
厉鹗.宋诗纪事［M］.上海：上海古籍出版社，1983.
北京大学古文献研究所.全宋诗［M］.北京：北京大学出版社，1998.
《历代碑帖法书选》编辑组.真宋本淳化阁帖［M］.北京：文物出版社，2006.

二、今人论著

钱穆.中国历代政治得失［M］.北京：生活·读书·新知三联书店，2005.
葛剑雄，吴松弟.中国人口史：第3卷［M］.上海：复旦大学出版社，2000.

李开元.汉帝国的建立与刘邦集团：军功受益阶层研究［M］.北京：生活·读书·新知三联书店，2000.
张永禄.唐都长安［M］.西安：西北大学出版社，1987.
陈寅恪.邓广铭宋史职官志考证序［M］//金明馆丛稿二编.上海：上海古籍出版社，1980.
邓广铭.宋太祖太宗皇位授受问题辨析［M］//邓广铭治史丛稿.北京：北京大学出版社，1997.
邓广铭.谈谈有关宋史研究的几个问题［J］.社会科学战线，1986(2).
漆侠.宋代经济史［M］//漆侠全集.保定：河北大学出版社，2009.
漆侠.求实集［M］.天津：天津人民出版社，1982.
漆侠.王安石变法［M］.上海：上海人民出版社，1979.
季子涯（漆侠）.赵匡胤和赵宋专制主义中央集权制度的发展［J］.历史教学，1954(12).
漆侠.宋太宗第一次伐辽：高梁河之战［J］.河北大学学报（哲学社会科学版），1991(3).
漆侠.宋太宗雍熙北伐：宋辽战争研究之二［J］.河北学刊，1992(2).
漆侠.宋太宗与守内虚外［M］//宋史研究论丛：第3辑.保定：河北大学出版社，1999.
聂崇岐.论宋太祖收兵权［J］.燕京学报，1948(34).
傅乐焕.辽史丛考［M］.北京：中华书局，1984.
吴天墀.烛影斧声传疑［J］.史学季刊，1941，1(2).
王曾瑜.宋朝军制初探：增订本［M］.北京：中华书局，2011.
王曾瑜.荒淫无道宋高宗［M］.石家庄：河北人民出版社，1999.
汪圣铎.两宋财政史［M］.北京：中华书局，1995.
陈峰，等.宋代治国理念及其实践研究［M］.北京：人民出版社，2015.
陈峰.生逢宋代：北宋士林将坛说［M］.北京：生活·读书·新知三联书店，2013.
陈峰.北宋定都开封的背景及原因［J］.历史教学，1996(8).
陈峰.略论北宋的漕粮［J］.学术界，1997(1).
陈峰.简论宋明清时期漕运中私货贩运及贸易［J］.中国经济史研究，1996(1).

陈峰.宋代的军将和军大将［J］.文史知识，1996(8).
陈峰.宋太祖朝节度使类别及其转型述论［J］.河北大学学报（哲学社会科学版），2012(4).
陈峰.北宋皇室与“将门”通婚现象探析［J］.文史哲，2004(3).
陈峰.宋朝开国史与士人的记忆及改造：以宋朝“崇文”气象为中心的考察［J］.人文杂志，2010(5).
陈峰.宋初名将郭进事迹述评［J］.西北大学学报（哲学社会科学版），2002(1).
陈峰.从“文不换武”现象看北宋社会的崇文抑武风气［J］.中国史研究，2001(2).
陈峰.何去非的选择与宋朝社会时尚［J］.寻根，2006(6).
陈峰.北宋枢密院长贰出身变化与以文驭武方针［J］.历史研究，2001(2).
陈峰.都部署与北宋武将地位的变迁［J］.安徽师范大学学报（人文社会科学版），2001(3).
陈峰.试论吕夷简的政治“操术”［J］.历史学报（台湾师范大学），1998(26).
陈峰.论北宋后期文臣与宦官共同统军体制的流弊［M］//国学研究：第17卷.北京：北京大学出版社，2006.
李华瑞.“唐宋变革”论的由来与发展［M］.天津：天津古籍出版社，2010.
张邦炜.宋代的“榜下择婿”之风［M］//宋代婚姻家族史论.北京：人民出版社，2003.
虞云国.宋代台谏制度研究［M］.上海：上海社会科学院出版社，2001.
虞云国.宋代太湖地区的人文风气与教育事业［J］.安徽师范大学学报（人文社会科学版），2003(4).
虞云国.祖宗之法：在因革两难之间［M］//两百年的孤独.上海：上海书店出版社，2010.
邓小南.宋代文官选任制度诸层面［M］.石家庄：河北教育出版社，1993.
苗书梅.宋代官员选任和管理制度［M］.开封：河南大学出版社，1996.
张其凡.关于宋太祖早年任职的三点考证［J］.史学月刊，2002(12).
朱瑞熙，祝建平.宋代皇储制度研究：上［J］.文史，2001(4).
朱瑞熙，祝建平.宋代皇储制度研究：下［J］.文史，2002(1).

杨德泉.张浚事迹述评[C]//邓广铭，郦家驹，等.宋史研究论文集.郑州：河南人民出版社，1984.
刘浦江.祖宗之法：再论宋太祖誓约及誓碑[J].文史，2010(3).
胡昭曦，蔡东洲.宋理宗；宋度宗[M].长春：吉林文史出版社，1996.
周宝珠.宋代东京研究[M].开封：河南大学出版社，1992.
刘春迎.揭秘开封城下城[M].北京：科学出版社，2009.
久保田和男.宋代开封研究[M].上海：上海古籍出版社，2010.
程民生.宋代物价研究[M].北京：人民出版社，2008.
徐吉军.南宋临安工商业[M].北京：人民出版社，2009.
陈国灿.南宋城镇史[M].北京：人民出版社，2009.
赵冬梅.文武之间：北宋武选官研究[M].北京：北京大学出版社，2010.
张明.宋代军法研究[M].北京：中国社会科学出版社，2010.
朱剑心.金石学[M].杭州：浙江人民美术出版社，2015.
潘美月.宋代藏书家考[M].台北：学海出版社，1980.
章华英.宋代古琴音乐研究[M].北京：中华书局，2013.
李贵录.北宋三槐王氏家族研究[M].济南：齐鲁书社，2004.
赵英华.略论宋代皇储的教育与培养[J].兰州学刊，2007(7).
范帅.宋代皇子制度研究[D].开封：河南大学，2014.
斯波义信.宋代江南经济史研究[M].方健，何忠礼，译.南京：江苏人民出版社，2001.
斯塔夫里阿诺斯.全球通史：1500年以前的世界[M].吴象婴，梁赤民，译.上海：上海社会科学院出版社，1999.
S.A.M.艾兹赫德.世界历史中的中国[M].姜智芹，译.上海：上海人民出版社，2009.
包弼德.斯文：唐宋思想的转型[M].刘宁，译.南京：江苏人民出版社，2001.

后记

2014年的春天，我有事在京一段时间，清华大学的老友仲伟民先生来看我，谈到与人民教育出版社共同策划一套有关中国历史的书，取名“印象中国历史”，希望我承担其中宋朝的部分。随后，他又与人民教育出版社的许斌先生一同来叙谈，我被两位的热诚打动，就此应承下本书的任务。

原本想得简单，以为从印象角度可以信马由缰地写，大概一年内就能完成。不曾想，动手之后却发现多年的专业习惯已根深蒂固，凡涉及的人与事都需逐一核实史料，加上对篇章的构思几经调整，结果竟延宕了两年多的时间，才总算脱稿并交出版社。之后因诸多缘故，直至近日方大致编校完成。

本书想要表达的中心意思是：宋朝文臣治国的主要特点及其表现，以及由此反映出的时代特征。说起来，我对此已有多年的思考，尤其是对书生处于黄金时代的行为举止，一直充满探究的兴趣，其施政得失固然要加以钩沉，受此影响形成的文治模式与社会风尚需要梳理，而当年发生的各种故事也饶有趣味，这又是学术论著往往关注不到的方面。于是，从宋初的制度设计与政治遗产说起，随之就其所形成的政治格局及其背后的动因展开分析，包括宋朝文臣武将在统治集团构成中地位的演变及其影响，宋代帝王的一般行为特点与反常现象，宋朝官场“游戏规则”下士大夫的仕宦追求与表现，宋代政界的主流婚姻观、情趣喜好与交际活动等。其中既涉及制度、政策的层面，更牵扯到大量人物的活动。唯其如此，方能将历史的丰富生动性展现出来，也才能引起读者的兴趣。最后，从当年发达的运河交通线掠过，通过展现京城和沿线典型都市的风貌，将宋代城市空前繁盛的景象及特点予以揭示。由此追踪到宋朝实用主义包容政治的影响，为解读宋代《清明上河图》画卷提供了背景依据。不过，拙稿是否达到了预期的设想，还期待着读者的评判。

在此，首先感谢学界已取得的各项研究成果，为拙稿提供了雄厚的基础，因学者众多，恕不一一道出大名。同时，要对仲伟民先生的邀约、许斌先生以及责任编辑的辛劳工作，表达谢意，没有他们的督促，我恐怕至今仍无法专心于此，自然也就不能完成书稿的写作。我还要感谢我的博士生刘冲、硕士生马巍和姚媛媛同学，他们对本书的很多文献资料进行了核对，特别是刘冲在毕业之际为此耗费了许多精力，才使我得以安心交稿。另外，感谢我的博士生张辉提供了许多古代图版，既为本书增辉不少，也进一步从侧面反映和解释了本书的诸多内容。

陈峰

2019年夏末于西北大学